곤장과 십자가

: 조선후기 천주교 신자의 형정과 국가

곤장과 십자가

: 조선후기 천주교 신자의 형정과 국가

남 호 현 지음

경인문화사

책머리에

이 책은 필자의 박사학위논문 『조선후기 국가의 천주교 대응과 형정(刑政)』(서강대, 2024)을 다듬고 보완한 것이다. 흔히 '박해'로 표현되는 조선왕조의 천주교 탄압은 국가의 조선 천주교회를 향한 무자비한 폭력의 결과로 설명되어 왔다. 한국 천주교회는 수많은 순교자를 배출했고 그 대부분은 국가권력에 희생되었기 때문에, 그러한 희생을 주도한 국가에 대해서는 당쟁(黨爭)을 위해 천주교 신자들을 희생시킨 폭력의 '가해자'라는 시선 외에 별다른 의미가 부여되지 못했다. 요컨대 그동안 천주교 신자들을 법적으로 처형한 조선왕조의 형정은 주로 단순한 수사(修辭) 차원에서 이해되었다.

그런데 막상 조선후기 약 100년 동안 천주교 신자들에게 적용된 형정의 실상을 살펴보면, 여러 부분에서 조선왕조가 단순한 수사 차원에서 형정을 동원하지만은 않았다는 사실을 알게 된다. 많은 신자들이 조선왕조의 형정 '덕분에' 목숨을 건졌고, 조선왕조는 언제나 '법(法)'을 의식하며 양형과 판결을 조절했다. 천주교 신자라는 거의 동일한 죄목으로 체포된 이들에게 적용된 법조문 또한 시대마다 달랐다. 1785년 천주교 신자에 대한 형정이 시작된 이래 천주교 신자를 범죄자로 처벌해 온 조선왕조는, 어째서 이들에게 동일한 양형기준을 적용하지 '않는' 번거로움을 감수했는가? 이 책은 이러한 의문에 대한 해답의 실마리를 조선후기 국가와 법의 관계에서 찾았다.

일찍이 조선 천주교 신자들의 순교 행적을 전한 교회사가 달레(Charles Dallet)는 『한국천주교회사』(1874)에서 조선왕조의 형정을 고문이 만연하며 강요와 위조로 점철된 것으로 평가절하했다. 이러한 시선은 순교자에 대한 관심이 고조되는 가운데 자연스레 연구자들에게도 받아들여져 왔다. 하지만 이러한 편견과는 달리 조선왕조는 체포된 신자들의 양형을 신중히 조율했고, 무엇보다도 이를 통한 전형(典刑)의 확립을 중시했다. 물론 이것이 조선왕조가 천주교 신자들을 보호했다거나 너그럽게 대했음을 의미하는 것은 아니지만, 조선후기 국가는 천주교 신자를 범죄자로 처벌하기 위한 바른 법의 집행에 가장 많은 주의를 기울였다. 천주교 신자의 단죄라는 의도와 법적 절차의 준수라는 당위가 길항할 때, 국가는 언제나 후자를 우선하여 판결을 내린다는 일관성을 견지한 것이다. 바로 이 점에서 조선후기 국가의 천주교 신자에 대한 형정은 역사적 의의를 지니며, 그것은 조선후기 국가와 법의 관계는 물론, 조선인들의 당대인식과도 관련되었다는 것이 이 책의 주장이다.

이를 위해 이 책은 그동안 '박해'라는 관점에서 서술돼 온 조선왕조의 형정을 '사옥(邪獄)'이라는 관점으로 새롭게 해석했다. 사옥은 조선 천주교 신자를 대상으로 한 옥사를 지칭하는 말로, 살인사건을 다룬 살옥(殺獄)이나 역모죄인을 처리한 역옥(逆獄)과 마찬가지로 신유년(1801)을 기점으로 새롭게 규정된 형정의 유형이다. 1784년(정조 8)에 조선 천주교회가 설립된 이후 곧바로 사옥의 원칙이 마련되지 못한 이유를 국왕 정조의 형정 및 천주교에 대한 태도에서 찾았고, 신유년에 마련된 사옥의 전형이 어째서 기해년(1839)과 병오년(1846)의 사옥에서 그대로 답습되지 않았는지를 규명했다. 그리고 마지막에는 서세동점(西勢東漸)의 위기가 현실화한 19세기 후반에 사옥이 자체적인 존재 이유를 상실함에 따라 자연스럽게 형해화한 과정 또한 다루었다. 이러한 서술은 그동안 '박해'라는 관점에서 다소 나열적으로 제시되어 온 조선 천주교회사 서술에서 통시성을 확보하고, 조선 천주교회를 통해 바깥세상을 인식한 조선왕조의 시선 또한 가늠해 보고자 하였다.

*

이 책이 나오기까지 정말로 많은 분들께 은혜를 입었다. 무엇보다도 학부 2학년 때부터 석·박사까지 전 과정을 지도해 주신 계승범 선생님께 가장 깊은 감사의 말씀을 올린다. 선생님께서 보여주신 학문에 대한 열정과 제자를 대하는 정성은 필자가 평생 본받아야 할 모범이다. 언제나 '동아시아'를 시야에 두도록 가르쳐 주신 김한규 교수님과 석사 시절 '한국 천주교 및 신교 문화 연구' 세미나에서 이 책의 첫 아이디어를 떠올릴 수 있도록 지도해주신 최기영 교수님께도 감사드린다. 언제나 엄정한 자세로 사료와 제자들을 대하시면서도, 박사논문 최종심사 때 말없이 들어와 응원해 주신 조범환 선생님의 자상함을 잊지 못한다. 필자는 정일영 선생님 댁에서 처음으로 한문을 깨쳤다. 대학원에 갓들어온 후배를 따듯이 맞아주셨던 선생님께 감사드린다. 수많은 한문이 범람하는 사료의 바다에서, 조금이나마 헤엄칠 수 있었던 것은 모두 이때의 경험 덕분이다.

박사학위논문의 심사를 맡아주신 심재우, 조현범 교수님께도 감사의 말씀을 올린다. 필자는 학위논문을 쓰기 전부터 조선시대 형정에 대해서는 심재우 선생님의 연구를, 천주교회사에 대해서는 조현범 선생님의 연구를 접하며 공부했다. 단지 그 이유만으로 심사를 요청 드렸을 때, 두 선생님께서는 생면부지 후학을 위해 지난한 심사를 마다하지 않으셨다. 언제나 필자를 따스하게 맞아주신 허태용 교수님께서도 기꺼이 필자의 심사를 맡아주셨고, 바쁘신 와중에도 필자를 연구실로 불러 지도해 주셨다. 선생님들의 지도가 없었다면, 이 책은 나올 수 없었거나 나왔더라도 지금만큼의 모양새를 갖추지 못했을 것이다.

한국에서 '교회사' 연구는 수많은 선배 연구자들의 노력 덕에 수많은 사료가 발굴·번역되었고, 필자는 이 덕을 누구보다 많이 본 사람 중 한 명이다. 교회사 연구에 매진하시던 선배님들은 느닷없이 나타난 후학을 황송할 정도로 따듯하게 맞아 주셨다. 대학원생 시절 필자는 '한국 천주교 및 신교 문화 연구' 수업 때 작성한 페이퍼를 교내 논문상에 응모한 적이 있는데, 그때 가장 좋은 평가를 해주신 분이 바로 조광 교수님이셨다. 그때의 감동은 필자가 논문을 쓰며 의기소침할 때마다 다시 사료를 볼 수 있는 힘이 되었다. 백승종 선생님께서는 조선인들의 천주교에 대한 관심이 바깥 세상과 사회를 변혁시키고자 하는 관심과도 맞닿아 있음을 알려주셨다. 도진순 선생님께서는 필자의 작은 발견 하나에도 많은 관심을 보여주셨고, 필자가 발표할 때면 관심을 갖고 찾아주셨다. 김수태 선생님께서는 언제나 교회사를 비판적이고 새롭게 볼 수 있는 통찰을 주신다. 원재연 선생님과 이석원 선생님의 치밀한 연구 덕에 필자는 이 책의 많은 부분에서 실수하지 않을 수 있었다. 이처럼 귀한 선생님들과 필자가 연이 닿은 것은 대부분 한국교회사연구소의 배려 덕분이다. 조한건 소장 신부님과 이민석 선생님께 감사드린다.

필자는 동료 선생님께도 많은 도움을 받았다. 특히 서강대에서 교회사 연구의 선례를 제시해 준 김가람, 최보윤 선배와, 서조선(西朝鮮) 이름 아래 가장 치열한 리뷰어가 되어 준 김근하, 이은지, 주채영, 임현채, 최기준 선생께 감사드린다. 강버들 신부님과 후배 정다운, 이병윤, 손나영 선생은 이 책의 원고에서 몇몇 오류를 바로잡아 주었다. 공군사관학교에서 함께한 김기둥, 이상현, 최정훈 선생님께서는 언제나 필자에게 좋은 연구자, 좋은 군인의 본을 보여주신다. 비슷한 시기에 조선시대 형정과 교회사 연구로 학위논문을 준비한 정진혁 선생님과 윤영현 신부님의 존재는 필자에게 큰 위안이 되었다. 선생님들께는 앞으로도 신세를

질 것 같다. 경인문화사의 한주연 선생님께서는 이 책의 출판 및 지난한 교열 과정을 도맡아 주셨다. 필자에게는 첫 연구서인데, 선생님 덕에 보다 나은 책이 된 것 같다. 이처럼 여러 선생님의 도움이 있었음에도, 이 책에서 발견될지 모를 오류는 모두 필자의 탓이다.

필자는 코스웍을 마친 뒤 이 책의 주제를 정하기까지 오래도록 방황했다. 공부하고 싶은 주제는 많은데, 긴 글을 써 내려가기에 가장 중요한 '마음'을 잡지 못한 탓이다. 그러다 아내 정한별을 만나 비로소 마음을 다잡았다. 아내는 모든 면에서 필자를 올바른 길로 이끌어 준다. 이 책이 나오는 기간 묵묵히 기도해 준 아내와, 그러는 동안 건강히 자라 세상에 나와준 아들 윤하(潤昰)에게 가장 먼저 이 책을 보여주고 싶다.

차례

제5장 병인년(1866) 이후 사옥의 형해화(形骸化) 과정

제6장 맺음말

제1장

머리말

1. 연구의 중요성

전통시대 동아시아에서 禮樂은 刑政과 짝하여 王道의 조건으로 여겨졌다. "예로써 사람들의 뜻을 인도하고, 정치로써 그 행동을 고르게 하며, 형벌로써 그 간악함을 막는"[1] 사유는 동아시아 유교사회에 예와 법의 일치를 추구하는 법관념을 조성하였고,[2] 이는 개별 刑律에도 반영되어 현실의 여러 사안을 제어하는 외적 기준이 되었다. 전통시대 중국에서 이러한 법관념은 '律'로 구현되었으며, 특히 『大明律』은 1397년(洪武 30) 최종 개정되어 『大淸律例』로 이어짐으로써 명대 이래 중국의 기본 형사법으로 기능하였다.[3] 조선 태조는 즉위 교서에서 일체 형률을 『대명률』에 의거할 것임을 천명하였는데,[4] 이로써 조선왕조는 『經國大典』과 같은 國典 편찬에 앞서 『대명률』 전체를 포괄적으로 계수하여 일반법으로 적용하였다.[5] 이를 통해 조선왕조는 건국과 동시에 『대명률』에 집대성된 전통시대 동아시아의 법관념을 수용하였고, 이를 법 집행에 적용함으로써 예악과 형정을 짝하는 國法 체제를 표방하였다.

그런데 조선왕조가 『대명률』을 기본법으로 삼은 것은 武臣政變(1170) 이래 빈발한 民亂과 外侵, 원간섭기를 거치며 누적된 고려법의 폐해를 극복한다는 취지가 강했다.[6] 그뿐 아니라 『대명률』이 담지한 중국의 문

---

1) 『禮記』 「樂記」. "禮以道其志, 政以一其行, 刑以防其姦."

2) 范忠信 외, 이인철 역, 『中國法律文化探究: 情理法과 中國人』, 일조각, 1996, 79~90쪽.

3) 蘇亦工, 「明淸時代 中國의 法律」, 『법사학연구』 26, 2002, 218~222쪽.

4) 『太祖實錄』 권1, 태조 1년 7월 28일 정미. "自今京外刑決官, 凡公私罪犯, 必該大明律."

5) 심재우, 『조선후기 국가권력과 범죄 통제』, 태학사, 2009, 42쪽.

화와 조선의 그것 즉 '風土'의 차이는 조선왕조로 하여금 중화의 보편성을 수용하면서도 현실적으로 조선의 특수성을 고려해야 하는 난제를 부여하였다.[7] 이러한 문제는 국법 체제와도 연동되어, 조선왕조는 형사법, 즉 '율'에 있어서는 『대명률』을 일반법으로 하면서도 『경국대전』을 통해 고유의 국법 체제를 정비하는 한편 각종 受教를 통해 실제 법 적용에서 발생한 미비점을 보완하였다. 조선후기에는 수교의 집적과 함께 『續大典』과 『大典通編』, 『大典會通』 같은 후속 법전의 편찬을 통해 『대명률』과 조선의 법이 공존하는 독특한 국법 체체를 수립하였다.[8] 요컨대 조선왕조는 『대명률』을 수용함으로써 舊法의 폐단을 극복하고 선진적인 법률 체계를 정비하는 한편, 실제 법의 적용에서는 조선의 실정에 맞는 판결이 이루어지도록 함으로써 중화의 문명을 수용하면서도 중국과는 다른 특수성, 곧 조선의 지역성을 법 적용에 반영해야 한다는 문제를 적절하게 절충하며 조선만의 독자적인 법문화를 조성하였다.

주목되는 것은 조선의 『대명률』 적용에서 '引律比附'가 적극적으로 활용된 점이다. '인율비부'란 『대명률』에 명시된 전통시대 동아시아의 독특한 법 추론 방식으로, 사건을 처리하는 正條가 없을 경우 가까운 律文을 인용하여 적용하는 것을 일컫는다.[9] 인율비부는 재판관이 임의로

---

6) 조지만, 『조선시대의 형사법: 대명률과 국전』, 경인문화사, 2007, 31~34쪽.

7) 이 논의는 風土不同論 및 對明事大論 관련 주제로 15세기 내내 이어졌고, 조선후기에도 朝鮮中華 문제와 관련되며 지속되었다. 전자는 문중양, 「15세기의 '風土不同論'과 조선의 고유성」, 『한국사연구』 162, 2013; 허태용, 「조선 초기 對明事大論의 역사적 성격 검토」, 『동양사학연구』 135, 2016, 후자는 김영민, 「조선중화주의의 재검토: 이론적 접근」, 『한국사연구』 162, 2013; 계승범, 『아버지의 그림자: 삼전도 항복과 조선의 국가정체성 문제』, 사계절, 2024, 193~223쪽; 배우성, 『중화: 사라진 문명의 기준』, 푸른역사, 2024 등을 참조.

8) 박병호, 『韓國法制史』, 민속원, 2019, 39~71쪽; 김백철, 『탕평시대 법치주의 유산: 조선후기 국법체계 재구축사』, 경인문화사, 2016, 303~311쪽.

9) 『大明律直解』 권1, 名例律, 「斷罪無正條」. "凡律令該載不盡事理, 若斷罪而無正條者, 引律比附, 應加應減, 定擬罪名, 轉達刑部, 議定奏聞. 若輒斷決, 致罪有出入者,

법조문을 정하는 것이 아니라 刑曹에서 논의하여 왕에게 아뢰고, 왕은 어전회의를 통해 형량을 숙고했다. 이는 유추와 소급이라는, 오늘날 罪刑法定主義에 정면으로 위배되는 것이지만, 재판관이나 형조, 왕의 자의적 결정이 아니라 어전회의를 통해 최종 판결이 이루어진다는 점에서 무제한의 罪刑專斷主義와는 다르다.[10] 인율비부의 추론은 罪名과 刑名으로 구성된 『대명률』의 조문에서 사안에 적정한 형량을 먼저 정하고, 이에 가까운 것으로 판단되는 近律을 비부한다. 즉 인율비부는 적용할 '형명'을 중시하기 때문에 사안에 마땅한 것으로 인식되는 처벌의 정도를 우선 검토하며, 이때 量刑 사안으로 법리적인 검토[法]뿐 아니라 개별 사건의 구체적 사정[情] 및 인간의 도리를 비롯한 사회적 가치[理]를 함께 고려하여 죄에 대한 공정한 판단을 목적으로 하였다.[11] 법이 인정과 천리를 따른다는 법가와 유가의 오랜 관념 아래, 자연스럽게 정·리·법은 삼위일체를 이루며 전통시대 동아시아 형정의 판단 근거로 작동하였다.[12] '인율비부'라는 독특한 법추론을 강조한 『대명률』의 수용은, 조선왕조의 법 적용에서 구성요건보다는 형량에 관심을 집중하게 함으로써 당대에 합의된 법감정의 틀에서 일정한 범죄에 대하여 일정한 처벌이 행해지는 죄형법정주의의 작동을 가능케 했다.[13] 결과적으로 『대명률』의

以故失論."

10) 조지만 역해, 『대명률직해: 조선시대 범죄와 형벌의 근간』, 아카넷, 2020, 164~165쪽.

11) 김대홍, 『조선의 법추론 인율비부』, 민속원, 2018, 310쪽.

12) 박소현, 『문학이 정의를 말하다: 동아시아 고전 속 법과 범죄 이야기』, 성균관대학교 출판부, 2023, 52쪽. 이에 따르면 정·리·법을 함께 고려하는 전통시대 동아시아의 법문화는 무분별한 관용보다는 도덕적 분별력과 '합리적 감정'을 요구하였으며, 이는 이상적 재판관으로 '분별 있는 관찰자'를 제시한 애덤 스미스나 '시인-재판관'을 강조하였던 누스바움의 견해를 연상시키는 것이다. 동아시아 법제사에서 정·리·법과 관련된 논의는 정진혁, 「조선후기 법제사 연구의 쟁점과 함의」, 『역사와 실학』 80, 2023, 299~301쪽 참소.

13) 조지만, 앞의 책, 2007, 318~319쪽.

수용을 근간으로 한 조선왕조의 형정은, '법 자체의 집행'이 아닌 '법 집행을 통한 유교적 이상사회의 구현'을 목적으로 한다는 점에서 예악과 형정을 함께 중시한 古來의 전통을 계승한 것이다.

한편, 동아시아의 지적 전통과는 전혀 다른 맥락에서 등장한 天主教는 16세기 말 예수회 선교사를 통해 본격적으로 동아시아에 전해졌다. 르네상스와 휴머니즘의 영향으로 예수회는 '적응주의(adaptationism)'라는 독특한 선교 방식을 고안하였다. 이는 지역 문화에 대한 이해를 바탕으로 복음을 직접 침투시키는 것으로서 한 민족을 송두리째 선교할 수 있는, 당시로는 획기적인 선교방법이었다.[14] 적응주의 선교는 특히 중국의 지배층을 타깃으로 삼았는데, 그 결과 중국에서 천주교는 명대 중기 이후 청대까지 '西學'의 이름으로 천문과 역법, 지리 등의 실용지식을 중심으로 수용되어 일정한 입지를 점했다.[15] 서학은 使行으로 北京을 방문한 조선 사절단을 통해 조선에도 유입됨으로써 17세기부터 서학 관련 지식은 거의 시차 없이 조선에 전해졌다.[16] 조선인들은 천주교를 학문으로 이해하였고, 천주교를 '異端'으로 여기며 비판하는 이들이 없지 않았으나 18세기 후반까지는 조선 사절단이 직접 서양 선교사와 필담을 나누는 등 비교적 자유로운 분위기에서 서학을 논했다.[17] 조선인들의 천주교에 대한 감상은 대개 부정적이었지만, 일부 남인 지식인이 천주교를 신앙으로 받아들이는 등 점차 '西教'로서 천주교를 수용하려는 움직임이 나타났다.[18] 이는 곧 조정에서도 감지되었고, 조정 내의 黨派 분쟁

14) 김혜경, 『예수회의 적응주의 선교: 역사와 의미』, 서강대학교 출판부, 2012, 197쪽.

15) 최소자, 『東西文化交流史硏究: 明·淸時代 西學 受容』, 삼영사, 1990, 64~68쪽; 김한규, 『한중관계사(Ⅱ)』, 아르케, 1999, 797~808쪽.

16) 김선희, 『서학, 조선 유학이 만난 낯선 거울』, 모시는사람들, 2018, 71~94쪽.

17) 예컨대 1720년(숙종 46) 이기지는 서양인 戴進賢 등과 필담하였고, 1727년(영조 3) 강호부는 西洋國과 天主堂, 천주교에 대한 내용을 기록하였다. 신익철 편, 『연행사와 북경천주당: 연행록 소재 북경 천주당 기사집성』, 보고사, 2013, 21~117쪽; 127~135쪽 참조.

과도 관련되며 점차 심각한 정치 문제로 부상하였다.

천주교에 대한 조선왕조의 인식이 점차 부정적으로 변하는 가운데 '조선 천주교회'가 탄생하였다. 조선 천주교회는 1783년(정조 7) 이승훈의 사행을 계기로 설립되었다. 이승훈은 북경 주재 예수회 선교사 그라몽(Grammont) 신부에게 세례받았으며, 이듬해 귀국하여 이벽을 비롯한 이들에게 代洗를 베풀었다.[19] 이는 조선왕조 내에 최초로 '세례받은 사람들의 공동체'인 조선 천주교회가 설립되었음을 의미하는 것으로,[20] 조선왕조는 이제 천주교를 통해 서구 세계와 연결된 자국인의 집단을 내부에서 마주하게 되었다. 이는 '海島眞人' 같이 막연하게 표상되던 외부 세계와는 달리, 구체적인 조직과 규모를 갖춘 실체로서 중화와는 전혀 다른 또 하나의 세계였다.[21] 외래 학문으로서 흥미 혹은 탐구의 대상으로 여겨지던 서학은 이제 조선이 단 한 번도 직접 마주한 적 없던 '세계'를 내부에서 마주하게 함으로써, 조선왕조로 하여금 조선 천주교회를 외부와 연계된 위협으로 인식하게 하였다. 그 결과 18세기 말엽에 이르러 조선 천주교 신자들은 단순히 이단이라는 이유가 아닌, 유교적 가치를 준수하라는 조정의 요구를 위반한 '범죄자'로 처형되기 시작했다.[22] 조선

18) 畿湖南人 내에서 천주교를 '西學'과 '西敎'로 받아들인 이들은 대체로 전자를 '星湖學派'로, 후자를 성호학파 내의 '鹿菴系'로 구분한다. 차기진, 『조선 후기의 西學과 斥邪論 연구』, 한국교회사연구소, 2002, 276~318쪽 참조.

19) 샤를르 달레, 최석우·안응렬 역주, 『韓國天主敎會史(上)』, 한국교회사연구소, 1996, 299~316쪽. 이하 『달레(상·중·하)』로 약칭함.

20) 이 책에서 사용할 '조선 천주교회'라는 표현은 이승훈의 대세를 계기로 보편 교회와 연결되었으며, 조선에서의 세례를 매개로 형성된 역사적 실체로서의 교회를 일컫는다. 즉 이 책에서는 '조선 천주교회' 설립 이전부터 존재한 신앙 공동체나 개별 守誡 사례를 포함하지 않는다. 최석우, 「한국 천주교회의 기원 문제」, 『한국기독교와 역사』 1, 1991, 18쪽; 남호현, 「보편 종교의 '특수한' 자리잡기: 한국 천주교회의 기원 논쟁과 최근의 논점들」, 『서강인문논총』 71, 2024a, 159~173쪽.

21) 도날드 베이커, 김세윤 역, 『朝鮮後期 儒敎와 天主敎의 대립』, 일조각, 1997, 332~351쪽.

왕조의 형정이 단순히 법의 집행이 아닌 '법 집행을 통한 유교적 이상사회의 구현'을 목적으로 했다는 점을 고려하면, 조선 천주교회의 설립을 계기로 각지에서 속출한 천주교 신자들은 일종의 '반국가세력'이 되어 지속적인 형정의 대상이 될 수밖에 없었다.

흥미로운 점은 조선 천주교 신자에 대한 조선왕조의 형정이 시기에 따라 다르게 이루어졌다는 점이다. 조선왕조가 시종일관 천주교 신자들을 '大逆罪人'으로 처형했다는 일반적 인식과는 달리, 천주교 신자의 형정은 시기와 사건의 輕重은 물론 천주교 신자 개인의 상황에 따라 다르게 이루어졌다. 천주교 신자 개인의 상황을 '情', 시기별 천주교 신자에 대한 조선왕조의 시선 즉 당대의 사회적 가치를 '理'라고 할 때, 이들에게 적용된 '法'이 상이했다는 사실은 정·리·법을 아우르는 판결을 지향한 조선왕조 형정의 일반적 특징에 비추어 그 맥락을 규명할 필요가 있는 것이다. 천주교 문제는 『대명률』이 제정될 당시에는 존재하지 않았기 때문에 형률에 반영되지 않았고, 이로 인해 천주교 신자의 형정은 모두 인율비부의 대상이 되었다. 따라서 '조선 천주교회'라는 단일 집단을 대상으로 100년 가까이 행해진 조선왕조의 형정을 분석하는 것은, 단순히 천주교 신자에 대한 양형 변화를 개괄하는 차원의 검토를 넘어, 그러한 변화에 내재한 시대적 함의를 함께 살펴야 그 온전한 의미를 드러낼 수 있을 것이다.

---

22) Don Baker and Franklin Rausch, *Catholics and Anti-Catholicism in Chosŏn Korea,* University of Hawai'i Press and Center for Korean Studies(University of Hawai'i, USA: Honolulu), 2017, p. 7.

2. 기존 연구 검토와 문제제기

1785년(정조 9) 처음으로 조선 천주교 신자에 대한 형정이 개시된 이후 1886년(고종 23) 조·불수호통상조약을 통해 조선에서의 전교가 사실상 묵인되기까지, 100년 가까이 조선왕조에서는 천주교 신자에 대한 형정이 이어졌다. 이때 '형정'이란 조선왕조가 국가권력을 동원하여 천주교 신자에게 특정 형률을 조율해 처형하거나, 국왕 혹은 사법기구의 권한으로 천주교 신자에게 일정한 처분을 집행한 것을 모두 아우른다. 전자와 후자는 '율에 의한 형의 집행'이라는 절차의 유무에 따라 '正刑(혹은 正法)'과 '處分'으로 구분되며, 조선왕조의 국가권력을 천주교 신자의 懲治를 위한 수단으로 행사했다는 점에서 공통점을 보인다.

조선 천주교회는 많은 '순교자'를 배출하였고 이들에 대한 諡福·諡聖 작업이 이어지는 가운데,[23] 조선왕조의 천주교 신자에 대한 형정은 낭대부터 언급되었다. 황사영은 『帛書』에서 자신이 체포되기 전까지 신자들의 訊問 상황을 기록하였고,[24] 조선 천주교회로부터 순교자의 정보를 전달받은 선교사들은 이 사실을 로마에 전했다. 이를 바탕으로 파리외방전교회 소속 교회사가인 달레는 1874년(고종 11) 『한국천주교회사』를

---

23) 2025년 현재 한국 천주교회의 성인은 103위, 복자는 124위다. '103위 성인' 중 79위는 1925년 교황 비오 11세에 의해 시복되었고, 나머지 24위는 1968년 교황 바오로 6세에 의해 시복되었다. 이들 '103위 복자'는 1984년 한국 천주교 200주년을 맞아 대한민국을 방문한 교황 요한 바오로 2세에 의해 시성되었다. 이후 한국 천주교회는 진산사건(1791)부터 신유사옥(1801) 전후의 순교자인 '윤지충 바오로와 123위 순교자'에 대한 시성작업을 추진하고 있다. '윤지충 바오로와 123위 순교자'는 2014년 교황 프란치스코에 의해 복자 품에 올랐다. 한국 천주교회의 시복·시성과 관련된 논의는 조광, 『조선후기 천주교사 연구의 기초』, 경인문화사, 2010a, 182~209쪽 참조.

24) 황사영, 여진천 역주, 『누가 저희를 위로해 주겠습니까』, 기쁜소식, 2008. 이하 『백서』로 약칭함.

펴냈다.[25] 이러한 기록들은 일종의 '순교 사료'라고 하겠는데, 김규성은 조선 천주교회 순교자 기록을 일목요연하게 정리한 바 있다.[26] 천주교는 순교자들의 행적을 중시하였고, 그 기록을 남기고자 하였기 때문에 천주교 신자의 처형을 전후한 시점의 생생한 현장을 기록했다는 점에서 조선시대 천주교 신자의 형정을 이해하는 데 많은 현장감을 제공해준다. 이처럼 조선 천주교회의 입장에서 저술된 '순교 사료'는 관찬사료에서는 확인할 수 없는 기록을 전한다는 점에서 중요하다. 다만 이러한 기록들은 천주교 신자의 처형을 '순교'로, 조선왕조의 형정은 '박해'로 규정하였기 때문에 조선왕조의 형정에 대해서는 혹평으로 일관했다. 예컨대 달레는 조선의 역사와 제도, 언어, 풍속, 습관을 개설하는 가운데 '司法制度'를 별도 항목으로 설정하였는데, 일부를 추리면 다음과 같다.

> 옛날에는 세계 어디서나 그랬고 지금도 아직 그리스도교국이 아닌 모든 나라에서 그런 것처럼 조선에서 형사재판 예심의 주요 방법은 고문이다. … 피고가 유죄로 인정되고 고문에도 불구하고 자기 죄를 자백하기를 거부하면, 재판관은 사형을 선고하고, 그때부터 그 이상 고문하는 것이 금지된다. 법률은 수형자가 선고를 받아들이기 전 자기에게 과하여진 벌의 정당성을 인정하기 위하여 선고문에 손수 서명하기를 요구한다. 순교자들은 흔히 서명을 거절하였다. 왜냐하면 유죄판결문의 공식 서식에는 다음과 같은 구절이나 그와 비슷한 구절이 들어 있기 때문이다. "새롭고 흉측한 미신인 邪敎를 믿음으로써 죄를 지어 … 云云". 순교자들은 이렇게 말하였다. "저희들의 종교는 유일한 진리입니다. 저희들은 그것이 거짓임을 증명할 수 없습니다." 이런 경우 그들의 손을 붙잡고 억지로 서명하게 하는 것이었다.[27]

---

25) 원제는 "HISTOIRE DE L'ÉGLISE DE CORÉE"다. 이 책에 대한 종합적 분석은 최석우, 「달레著 韓國天主敎會史의 形成過程」, 『교회사연구』 3, 1981; 김수태, 「샤를르 달레의 『한국천주교회사』에 대한 새로운 접근」, 『교회사연구』 43, 2014; 조광, 「달레 『한국천주교회사』의 사학사적 특성」, 『교회사연구』 66, 2025 참조.

26) 김규성, 「조선 천주교회의 순교자 관련 기록 연구」, 서강대학교 사학과 박사학위논문, 2016.

27) 『달레(상)』, 110~113쪽.

위 인용문에서 달레는 조선의 사법제도는 고문이 비일비재하며, 자백을 강요하고, 심지어 서명을 거부하는 수형자의 "손을 붙잡고 억지로" 서명하는 행위가 만연하였음을 지적하며 조선 형정의 무법성을 강조한다. 이러한 시각은 『한국천주교회사』 도처에서 엿보이며, 그 결과 달레는 "곤장이나 그 밖의 고문으로 얻어낸 여러 가지 고백과 밀고에 어떤 가치를 부여한다는 것은 유치한 일"이라며 조선왕조의 형정을 비판했다.[28] 이러한 시각은 오늘날의 연구에서도 산견되며, 조선왕조의 입장에서 불경스러운 발언은 삭제되거나 왜곡되었을 것이라는 '합리적 의심'도 제기되었다.[29] 결국 천주교 신자의 형정에 대한 논의는 다른 분야에 비해 지연되었으며,[30] 언급되더라도 그것을 '박해'에 수반된 주변적인 것으로 치부하여 깊이 있는 논의는 제대로 이루어지지 않았다.

이러한 시각은 조선시대 형정에 대한 일반적 이해와는 지나치게 어긋나 있다. 조선왕조는 천주교 신자의 형정에서 이들에 대한 별도의 수교를 내리지 않았고, 앞서 살핀 '인율비부'의 원칙에 따라 『대명률』을 비롯한 종래의 형률을 비부하였다. 천주교 신자의 형정은 여타 형정과 동일하게 진행되었고, 그랬기 때문에 천주교 신자들의 신문 기록이 『推案及鞫案』과 같은 관변측 자료에 포함된 것이다.[31] 이들 자료에는 천주교

28) 『달레(상)』, 532쪽.

29) 정두희, 「『황사영백서』의 사료적 성격」, 한국순교자현양위원회 편, 『신유박해와 황사영백서사건』, 한국순교자현양위원회, 2003, 26~27쪽.

30) 특히 초기 한국 천주교회사 연구에서 조선왕조의 형정에 대한 부정적 시각이 두드러진다. 예컨대 이능화는 조선왕조의 천주교 탄압을 유교 세력이 선포한 '종교전쟁[神聖之戰]'으로 규정하고 조선왕조가 천주교 신자들을 "虐殺"한 것으로 표현했다. (이능화, 『朝鮮基督敎及外交史』, 학문각, 1968, 3쪽. 초판은 1925년 탈고) 또한 제목에서부터 '受難'과 같이 조선 천주교회의 입장을 강조한 표현이 일반적이었다. (대표적으로 유홍렬, 『高宗治下 西學受難史의 硏究』, 을유문화사, 1962 참조) 이러한 흐름에서 천주교 신자의 형정에 대한 학문적 논의를 기대하기는 어려웠다.

31) 신유사옥 관련 관찬자료로 상세히 남은 『邪學懲義』 또한 형조에서 보관하던 자료다. 조광, 「『사학징의』의 사료적 특성」, 조광 역주, 『사학징의』 1, 한국순교자현양

신자들의 발언이 오히려 가감 없이 담겨 있으며, 특히 이들의 '신앙 고백'은 곧 조선왕조의 입장에서는 '죄의 자백'으로 여겨져 적극적으로 기록되었다. 또한 推鞫廳에서 刑訊을 받은 전체 피형신자의 68.1%가 사망했을 정도로 조선왕조의 형신이 본디 가혹했던 점을 감안할 때,[32] 과연 그것이 천주교 신자들에게만 유독 가혹한 것이었는지의 여부는 별도로 살펴야 할 문제다. 따라서 천주교 신자에 대한 조선왕조의 형정이 지니는 의미를 올바르게 규명하기 위해서는, 우선 그것이 같은 시기 조선왕조의 일반적인 형정에 비추어 볼 때 어떠한 특이성을 지니며, 구체적인 형정의 전 과정은 어떠했는지를 세밀히 살펴야 한다.

한편, 조선왕조를 '박해자'로 바라보는 시각을 공유하면서도 박해를 발생케 한 원인을 규명한 연구가 정치사의 시각에서 이어졌다. 이러한 연구는 대체로 조선후기에 만연한 黨爭의 시각에서 조선왕조의 조선 천주교회에 대한 형정을 분석하였으며, 조선왕조 대 조선 천주교회가 아닌 조정 내 집권 세력(노론 벽파나 남인 攻西派, 세도가문 등) 대 천주교와 관련된 견제 세력(남인 信西派나 안동김씨 등)의 구도로 파악하였다. 이러한 경향은 최근까지 조선 천주교회사 연구의 주류를 이루며, 이를 통해 조선왕조가 천주교 신자에게 대대적인 형정을 벌인 정치적 역학관계가 규명되었다. 특히 정조 후반~순조 초 政局과 천주교를 직접적으로 관련짓는 연구가 다수 나타났다.

천주교 신자이자 진산의 양반 윤지충·권상연의 廢祭焚主는 지역사회는 물론 조정에도 큰 충격을 주어 천주교 신자에 대한 형정이 본격화한

위원회, 2001, 39쪽.

32) 정진혁, 「조선후기 말세론 사건에 대한 추국청의 형사 대응」, 『한국사연구』 196, 2022, 47쪽. 이 논문은 『추안급국안』에 기록된 1,597명의 피형신자를 각각 말세론(42건)과 非말세론(223건)으로 구분하여 사망률(사형+물고율)을 추산하였는데, 전자와 후자는 각각 73.3%, 65.5%의 사망률을 기록하였다. 정진혁은 천주교 관련 사안을 非말세론으로 분류하였다.

결정적 사건이다. '진산사건(1791)'으로 불리는 이 사건은 특히 홍낙안과 이기경을 위시한 남인 공서파가 남인 내 천주교 신자들을 공격하며 채제공까지 연루된 정치적 문제로 비화하였기 때문에, 이와 관련하여 일찍부터 많은 논의가 이루어졌다.[33] 이에 따르면 채제공의 獨相 체제 확립에 위협을 느낀, 채제공 계열을 제외한 모든 정치세력이 淸南의 제거라는 공동의 목적하에 연대할 수 있는 계기가 된 사건이 바로 진산사건이다.[34] 이러한 문제의식은 1795년(정조 19)의 천주교도 杖殺 사건에 대한 연구에도 이어져,[35] 정조 대 후반 천주교 신자에 대한 형정의 정치적 배경을 심도 있게 고찰하였다.

진산사건은 유교와 천주교의 가치관이 정면으로 충돌한 儀禮 논쟁으로, 사상사 차원에서도 심도 있게 다루었다.[36] 이러한 연구에서는 정치적 차원을 넘어 '폐제분주'가 어째서 조선에 반향을 불러일으킬 수밖에 없었는지를 고찰했고, 진산사건이 조선왕조의 천주교 신자에 대한 형정이 격화한 결정적 계기임을 논증했다. 특히 1790년을 전후한 시점부터 천주교 문제로 인해 사회의 안정성을 담보하는 유교적 질서가 붕괴할지 모른다는 두려움이 고조되었고, 결과적으로 천주교에 대한 정조의 대응이 실패한 결과 신유사옥(1801)[37]에 이르러 "상당한 규모의 행정력이

---

33) 차기진, 앞의 책, 2002, 295~305쪽; 김가람, 「이기경의 척사 활동과 공서파 형성에 끼친 영향」, 『교회사연구』 30, 2008; 허태용, 「정조대 후반 탕평정국과 진산사건의 성격」, 『민족문화』 35, 2010; 임혜련, 「정조의 천주교 인식 배경과 진산사건의 정치적 함의」, 『사총』 96, 2019a.

34) 허태용, 위의 논문, 2010, 262쪽.

35) 김숙경, 「1795년 천주교도 장살사건과 그 영향」, 『역사와 세계』 59, 2021a.

36) 도날드 베이커, 김세윤 역, 앞의 책, 1997, 204~213쪽; 원재연, 『조선왕조의 법과 그리스도교』, 한들출판사, 2003, 157~200쪽; 조현범, 「진산사건 다시 읽기」, 김진소 외, 『한국사회와 천주교』, 디자인 흐름, 2007, 513~542쪽; 김수태, 「안동 권씨 부인의 유교식 조상제사 거부」, 『교회사학』 13, 2016; 조현범, 「윤지충의 폐제분주 논거에 대한 일 고찰」, 『종교연구』 78, 2018; 심신우, 「1791년 윤지충의 居喪에 대한 士族의 반발과 원인」, 『교회사연구』 63, 2023.

동원"되었다는 지적이 주목된다.[38] 이에 따르면 정순왕후와 벽파 정권이 단행한 대대적 형정은 진산사건 이래 고조되어 온, 천주교에 대한 위기의식이라는 여론을 반영한 결과이다. 이러한 시각은 진산사건과 신유사옥을 연속적으로 이해할 수 있게 해주며, 그동안 잘 다뤄지지 않았던 '여론'이라는 요소를 함께 고려한 점에서 많은 시사점을 제공해 준다. 천주교는 조정 내의 정치세력 간 혹은 사상적 차원의 길항을 넘어 실제 사회적 소요의 원인으로 여겨지고 있었기에,[39] 이러한 시각은 천주교 신자에 대한 형정이 이어진 전 시기로 그 시야를 확장할 필요가 있다.

신유사옥은 천주교 신자에 대한 저인망식의 체포와 신문, 처형을 단행한 조선왕조 최초의 대규모 사옥이었으므로 이 주제와 관련된 가장 많은 연구가 집적된 사건이다. 관련 연구 또한 정치사의 시각에서 주로 이루어졌는데, 진산사건과 마찬가지로 순조 초 당쟁이 격화하는 가운데 채제공과 남인 내 신서파가 제거된 것으로 이해하였다.[40] 한편 사옥의 진

---

37) 조선왕조의 천주교 탄압은 '邪獄' 외에도 '迫害'나 '敎難', '窘難', '敎獄' 등으로 지칭된다. 그런데 조선왕조는 신유년부터 천주교 사건을 역모사건인 逆獄이나 살인사건인 殺獄과 같이 사옥이라는 별도 범주로 구분하였다. (『純祖實錄』 권2, 순조 1년 2월 28일 갑술 등) 이 책의 목적은 천주교 탄압의 주체인 조선왕조의 형정에 내재한 시대적 함의 규명에 있으므로, 당대 용어로서 조선 조정에서 직접 사용한 '사옥'으로 통일한다.

38) 소진형, 「신유사옥 이전 천주교에 대한 국가적 대응과 그 정치적 의미: 천주교에 대한 여론형성과 사회의 보수화적 관점에서」, 『정치사상연구』 28(1), 2022.

39) 19세기의 위기의식과 천주교의 관련성에 대한 우려는 조광, 『朝鮮後期 天主教史 研究』, 고려대학교 민족문화연구소, 1988, 168~177쪽; 『조선후기 사회와 천주교』, 경인문화사, 2010b, 22~55쪽; 노대환, 「18세기 후반~19세기 중반 노론 척사론의 전개」, 『조선시대사학보』 46, 2008, 210~228쪽; 『위정척사』, 한국학중앙연구원 출판부, 2023, 64~109쪽 참조.

40) 변주승, 「신유박해의 정치적 배경」, 『한국사상사학』 16, 2001; 서종태, 「辛酉迫害의 정치적 배경: 청남계의 개혁 활동과 관련하여」, 『교회사연구』 18, 2002; 정두희, 「신유박해의 전개 과정」, 한국순교자현양위원회 편, 앞의 책, 2003; 조광, 앞의 책, 2010b, 283~419쪽; 김정자, 「1801년(순조 1) '辛酉獄事'의 시작과 변화 樣相: 李家煥·李基讓 추국 사건과 周文謨 神父 추국 관련 『推案及鞫案』을 중심으로」,

행 과정에서 드러난 조선 천주교회의 기본적인 구성이 규명되었고,[41] 이후 전개된 조선 천주교회의 '大船請來' 계획이나,[42] 황사영『백서』사건을 둘러싼 사회적 상황에 대한 논의 또한 심도 있게 이루어졌다.[43] 이러한 연구에서는 대개 천주교 신자를 바라보는 조선왕조의 시각을 다루었으며, 대박청래 및 황사영『백서』사건을 계기로 조선 천주교회가 '반역자들의 무리'로 각인되는 과정을 상세하게 분석하였다.

특히 신유사옥은『추안급국안』이나『사학징의』같은 관변측 자료는 물론『闢衛編』과 같은 척사서 및『한국천주교회사』를 비롯한 순교자 관련 기록에도 관련 신문 상황을 풍부하게 전하고 있어, 조선왕조의 천주교 신자에 대한 신문 및 형정 절차를 분석한 연구가 다수 이루어졌다. 이를 통해 신유사옥을 전후한 시기 천주교 신자에 대한 형률 적용의 변천은 물론, 그러한 변화에 내재한 함의를 고찰하는 등 사옥과 형정을 관련짓는 연구가 이어졌다.[44] 그 결과 천주교 신자의 형정에 대한 세부절

『법사학연구』 67, 2023.

41) 조광,「辛酉迫害의 分析的 考察」,『교회사연구』 1, 1977; 김한규,「「邪學懲義」를 통해서 본 初期韓國天主敎會의 몇 가지 問題」,『교회사연구』 2, 1979.

42) 주명준,「天主敎 信徒들의 西洋船舶請願」,『교회사연구』 3, 1981; 윤민구,「조선 신자들의 大船請來運動에 대한 海外의 인식」,『교회사연구』 13, 1998; 차기진,「朝鮮後期 천주교 신자들의 聖職者迎入과 洋船請來에 대한 연구」,『교회사연구』 13, 1998; 김진소,「신유박해 당시 서양선박 청원의 특성」, 한국순교자현양위원회 편, 앞의 책, 2003; 고을희,「正祖代 서양 선교사와 洋船 영입 시도」,『교회사연구』 25, 2005.

43) 조광,「黃嗣永帛書의 社會思想的 背景」,『사총』 21·22, 1977; 최완기,「황사영백서 작성의 사상적 배경」, 한국순교자현양위원회 편, 위의 책, 2003; 박광용,「황사영백서 사건에 관한 조선왕조의 반응」, 한국순교자현양위원회 편, 위의 책, 2003; 박현모,『정조 사후 63년: 세도정치기(1800~1863)의 국내외 정치 연구』, 창비, 2011, 175~201쪽.

44) 원재연, 앞의 책, 2003, 203~228쪽; Pierre-Emmanuel Roux, "The Great Ming Code and The Repression of Catholics in Chosŏn Korea", *Acta Koreana* 15(1), 2012; 강슬기,「순조 즉위 초 서교 금압정책의 형성적 전환과 사옥」,『교회사학』 15, 2018; Byungsul Jung, "The Joseon Government's Changing Perception of Early Catholicism

차가 구체적으로 분석되었으며, 천주교 신자의 양형에 대한 논의도 이루어졌다. 천주교 신자의 형정은 기본적으로 '인율비부'의 대상이었으므로, 이들에게 어떠한 형률을 비부하는가의 문제는 천주교 신자에 대한 형정을 바탕으로 조선왕조의 조선 천주교회에 대한 시각을 알 수 있게 해준다는 점에서 중요하다.

다만 현재까지의 연구는 실제 천주교 신자에게 조율된『대명률』이나『속대전』 수록 형률에 대한 분석만이 이루어져, 조선왕조의 천주교 신자에 대한 형정의 부분적 이해에 그친 면이 있다. 조선왕조는 천주교 신자의 형정에서 일부 신자에게는 보다 重律을 비부하여 처형하는 한편, 같은 천주교 신자임에도 몇몇 신자들의 경우 사형을 감하여 유배하거나 방면하는 등 비교적 '관대한' 판결을 내리기도 하였다. 이러한 모습은 앞서 살펴보았던, 정·리·법을 고려한 형정의 대원칙이 조선 천주교회에도 적용되었음을 시사한다. 천주교 신자에 대한 형정의 전모를 올바르게 파악하기 위해서는 '正法' 외에도 '附加刑' 및 '處分'을 아우른, 行刑 전반에 대한 검토가 요구된다. 하지만 현재까지 천주교 신자의 형정을 다룬 연구에서 이러한 내용은 부가형의 일종인 家產籍沒을 다룬 일부 언급을 제외하면 별다른 연구가 이루어지지 않은 실정이다.[45] 천주교 신자에 대한 형정의 전모를 올바르게 이해하기 위해 정법과 부가형, 처분을 포함한 보다 포괄적인 시선이 요구되는 이유가 여기에 있다.

Examined through Law Application", *Seoul Journal of Korean Studies* 33(2), 2020; 방상근, 「조선후기 천주교도의 순교과정(체포~처형) 연구」, 『교회사연구』 61, 2022; 남호현, 「신문의 과정에서 '큰 배[大舶]'를 발견하기: 신유사옥(1801) 당시 천주교 신자의 조율과 대박청래 사건의 형정적 함의」, 『교회사연구』 63, 2023; 윤영현, 「조선후기 사학 이해와 지방의 사옥 형정」, 『교회사학』 24, 2024; 「조선후기 전라도의 邪獄 刑政」, 가톨릭대 국사학과 박사학위논문, 2025.

45) 주명준, 『天主教의 全羅道 傳來』, 탐구당, 1998, 149~165쪽; 원재연, 앞의 책, 2003, 229~278쪽; 권이선, 「조선후기 사학죄인의 적몰재산 복급 과정과 관련 법제: 신유박해 황사영 가문의 사례를 중심으로」, 『국학연구』 52, 2023.

반면, 신유사옥 이후 기해사옥(1839)이나 병인사옥(1866~1871)의 경우 신유사옥과 마찬가지로 천주교 신자에 대한 대대적인 형정이 이루어졌음에도 상대적으로 정치사 내지 형정사 분야의 연구는 미비하다. 천주교 신자의 형정을 '박해'의 관점에서 개괄한 고전적 연구나 개설서에서 사옥의 전개 과정이 언급되거나, '순교 사료'를 통한 천주교 신자의 양태가 분석된 정도이다.[46] 최근 기해사옥을 헌종 초반의 정국과 관련지은 정치사 분야의 연구가 이루어져 신유사옥 이후의 사옥 또한 학술적 관심이 환기되었음을 알 수 있지만,[47] 여전히 신유사옥 이후 사옥에 대한 형정적 이해는 부재한 실정이다. 이는 일차적으로 사옥을 '박해'의 시각에서 부정적으로 인식한 탓이지만, 천주교 신자의 형정이 신유사옥 이후 별다른 변화 없이 답습되었다는 시각 또한 영향을 미쳤다. 천주교 신자들은 『대명률』 내지 『속대전』 수록 형률이 비부되어 처형되었는데, 「謀反大逆」이나 「犯上不道」, 「造妖書妖言」 등의 형률은 모두 신유사옥 당시 비부된 바 있기 때문이다. 하지만 「謀叛」과 같은 형률은 신유사옥 당시 비부되지 않다가 기해사옥에서 비부되었고, 행형의 구체적 실상 또한 신유사옥과 차이를 보인다. 그뿐 아니라 기존연구는 병인사옥 당시 천주교 신자들에 대한 '先斬後啓'라는 조치가 무법적이었다는 점만이 주로

46) 이능화, 앞의 책, 1968; 石井壽夫, 「高宗朝의 朝鮮 天主敎와 그 迫害: 특히 捕盜廳謄錄을 素材로 하여」, 한국교회사연구소 편, 『韓國天主敎會史論文選集』 2, 1977(일본어 원본 1941년 간행); 유홍렬, 앞의 책, 1962; 최용규, 「己亥·丙午 敎難期 天主敎徒의 分析的 考察: 1802~1846年을 中心으로」, 『교회사연구』 6, 1988; 고홍식, 「丙寅敎難期 信徒들의 信仰: 『捕盜廳謄錄』을 중심으로」, 『교회사연구』 6, 1988; 서종태, 「병인박해기 신자들의 사회적 배경과 신앙: 양반 신자들을 중심으로」, 최석우 신부 수품 50주년 기념 사업위원회 편, 『민족사와 교회사』, 한국교회사연구소, 2000; 방상근, 『19세기 중반 한국 천주교사 연구』, 한국교회사연구소, 2006, 한국교회사연구소 편, 『한국천주교회사』 2, 2010a; 『한국천주교회사』 3, 2010b.

47) 김정자, 「1839년(헌종 5) '己亥邪獄'의 전말과 그 추이: 서양인[洋漢]·유진길 추국 사건을 중심으로」, 『한국학논총』 61, 2024; 노신순, 「1839년 기해박해의 그 반대자들: '제1섭정' 김유근, '예비신자' 김정희, 형조판서 조병현」, 『교회사학』 25, 2024.

지적되었는데,[48] 이는 매우 특수한 양상으로 보다 면밀한 분석이 이루어져야 하는 지점이다. 따라서 신유사옥 이후 사옥들에 대한 형정적 관점의 고찰은 천주교 신자의 형정에 대한 통시적이고 종합적인 이해를 위해 반드시 필요하다.

요컨대 조선시대 천주교 신자의 형정은, 형정을 '박해'의 관점에서 부정적으로 바라본 종래의 시각으로 인해 단편적이고 부분적으로만 이해되어 왔다. 교회사 분야에서는 지속적인 '순교 사료'의 발굴을 비롯하여 순교자에 대한 시복·시성 작업의 추진과 함께 이와 관련된 많은 이해를 축적하였지만, 이들은 천주교 신자들을 탄압한 조선왕조의 형정을 '박해'로 치부하였기 때문에 그것의 작동 메커니즘에는 별다른 관심을 기울이지 않았다. 한편 정치사의 시각에서는 천주교 문제를 기본적으로 정치적 길항의 관점에서 이해하였기 때문에, 주로 중앙 조정 차원에서 활동한 천주교 신자들이 분석 대상이 되었으며 사옥에 대한 분석 또한 당쟁 내지 세도정치라는 틀로 국한하였다는 점에서 일정한 한계를 노정하였다. 근래 들어 천주교 신자의 신문과 처형을 조선왕조의 '형정'이라는 틀에서 분석한 연구가 나오고 있지만, 이 또한 특정 사례에 국한된 부분적 이해만을 도출하고 있는 실정이다. 따라서 조선시대 천주교 신자의 형정은 보다 통시적인 시선에서 이해할 필요가 있으며, 무엇보다도 오랜 기간 대규모 행정력을 요하는 추국과 신문은 물론 그 후속조치까지 감당해야 했던 조선왕조의 의도를 규명할 수 있어야 한다. 100년 가까이 걸쳐 조선 천주교회라는 집단에 대해 '형정'으로 대응해 온 조선왕조의 의도를 규명하는 것은 조선 천주교회에 대한 조정의 입장을 알게 해줄 뿐 아니라, 조선왕조가 의도치 않게 내부에서 마주한 '세계'에 대한 태도를 보여준다는 점에서 시대적 함의를 지니는 것이기도 하기 때문이다.

---

48) 원재연, 앞의 책, 2003, 281~322쪽.

3. 연구 관점과 내용

이 책은 조선후기 천주교 신자의 형정을 통시적 관점에서 조망하고 이를 통해 조선왕조의 조선 천주교회, 나아가 西勢東漸이 본격화한 19세기 세계에 대한 인식 및 형정적 대응을 살핀다. 특히 천주교 신자에 대한 정형 및 처분 과정을 분석함으로써 천주교 신자에게 특정 형률이 비부된 경위 및 이에 내재한 법문화적 함의, 그리고 궁극적으로 그러한 의사결정을 내린 주체로서 '국가'의 모습을 제시할 것이다. 이때 '국가'란 국왕을 정점으로 하는 수직적 중앙 행정조직에 다수의 양반 관료가 참여하며, 양반 지배층 전반의 의사 즉 '여론'을 반영하여 왕조의 이념을 수호하고 정책을 집행하는 정치공동체를 지칭한다. 이는 국가를 기능적 측면에서는 강압적이고 구속력 있는 규칙을 독점적으로 만들어 낼 수 있으며, 제도적 측면에서는 다른 여타의 기구들과 달리 중앙에 존재하면서 일정한 영역에서 영향력을 발휘하는 제도나 기구로 본 마이클 만의 정의를 따른 것으로,[49] 천주교 신자의 형정을 집행한 조선왕조의 성격을 분석하는 데에도 유용한 틀이 된다.

천주교 신자에 대한 국가의 형정적 판단은 이들에게 어떤 형률을 적용할 것인지를 살피는 조율 과정에서 드러났다. 조선왕조는 천주교 신자 개개인에 대해 추국청이나 의금부, 형조 차원에서 형률을 조율하였는데, 이는 최종적으로 국왕의 재가를 통해 판결로 확정되었다. 국왕과 관료들은 천주교 신자에게 조율할 적절한 형률을 논의하였고, 이 과정에서 양

49) Michael Mann, "The autonomous power of the state: its origins, mechanisms and results", *European Journal of Sociology* 25(2), 1984, p. 188. 조선후기 국가 개념에 대한 마이클 만의 정의는 이하경, 「추국장에서 만난 조선후기 국가: 영조와 정조 시대 『추안급국안』을 중심으로」, 서울대학교 정치외교학부 박사학위논문, 2018, 23~27쪽을 참조하였다.

반은 通文이나 上疏를 통한 여론형성을 주도하였다. 이러한 여론은 분명 천주교 신자의 형정에 영향을 미쳤고, 바로 이 점에서 천주교 신자에 대한 형정은 국왕 개인의 판단이나 '집권 세력'으로 지칭되는 소수의 정치행위자만이 아닌, 조선왕조 지배층 전반을 아우르는 '국가'의 의사결정이라는 보다 넓은 시야에서 조망해야 하는 것이다. 국가는 천주교 신자에게 특정 형률을 비부할 때 법조문에만 얽매이지 않았고, 여타 형정과 마찬가지로 개별 신자들에 대해서도 '정'과 '리'를 함께 아우른 끝에 행형에서 加重加減의 재량을 발휘했다. 요컨대 법 집행에서 정과 리가 중요했음을 강조하는, 이른바 정·리·법에 대한 통합적 고려라는 '조선 형정의 법 해석 모델'[50]이 조선 천주교회라는 특수한 집단에도 적용되었는가의 여부를 살피는 것은 이 책의 주요 연구 목표 중 하나이다.

천주교 신자의 형정을 살필 때 이 책은 '正刑' 즉 사형 판결을 받은 죄인에게 형률이 인율되는 과정뿐만이 아니라, 사형죄인의 연좌인에 대한 연좌율과 부가형 및 법조문이 조율되지 않은 이들에 대한 '處分' 또한 염두에 둔다. 조선왕조의 형벌제도는 民에 대한 형벌과 官人에 대한 징계로 구분되기도 한다.[51] 하지만 천주교 신자의 경우 관인이라고 해서 형신을 받지 않은 것이 아니며 오히려 더욱 엄중히 처분되기도 하였기 때문에, 천주교 신자의 형정에 일반 민(처벌)과 관인(징계)의 구분을

50) 이러한 견해는 앞서 제시한 조선시대 형정 관련 연구 외에 정조 대 『審理錄』을 분석한 윌리엄 쇼의 연구에서도 강조되었다. William Shaw, *Legal norms in a Confucian state,* Institute of East Asian Studies(University of California, USA: Berkeley, California, 1981), pp. 116-145. 아울러, 조선 형정사에서 쇼의 연구가 지니는 의미는 김호, 『정조의 법치』, 휴머니스트, 2020, 32~40쪽을 참조하였다. 이들 연구는 주로 정조 대 殺獄을 소재로 하였기 때문에, 일종의 國獄이라 할 수 있는 천주교 신자의 형정에서 기존 연구의 해석이 얼마나 적용될 수 있는지의 문제 또한 이 책에서 중요하게 다루어질 과제이다.

51) 矢木 毅, 『朝鮮朝刑罰制度の硏究』, 朋友書店, 2019, 1~2쪽. 이 책의 상세한 비평은 심재우, 「조선시대 형벌과 형정 연구의 진전을 위한 모색」, 『역사와 현실』 118, 2020a 참조.

적용하는 것은 유용하지 않다. 관인이 처벌을 받고, 오히려 민이 징계를 받는 경우도 나타나기 때문이다. 따라서 이 책은 천주교 신자의 형정에서 체포와 신문 이후 죄인에 대한 법적 처리 절차인 '結案과 照律'의 유무에 따라 천주교 신자의 형정을 '正刑'과 '處分'으로 구분할 것이다. 전자의 경우 천주교 신자는 『대명률』이나 『속대전』의 법조문이 조율된 경우 예외 없이 사형되었기 때문에, '정형'은 곧 사형과 같은 것으로 이해할 수 있다. 따라서 형신 중 목숨을 잃은 '物故'를 제외하면 천주교 신자로서 처형된 이들은 모두 이 '정형'에 해당한다. 반면 사형죄인의 처형을 국왕이 임의로 감해주는 '減死' 처분이나 형조 내지 지방관이 임의로 처분한 徒流, 刑放 등의 즉결조치가 내려진 경우 및 천주교 신자를 대상으로 한 각종 '禁令'의 반포는 국가권력의 재량이 천주교 신자의 형정에 적용된 것이라는 점에서 '처분'으로 유형화하였다. 이러한 구분은 천주교 신자에 대한 형정이 '정형'에만 머무르지 않고, 다양한 유형의 '처분'을 통해 조절된 실상을 보여줌으로써 천주교 신자에게 적용된 조선왕조 형정의 다양한 면모를 드러낼 것이다.

조선왕조는 천주교 신자의 형정에서 조선 천주교회의 지도급 인물이나 신앙을 포기하지 않은 이들에게는 사형을 집행하였지만, 몇몇 신자들은 '減死'하여 유배보내는 등 형을 감하기도 하였고, 또 일부 신자의 경우에는 사형 집행 후 梟示를 더하는 등 가중처벌을 집행하기도 하였다. 사형죄인에 대한 '감사' 처분은 물론 추가적인 '효시'의 집행은 모두 死罪囚에 대한 국왕의 처분 사례로, 율문의 비부에 의한 '정형'과는 일정한 차이가 있다. 이러한 加減은 조선왕조가 천주교 신자의 형정에 법과 함께 정·리를 고려한 결과이기 때문에, 천주교 신자에 대한 형정은 물론 조선왕조에서 법 집행의 의미를 고찰하는 데에도 중요하다. 앤너스 칼손은 조선왕조의 법체제에 관한 논의에서 법에 국가의 체제가 반영될 뿐 아니라, 법 체제가 국가 이데올로기를 정당화하는 수단이 되기도 한다는 점을 강조했다.[52] 천주교 신자에 대한 조선왕조의 형정은 법이라는 수단을 통해 조선 천주교회라는 이질적 집단에 대응한 정당성의 표명이라는 점에서 시사하는 바가 크다. 조선왕조는 邪學에 대한 懲治와 함께 사학에 빠진 이들을 正道로 돌아오게 할 책무를 동시에 지니고 있었기에, 이러한 요소가 형정에서도 고려된 것이다.

이 책은 천주교 신자에 대한 '처분'에도 주목한다. 처분이란 '정형'과는 구분되는 刑放이나 左遷, 削職 등을 의미하는 것으로 오늘날 '懲戒'에 해당하는 조치를 포함한다. 조선왕조에서도 '처분'은 관원을 파직할 때나 특정 사안에 대한 징벌적 대처에서 자주 언급되었다.[53] 조선왕조는 천주교와 연루된 관료를 파직 또는 좌천시키거나, 일부 신자의 경우 별도의 조율 없이 곤장만 치고 석방[刑放]하는 등의 처분을 실시하였다. 그뿐 아니라 조선왕조는 일반 백성을 대상으로 천주교와 관련 서적을 금지하는 '禁令'을 내린 바 있는데, 이러한 조치 또한 넓은 범위의 처분에 포함된다. 이러한 처분은 천주교 신자에 대한 형정에서 다양하게 활용되었는데, 이는 곧 천주교 신자에 대한 처분이 형정의 전단계이자 보완수단으로 기능하였음을 보여준다. 따라서 천주교 신자의 처분에 대한 검토는 곧 천주교 신자에 대한 형정의 외연을 이해할 수 있게 해준다는 점에서 이 책의 문제의식과도 관련되는 것이다. 이상의 서술을 개념적으로 도식화하면 다음과 같다.

---

52) Anders Karlsson, "Jeong Yagyong's Views on the Role of Law in Statecraft: Focusing on Differences in His Approach to Procedural and Substantive Law", 『한국실학연구』 45, 2023, 175~208쪽. 아울러 조선후기 형정에 대한 칼손의 논의는 신상원, 「근세 세계화(archaic globalization)의 맥락에서 본 조선시대사」, 『지역과 역사』 53, 2023, 160~161쪽 참조.

53) 『正祖實錄』 권11, 정조 5년 1월 28일 신축; 권12, 정조 5년 7월 7일 정미.

〈표 1〉 조선후기 천주교 신자의 형정 개념도

<table>
<tr><td rowspan="14">法內</td><td rowspan="8">正刑(正法)</td><td rowspan="3">死刑</td><td>謀反大逆</td><td>陵遲處死</td></tr>
<tr><td>謀叛
軍律(梟首)
犯上不道
造妖書妖言
知情不告(謀反大逆)
發塚</td><td>斬</td></tr>
<tr><td>禁止師巫邪術</td><td>絞</td></tr>
<tr><td rowspan="5">緣坐
(謀反大逆, 謀叛)</td><td colspan="2">絞</td></tr>
<tr><td colspan="2">流(爲奴 포함)</td></tr>
<tr><td colspan="2">家産籍沒</td></tr>
<tr><td colspan="2">邑號降等</td></tr>
<tr><td colspan="2">破家瀦澤</td></tr>
<tr><td rowspan="6">處分</td><td>梟首</td><td colspan="2">軍律이 아닌 경우</td></tr>
<tr><td>減死</td><td colspan="2">定配, 流, 徒</td></tr>
<tr><td>邑號降等</td><td colspan="2">緣坐가 아닌 경우</td></tr>
<tr><td>懲戒</td><td colspan="2">定配, 削職, 罷職, 左遷</td></tr>
<tr><td>禁令</td><td colspan="2">禁邪學, 焚書, 禁輸, 回諭</td></tr>
<tr><td>刑放</td><td colspan="2">刑推 일반</td></tr>
<tr><td rowspan="2">法外</td><td colspan="2">物故</td><td colspan="2">신문 중 사망</td></tr>
<tr><td colspan="2">杖斃</td><td colspan="2">신문 외 사망</td></tr>
</table>

위 〈표 1〉은 천주교 신자에게 적용된 실제 사례들을 바탕으로 조선후기 천주교 신자의 형정을 개념화한 것이다. 이는 천주교 신자들에게 적용된 형정의 유형만을 추출하여 개념화한 것이기 때문에, 조선시대 형정의 실제와는 다소 차이가 있다. 예컨대 〈표 1〉은 減死와 懲戒 유형으로 각각 '定配'를 포함하는데, 이는 실제 천주교 신자의 형정에서 감사처분의 결과 정배된 경우(신유년 정약전, 정약용 등)와 사죄수는 아니지만 정배 처분된 경우(정조 대 이승훈의 예산 정배 등)를 구분하기 위한 것으

로, 실제 '정배'의 집행 기준으로 감사와 징계가 구분된 것은 아니다. 또한 〈표 1〉은 천주교 신자에 대한 법외의 형정 유형으로 '物故'와 '杖斃'를 구분하였지만, 실제 사료에서는 이 둘이 혼용되기도 한다. 따라서 〈표 1〉의 구분은 어디까지나 이 책에서 다룰 천주교 신자의 형정을 도식적으로 나타내기 위해 일반화한 것에 지나지 않으며, 실제 형정의 양상과 세부 상황은 본문의 내용을 통해 구체적으로 분석될 것이다.

이 책은 총 네 장의 본문으로 구성된다. 우선 2장에서는 조선 천주교회가 설립된 직후부터 신유사옥 이전까지 조선왕조의 조선 천주교회에 대한 대응을 살핀다. '서학'이라는 이름이 보여주듯, 천주교는 조선에서 학문으로 정당화되었기 때문에 17-18세기 유학자들의 논설은 천주교를 자주 언급한다. 이러한 논설은 대개 서학을 이단으로 치부할 뿐이지만, 일부 인사들이 점차 천주교를 신앙으로 받아들이고 이를 공유하는 공동체를 형성하자 국가는 곧 조선 천주교회에 대한 형정을 실시하기에 이르렀다. 이승훈의 세례로 말미암은 조선 천주교회의 설립은 정조 대의 일이었으므로, 천주교 신자에 대한 형정이 시작된 것 또한 이 시기이다. 조선 천주교회 설립 직후 발생한 을사년(1785) 추조적발 사건이나 을묘년(1795) 주문모 신부 失捕 사건 등은 모두 조선 천주교회에 대한 국가의 형정을 보여주는 사례이며, 신해년(1791) 진산사건은 천주교 신자가 '정형'된 첫 사례가 되었다. 이 장에서는 이처럼 다기하게 발생한 조선 천주교회에 대한 형정의 양상을 구체적으로 규명하고, 이를 진두지휘한 국왕 정조의 대응이 지니는 의의와 한계를 살핀다. 또한 진산사건의 처리 과정에서 처음 마련된 천주교 신자에 대한 형정 절차가 신유사옥에서 典例로 계승되지 못한 점을 당대의 시대상과 관련하여 고찰할 것이다.

3장에서는 천주교 신자의 형정에서 그간 가장 중요하게 다뤄진 신유사옥(1801)의 형정을 세밀하게 분석하여 천주교 신자에게 조율된 형률의 구체적 의미를 살피고, 이를 바탕으로 형정을 통해 확립된 국가의 조선 천주교회에 대한 입장을 도출한다. 특히 신유사옥에서 본격적으로 전개된 천주교 신자에 대한 형정을 정조 대 그것과의 연속선상에서 파악함으로써, 19세기 초 조선에서 사옥이 지닌 역사성을 확인할 것이다. 이때 기존 연구에서는 크게 주목하지 않았던 부가형 및 처분의 집행 양상을 함께 검토하여 천주교 신자의 형정에 대한 종합적 이해를 도모한다. 또한 신유사옥 과정에서 이전과는 다른 논점으로 대두한 '큰 배[大船]'와 관련된 신문 상황을 보다 구체적으로 고찰하여 '큰 배'로 상징되는 외부 세계에 대한 위기의식이 천주교 신자의 양형에도 영향을 미쳤음을 논증할 것이다. 이를 통해 천주교 신자의 형정이 본격화한 계기를 외부 세계에 대한 위기의식과 접목하여 신유사옥의 형정에 내재한 시대적 함의를 드러낼 수 있을 것이다.

4장에서는 신유사옥 이후 소강상태를 보이던 천주교 신자의 형정이 헌종 대 기해사옥(1839)과 병오사옥(1846)으로 재개된 경위를 19세기 중반 조선왕조의 대내외적 상황과 함께 살핀다. 기해사옥은 신유사옥과 마찬가지로 수렴청정 중이던 대왕대비의 교서로 시작하였으며, 기해·병오사옥은 모두 천주교 신자에 대한 광범위한 형정을 실시하였다는 점에서 신유사옥의 형정이 답습된 것으로 여겨지기도 한다. 하지만 그 실상을 자세히 살펴보면 기해·병오사옥은 여러 측면에서 신유사옥과 차이점을 노정하는데, 이 책은 헌종 대의 사옥을 '權道'로서의 형정이라는 관점에서 고찰한다. 기해·병오사옥의 형정은 외형상으로는 신유사옥의 그것과 비슷하였지만, 부가형 및 처분의 집행에서는 신유사옥과는 다른 양상을 보일 뿐 아니라 몇몇 신자들에게는 신유사옥 당시 조율되지 않았던 「모반」이 조율되었다는 점에서 보다 세심한 분석을 요한다. 이를 통해 이 시기의 형정이 19세기 중반 조선왕조의 내부적 상황은 물론 외부 세계에 대한 인식의 차이가 반영된 것임을 논증한다.

마지막으로 5장에서는 조선 천주교회에 대한 조선왕조 최대의 '박해'

로 알려진 병인년(1866) 이후의 형정을 정조 이래 국가의 조선 천주교회에 대한 대응 방식이었던 형정의 형해화 과정이라는 시각에서 새롭게 고찰한다. 이른바 병인사옥(1866~1871)은 그 규모나 지속성 면에서 큰 차이를 보이는데, 특히 기존 연구에서는 병인사옥 당시 천주교 신자에 대한 무법적 조치인 '선참후계'가 횡행하였음을 강조하였다. 천주교 신자에 대한 무법적 조치는 곧 이들에 대한 형정과 함께 '교화'의 가능성을 버리지 않았던 정조 이래 형정의 원칙이 포기된 것으로, 이는 조선후기 천주교 신자의 형정이라는 통시적 관점에서 보다 명확하게 그 의미가 규명되어야 한다. 또한 이전 시기와 마찬가지로 주요 신자들에 대한 신문 상황을 보다 구체적으로 분석하여, 인율비부에 의해 처형된 천주교 신자들의 조율에 내재한 19세기 후반 조선의 대외 인식을 가늠할 것이다. 이러한 과정을 통해 '선참후계'라는 무법적인 조치가 취해지면서도 다른 한 편으로는 '인율비부'라는 종래의 원칙이 유지된 배경을 보다 입체적으로 조망할 수 있을 것이다.

결과적으로 이 책은 조선시대 천주교 신자의 형정을 통시적·입체적 관점에서 조망함으로써 조선왕조가 조선 천주교회를 '형정'이라는 수단으로 다스린 시대적 의미를 규명할 것이다. 형정을 매개로 조선왕조와 조선 천주교회는 재판부와 형사 피의자의 관계를 형성하였다. 양자는 1784년 이후 같은 시·공간에 존재하였는데, 조선왕조가 이들과의 공존을 거부한 채 병존이라는 현상을 해결하기 위해 선택한 방식이 바로 형정이다. 조선왕조는 천주교 신자에게 중죄를 조율하는 한편 일부 신자들에 대해서는 조금이라도 '교화'의 여지가 발견되면 죄를 감하거나 석방하는 처분을 내리기도 하였다. 『대명률』에서 「조요서요언」 이상 죄목의 적용 대상에 "首從을 가리지 않고 모두[皆]" 처형한다는 것이 명시되었음을 고려할 때, 이는 분명 천주교 신자에 대한 형정에도 법과 함께 정·리를 고려한 조선왕조의 특수성이 반영되었음을 보여주는 것이다. 그렇다면 정·리·법을 아우른 조선왕조의 천주교 신자에 대한 형정은 궁극적으로 무엇을 목적으로 하였는가? 또 이러한 조치는 예악과 형정을 함께 추구한 조선왕조의 통치 이념에 비추어 어떠한 함의를 지니는가? 이 책은 이에 대한 해답을 천주교 신자의 형정을 집행한 '국가'의 역할을 중심으로 살필 것이다.

국가가 이단과의 불편한 공존이 아닌 형정이라는 강경책을 택한 것은 조선시대 전 시기를 살펴도 천주교가 유일하다. 유교국가를 표방한 조선에서 불교도, 도교도, 심지어 무당조차 전국적인 체포와 신문, 처형의 대상이 되지 않았다. 천주교 이전의 종교적 전통은 다른 전통과 혼합되어 있어, 국가의 권위를 인정하며 자신들을 둘러싼 사회의 일원으로 행동했다. 하지만 조선 천주교회는 종래의 전통과는 독자적으로 생활하면서 자신들의 종교적 믿음과 의식에 대한 사회와 국가의 통제에서 벗어나려고 하였다.[54] 국가의 입장에서 이는 분명한 위협이었으며, 서세동점과 19세기 조선사회의 동요는 이러한 위기의식을 극대화하였다.[55] 바로 이러한 상황에서 등장한 조선 천주교회는 외부와의 교류에 극도로 보수적이었던 조선왕조가 내부에서 느닷없이 마주한 '세계'였으며, 그렇기 때문에 이에 대한 대처는 여타 종교에 대한 그것과 같을 수 없었다. 조선후기 천주교 신자의 형정에 대한 통시적 이해는 법제사 차원에서 천주교 신자에게 조율된 형률의 의미를 밝혀낼 뿐 아니라, 격변하는 시대에 조선왕조가 세계와 마주한 방식으로 형정을 바라볼 수 있게 해준다는 점에서

54) 도날드 베이커, 김세윤 역, 앞의 책, 1997, 346~347쪽; Don Baker, "The Religious Revolution in Modern Korean History: From ethics to theology and from ritual hegemony to religious freedom," *The Review of Korean Studies* 9(3), 2006, pp.264-271

55) 19세기 조선사회의 전반적인 혼란과 동요는 한명기, 「사회세력의 위상과 저항」, 한국역사연구회 19세기정치사연구반 편, 『조선정치사(상): 1800~1863』, 청년사, 1990, 257~311쪽; 박현모, 앞의 책, 2011, 149~173쪽 참조. 특히 한국 천주교회사 연구에서 이 문제에 천착한 연구로는 조광, 앞의 책, 2010b, 155~217쪽이 상세하다.

조선후기 사회를 바라보는 하나의 시각을 제시할 수 있을 것이다.

제2장

조선 천주교회의 설립과 정조의 형정적 대응

1. 서학(西學)에 대한 형정 개시 이전의 인식

천주교가 서학의 이름으로 조선에 전해진 것은 예수회의 동아시아 진출과 관련이 있다. 1549년 프란치스코 하비에르(Francisco Xavier, 方濟各) 신부의 일본 진출 이후 예수회는 대륙으로의 진출을 도모했는데, 이 과정에서 중국에 이르는 '架橋'로서 조선이 주목된 것이다.[1] 九州에 정착한 예수회는 여러 경로로 조선의 정보를 수집했고, 몇몇 선교사의 파견을 계획하였다. 또한 임진전쟁(1592~1598)을 계기로 상당수의 조선인 피로인이 일본으로 渡海하였고, 이들은 일본 기리시탄[吉利支丹]의 일원이 되어 조선에 대한 예수회의 관심을 높였다.[2] 하지만 일본에서 예수회의 조선 진출은 좌절되었는데, 도쿠가와 막부가 엄격한 禁敎 정책을 벌여 예수회를 축출했기 때문이다.

이후 예수회의 동아시아 전교는 중국을 거점으로 진행되었다. 마테오 리치(Matteo Ricci, 利瑪竇)를 위시한 선교사들의 노력으로 예수회는 1605년(만력 33) 북경에 천주당을 세워 동아시아 전교를 위한 교두보를 마련한 것이다. 북경 천주당은 조선 천주교 전래의 직접적 배경이 되었다. 북경에 머물던 조선 사절단이 천주당을 방문하였고, 이곳에서 선교사와의 접촉이 이어졌기 때문이다. 1603년 이광정은 마테오 리치의 坤輿萬國全圖를 가져와 이수광에게 소개하였고, 이수광은 1614년 완성된 『芝峯類說』에 연행 사절단으로부터 구한 『天主實義』와 『交友論』을 읽고 촌평을 남겼다. 1630년에 출발한 진주사행 정두원은 등주군문의 陣

---

1) 피에르 엠마뉘엘 루, 「조선 架橋의 재발견: 16-19세기 천주교 선교사의 조선 진출 전략에 대한 기초연구」, 『연민학지』 16, 2011, 198~205쪽.

2) 윤민구, 『한국 천주교회의 기원』, 국학자료원, 2002, 339~483쪽.

中에서 예수회 선교사 로드리게즈(Jeronimo Rodriguez, 陸若漢)를 만나 필담을 나누고 『職方外紀』와 『西洋國風俗記』 및 紅夷砲, 自鳴鐘을 도입하였다.[3] 이러한 교류는 明·淸交替 이후에도 지속되어, 청조의 入關 이후 북경의 상황이 안정되고 조선의 對淸使行 또한 定例化 함에 따라 양자의 교류 또한 더욱 심화된 양상으로 전개되었다.

예수회 선교사들은 황제를 비롯한 지배층의 개종을 통해 전 동아시아를 복음화하는 '위로부터의 복음'을 추구하였기 때문에,[4] 적극적으로 서양 지식을 동아시아의 지적 전통에 맞게 변용하였다. 황제들 또한 자신의 권위와 직결되는 천문 지식을 제공하는 선교사에게 호의적이었다. 특히 순치제는 새롭게 中華를 차지한 청조의 정통성을 입증하기 위해 서양 지식을 적극 수용하였고, 그 결과 1645년(순치 2) '時憲曆'이 도입되기 이르렀다.[5] '서학'은 서양 지식 그 자체가 아닌 조정에 의해 '승인된' 지식으로 유통되었으며, 국가의 인가를 얻은 제한된 관료들이 국정의 운영을 위해 수행하는 학문으로 자리매김했다. 따라서 서학은 자연 자체의 탐구를 위한 학문이 아니라, 성인됨을 목적으로 하는 최고의 학문인 '經學'에 복무하는 보조적인 학문으로 받아들여졌다.[6] 이러한 상황에서 조선 사절단은 북경 '觀光'의 일환으로 천주당을 왕래하였고,[7] 선교사 또한 하비에르 이래 이어진 조선 전교 가능성 탐색을 위해 적극적으로 서양의 지식과 문물을 소개하였다.

---

3) 이상 조선 사절단과 선교사들의 만남은 최소자, 앞의 책, 1990, 220~222쪽 참조.

4) 피에르 엠마뉘엘 후, 앞의 논문, 2011, 195~198쪽; 김혜경, 앞의 책, 2012, 190~207쪽.

5) 안재원, 「아담 샬, 순치제, 소현 세자: 아담을 바라보는 두 시선 사이에 있는 차이에 대해서」, 『인간·환경·미래』 8, 2012, 163~164쪽.

6) 전용훈, 「정조시대 다시보기: 천문학사의 관점에서」, 『역사비평』 115, 2016, 203쪽; 김선희, 앞의 책 2018, 13~19쪽.

7) 조선 사절단의 중국 '관광'이 지닌 문화사적 함의는 孫成旭, 「十九世紀朝鮮赴京使臣的"皇都經驗"」, 北京大學 歷史學系 博士學位論文, 2015, 43~75쪽; 임영길, 『조선 지식인의 북경 관광』, 세창출판사, 2023 참조.

하지만 서학을 둘러싼 황제와 조선 사절단, 선교사의 목적은 결국에는 합치될 수 없는 것이었다. 선교사들의 궁극적 목적이 서학을 매개한 종교(religion)로서 천주교 전파에 있었던 반면, 황제와 조선 사절단은 공적 영역에서는 서학의 의미를 어디까지나 '지식' 차원으로 국한하였기 때문이다. 서학의 내용을 종교적인 것[理篇]과 과학기술에 관한 것[器篇]으로 대별할 때,[8] 사절단이 전한 공적 지식으로서 서학의 의미는 후자로 제한된 것이다. 이러한 시각차는 이른 시기부터 확인된다. 예컨대 1644년 9월부터 약 두 달 동안 북경에서 소현세자와 교류한 아담 샬(Adam v. Schall, 湯若望)은 세자에게 천문과 산학 및 서학서와 함께 輿地球와 天主像을 선물하였는데, 세자는 서학서를 받으면서도 천주상은 받지 않고 되돌려줬다.[9] 1720년 사행한 이이명은 서양 선교사 수아레즈(Joseph Suarez, 蘇霖), 쾨글러(Ignatius Koggler, 戴進賢)와 선물을 주고받으며 曆象을 논하면서도 천주교의 핵심교리인 예수의 강림과 천당지옥설은 석가의 탄생과 報應의 논의를 취한 것에 불과하다며 천주교로 천하를 바꾸기는 어렵다고 단언하였다.[10] 同 사행의 자제군관으로 무려 12명의 선교사와 교유하며 천주당 기록을 상세히 남긴 이기지[11] 또한 선교사가

8) 서학의 '理篇'과 '器篇'에 대한 구분은 안재순, 「정조의 서학관」, 『동양철학연구』 27, 2001, 62~66쪽 참조.

9) 안재원, 앞의 논문, 2012, 169쪽. 최근 소현세자와 아담 샬의 교유에 대한 의문이 제기되기도 하였다. 소현세자와 아담 샬의 교유 자체는 사실일지라도, 그 교유 사실을 전한 아담 샬의 기록을 있는 그대로 신빙하기는 어렵다는 것이다. (이명제, 『소현세자는 말이 없다』, 푸른역사, 2024, 168~175쪽) 이에 따르면 소현세자와 아담 샬의 교유는 여타 조선 사절단과 예수회 선교사들이 그랬던 것처럼 단편적인 만남에 그쳤을 가능성이 높다.

10) 『疏齋集』 권19, 書牘, 「與西洋人蘇霖戴進賢(庚子)」. "然天主之降, 彷佛牟尼之生, 地獄之說, 反取報應之論, 何也, 思以此易天下則難矣."

11) 신익철, 「『일암연기』 해제」, 『연행록선집보유』 上, 대동문화연구원, 2008; 김민호, 「북경에서 만난 조선과 서양: 서양 선교사의 조선 관련 기록 발굴을 중심으로」, 『중국소설논총』 69, 2023, 101~103쪽. 이기지가 만난 서양 선교사는 다음과 같다.

포교 가능성을 물으며 조선에 이르는 노정을 묻자, 바로 경계하며 이들이 조선의 허실을 감지할 것을 우려하였다.[12] 조선 사절단이 원하는 '서학'은 어디까지나 천문과 역법에 국한된 것으로, 그 외 천주교의 가르침은 적어도 공적 영역에서 조선 사절단의 관심사가 아니었다.

오히려 사절단은 사행을 통해 청조의 천주교 유행과 탄압 상황을 목도하며, 조선 또한 천주교로 인해 사회적 소요가 발생할 것을 염려하였다. 청조는 순치제가 천주교에 관용적 태도를 취한 이래 강희-옹정 연간에는 이른바 儀禮 논쟁이 없지 않았으나, 적어도 천주교 신자에 대한 체포나 신문을 단행하지는 않았다.[13] 하지만 1784년(건륭 49) 8월부터 약 2년 동안 이어진 '건륭대교안'은 천주교 신자는 물론 선교사에 대한 대대적인 체포와 신문으로 귀결되었다. 서양 선교사들이 任所를 벗어나 중국인과 접촉하며 전교한데다, 천주교 신자들이 서북지역의 이슬람교도와 결탁하여 이 지역의 안정을 위협할지도 모른다는 우려가 함께 작용한 것이다.[14] 조선 사절단은 이러한 분위기를 바로 감지하였고, 이와 관련된 우려를 연행록에 남겼다. 1790년(정조 14) 사행한 서호수의 다음과 같은 기록이 대표적이다.

戴進賢(Ignatius Koggler)과 蘇霖(Joseph Suarez), 白晉(Joachium Bouvert), 張安多(Antoin de Magalhaens), 麥大成(Jean-Francois Cardoso), 費隱(Xavier-Ehrenbert Fridelli), 羅懷中(Giuseppe Da Costa), 雷孝思(Jean Baptiste Regis), 湯尙賢(Petrus v. du Torte), 殷弘緒(Francois-Xavier D'Entrecolles), 杜德美(Pierre Jartoux).

12) 이기지, 『一庵燕記』, 1720년 10월 28일. "湯尙賢, 言于鄭泰賢曰, 吾們欲出往朝鮮, 作天主堂, 使天主之教, 無遠不行, 可乎. 盖問海路, 亦有意也. … 然我國萬無接住之理, 且久居我國, 洞知虛實, 而還出則亦有可慮. 故我每推託示以不可出來之意, 而靳靳猶問路程, 亦可悶也."

13) 거자오광, 이연승 역, 『이역을 상상하다: 조선 연행 사절단의 연행록을 중심으로』, 그물, 2019, 426쪽.

14) 이준갑, 『건륭제와 천주교』, 혜안, 2022, 173~192쪽.

> 歐羅巴의 여러 나라는 모두 天主와 예수교[耶蘇教]를 신봉하는데, 예수는 亞細亞洲의 如德亞國에서 태어났으며 서쪽으로 가 구라파에서 가르침을 행하였다. 王豊肅·陽瑪諾 등이 남경과 북경을 오가면서 어리석은 백성들을 선동하고 미혹하여 드디어 천주교가 중국에 성행하게 되었다. 대개 그들이 욕망을 참아내고 윤리를 없앰은 불교와 비슷하고, 精氣를 아끼고 聰明을 간직함은 도교와 비슷하다. 새벽부터 밤까지 절하고 머리를 조아리면 밝게 비추어 임함이 있다고 하며, 사람들로 하여금 세상을 가볍게 여기고 天堂을 중히 여기도록 한다. 이는 또한 하나같이 白蓮教들이 無爲로 향을 사르며 수행하는 것과 같다.[15)]

인용문에서 언급된 王豊肅과 陽瑪諾은 각각 명대의 선교사 바뇨니(Alfonso Vagnoni)와 디아스(Emmanuel Diaz, Junior)다. 서호수는 『열하기유』에서 마테오 리치나 아담 샬과 같이 중국의 역법 발전에 기여한 선교사를 긍정적으로 인식하면서도,[16)] 남경과 북경을 오가며 전교한 바뇨니와 디아스에 대해서는 白蓮教를 연상하며 이들의 전교를 惑世誣民으로 규정하였다. 후술하듯이 천주교를 백련교와 같은 邪教 집단과 연결 짓는 논리는 곧 조선 천주교 신자들에게 「造妖書妖言」을 조율하는 근거로 이어지는바, 이러한 인식은 조선에서 본격적으로 사옥이 전개되기 전부터 나타나고 있는 것이다. 연행 사절단의 기록은 다양한 경로로 유통되었고, 특히 18세기 후반에 이르면 천주교 문제는 노론계 북학론자들 사이에 경계심을 넘어 일종의 위기감을 형성하였다.[17)] 당대의 정치구도

---

15) 서호수, 『熱河紀遊』, 1790년 7월 26일. "歐羅巴諸國, 悉奉天主耶蘇教, 耶蘇生於亞細亞洲之如德亞國, 西行教於歐羅巴. 至王豊肅陽瑪諾等, 往來南北京, 煽惑愚民, 而天主教遂盛於中國. 盖其屛嗜慾滅倫理, 似佛氏, 嗇精氣住聰明, 似道家. 曉夜拜稽, 謂有赫然照臨, 使人輕世界而重天堂, 則又一白蓮無爲之焚修."

16) 서호수는 마테오 리치나 아담 샬 등 선교사의 천문 지식이 중국 선비들이 미칠 수 없는 것임을 지적하며, 서학과 서양 선교사에 대한 긍정적 인식을 드러냈다. 하지만 『열하기유』에 수록된 서학 관련 서술은 서호수의 사행기록이 『연행기』로 정리되면서 删削되었다. (조창록, 「鶴山 徐浩修와 『熱河紀遊』: 18세기 西學史의 수준과 지향」, 『동방학지』 135, 2006, 185~196쪽)

상 연행 사절단의 三使臣(正使, 副使, 書狀官)은 주로 서인계 인물들이 차지하는 경우가 많았는데,[18] 이로 인해 직접 청조를 견문한 이들을 중심으로 천주교의 위험성에 대한 공감대가 형성된 것이다.

청조는 물론이요 조선 사절단을 중심으로 천주교에 대한 부정적 인식이 확산하는 가운데 서양 선교사의 조선인을 대하는 태도 또한 변화하였다. 선교사들은 조선 사절단에게 천주교 교리를 담은 책과 성물을 선물하는가 하면 조선 입국로를 모색하는 등 전교 가능성을 탐색하였다. 하지만 조선 사절단은 천문과 역법 외에 천주교에는 관심을 보이지 않았고, 오히려 잦은 방문과 요구로 선교사들을 번거롭게 하였다. 예수회 선교사 할레슈타인(Augustin Ferdinand v. Hallerstein, 劉松齡)의 사례가 대표적이다. 그는 南堂에 머무르며 조선 사절단의 이상봉, 홍대용, 엄숙 등과 교유하였는데, 특히 홍대용은 할레슈타인, 고가이슬(Antoine Gogeisl, 鮑友管)과 문답한 내용을 「劉鮑問答」으로 남겼다. 홍대용은 선교사들과 서양 문물에 대한 필담을 나누었는데, 정작 홍대용은 선교사들로부터 환대받지 못하고 소기의 성과도 얻지 못한 채 돌아와야 했다.[19] 8년 뒤인 1774년(영조 50)에는 사절단의 부사 엄숙이 할레슈타인을 만나기로 하였는데, 그는 사람을 많이 데리고 왔다는 이유로 나와보지도 않고 다만 천주당 구경만을 허락하였다. 이러한 상황에서 엄숙의 천주당 방문은 "기이한 볼거리라고는 없는" 단편적 감상에 그치고 말았다.[20] 서양 선교사의 대접이 '듣던 것과' 달라진 사실은 조선 사절단이 직접 느낄 정도

17) 노대환, 앞의 논문, 2008, 204쪽.

18) 김현미, 『18세기 연행록의 전개와 특성』, 혜안, 2007, 46~48쪽.

19) 김명호, 『홍대용과 항주의 세 선비: 홍대용의 북경 기행 새로 읽기』, 돌베개, 2020, 101~112쪽.

20) 엄숙, 『燕行錄』, 1774년 2월 25일. "有劉松齡者, 年過七十, 見爲欽天監正. 日昨見譯人, 先通未見, 意松齡以今日爲約. 且言, 人多則當弊, 三使各率一兩人爲宜云. 今日三房上下人盡隨出及至, 則松齡稱病不出見. 而訪天主殿則許, 其入見, 而別無奇觀."

였는데,21) 이를 통해 조선 사절단을 바라보는 서양 선교사의 변화한 태도를 엿볼 수 있다.

북경 천주당을 매개로 이루어진 조선 사절단과 서양 선교사의 접촉은 분명 '서양'이라는 세계와 그들의 우수한 과학기술을 조선에 전해 주었다. 하지만 그 교류는 시간이 지날수록 형해화 하였으며,22) 18세기 후반에 이르러 조선 사절단은 오히려 청조의 천주교 탄압을 목도하며 천주교로 인해 발생할지 모를 소요를 우려하였다. 그뿐 아니라 중국에서 '서학'의 보급과 확산에 앞장섰던 예수회가 의례 문제에서 촉발된 교회 내의 논쟁 끝에 1773년(건륭 38) 해산되었다.23) 이제 북경 천주당에는 여러 선교회의 선교사가 포진하였으며,24) 전과 같이 조선 사절단이 선교사와 필담하는 경우는 나타나지 않는다. 1799년(정조 23) 1월에 천주당을 방문한 서장관 서유문의 "근래에 우리나라 사람이 이곳에 가는 일이 없다"라는 언급은 이러한 상황을 단적으로 보여준다.25) 조선에서 본격적인

---

21) 홍대용, 『을병연행록』, 1766년 1월 19일. "니덕성이 니르딕 년전은 텬쥬당 ᄉᆞ름이 아국 ᄉᆞ름을 보면 가장 반겨ᄒᆞ야 대졉ᄒᆞᄂᆞᆫ 음식이 극히 풍비ᄒᆞ고 혹 서양국 소산으로 납폐ᄒᆞᄂᆞᆫ 션물이 뎍지 아니 ᄒᆞ더니 근ᄂᆡ의 아국 ᄉᆞ름 봇침을 괴로히 너여 대졉이 이리 낙낙ᄒᆞ니 통분ᄒᆞ다 ᄒᆞ더라"

22) Pierre-Emmanuel Roux, "The Catholic Experience of Chosŏn Envoys in Beijing: A Contact Zone and the Circulation of Religious knowledge in the Eighteenth century", *Acta Koreana* 19(1), 2016, p. 19. 단, 이때 Roux는 'Churches visited regularly'와 'Catholic Churches no longer visited'의 시기 구분을 18th century와 Early 19th century로 다소 도식적으로 나누었다. 하지만 본문에서 검토한 것처럼 'Catholic Churches no longer visited'의 기조가 시작된 시기는 진산사건 이후로 보는 것이 옳을 것이다.

23) 김혜경, 앞의 책, 2012, 294~308쪽.

24) 예수회 해산 이후 북경 천주당을 이관받은 단체는 프랑스 선교수도회(CM)이었으며 천주당에는 여러 선교회의 선교사들이 산거하였다. 이들 중 조선 천주교회와 가장 관련이 깊은 단체는 파리외방전교회(MEP)다. 파리외방전교회를 비롯하여 중국에서 활동한 프랑스 선교사들의 성장배경과 신학은 조현범, 『조선의 선교사, 선교사의 조선』, 한국교회사연구소, 2015, 73~119쪽에서 상세히 다루어졌다.

25) 서유문, 『무오연행록』, 1799년 1월 19일. "근ᄂᆡ는 아국 사름이 이곳의 가는 일이

‘사옥’이 발생하기 이전부터 조선 사절단과 서양 선교사의 공적 교류는 끊어져 갔다.

요컨대 18세기 후반 조선의 공적 공간에서 서학의 의미는 ‘학문’으로 국한되었다. 사행을 통해 전해진 서학서와, 서양 선교사와의 접촉 중단이라는 상황은 역설적으로 선교사의 도래 없이 ‘서학서’만으로 조선 천주교회가 설립된 배경을 제공하였다. 서학이 본격적으로 조선 사회에 충격을 가하면서, 조선 유학자들은 각자의 입장에서 이에 대응하기 위한 논리 마련에 골몰했다.[26] 대다수의 유학자들은 서학의 논리를 비판하고 배척하기 바빴으나, 一群의 학자들 사이에선 서학서의 탐구를 통해 천주교를 진지하게 받아들이려는 이들이 나타났다. 영남남인과는 달리 ‘理’의 주재성만으로는 현실의 다양한 문제를 설명하는 것에 한계를 느낀 일부 근기남인들은 서학의 人格天 개념에서 해답의 실마리를 찾았고,[27] 이는 곧 천주교에 대한 관심으로 이어져 ‘조선 천주교회’라는 전혀 새로운 집단이 조선 내부에 등장하게 된 지적 토대를 조성한 것이다.

업ᄂᆞᆫ지라 밋 아국 사ᄅᆞᆷ이 나ᄅᆞᄆᆡ 직흰 재 므러 ᄀᆞᆯ오ᄃᆡ 이곳의 ᄃᆞ니믈 귀국의셔 금ᄒᆞᆫ다 ᄒᆞ더니 엇지 왓ᄂᆞ뇨”

26) 차기진, 앞의 책, 2002, 229~255쪽; 조성산, 「18세기 중후반~19세기 조선 주자학 지식인들의 天 인식과 西學 대응」, 『한국사연구』 191, 2020, 339쪽. 전자는 근기남인 내 척사론의 전개를, 후자는 그밖에 영남남인 및 노론 내 호론, 낙론계의 척사론을 상세히 다루고 있다. 최근 최우혁은 18~19세기 척사론의 추이를 종합적으로 고찰한 바 있다. (최우혁, 「18세기 후반~19세기 천주교 확산과 척사론의 추이」, 경북대학교 사학과 박사학위논문, 2024)

27) 조성산, 위의 논문, 2020, 346쪽.

2. 을사년(1785) 추조적발 사건과 형정의 개시

서학은 분명 조선 사회에 신선한 충격을 안겼지만, 그것이 청조 당국에 의해 '승인된' 지식으로 도입된 이상 조선에서의 서학 또한 어디까지나 학문의 범주에 머물렀다. '종교'라는 용어가 일본에서 들어오기 이전 조선에는 'religion'에 해당하는 낱말이 없었다. 대신 이에 해당하는 것으로 '教'나 '道', '法', '學', '術' 등 용어가 사용되었다. 주목할 점은 이 용어들이 조정의 간섭에서 벗어난 신앙이나 의식을 가리키지 않았다는 사실이다.[28] 이 용어들은 모두 학문이나 사상에 대한 국가의 통제를 전제하는데, 이 선이 지켜지는 한 서학 또한 비록 '이단'의 지위나마 조선 사회의 일부로서 용인되었다. 조선 천주교회의 설립 이전부터 서학의 가르침을 따라 개인적 守誡 생활을 한 것으로 알려진 홍유한이나, 본래 성리학적 학문 탐구를 목적으로 개최된 走魚寺 강학에서 서학서가 공공연히 다뤄진 것 또한 조선에서 서학이 일종의 '신경향'으로 다뤄진 사실을 예증한다.[29] 서학은 국가 정책에도 활용되어, 적어도 1790년대까지 서학의 천문학과 수학은 국가가 승인한 관학의 위상을 점했다.[30] 물론 서학에 대한 좋지 않은 시선은 존재하였으나, 그것은 마치 稗官雜記 같은 것으로, 국가적 차원의 행정력이 동원될 문제는 아니었다.

하지만 조선 천주교회의 설립 이후 상황이 달라졌다. 조선왕조가 전

---

28) 도날드 베이커, 김세윤 역, 앞의 책, 1997, 339쪽. 조선후기 지식인 사이에서 서학의 도입을 계기로 이뤄진 教와 道, 法, 學, 術에 대한 논의는 장석만, 「開港期 韓國社會의 "宗教" 概念 形成에 관한 研究」, 서울대학교 종교학과 박사학위논문, 1992, 32~39쪽 참조. 해당 대목은 개항 이전 전통시대 한국에서의 교와 도, 법, 학, 술 개념에 대한 논의이다.

29) 조광, 앞의 책, 2010b, 96~106쪽.

30) 김선희, 「금대 이가환의 서학 연구와 그 파장」, 『민족문화연구』 99, 2023a, 281~290쪽.

혀 상정하지 못한 경로를 통해 조선 천주교회가 탄생한 것이다. 조선 천주교회는 1783년(정조 7) 출발한 동지겸사은사의 서장관 이동욱의 아들로 동행한 이승훈이 이듬해 북경에서 세례를 받은 뒤 돌아와 전교한 것을 계기로 설립되었다. 사절단은 정사를 황인점, 부사를 유의양으로 삼았는데,[31] 정사는 본래 박명원이었으나 그가 1780년(정조 4) 연행 당시 판첸 라마로부터 '金佛'을 받은 것이 논란이 되어 사임하였기 때문에 대체된 것이다.[32] 따라서 1783년의 동지겸사은사는 처신에 신중할 수밖에 없었고, 실제로 이동욱은 復命 자리에서 사신은 館中에 머무르며 자유로이 출입하지 않았음을 강조하였다.[33] 반면 비교적 자유로웠던 이승훈은 천주당을 왕래하며 서양 선교사들과 교류하였고, 세례를 받은 뒤 서학서와 함께 十字苦像과 像本을 받아 오기에 이르렀다.[34] 이승훈은 선교사

---

31) 『承政院日記』 1543책, 정조 7년 10월 24일 임오.

32) 1780년에 熱河를 방문한 조선 사절단의 판첸 라마와의 만남과, 이때 발생한 '奉佛之使' 논란은 구범진, 『1780년, 열하로 간 정조의 사신들』, 21세기북스, 2021, 151~197쪽 참조.

33) 『承政院日記』 1553책, 정조 8년 3월 29일 갑인. "冬至書狀官李東郁, 以次進伏訖. … 上曰, 初往彼地, 所見, 果何如. 東郁曰, 臣等在館中, 禁不得出入, 但憑象譯之傳聞, 無以詳知."

34) 『달레(상)』, 307쪽. 이때 달레는 방따봉(Jean-Mathiu de Ventavon, 汪達洪) 신부의 1784년 11월 편지를 인용하며 "조선 사절단과 그들의 수행원"이 모두 북경 천주당을 방문한 것으로 기록하였다. 하지만 조선측 기록에 이러한 내용이 보이지 않고, 당시 삼사신은 특히 처신에 신중해야 했기 때문에 이들이 모두 북경 천주당을 방문한 것으로는 보기 어렵다. 오히려 1790년 10월 6일 구베아(Alexander de Gouvea, 湯士選) 주교가 포교성 장관에게 보낸 편지에는 "1784년에 조선 왕국에서 온 사신 가운데 한 사람의 아들이 수학을 너무도 배우고 싶은 마음에서 북경 교회들을 찾아왔었습니다."라고 되어 있는데, 이것이 보다 사실에 부합할 것이다. (윤민구 역주, 『한국 초기 교회에 관한 교황청 자료 모음집』, 가톨릭출판사, 2000, 44쪽) 또한 사절단은 진산사건 이후 형조에서 서학서의 유입 경위를 조사받았는데, 그 결과 서양 사람이 선물로 세 사신에게 고루 서학서를 전해 주었고 그 書目은 이미 조선에서 유행하던 것이며 당 사절단이 처음 가지고 온 것도 아님이 밝혀졌다. (『正祖實錄』 권33, 정조 15년 11월 11일 임오) 이를 종합하면 북경 천주당을

들에게 받은 서학서와 성물을 이벽에게 전하는 한편 그에게 대세를 베풀었고, 이들을 중심으로 '조선 천주교회'가 탄생하였다. 천주교는 이승훈과 이벽, 정약전, 정약종, 정약용과 권철신, 권일신 형제 등을 중심으로 확산되었고,[35] 이들은 적극적으로 신앙생활을 이어 나갔다.

이승훈을 비롯한 이들은 대부분 근기남인에 속했기에, 이들의 신앙활동은 남인 내에서 즉각적인 우려를 낳았다. 안정복은 1784년(정조 8) 12월 권철신과 이기양에게 보낸 편지에서 천주교를 '新學'으로 칭하며 권철신과 이기양이 '신학'에 빠진 이들을 계도하지 않았음을 질타하고, 서양은 물론 일본에서도 천주교로 인한 화가 적지 않았음을 지적하였다 일본에 서학이 전파되어 반란이 일어난 것이 불과 숙종 대의 일인데, 조선이라고 해서 이런 일이 없겠느냐는 것이다.[36] '신학'에 빠진 이들로 인해 남인이 화를 입을 것이라는 우려는 적중하였다. 1785년(정조 9) 봄 이른바 '秋曹摘發' 사건으로 조선 천주교회에 대한 형정이 개시된 것이다. 사건의 전말은 『벽위편』을 통해 확인할 수 있다.

> 을사년 봄 이승훈과 정약전, 정약용 등은 掌禮院 앞 中人 김범우의 집에서 說法하였다. 이벽이라는 자가 있었는데, 푸른 두건으로 머리를 덮어 어깨까지 드리우고, 아랫목에 앉아서 이승훈과 정약전 삼형제 및 권일신 부자가 모두 제자라 일컬으며 책을 옆에 끼고 모시고 앉았다. 이벽이 설법하고 깨우치는 것이 우리 儒家의 스승과 제자 간 예법보다 더 엄격하였다. 날짜를 약속해 모

왕래한 인물은 이승훈을 비롯한 소수의 수행원이었으며, 이들이 서양 선교사에게 받은 서학서를 삼사신에게 '禮物'로 전하는 한편 聖物을 비롯한 천주교 관련 서적은 몰래 가지고 들어왔음을 알 수 있다.

35) 구체적인 초기 천주교회의 상황은 조현범, 「순암 안정복의 기록에 나타난 조선 천주교회의 초기 상황: 문집, 일기, 고문서를 중심으로」, 『정시각』 48, 2022, 61~67쪽 참조.

36) 안정복, 「권철신과 이사홍에게 보내는 편지」, 이민제 편, 김시준 역주, 『天主敎 傳敎迫害史(闢衛編)』, 삼경당, 1984, 98쪽. 이하 『闢衛編』으로 약칭하며, 원문은 후면에 부록된 영인본을 따랐다.

> 이는데 두어 달이 지나니 양반과 중인 가운데 모이는 자가 수십 명이 되었다. 秋曹의 禁吏가 그 모임이 술 마시고 노름하는 것인가 의심하여 들어가 본즉, 모두가 얼굴에 분을 바르고 푸른 수건을 썼으며 거동이 해괴하고 이상하여, 드디어 체포하고 예수의 화상과 서적 및 몇 가지 물건을 추조에 바쳤다. 刑曹判書 김화진은 그들이 양반의 자제로서 잘못된 길에 빠진 것을 애석하게 여겨 타일러 내보내고 다만 김범우만 가두었다.[37]

천주교 신자들이 푸른 수건[靑巾]을 쓰고 얼굴에 분을 발랐다는 묘사를 통해 이질성을 강조하는 한편, 훈방된 이승훈과 정약전 형제 등과는 달리 중인 김범우만은 수감되었음을 밝히고 있다. 당초 이 사건은 천주교 신자를 대상으로 한 것이 아니라 형조의 금리가 집회를 노름 현장으로 오인하고 수색한 데서 비롯된 것으로, 형조판서 김화진 또한 문제를 키우지 않고 집회 장소를 제공한 김범우만 구금하였다. 『속대전』은 禁制 항목에 3인 이상 안주나 음식을 갖춰 놓고 모여서 술을 마실 경우 음식과 장소를 제공한 이만 처벌할 것을 규정하였는데,[38] 김범우의 구금 또한 신분에 의한 것이라기보다 적발된 모임 장소가 김범우의 집이었기 때문이다. 따라서 형조 금리의 집회 적발과 김범우의 구금은 『속대전』

---

37) 『闢衛編』, 「乙巳秋曹摘發」. "乙巳春, 李承薰與丁若銓若鏞等, 說法於掌禮院前中人金範禹家, 有李檗者, 以靑巾覆頭垂肩, 主壁而坐. 承薰及若銓若鍾若鏞三兄弟及權日身父子, 皆稱弟子, 挾册侍坐檗說法敎誨, 比之吾儒師弟之禮尤嚴. 約日聚會, 殆過數朔, 士夫中人會者, 數十人. 秋曹禁吏, 疑基會飮賭技, 入見則擧皆粉面, 靑巾擧指駭異, 遂捉其耶蘇畵像, 及書册物種若干, 納于秋曹. 判書金華鎭, 惜其士夫子弟, 亦爲誤入, 開諭出送, 只囚範禹."

38) 『續大典』 권5, 「刑典」 '禁制'. "會飮者【三人以上, 具肴饌會飮者, 只治辦主】". 반면 윤영현은 김범우의 형정에서 적용된 형률이 『대명률』 「조요서요언」조의 "요서를 숨겨두고 관에 바치지 않은 경우"에 해당하는 것으로 보았다. (윤영현, 앞의 논문, 2024, 19쪽) 하지만 김범우는 여러 사람이 모인 집회 현장에서 적발되었는데, 「조요서요언」은 요서나 요언을 전해 대중을 미혹시킨[惑衆] 수가 3인 이상일 경우 '皆斬'을 명시하였기 때문에, 김범우에게 「조요서요언」이 적용되었다면 그 양형은 참형이어야 한다. 후술하겠지만 「조요서요언」의 조율은 신유사옥부터 실현되는 바, 김범우의 사례를 「조요서요언」으로 비정할 수는 없다.

에 근거한 통상적인 단속의 결과였다.

문제는 김범우의 구금 이후 불거졌다. 판서 앞에 불려간 김범우가 배교를 거부했을 뿐만 아니라,[39] 권일신과 아들 권상학, 이윤하, 이총억, 정섭 등 5인이 형조를 찾아가 성상의 반환과 김범우의 석방을 요구한 것이다. 같은 중인 출신인 최인길 또한 형조를 찾아 김범우의 구금에 항의했다. 게다가 이들은 김범우와 자신들은 동류이니 함께 죄를 받겠다고까지 하였다.[40] 권일신은 권근의 후손이자 남인의 유명한 학자였고, 이윤하는 이수광의 후손이며, 이총억과 정섭은 각각 이기양의 아들과 외종이었다. 김화진은 이들을 심문한 뒤 크게 꾸짖고 돌려보냈으며, 최인길은 형장을 친 뒤 내보냈으며 김범우는 도배하였다.[41] 권일신 이하 양반들은 다시금 처벌받지 않았으나, 중인 최인길과 김범우에게는 각각 형정적 처분이 이루어진 것이다.

'추조적발' 사건의 처리는 조선왕조에서 천주교 신자에게 가해진 첫 번째 형정이었다는 점에서 주목할 필요가 있다. 우선 김범우를 비롯한 신자들의 체포는 앞서 살펴 보았듯이 당초 형조의 금리가 천주교 신자의 집회를 노름하는 것으로 오인하여 이루어진 것이므로 천주교와 관련이 없었다. 하지만 김범우의 배교 거부와 뒤이은 권일신 등의 형조 '난입'은 형조판서 김화진으로 하여금 천주교 신자에 대한 형정을 불가피하게 하였다. 형조 앞마당에서 일었던 한바탕 소동은 곧 도성의 양반들에게 빠르게 퍼져나갔고, 성균관 유생 이용서 등은 通文에서 이 집회를 "서양

---

39) 『秋官志』 권9, 「掌禁部」, '西學科治'. "乙巳春, 本曹判書金華鎭, 自次對赴衙, 以中人金範禹, 崇奉西學, 捉來盤問, 範禹以爲西學多有好處, 不知其非云. 嚴刑一次."

40) 『달레(상)』, 318쪽; 「진사 이용서 등의 통문 및 회문」, 『闢衛編』, 96쪽; 『秋官志』 권9, 「掌禁部」, '西學科治'. 권일신과 사족들의 기사는 『달레(상)』와 『벽위편』에, 최인길의 기사는 『추관지』에 실려 있다.

41) 『闢衛編』, 「乙巳秋曹摘發」. "日身, 率其子, 及李潤夏, 李寵億, 鄭涉等五人, 直入曹庭, 請還聖像. 屢屢呼訴. 秋判, 審問其爲某某, 大驚責諭出送, 只將範禹, 草記刑配."

서적을 가지고 온 놈들 5, 6명이 도적놈같이 모여서 결당하여 도량[道場]을 설치한 것"으로 규정하였다.[42] 천주교 신자의 집회를 '結黨'으로 지목하며 이들을 공공연히 배척하는 여론이 조성된 것이다. 권일신 이하 사족들은 刑訊을 받지 않았지만, 천주교에 대한 부정적 여론은 확산되었으며 형조에 난입한 이들의 태도는 6년 뒤 진산사건 당시 권일신을 체포하는 직접적 원인이 되기도 하였다.[43] 이러한 점에서 을사년 '추조적발' 사건은 천주교 신자의 완악함을 상징하는 사례로 비쳐졌을 뿐 아니라,[44] 이후 형정의 근거가 되었다는 점에서도 의미를 찾을 수 있다.

최인길과 김범우의 형정적 처리를 자세히 살펴보자. 이들에 대한 형정적 조치는 『秋官志』에서 확인 가능한데, 『추관지』는 정조 대에 국왕이 참고할 목적으로 형정과 관련된 각종 법례와 판례, 관례를 모아 편집한 일종의 판례집이다.[45] 을사년 '추조적발' 사건은 『추관지』의 '西學科治' 항목에 수록되었는데, 해당 항목에는 김화진이 단순히 "꾸짖고 방면한" 권일신 이하 양반과 관련된 내용은 없고 최인길, 김범우의 처리만 기록되어 있다. 이는 신분에 따른 구분이라기보단 형정의 실시여부에 따른 것으로, 이를 통해 최인길과 김범우에게 각각 '刑杖'과 '徒配'라는 처분이 이루어졌음을 알 수 있다.[46] 우선 최인길은 형조에 난입하여 김범

42) 『闢衛編』, 「進士李龍舒等通文」. "通文曰, 近聞西洋帶來種子五六人, 交結匪類設道場講其法."

43) 「장악원 사계」, 『벽위편』, 144~145쪽.

44) 김화진은 진산사건 당시 천주교 문제를 논하는 자리에서 을사년 '추조적발' 사건을 언급하며 천주교 신자들이 법을 두려워하지 않음을 강조하였다. 『承政院日記』 1695책, 정조 15년 10월 25일 병인. "華鎭曰, 臣於乙巳年待罪秋判也, 誑惑尤甚者, 一竝刑配, 仍焚其書, 而伊時中人十餘人, 爭自首實, 願受刑配, 其誑惑之極, 不畏刑法可知."

45) 심재우, 「추관지 해제」, 『추관지』, 서울대학교 규장각, 2004. 『추관지』는 1781년(정조 5)에 출간된 이후 이듬해에 의금부 사례가 추가되었으며 1791년(정조 15)에 증보되었다. 따라서 김범우와 최인길에 대한 처분 내용은 『추관지』 증보판에 수록되어 있다.

우와 함께 죄받을 것을 청하여 '刑推'된 후 김범우가 정배될 때 '加杖放送'되었다. 즉 최인길은 두 차례 형장을 맞은 것인데, 첫 번째 '형추'는 일종의 즉결처분으로, 즉시 장형이 집행되었음을 일컫는다. 최인길이 천주교 신자임을 자인한 데다 김범우와 함께 죄받을 것을 청했기에 앞서 김범우에게 가해진 '嚴刑一次'를 동일하게 처분한 것으로 이해된다. 반면 이후 집행된 '가장방송'은 단순히 죄인을 때리고 방면한다는 일반명사가 아닌, 徒流刑에 처해진 죄인과 연루된 이들에게 내려진 '刑放' 등의 처분을 일컫는다. 따라서 최인길의 '가장방송' 처분은 김범우의 도배와 함께 이해할 필요가 있다.

김범우는 충청도 단양으로 도배된 뒤 이듬해인 1786년(정조 10) 그곳에서 사망하였다.[47] 사료에 따라 '刑配'나 '定配'로도 나타나지만,[48] 김범우를 직접 처분한 형조의 기록인 『추관지』가 가장 정확할 것이다. 조선시대에는 사족이 아닐 경우 의금부나 형조, 관찰사 등이 직권으로 도류형을 집행하는 것이 가능했는데,[49] 김범우는 중인이었기에 형조에서 직권으로 처분한 것이다. 단양은 김범우의 거주지 서울에서 약 400여 리 떨어진 곳으로 遠配라고 보기는 어려운 곳이다. 당시 유배형의 가장 낮은 형량인 流二千里가 600리로 환산되던 것을 고려할 때,[50] 이를 통해서

---

46) 『秋官志』 권9, 「掌禁部」, '西學科治'. "有崔仁吉, 以同看其書, 願同被罪, 故責以蒙騃, 決杖, 與範禹同囚十日, 以更勿崇信之意曉諭. 仁吉, 加杖放送, 範禹, 徒配." 『추관지』는 최인길의 처분을 '決杖'으로 기록하였는데, 이는 최인길의 형추가 즉결처분임을 의미한다. 그런데 또 다른 조선시대 법률서인 『전율통보』는 '결장'을 곧 '杖百'과 같은 것으로 설명하기도 한다(『典律通補』 「刑典」, 名例. "稱決杖者, 杖百."). 이 글에서는 혼란을 피하고자 본문의 서술을 김범우의 '형장'으로 정리하였다.

47) 『달레(상)』, 318~319쪽. 특히 이 페이지의 각주 3) 참조.

48) 『벽위편』은 김범우의 처분을 '刑配'로 기록했고, 김범우의 동생 김현우는 신유사옥 당시 신문에서 형 김범우가 '定配'된 것으로 진술했다. (『闢衛編』, 「乙巳秋曹摘發」; 조광 역주, 『사학징의』 1, 한국순교자현양위원회, 2001, 155쪽)

49) 심재우, 앞의 책, 2009, 33쪽.

50) 심재우, 「조선시대 유배제도 연구의 성과와 과제」, 『도서문화』 58, 2021, 49~50쪽.

도 김범우에게는 조선후기에 이르러 단기 유배형화한 '도배'가 집행되었음을 확인할 수 있다.[51] 비록 김범우는 수차례 매질로 말미암아 오래지 않아 사망하였지만, 그 형정적 처분은 여타 도배죄인에 준하여 이루어진 것이다.

조선후기에는 유생들의 집단행동이나 亂言으로 여겨진 擊錚, 불법적인 神祭 등의 사안에서 주모자를 도류형에 처한 사례가 다수 발견된다. 이때 사건의 주모자가 형을 받으면 이와 연루된 이들에게는 대개 '형방' 처분이 내려졌다. 예컨대 1781년(정조 5) 홍국영과 함께 송덕상이 실각하자 호서유생 연덕윤·이규경 등은 四道에 통문을 돌리며 반발하였는데, 이 사건은 獄事로 비화했다.[52] 사건의 처분에서 정조는 주모자를 遠配 조치하는 한편, 동조자에게는 酌處에 경중의 구별이 없을 수 없다며 '嚴刑放送'을 명했다.[53] 사안이 도류형에 해당하는 행위에 대해, 종범이라 할 수 있는 이들에 대한 처분으로 '형방'을 명한 것이다. 이는 분명히 공권력에 의한 '형방'이 단행된 것으로, 국가의 민에 대한 직접적인 刑杖이 집행된 사례다. 추조적발 사건의 처분에서도 형조는 집회 장소를 제공한 김범우를 주범으로 삼아 도배에 처했으므로, 공범을 자처한 최인길은 가장방송한 것이다. 요컨대 추조적발 사건 당시 처음으로 개시된 천

51) 조선후기 '도배'의 '유배'화와 그 의미는 심재우, 「조선시대 徒刑의 집행과 徒配罪人 관리」, 『한국문화』 104, 2023, 98~103쪽에 상세하다. 한편 조선후기에 이르러 하나의 형명으로 확립된 '定配'는 流三千里에 준하였으므로(矢木毅, 앞의 책, 2019, 295쪽), 김범우의 配所를 고려하면 그에게 내려진 처분은 『추관지』의 기록처럼 '도배'였음이 거의 확실하다.

52) 이 사건의 상세한 전말은 김백철, 「정조 6년(1782) 윤음의 반포와 그 성격: 송덕상 사건을 중심으로」, 『한국학논집』 75, 2019, 78~102쪽 참조.

53) 『正祖實錄』 권12, 정조 5년 10월 17일 병술. "諭審覈使李秉模曰, 觀此狀本, 李奎景指揮情節, 幾皆輸款, 當酌處, 如未受刑, 嚴刑遠配, 已受刑, 則勿刑決配. 配所以島中定送. 李疇載卽奎景之鷹犬, 奎景酌處之後, 不無輕重之別, 嚴刑放送." 그밖에 유사한 사례로 『正祖實錄』 권21, 정조 10년 2월 11일 을유; 권29, 정조 14년 3월 10일 경인; 『純祖實錄』 권29, 순조 27년 4월 1일 병오 기사를 참조.

주교 신자의 형정은 사건의 주범으로 지목된 김범우를 도배하고, 종범을 자처한 최인길의 가장방송으로 마무리되었다.

이후의 천주교 신자들에게 가해진 형정의 정도를 고려할 때, 김범우와 최인길에게 내려진 도배와 형방 처분은 비교적 가볍게 보이기도 한다. 하지만 을사년 추조적발 사건을 계기로 천주교 신자가 공식적인 형정의 대상이 되었으며, 그 후속조치 또한 이후 형정에서 참고되었다는 점을 감안하면 그 의미는 결코 가볍지 않다. 형조는 김범우와 최인길의 처분 이후 김범우가 소장하고 있던 서적을 모아 형조의 뜰에서 불태웠으며, 한성 五部에도 공문을 보내 서학과 관련된 서적이나 성상을 태우거나 씻어 없애서 죄를 범하는 일이 없도록 하라는 뜻을 공포했다.[54] 김범우와 최인길의 형정에 대한 후속조치로 도성 내 서학서와 성상에 대한 소각조치를 시행한 것이다. 이러한 조치는 1788년(정조 12) 서학의 유포를 단속하는 자리에서 정조에 의해 다시금 확인되면서,[55] 천주교 문제는 有司에서 즉각 대응한다는 원칙이 성립하였다. 천주교 신자 개인에 대한 처분에 이어 천주교의 금지라는 '禁令'이 마련된 것이다. 이제 천주교를 신봉하는 것은 '금령'으로 제한되었기 때문에, 천주교 신자의 행위는 언제라도 '금령을 위반'했다는 죄목으로 처벌될 수 있었다.

홍낙안은 1788년(정조 12) 과거시험의 대책문에서 을사년의 추조적발 사건을 언급하며 '금령'을 다시금 엄하게 할 것을 강조하였고,[56] 이제 천주교 신자들은 과거 준비를 빙자하여 남몰래 모임을 갖는 등 주변의 눈을 피해 조심스레 신앙생활을 이어가야 했다.[57] 하지만 이미 천주교

54) 『秋官志』 권9, 「掌禁部」, '西學科治'. "所藏册子, 竝燒曹庭. 仍以禁西學事, 曉諭坊曲曰, …, 坊曲愚迷之類, 藏其書而奉其像者, 一併燒毁淘洗, 無使犯科之意, 一一知委, 捧甘五部."

55) 『正祖實錄』 권26, 정조 12년 8월 3일 임진 "上曰, 此說, 熾盛於乙巳間, 金華鎭爲秋判時, 略加搜治. 此事付諸有司之臣, 可矣."

56) 「진사 홍낙안의 과거시험 답안」, 『벽위편』, 108쪽.

와 연루된 것으로 지목된 이들은 지속적으로 주변의 감시와 의심에 직면해야 했다. 을사년 '추조적발' 사건으로 시작된 천주교 신자에 대한 형정의 개시는, 이후 진산사건을 거치며 본격화할 천주교 신자에 대한 대대적인 형정을 예고한 것에 다름 아니었다. 조선 조정은 천주교의 확산을 막기 위해 관련자를 처벌하고 '금령'까지 마련하였지만, 그 처벌의 범주는 불과 두 명의 중인(김범우, 최인길)에 불과하였던 데다, '금령'을 위반했을 때의 처벌 절차 또한 마련되지 않았기 때문이다.

3. 진산사건(1791) 당시 폐제(廢祭)에서 분주(焚主)로의 혐의 변화

을사년 추조적발 사건을 통해 마련된 천주교 신자의 형정은 당사자에 대한 '처분'과 천주교 서적 및 성물 소장 금지라는 '금령'으로 귀결되었다. 전자는 김범우와 최인길의 도배 및 형방 처분으로 마무리되었으나, 후자의 경우 위반 시의 처벌기준이 정해지지 않은 데다 공포 후 곧 느슨해진 것으로 보인다.[58] 전국적인 서학서의 압수나 소각 등의 조치는 없었으며, 다만 천주교 문제를 유사에서 대응한다는 원칙만이 종종 실현되어 보령이나 예산 등지에서 천주교 신자에 대한 체포와 서학서의 수색이 행해지는 정도였다.[59] 반면 조선 천주교회는 교세를 크게 확장하여 신

57) 1788년(정조 12)의 이른바 '泮會事件'이 대표적이다. 이승훈과 정약용 등은 주변의 감시를 피해 과거 준비를 빙자하여 서학서를 탐구하다 이기경과 홍낙안 등에게 적발되어 또 한 번 곤욕을 치른 바 있다. 김가람, 앞의 논문, 2008, 60~63쪽 참조.

58) 『闢衛編』, 「洪注書上蔡左相書」. "當時禁令, 只限於不齒士類之罰, 而今不嚴, 刑不峻則人之易狎, 而犯之無難, 曾無幾何, 又復如初."

59) 1786년(정조 10)부터 1788년(정조 12)까지 보령현감을 역임한 이일운은 10여 인의 천주교 신자를 잡아 다스렸으나 그 책을 찾지 못했고, 1785(정조 9)부터 1789년(정

도 수가 증가하였을 뿐만 아니라,[60] 이승훈을 비롯한 지도급 신자들이 이른바 '權道聖職制'를 구성하는 등 보다 조직적인 모습을 이루었다.[61] 조선 천주교회의 주요 구성원은 경향에 두루 분포하였는데, 이들은 천주교의 교리나 교회활동 방침을 함께 모여 논의하였고, 자금을 모아 인원을 선발해 연행 사절단에 密使를 끼워 넣어 북경 천주당과 직접 소통하는 등 대담한 전교 활동을 이어나갔다.[62] 이 시기에는 연행 사절단 차원의 천주당 방문이 없었기 때문에, 오히려 조선 천주교회의 밀사들은 이러한 틈을 타 천주당 선교사들과의 접촉면을 넓혀갔다.

조선 천주교회의 설립 이후 늘어난 북경 천주당과의 접촉은 진산사건의 발단이 된 '廢祭焚主'의 직접적 계기가 되었다. 1790년(정조 14) 북경 천주당을 찾아간 조선 천주교회의 밀사 윤유일이 구베아 주교에게 신주와 제사에 대한 질문을 하였고, 주교는 교황 베네딕토와 클레멘스의 칙서를 근거로 신주를 모셔서는 안 된다는 점을 분명히 하였다.[63] 이전까

조 13)까지 예산현감을 역임한 신사원 또한 천주교 신자들을 다스려 서적을 압수한 바 있다. 『承政院日記』 1696책, 정조 15년 11월 3일 갑술. "洪仁浩啓曰, 問啓事, 命下矣. 問于前假注書洪樂安, 則以爲, … 而臣之所聞於前承旨李秀夏者, 更問秀夏, 則一如前言, 秀夏所居, 卽湖西之保寧縣也. 邪學尤熾, 該縣監李日運, 懲治十許人, 而亦無效益, 故每欲執其刊本, 以爲眞贓, 而以其祕之甚密, 終未執捉云云. 且其册子之盛行湖中者, 非但秀夏之言爲然. 珍山郡守申史源, 前任禮山時, 收聚民間之妖書, 付之官吏云者, 前旣向臣言之."

60) 『달레(상)』, 321~331쪽. 달레는 이 대목에서 내포에서 크게 활약한 이존창과 서울의 권일신, 이승훈, 정약용 형제 등의 활동을 자세히 소개하고 있다.

61) 권도성직제는 사제서품을 받지 못한 이승훈이 임의로 조직한 것으로, 유항검 등 10명의 교회 지도자가 '權道神父'로 임명되었다. 이는 그동안 '假聖職制'로 불렸으나, 최근 이를 '권도성직제'로 불러야 한다는 주장이 있어 따랐다. 조광 역주, 앞의 책, 2022, 115쪽 각주 165; 여진천, 「(서평) 역주 『사학징의』」, 『교회사연구』 60, 2022, 156쪽 참조.

62) 이와 관련해서는 김장환, 「연행 밀사 소통방식과 변화: 천주교 밀사 기록을 중심으로」, 『교회사연구』 64, 2024 참조.

63) 「북경의 구베아 주교가 사천 대리 감목 디디에르 주교에게 보낸 1794년 8월 15일자 편지」, 윤민구 역주, 『한국 초기 교회에 관한 교황청 자료 모음집』, 가톨릭출판

지 조선 천주교 신자들이 주로 접한 『천주실의』나 『칠극』 같은 예수회 선교사의 서적은 동아시아의 오랜 전통인 조상숭배를 명시적으로 금지하지 않았다. 하지만 예수회의 해산 이래 의례 문제에 보다 엄격한 태도를 취한 북경 천주당은 조선 천주교회 또한 조상숭배를 금지할 것을 강조했고, 이것이 곧 진산에 거주하던 윤지충에게도 전해진 것이다.[64] 바로 이 시기에 윤지충의 어머니 안동권씨가 사망하였고, 그 상장례 과정에서 불거진 천주교 신자들의 제사 거부 문제는 조선왕조에서 천주교 신자에 대한 첫 번째 '正刑'의 계기를 마련하였다.

조선후기 천주교 신자의 형정은 체포 이후 신문-결안-조율-처형 순으로 이루어졌다.[65] 앞 절에서 다룬 최인길과 김범우의 경우 유사의 관장인 형조판서의 즉결 '처분'을 받았기 때문에 체포와 신문 정황만이 기록되었을 뿐, 결안 이후의 과정은 거치지 않았다. 반면 흔히 '正法罪人'으로 일컬어지는 사형죄인의 경우 결안 이후의 절차가 신중히 검토되었는데, 죄인의 범죄 내용과 자신의 죄를 인정한다는 '遲晩'이 담긴 결안은 정당한 형벌의 집행을 위한 필수 절차였기 때문이다.[66] 진산사건 당시 윤지충은 어머니의 장례를 불완전하게 치렀을 뿐만 아니라,[67] 이 과정에서 모친의 신주를 세우지 않은 데다 권상연과 함께 父祖의 신주를 없

사, 2000, 123~124쪽.

64) 조현범, 앞의 글, 2007, 518~522쪽. 이에 따르면 조상숭배 금지 지침이 조선 천주교회에 전달된 지 만 1년이 채 되지 않아 윤지충의 '폐제분주'가 단행되었다.

65) 방상근, 앞의 논문, 2022, 243~244쪽. 물론 이는 천주교 신자뿐 아니라 조선후기 형사범죄의 일반 절차이다. 김우철, 『조선후기 정치·사회 변동과 추국』, 경인문화사, 2013, 253~276쪽.

66) 김우철, 위의 책, 2013, 256~257쪽.

67) 윤지충이 어머니의 장례를 치르지 않은 것은 아니다. 그는 천주교의 제사금지 방침과 어긋나지 않는 棺槨 마련이나 哭泣, 발인과 봉분 등의 예는 실천했다. 하지만 조상을 공경하고 이를 통해 사족들의 종법 질서를 확인해주는 '신주'를 폐했다는 점에서 불완전한 것이었으며, 장례 이후 제례의 부재를 뜻하는 것이다. (김진우, 앞의 논문, 2023, 136쪽)

앤 사실까지 발각되었다. 윤지충과 권상연이 명문가의 후손이라는 점을 감안하면 이는 분명 충격적인 사안으로, 조선 조정은 이 사건을 계기로 천주교 신자에 대한 본격적인 형정을 실시하기에 이른다. 따라서 이 사건은 매우 중요하게 다루어졌으며, 기존 연구를 통해 윤지충과 권상연에게는 『대명률』 禮律의 「禁止師巫邪術」과 刑律의 「發塚」이 함께 조율되었으며, 이밖에 名例律 「二罪俱發以重論」 및 『大典通編』 소재 綱常罪 관련 항목이 함께 적용된 점은 물론 그 후속조치도 상세히 분석되었다.[68] 그런데 기존 연구는 윤지충과 권상연의 혐의 중 어떤 부분이 특정 형률의 조율로 이어졌으며, 또 어째서 이때의 '판례'가 이후의 천주교 신자에 대한 형정에서 답습되지 않았는지는 별다른 주의를 기울이지 않았다. 따라서 이 절에서는 윤지충과 권상연의 신문을 상세히 살피고, 이를 바탕으로 천주교 신자들에게 적용된 특정 형률의 조율 과정을 당대의 형정이라는 맥락에서 고찰한다.

우선 윤지충과 권상연의 '폐제분주' 사실은 윤지충 모친의 장례 과정에서 지역 사회에 소문으로 퍼졌고, 진산군수 신사원에 의해 확인되었다. 신사원은 대략적인 사실을 확인하고 이들을 구금한 뒤 조정에 보고하였으며, 조정에서는 道伯으로 하여금 본격적인 신문을 담당케 하였다.[69] 그 결과 윤지충과 권상연은 진산군수 및 전라감사 정민시에게 신문 받았는데, 이를 통해 윤지충과 권상연의 체포 및 신문 과정에서도 천주교 문제를 '유사'에서 대응한다는 원칙이 고수되었음을 확인할 수 있다. 윤지충과 권상연의 신문기록은 다블뤼 주교와 달레의 기록에서 확인 가능한데, 이 기록은 윤지충이 작성한 것으로 여겨지는 『죄인지충일기』를 전재하고 있다.[70] 『죄인지충일기』의 내용 중 형정과 관련된 부분을

68) 원재연, 앞의 책, 2003, 169~199쪽; Pierre-Emmanuel Roux, 앞의 논문, 2012; Byungsul Jung, 앞의 논문, 2020.

69) 『正祖實錄』 권 33, 정조 15년 10월 20일 신유.

추리면 다음과 같다.

A-1. (전라감사) 너희가 어떤 책을 공부하는지, 또 너희와 함께 공부한 자들을 진술하라. 엄하게 금지하고 있음에도 불구하고 너희는 감히 제멋대로 너희의 사상을 전하고 더욱 어리석게도 나아가 행동으로까지 옮겼다. … 즉시 너희들의 책을 갖다 바치고 너희와 같은 신앙을 가진 자들을 모두 고하라. 뿐만 아니라 사람들 말에 의하면 너희들 가운데에는 주교라는 자들이 있어 몰래 너희를 통솔하는데, 【또한 그 종교를 퍼뜨리는데】[71]너희들이 그들을 알지 못할 수 없을 터이다. 그러니 아무 것도 숨김 없이 모두 고하라. (윤지충) 저는 제사를 궐하였고, 신주들도 파괴했습니다. … 제게는 갖다 바칠 책이 없습니다. 함께 믿는 자들이라면, 제게는 그런 사람이 없습니다. 주교에 관해서라면, 이곳에는 그 이름조차 존재하지 않으나, 서양에는 그 고위직이 존재합니다. 사람들 말에 의하면 그들은 천주교의 일을 주관한다 합니다. 알고 싶으시면 서양에 물으셔야 할 것입니다.

A-2. (전라감사) 너는 신주들을 그대로 묻었느냐 아니면 불태운 후에 묻었느냐? 그것을 불에 태웠는지 아니면 묻기만 하였는지에 따라 네 죄의 위중함이 더하거나 덜하거나가 결정된다. … (윤지충) 저는 신주를 불태워 묻었습니다. (전라감사) 네가 그 신주들을 네 부모처럼 모셔서 땅에 묻었다면 그것까지야 그럴 수 있다지만 신주들을 불에 태웠다니 사람이 어찌 그렇게 할 수 있느냐? … (윤지충) 천주교에서는 신주를 태우라고 명백하게는 명하지 않으므로, 제가 경솔하게 그렇게 한 점을 전적으로 후회할 수도 있을 것입니다. 그것 외에는 제가 후회할 것이 아무 것도 없습니다.

---

70) 『죄인지충일긔』의 사료 검토는 김규성, 앞의 논문, 2016, 19~27쪽에 상세하다. 이 책에서는 『죄인지충일긔』를 인용할 때 윤지충과 권상연의 '공술서'(A-4)는 달레의 기록을 참조하였으며, 나머지 A군의 신문 기록은 다블뤼 주교의 기록을 따랐다. 달레의 기록은 다블뤼 주교의 기록에 비해 다소간 윤색된 부분이 있으며, 다블뤼 주교의 기록에는 윤지충과 권상연의 '공술서'가 실려 있지 않기 때문이다. 두 기록의 서지사항은 다음과 같다. 『달레(상)』, 345~350쪽; 앙투안 다블뤼, 유소연 역, 『조선 주요 순교자 약전』, 내포교회사연구소, 2014, 4~25쪽.

71) "【】" 안의 내용은 다블뤼 주교가 원문에 직접 남긴 메모이다. 이하 동일하다.

A-3. (전라감사) 네 부모나 임금께서 너를 다그친다 해도 그들의 말을 따르지 않겠느냐? 나(윤지충)는 아무 말도 하지 않고 있었다.【바오로가 대답하지 않았던 것은 주저해서가 아니라, 이와 같은 상황에서 직접적인 대답을 허용하지 않는 이 나라의 관례를 지나치게 깨트리지 않기 위함이었다. 게다가 그의 침묵은 재판관들에게 충분히 이해되었다.】(전라감사) 너는 부모도 모르고 임금도 모르는 자다. (윤지충) 저는 부모와 임금을 아주 잘 압니다.

A-4. (윤지충 공술서) 을사년 봄에 저는 그 책들(=『천주실의』와 『칠극』)을 주인(=김범우)에게 돌려보냈습니다. 3년 후에 그 책들을 연구하고 묵상하고 나서야, 비로소 저는 그것들을 진지하게 실천하기 시작했습니다. 2년 후에 이 교리가 嚴禁되었다는 말을 듣고, 그 책들을 불사르던가 물로 지우던가 하여 집에 보존하지 않았습니다. 그러므로 저는 천주교 교리를 아무에게서도 배우지 않았고, 누구에게 전해주지도 않았습니다. … 사람들은 제가 천주교인들의 主敎라고 주장합니다. 서양 나라에는 어디나 주교의 품계가 있는 것이 사실이지만, 그것을 아이나 초심자에게 주지는 않으며, 더구나 시골 구석 궁벽한 곳에서 살아 아무 것도 보지도 듣지도 못하였고, 혼자서 책 두세 권을 읽음으로써 제 개인적인 聖化에 힘썼으며, 아무에게도 교수를 받지 않고 또 어디서도 이 교리를 전파한 일이 없는 저 같은 사람에게는 주지 않을 것입니다.

(권상연 공술서) 그(=윤지충)의 집에서 『천주실의』와 『칠극』이라는 제목이 붙은 책을 보고 빌려 왔습니다. 그것은 여러 해 전의 일이었습니다. 그것은 윤지충이 그 책들을 불사르거나 물로 지우기 전의 일이었으며, 저는 그것들을 베끼지 않고 읽기만 하였습니다.

다소 장황하지만, 다블뤼 주교와 달레의 기록에 전재된 『죄인지충일기』에서 형정 관계 주요 사안을 추려보았다. 우선 A-1에서 알 수 있듯이 전라감사는 ① 윤지충과 권상연이 학습한 서학서와 ② 함께 서학을 공부한 이들, ③ 폐제분주 사건의 전말 및 ④ '주교'로 표현되는 우두머리의 정체를 물었다. 전라감사는 당초 그들이 신문을 받게 된 동기가 홍낙안의 상소에서 비롯되었음을 언급하며,[72] 사건의 전말을 파악함은 물론 조선 천주교회의 구성원을 파악하고자 하였다. 폐제분주가 알려지자 홍낙안은 채제공에게 長書를 보냈는데,[73] 이 편지는 조정에도 공유되며 서학을 비방하는 여론이 크게 일었다.

홍낙안은 이승훈을 서학 유행의 근원으로 여겼고, 을사년 추조적발 사건 당시의 일을 언급하며 권일신을 '교주'로 지목하였다. 결국 정조도 이승훈과 권일신에 대한 조사를 지시하지 않을 수 없었는데,[74] 윤지충과 권상연에게 함께 공부한 이들 및 '교주'를 물은 ②, ④의 신문은 이를 확인하기 위한 것이었다. 이에 대해 윤지충과 권상연은 애초부터 함께 공부한 이가 없으며, '주교'는 서양에나 있는 것이라며 해당 의혹을 적극적으로 부인하였다. 윤지충이 정약전을 통해 천주교를 받아들였고,[75] 남인 내 천주교 신자들이 혈연으로 엮여 있었음을 고려할 때,[76] 윤지충의 주장은 동료 신자들을 보호하기 위한 거짓 진술임이 분명하다. 그런데 윤지충과 권상연의 자기변호는 단순히 동료 신자들을 보호하는 데에만 국한되지 않는다. 주목할 것은 이들의 자기변호 논리이다. 윤지충과 권상연은 자신들의 신앙을 당당히 고백하였으나, 이와 동시에 자신들의 행위가 '國法'을 어긴 것이 아님을 강변하였다. 이러한 점에서 전라감사와 윤지충·권상연의 논쟁은 익히 알려진 대로 신앙 논쟁의 차원을 넘어, 원고와 피고가 죄의 여부를 다투는 공판의 성격을 지닌 것이기도 하다.

우선 A-4의 공술서에 보이듯 이들이 접한 서학서는 『천주실의』와

---

72) 앙투안 다블뤼, 유소연 역, 앞의 책, 2014, 17쪽.

73) 홍낙안의 '長書'는 『闢衛編』 및 『正祖實錄』 권 33, 정조 15년 10월 23일 갑자 참조.

74) 허태용, 앞의 논문, 2010, 254쪽.

75) 『달레(상)』, 334쪽; 조현범, 앞의 글, 2007, 530쪽.

76) 남인 내 천주교 신자들의 가계도는 조광, 앞의 책, 2010b, 316쪽 뒤에 부록으로 제시되어 있다. 이에 따르면 윤지충에게 정약전 형제는 고종사촌이며, 권상연은 외종사촌이다. 또한 권도신부로 활동한 바 있는 유항검과는 이종사촌 간이었다. 따라서 윤지충은 조선 천주교회의 주요 양반 신자들과 혈연으로 엮여 있는 셈이다.

『칠극』 뿐인데, 이 서적들은 을사년(1785) 천주교 서적 금지라는 금령이 나오기 전에 이미 조선 사회에 유포되어 있던 것으로, 윤지충과 권상연은 자신들이 '금령 이전'에 책을 보았을 뿐이며 금령을 인지한 후에는 책을 태우거나 물에 씻어 버렸음을 강조했다. 실제로 정조는 이승훈의 서학서 유입 건의 判下에서 서학서를 가져온 것이 잘못이라면서도, 法과 理로 따져 보았을 때 금령이 있기 전과 후를 구분해야 하며, 서학서 또한 새로운 것이 아니라며 정상참작의 여지가 있음을 밝혔다.[77] 따라서 윤지충과 권상연이 이미 조선에 유포되고 있던 『천주실의』와 『칠극』만을 보았으며, 금령 이후 서학서를 없앴다는 주장은 ①에서 세기된 서학서 학습의 혐의를 부인하기 위한 목적에서 이루어진 것임을 알 수 있다. 앞서 살펴보았듯이 『천주실의』와 『칠극』에는 진산사건의 발단이었던 제사 문제가 언급되지 않았다는 점에서 더욱 그러하다.

한편, A-4의 권상연 공술서에서 강조된, 권상연이 윤지충에게 서학서를 '빌려보았을' 뿐이며 그 책을 '베끼지 않았다는' 점도 중요한 논지였다. 권상연은 위 공술서 뿐 아니라 전라감사와의 문답에서도 한 차례 더 서학서의 필사 여부를 추궁받았는데,[78] 이를 통해 유사에서 윤지충과 권상연의 '傳書' 내지 '造妖書' 혐의를 확인하려 했음을 알 수 있다. 천주교 신자의 형정에서 단순히 서학을 '믿었다'는 것과 그것을 '전한' 행위에는 양형에도 영향을 미칠 정도로 중대한 차이가 있었다. 전자가 개인의 일탈로 치부되며 어느 정도의 교화 가능성을 인정받았던 것에 비해, 후자는 重律인 「조요서요언」이 적용될 사안으로 여겨졌기 때문이다. 따라서 윤지충과 권상연은 적극적으로 자신들의 '전서'를 부정하였으며,

77) 『正祖實錄』 권 33, 정조 15년 11월 8일 기묘. "判曰, "數百卷, 不加多也. 數十卷, 非必歇也. 渠之受藏歸篋, 携來繙閱, 渠亦不得發明, 此一款, … 揆以法理, 自有令前令後之區別. … 此囚, 則只當以雜册受來罪重勘, 而此亦有欲商量者. 大抵厥册之出來我國者, 已屢百年, 自芝峰類說, 已有評隲之語, 而弘文館藏書之閣, 亦有之."

78) 앙투안 다블뤼, 유소연 역, 앞의 책, 2014, 16쪽.

이는 어느 정도 받아들여져 이들의 조율 과정에서 서학서의 학습 내지 '전서' 여부는 논의되지 않았다.

같은 관점에서 A-3에 나타난 윤지충의 침묵 또한 주목을 요한다. 다블뤼 주교의 메모에도 나와 있듯 이는 아버지와 임금님의 명령에 '공공연히' 반대해서는 안 된다는 점을 의식한 것인데, 이는 단순한 '관례'의 차원이 아니라 형률로써 엄히 금지된 것이었다. 실제로 신유사옥 당시 정약종에게는 아버지와 임금에 대한 비난을 일기에 적었다는 이유로 반역죄에 준하는 「범상부도」가 조율되었다.[79] 이러한 점을 감안할 때, 아버지와 임금의 명령이 언급된 해당 대목에서 나타난 윤지충의 '이유 있는 침묵'은 자신에게 중률이 적용될 것을 피하기 위한 선택이기도 했다. A-3의 이어지는 신문에서 전라감사가 윤지충에게 "너는 부모도 모르고 임금도 모르는 자"라고 하자 윤지충이 "저는 부모와 임금을 아주 잘 안다"고 답변한 것 또한, 단순히 '無父無君'이라는 비난에 대꾸한 것을 넘어, 그러한 혐의를 인정함으로써 적용될 수 있는 상위 형률의 적용을 피하기 위한 것으로 이해할 수 있다. 천주교 신자들이 "부모도 모르고 임금도 모르는 자"라는 비난에 대해, 윤지충과 권상연은 十誡命을 언급하며 천주교의 가르침에도 부모와 임금에 대한 충성이 강조되고 있음을 들어 변호한 것이다.[80] 이러한 변호는 어느 정도 받아들여져, 윤지충과 권

79) 천주교 신자에게 조율된 「조요서요언」과 「범상부도」의 의미는 신유사옥의 형정을 다룬 3장에서 상술할 것이다.

80) 천주교 신자들은 십계명 중 "네 부모를 공경하라"는 계명을 언급하며 자신들의 불충 내지 불효 혐의를 부인하였다. 이는 윤지충의 신문 과정에서도 확인되는데, 진산군수의 1차 신문에서 신사원이 천주교의 십계명이 "임금과 신하의 관계를 담고 있지 않다"고 지적하자, 윤지충은 "임금은 온 나라의 아버지이시고 수령은 고을의 아버지이시니, 그분들께 효성의 의무를 다하여야 합니다"며 십계명에 윗사람에 대한 충성이 나타나고 있음을 강조하였다. 그러자 신사원은 만약 그렇다면 이 내용을 공술서에 넣어야 한다고 충고하였고, 이는 윤지충의 공술서에 주석으로 반영되었다. (앙투안 다블뤼, 유소연 역, 앞의 책, 18~19쪽; 『달레(상)』, 346쪽)

상연에게 '不忠' 혐의의 조율은 이루어지지 않았다. 요컨대 윤지충과 권상연은 신문 과정에서 자신들의 신앙을 고백하면서도, 신앙 외의 문제로 적용될 수 있는 '조요서'나 '불충' 같은 혐의는 적극 부인하였다. 결국 전라감사는 당초 혐의로 두었던 ①과 ③, ④를 입증하지 못했고, 윤지충과 권상연이 순순히 인정한 ②의 '폐제분주' 혐의만을 중심으로 결안을 작성하였다.

이제 윤지충과 권상연의 결안 및 조율 과정을 보다 상세히 살펴보자. 전라감사는 윤지충과 권상연의 신문 결과를 정조에게 보고하였다. 이때 감사는 A-4의 '공술서'를 요약하며, 윤지충이 자신의 행위는 천주의 가르침을 위한 것이었을 뿐, 나라의 국법을 어긴 것은 아닌 듯하다고 말한 사실을 함께 보고하였다. 죽은 사람에게 술과 음식을 올리는 행위는 천주교에서 금지하는 것이며, 서민이나 가난한 선비가 제사를 지내지 못한 것을 법으로 막지 않았기 때문에, 차라리 사대부에게 죄를 얻을지언정 천주에게 죄를 얻고 싶지는 않았다는 것이다.[81] 윤지충과 권상연의 '廢祭'는 국법이 아닌 사족으로서의 정체성과 종법 질서에 대한 부정으로,[82] 비난의 대상이 될지언정 법을 위반한 행위는 아니라는 점을 강조한 것이다.

결국 진산사건의 형정에서 핵심은 '焚主'였다. 전라감사는 윤지충과 권상연의 신문결과를 보고하며, 이들의 여러 혐의 중 부모의 시신을 유기했다거나 조문객을 받지 않았다는 등의 소문은 사실과 다르다는 점을 확인하였다. 다만 이들이 신주를 불태운 것은 사실이라는 점은 분명히

81) 『正祖實錄』 권33, 정조 15년 11월 7일 무인. "持忠供 … 以天主爲大父母, 則不遵天主之命, 決非欽崇之意, 而士夫家木主, 天主敎之所禁, 故寧得罪於士夫, 不願得罪於天主, 果埋神主於家庭之內. 死人之前, 薦酹酒食, 亦天主敎之所禁也. 且庶人之不立主, 國無嚴禁, 窮儒之不設享, 禮無嚴防, 故不立主, 不設享, 只爲天主敎也, 似無犯國禁之事也."

82) 조현범, 앞의 논문, 2018, 145~156쪽; 김진우, 앞의 논문, 2023, 135~136쪽.

했다. 이를 근거로 형조는 윤지충과 권상연의 죄목을 조율하였고, 정조는 이들에게 적용될 죄목을 확정하였다. 윤지충과 권상연은 「禁止師巫邪術」과 「發塚」의 죄를 범했으며, 이 경우 더 무거운 형인 「발총」에 의거 참형에 처하며 동시에 일이 綱常에 관계되므로 죄인을 不待時斬 한다는 최종 판결이 내려진 것이다.[83] 이는 천주교 신자에게 내려진 조선왕조의 첫 번째 사형 판결로써, 천주교 신자의 체포에서 처형까지의 전 과정이 온전히 이루어진 첫 사례이다. 해당 죄목의 조율 과정을 보다 자세히 살펴보자.

우선 「금지사무사술」은 左道에 빠져 민심을 선동한 주모자를 絞刑에 처한다는 점을 골자로 한다.[84] 윤지충과 권상연이 '미혹된' 천주교가 좌도로 인식되었기 때문에 이 조목이 비부된 것이다. 「금지사무사술」은 본래 무당이 미륵 등을 칭하며 대중을 미혹하는 것을 금지하기 위한 조항이지만, 현실에 문자 그대로 적용하기에는 지나치게 엄격했고 예외가 너무 많았기 때문에 실제로 무당에게 적용된 사례는 없었다.[85] 정조 또한 이 율을 천주교 신자의 형정에 활용했지만, 그것은 천주교가 백련교 등과 관련되며 문제시되자 條例로써 금지한 1811년(가경 16) 이후였다.[86]

---

83) 『正祖實錄』 권33, 정조 15년 11월 8일 기묘. 실록에는 단지 정조가 대신과 형조와의 논의 끝에 윤지충과 권상연의 부대시참을 결정한 것으로 나와 있지만, 『일성록』의 同日 기사에는 대신의 收議와 형조의 照律이 不待時와 待時로 나뉘자 정조가 대신의 수의에 따라 부대시를 결정한 것으로 서술되어 있다. (『日省錄』 정조 15년 11월 8일 기묘. "大臣收議及臣曺[曹]照律, 處斬則一也. 而有待時, 不待時之異, 何以舉行乎. 予曰, 依大臣議施行也.") 따라서 윤지충과 권상연의 부대시참 결정은 정조의 의중이 강하게 반영된 것이라 하겠다. 정조 대 사료의 문제로 『정조실록』과 『일성록』의 차이는 허태용, 「규장각의 『日省錄』 편찬과 正祖의 정통성 강화」, 『한국문화』 103, 2023에 상세하다.

84) 『大明律直解』 권11, 禮律, 「禁止師巫邪術」. "凡師巫假降邪神, 書符呪水, 扶鸞禱聖, 自號端公太保師婆及妄稱彌勒佛白蓮社明尊教白雲宗等會, 一應左道亂正之術, 或隱藏圖像, 燒香集衆, 夜聚曉散, 佯修善事, 扇惑人民, 爲首者絞, 爲從者各杖一百流三千里."

85) 한승훈, 『무당과 유생의 대결: 조선의 성상파괴와 종교개혁』, 사우, 2021, 180~181쪽.

실제로 윤지충과 권상연에 대한 「금지사무사술」의 조율은 고종 대에 동학 교주 최시형이 이 조목으로 처형되기 전까지 판례로써 확인되는 유일한 사례로,[87] 조선만의 독특한 형정이 이루어진 사례임을 알 수 있다. 이러한 점을 고려할 때, 천주교 신자에 대한 「금지사무사술」 조율은 천주교의 법적 지위를 사형에 처해야 할 '좌도'로, 또 그 신자는 사형에 처해야 한다는 점을 공식화했다는 점에서 중요한 의미를 지닌다.

문제는 「금지사무사술」은 그 형량이 다소 가벼웠다는 점이다. 천주교 문제를 매우 심각한 범죄행위로 규정한 당시의 여론에 비해, 교형은 비교적 가벼운 율로 여겨진 데다 종범에게 적용된 유배형은 이미 처분을 통해서도 집행할 수 있었다. 특히 진산사건 당시 정조는 이 사건의 유사 사례로 영조 무인년(1758)에 있었던 황해도의 生佛 사건을 자주 언급하였는데,[88] 당시 사건의 판결은 별도의 조율 없이 해당 도에 어사를 보내 네 명의 巫女를 처형하고 梟首하는 것으로 결정되었다.[89] 따라서 조정은 진산사건 또한 이 사건을 참고하되 주모자가 단순히 혹세무민한 지방민이 아닌 사족인 윤지충과 권상연이었다는 점을 감안해야 했고, 그 결과 인율된 죄목이 바로 「발총」이다.

「발총」은 본래 남의 시신이나 관곽을 훼손한 행위에 적용된 율로, 그 양형은 상황에 따라 장형에서 참형까지 다양했다. 윤지충과 권상연에게 「발총」이 조율된 과정은 두 단계로 이루어졌다. 먼저 「발총」은 타인의 시신을 훼손한 '毁屍'의 경우 원래는 杖百·流三千里에 처하지만, 그 대

86) 이 경우에도 주모자에 한해서 '絞監候'에 처하고, 종범은 흑룡강성으로 보내 수오룬[素倫], 다호르[達呼爾]의 종으로 삼도록 하였다. 이때 천주교 신자의 형정은 '율'이 아닌 '조례'로써 규정되었는데, 이는 천주교를 邪教로 규정할 수 없는 현실에서 내지인 천주교 신자만을 처벌하기 위해 율의 하위 규정인 조례를 제정한 청조의 특수성에 기인한 것이다. (이준갑, 앞의 책, 2022, 248~253쪽)

87) 『高宗實錄』 권37, 고종 35년 7월 18일.

88) 『正祖實錄』 권33, 정조 15년 11월 6일 정축; 7일 무인; 8일 기묘.

89) 『英祖實錄』 권91, 영조 34년 5월 18일 계묘.

상이 尊長이거나 부모, 조부모, 가장일 경우 참형을 규정한다.[90] 그런데 윤지충은 모친의 '시신'을 훼손하지 않았으며, 父祖의 '신주'만을 불태웠을 뿐이므로 이들에게 「발총」을 적용하기 위해서는 부모의 시신과 신주가 같다는 점을 입증해야 했다. 이를 위해 형조는 『대명률』 본문이 아닌 『대명률부례』의 주석 중 "父祖의 신주를 훼손하면 시신을 훼손하거나 방기한 것에 비부한다"는 구절을 인용하였다.[91] 조선시대 형정에서 『대명률』은 『대명률직해』와 『대명률강해』, 『대명률부례』가 두루 활용되었지만, 이때 '律文'으로 여겨진 것은 直解나 講解, 附例가 아닌 본문의 내용이었다.[92] 그럼에도 불구하고 형조는 『대명률』 본문에는 없는, 『대명률부례』의 '주석'에만 등장하는 구절을 근거로 윤지충과 권상연에게 「발총」을 조율했다. 이때 주석은 '父祖'의 신주만을 언급하므로, 당초 사건의 발단이 된 윤지충 '母'의 상장례 문제는 양형에서 고려되지 않은 것이다. A-2에서 전라감사는 윤지충과 권상연이 신주를 그냥 묻었는지, 아니면 '태우고' 묻었는지에 따라 죄의 加減이 정해질 것이라고 하였는데, 이것이 실제 조율 과정에서도 반영된 것이다. 윤지충도 인정하듯 사실 신주를 '태운다'는 항목은 천주교에서도 명백히 규정한 것이 아니기 때문에, 이들에 대한 '毁屍律'의 적용은 사실상 천주교 교리와는 무관한 것이었다.

부조의 신주 毁版이 毁屍라는 논리는 곧 待時와 不待時를 결정하는 근거가 되었다. 「발총」은 사형죄인의 대시·부대시를 규정하지 않지만, 이미 조부의 신주 훼판이 훼시라는 엽기적 행위와 동일한 것으로 여겨진 이상 이들은 강상죄인으로 '十惡'을 범한 죄인이 되었기 때문이다. 『대

90) 『大明律直解』 권18, 刑律, 「發塚」. "凡發掘墳塚, 見棺槨者杖一百流三千里, … 若毁棄緦麻以上尊長死屍者斬, … 其子孫毁棄祖父母父母, 及奴婢雇工人毁棄家長死屍者斬."

91) 『大明律附例』 권18, 제299조 「發塚」. "(注) … 毁其父祖神主比毁棄屍."

92) 조지만, 앞의 책, 2007, 59~60쪽.

명률』에서 십악은 용납될 수 없는 열 가지 중대한 범죄로, 謀反과 謀大逆, 謀叛, 惡逆, 不道, 大不敬, 不孝, 不睦, 不義, 內亂이 해당한다. 십악에 국왕권에 도전하는 중대한 반역행위와 함께 가족 및 사회윤리의 침해 행위가 포함되어 있다는 점은 삼강오륜을 중시하는 유교적 이념이 형법전에 반영되어 있음을 의미하는 것이다.[93] 따라서 『대명률』에서 십악은 다른 어떤 범죄의 유형보다도 중대한 것으로 여겨졌으며, 그 죄인은 본래 立春 이후 秋分 사이에 사형 집행을 금하는 「死囚覆奏待報」에서도 예외로 취급되어 즉시 처형되었다.[94] 당초 모친의 장례에서 비롯된 의례 논쟁으로 시작된 진산사건의 형정은, 그들의 '분주' 행위로 말미암아 '부조의 시신을 훼손한' 형사 범죄로 마무리된 것이다.

결과적으로 조선 조정은 윤지충과 권상연의 '폐제분주'를 "妖書와 邪術을 몰래 서로 전했으며, 부조의 신주를 손수 불태워 훼손한" 행위로 규정하였다.[95] 이는 각각 「금지사무사술」과 「발총」의 조율로 이어졌고, 「발총」의 罪狀이 훼시와 같은 것으로 여겨져 '십악'이 부가되었다. 이는 천주교 신자에 가해진 최초의 '정형'으로, 다음과 같은 형정적 의미를 지닌다. 우선 정조는 윤지충과 권상연에게 「금지사무사술」과 「발총」이라는 두 율을 비부하였는데, 이는 각각 천주교가 '邪術'이라는 점을 공식적으로 확인하는 한편 윤지충과 권상연의 행위가 '悖倫'이라는 점을 분명히 한 것이다. 이전까지 단순히 금령 차원에서 징벌적 처분의 대상이 되었던 천주교는 이제 분명한 '사술'로 규정되었고, 그 결과 많은 신자들이

93) 심재우, 앞의 책, 2009, 43~44쪽.

94) 박경, 「十惡 개념의 수용을 통해 본 조선 전기 사회윤리의 구축 과정」, 『사학연구』 106, 2012, 72쪽. 윤지충과 권상연에게 적용된 십악은 '불효'였다. (Byungsul Jung, 앞의 논문, 2020, 334쪽)

95) 『正祖實錄』 권33, 정조 15년 11월 8일 기묘. "刑曹啓言, … 今此尹持忠權尙然等, 妖書邪術, 潛相傳習, 甚至於父祖祠版, 手自焚毁, 窮凶極悖, 人理滅絶, 依右律施行. 允之."

조선 천주교회를 떠나는 계기가 되었다.[96]

조선 조정은 「금지사무사술」만으로는 해결할 수 없었던 형량 문제를 「발총」에 대한 유권해석을 통해 해결하였다. 본래 「발총」은 본문에서 '신주의 훼손=훼시'라는 점을 규정하지 않지만, 조정은 이 문제를 『대명률부례』의 주석을 비부함으로써 해결하였다. 결과적으로 진산사건 당시 윤지충과 권상연의 조율에서 당초의 '폐제' 문제는 부차적인 것이 되었으며, 조정은 윤지충과 권상연의 '분주'에 집중함으로써 이들에 대한 부대시참을 실현하였다. 이러한 조치는 분명 동시대 청조의 천주교 신자에 대한 양형보다 무거운 것이었으며, 영조 대 무인년의 조치보다도 강경한 것이었다.

반면, 조선 조정은 천주교 신자들의 '妖言惑衆' 및 '不忠' 혐의를 입증하지 못했다. 윤지충과 권상연은 '傳書'나 '傳法', '造妖書' 등의 혐의를 부인하였으며, 전라감사나 형조 또한 이들에 대한 수색과 신문에서 『천주실의』와 『칠극』, 십계명 외에 별다른 진술을 확보하지 못했다. 함께 공부한 이들과 '교주'에 대한 문답에서도 별다른 소득을 얻지 못한 결과, 형조는 결안에서 윤지충과 권상연이 '몰래[潛]' 천주교를 전한 사실만을 심증적으로 강조할 뿐 이들에 대한 「조요서요언」의 조율을 이끌어내지 못했다. 또한 조선 조정은 윤지충과 권상연의 '분주'를 근거로 이들에 대한 「발총」 조율에는 성공하였으나, 십계명에 '忠君'의 내용이 포함되어 있다는 윤지충의 '공술서' 내용을 받아들여 천주교 신자들의 불충을 입증하지 못했다. 이는 곧 「범상부도」와 같이 대역죄에 준하는 죄목의 적용을 불가능하게 만들어, 조선 조정은 이들을 처형하기 위해 「발총」의 유권해석이라는 대안을 마련해야만 했다.

요컨대 진산사건 당시 이루어진 윤지충과 권상연의 형정은, 비록 '斬

96) 『달레(상)』, 357~370쪽. 이때 달레는 특히 권일신과 이승훈의 배교 사례를 들며 진산사건을 계기로 양반 천주교 신자들의 배교가 이어졌음을 강조하였다.

決'이라는 결론을 정해놓고 이루어진 것이기는 하지만, 그 과정에서 천주교 신자들이 지만한 항목 외 형률에 대한 조율은 이루어지지 못했음을 보여준다. 이는 형정에서 정·리·법을 함께 고려하는 일반 원칙이 천주교 신자에게도 적용되고 있다는 점을 확인해준다. 또한 진산사건의 형정에서 그 결론에 이르는 과정에서는 천주교 신자들의 목소리가 반영되었음을 보여주는 것이기도 하다. 그 결과 윤지충과 권상연은 '정형'의 대상을 자신들에게만 국한시킬 수 있었으며, 정조 또한 이 문제를 어디까지나 '개인적인' 범죄행위로 규정함으로써 사건의 확대를 방지할 수 있었다. 하지만 어딘가에 남아있을 천주교 신자들에 대한 '심증'은 오히려 부단한 여론의 형태로 이들에 대한 추가적인 형정을 요구했고, 이러한 여론을 잠재우는 한편 정국 또한 안정시켜야 했던 정조는 천주교 신자에 대한 추가적인 형정을 단행하지 않을 수 없었다. 진산사건 이후 10년 동안 지속된 천주교 신자의 형정은, 국왕 정조가 이 문제에 대응하는 것이 얼마나 어려운 과제였는지를 여실히 보여준다.

4. 연목구어(緣木求魚)?
: 심리(審理)의 연장으로서의 형정과 그 한계

윤지충과 권상연에게 조율된 「금지사무사술」과 「발총」은 전에 없던 강경한 조치로, 정조 또한 이들이 '신주에 의도적으로 손을 댄' 일은 강상에 관계된 것이므로 격식에 구애받지 않고 처리할 것을 강조했다. 진산사건의 형정에서 핵심 사안이 분주였음을 다시금 확인한 것이다. 윤지충과 권상연의 행위가 '훼시'와 같은 것으로 여겨진 이상, 정형 외에도 별도 처분이 이어져야 했다. 우선 참수된 윤지충과 권상연의 머리는 5일

간 梟示 되었는데,[97] 효시는 梟首라고도 하며 본래 군율로써 대역죄인 등의 중죄인에게 부가하던 조치이다.[98] 『증보문헌비고』는 『속대전』 수록 효시의 집행양상 12조목을 정리하였는데,[99] 효시는 漕運이나 軍器 관련 범죄에 적용되었으며 강상죄인에게 효시를 규정한 법조문은 없다. 다만 마을 사람들이 告變者를 살해하거나 鎭卒이 鎭將을 구타한 경우 드물게 효시가 집행되었다.[100] 진산사건 또한 사족이 父祖의 신주를 직접 훼손한 것으로, 이례적으로 「발총」이 조율되어 사족이 父祖의 '시신'을 훼손한 것과 동일한 사건으로 취급되었기 때문에, 강상죄인 중에서도 이례적으로 효시가 집행되어야 할 사례로 취급되었음을 알 수 있다.

이어지는 처분에서 정조는 진산군을 5년 동안 '현'으로 강등시키고 전라도 53고을의 끝에 두도록 하였다.[101] 조선후기에는 반역이나 강상사건이 발생하면 10년을 기한으로 해당 군현의 읍호를 강등하는 조치가 『속대전』에 명문화되었는데, '강상죄'는 부모나 지아비, 주인을 살해하는 경우로 규정되었다.[102] 진산사건은 「발총」의 조율 과정에서 이례적으로 '훼시'에 준하는 처벌이 이루어졌지만, 폐제분주는 엄밀한 의미에

97) 『正祖實錄』 권33, 정조 15년 11월 8일 기묘. "臣謂尹持忠權尙然兩賊, 分付道臣, 衆民所見處, 不待時處斬, 懸首五日, 使億兆群生, 咸知綱常之至爲重, 邪學之絶可戒." 달레는 실제로는 윤지충과 권상연의 머리가 9일 동안 효수된 것으로 기록하였다. (『달레(상)』, 355쪽)

98) 심재우, 앞의 책, 2009, 49쪽; 「조선후기 訓鍊都監 軍法의 특징과 梟示刑의 집행양상」, 『군사』 101, 2016.

99) 『增補文獻備考』 권139, 「刑考」13, '梟示'.

100) 『英祖實錄』 권50, 영조 15년 9월 19일 계해; 『正祖實錄』 정조 19년 7월 9일 무오.

101) 『正祖實錄』 권33, 정조 15년 11월 8일 기묘. "全羅道珍山郡, 限五年降縣, 置之五十三官之末."

102) 『續大典』 권5, 「刑典」 '推斷'. "綱常罪人【弒父母夫, 奴弒主, 官奴弒官長者】, 結案正法後, 妻子女, 爲奴, 破家瀦澤, 降其邑號, 罷其守令.【從時居邑. 縣令以上, 降縣監. 縣監, 勿革, 而序諸縣之末. 限十年復舊.】" 아울러, 조선시대 읍호강등의 법제화 과정은 임승표, 「朝鮮時代 賞罰的 邑號陞降制 硏究」, 홍익대학교 사학과 박사학위논문, 2001, 29~41쪽에 상세하다.

서 '弑'는 아니었다. 따라서 사건의 후속조치에서 정조는 읍호강등의 기한을 일반 강상죄의 절반인 5년으로 줄였으며, 본래 강상죄에 따라야 할 연좌율과 破家瀦澤 또한 뒤따르지 않았다.

다만 진산군수 신사원의 처분은 본율보다 무겁게 이루어졌다. 일반 강상죄인의 경우 수령에게 '罷職'이라는 징계 처분만 내려진 것에 비해, 신사원은 파직된 뒤 진산으로 정배되었다. 수령에게는 천주교를 엄금해야 할 책무가 있는데, 이를 단속하지 못했다는 것이 이유였다. 당초 의금부는 신사원에게 杖一百 收贖에 告身追奪을 조율하였는데, 정조는 일이 강상에 관계되는데도 심상한 율을 조율한 律官에게 決杖一百의 처분을 내린 뒤 신사원을 진산현으로 정배하였다.[103] 해당 지방관의 처분을 일반 강상죄인에 비해 강경하게 한다는 정조의 의지가 엿보이는 대목이다. 정조는 진산사건을 風俗과 관련된 문제로 인식하였기 때문에, 그 처리에서도 누차 진산사건에 대한 '이례적 처리'를 강조했다. 신사원이 이듬해 여러 徒流 죄인과 함께 사면되고 1795년(정조 19) 다시 서용된 것으로 보아,[104] 진산군수의 정배 처분은 개인에 대한 처벌이라기보단 사안의 중대함을 강조하기 위한 조치로 이해할 수 있다.

유명무실하던 금령 또한 대폭 강화되었다. 을사년 추조적발 사건 이후 국경에서 천주교 서적의 禁輸 조치 및 압수된 서적의 소각이 이어졌으나,[105] 이는 대개 단발적인 것으로 서적의 소지를 원천적으로 금하지 않았다. 정조는 진산사건의 판결에서 전국적인 천주교 금령을 공포하였는데, 그 골자는 집에 소장한 서학서를 스스로 관청에 알려 자수하고, 기한 이후 서학서가 발견되면 본인뿐 아니라 그 가장까지 처벌한다는 것

---

103) 『承政院日記』 1696책, 정조 15년 11월 21일 임자.

104) 『承政院日記』 1706책, 정조 16년 6월 18일 을유; 1749책, 정조 19년 8월 10일 무자; 1762책, 정조 20년 4월 23일 무술. 신사원은 1795년에는 章陵令에, 이듬해에는 고부군수에 임명되었다.

105) 조광, 앞의 책, 1988, 180~182쪽.

이었다. 이는 법전에도 반영되었고, 中外에 반포되어 구체적인 기한까지 제시하였다. 진산사건은 『추관지』에 '西學科治' 항목에 증보로 삽입되었고, '殺獄' 사건의 판례집인 『심리록』에도 수록되었다.[106] 이로써 조선 왕조는 천주교를 신봉하는 것은 물론 그 서적을 소장한 것만으로도 천주교 신자를 처벌할 판례를 마련하였다. 정조는 이러한 조치가 格外의 처분임을 강조하며, 천주교 문제를 엄히 결론지었으므로 더 이상 논쟁을 일으켜 조정을 번거롭게 하지 말 것을 주문했다.[107] 실제로 윤지충과 권상연의 처형과 후속조치, 이후의 금령은 전에 없이 강경한 것으로 천주교 신자의 형정에서 하나의 이정표가 될 만한 것이었다. 하지만 진산사건의 형정을 통해 드러난 천주교 신자들의 혐의는 비단 폐제분주 뿐만이 아니었다.

윤지충과 권상연은 공공연히 刑場에서 신앙을 고백했고, 이러한 태도는 을사년 추조적발 사건을 연상케 했다. 정조는 윤지충과 권상연 외에도 조선 천주교회의 餘孽을 색출해야 한다는 여론에 직면했고, 결국 평택현감 이승훈과 양근의 권일신, 예산의 이존창을 잡아 신문할 것을 지시했다. 형조에서도 별도로 정의혁, 정인혁, 최인길을 비롯한 중인 11명을 체포해 신문하였다.[108] 이러한 사실은 윤지충과 권상연의 '정형' 이후 천주교 신자에 대한 별도의 형정이 이어졌음을 보여준다. 이들은 모두 '폐제분주'와는 관련이 없었지만, 일단 사학을 숭봉한 것으로 알려진 이상 윤지충·권상연과 무관하지 않았던 것으로 여겨진 것이다. 즉 진산사건 직후 이어진 천주교 신자의 형정은 곧 조선 조정이 천주교 신자들을 하나의 '조직'으로 인식하고 있었음을 보여주는 것이다.

현직 현감이던 이승훈은 의금부에서 신문 받았는데, 그의 서학서 구

106) 심재우, 앞의 책, 2009, 202~203쪽.

107) 『正祖實錄』 권33, 정조 15년 11월 8일 기묘.

108) 『正祖實錄』 권33, 정조 15년 11월 3일 갑술; 11일 임오.

입은 천주교 관계 사건의 원인 내지는 원죄처럼 여겨지고 있었다.[109] 이승훈은 을사년 추조적발 사건 당시 천주교가 문제되자, 아버지 이동욱이 가족들 앞에서 서학서와 儀器를 모두 없앴으며 자신 또한 「闢異文」을 지어 천주교를 배척하였음을 강조했다.[110] 정조 또한 을사년의 일은 모두 형조의 査案에서 확인되며 금령이 내리기 전과 후의 구별이 있어야 하므로 이승훈의 처분을 '本律에서 한 등급 감한' 삭탈관직으로 결정하였다.[111] 삭직은 파직보다 높은 징계 처분이므로, 이승훈에게 적용될 '본율'은 진산군수 신사원과 마찬가지로 정배였던 것으로 짐작된다. 정조는 신사원과 이승훈 등 관원으로서 천주교 문제에 책임이 있는 이들에게는 정배 내지 삭탈관직 처분을 내림으로써 다른 관리들의 천주교 단속을 촉구하였다.

권일신의 형정은 특히 가혹했다. 홍낙안이 그를 '교주'로 지목한 데다 을사년 추조적발 사건 당시의 형조 '난입'이 함께 언급되었기 때문이다. 권일신은 형조에서 무려 7차례나 형신을 받았는데, 일곱 번째 신문에서야 비로소 천주교가 사학이라는 점을 시인하였다.[112] 권일신은 자신이 교주라는 혐의를 극구 부인하였으며, 자신은 금령이 있기 전『직방외기』와『천주실의』를 읽었을 뿐이라고 항변했다. 오히려 윤지충과 권상연의 '분주'에 대해 천주교에서도 조상을 섬기는 것을 소중히 하는데, 그들이 정말로 신주를 불태웠다면 그것은 매우 패역스러운 짓이라고 하였다. 다

109) 조광, 앞의 책, 2010b, 298쪽.

110) 「평택 현감 이승훈의 진술」,『벽위편』, 168~169쪽.

111) 『正祖實錄』 권33, 정조 15년 11월 8일 기묘. "判曰, 數百卷, 不加多也; 數十卷, 非必歇也. 渠之受藏歸篋, 携來繙閱, 渠亦不得發明, 此一款, 卽渠之罪. 然而渠父會族人, 悉燒其書, 渠又作詬詆厥學之詩與文, 其事昭載於乙巳查案, 其書經眼於該曹判堂. … 此囚, 則只當以雜册受來罪重勘, 而此亦有欲商量者. 大抵厥册之出來我國者, 已屢百年, 自芝峰類說已有評隲之語, 而弘文館藏書之閣, 亦有之. 近來京外之流播, 不可勒歸之於渠所歸傳. 本律減一等, 削其職放送, 徐圖自效."

112) 「형조 계목. 권일신의 형벌과 문초」,『벽위편』, 171쪽.

만 자신은 서학서에서 좋은 말밖에 보지 못했기 때문에 그것을 '妖書'라고 할 수 없으며, 예수[耶蘇]에 대해서도 자신이 그 행적을 전부 알지 못하기 때문에 그가 사악한 인물인지의 여부는 알 수 없다고 하였다.113) 공술의 내용으로 볼 때 형조는 윤지충·권상연과 마찬가지로 권일신에게도 「금지사무사술」과 「조요서요언」 등의 형률을 적용하기 위한 구성요건을 확인하였음을 알 수 있다. 하지만 형조의 신문은 윤지충·권상연의 경우와 마찬가지로 그다지 성공적이지 못했고, 다만 권일신이 천주교를 옹호한 사실만을 일곱 번의 형신 끝에 지만받을 수 있었다.

형조는 권일신에게 '邪學'이라는 두 글사의 지만을 받았지만, 교주와 서책에 관한 일은 자백받지 못했다며 권일신에 대한 추가 형신을 요청했다. 하지만 정조는 권일신의 죄목은 '무리를 모아 교리를 베푼 것[聚徒設教]'이라기보다는 '사학에 심하게 빠져 깊이 믿은 것[沈惑而崇信]'에 해당한다며 사형을 감해 제주도로 위리안치한다는 판부를 내렸다. 동시에 제주목사로 하여금 권일신을 엄히 단속하며, 그가 다시금 사학에 빠지면 '先斬後啓'할 것을 지시하였다.114) 형조가 추가 형신을 통해 확인하려한 교주와 서책 등의 혐의는 모두 '무리'에 관한 것으로, 이 혐의가 인정될 경우 권일신에게 보다 중률이 적용됨은 물론 이후 그 무리에 대한 색출도 이어져야 했다. 하지만 정조는 권일신의 혐의를 '개인'이 사학에 깊이 빠진 것에 두었고, 처분 또한 개인으로 국한하였다. 게다가 권일신은 폐제분주와는 관련이 없었기 때문에 그에 대한 「발총」 조율은 애초부터 검토되지 않았다.

113) 『正祖實錄』 권33, 정조 15년 11월 8일 기묘.

114) 『正祖實錄』 권33, 정조 15년 11월 8일 기묘. "判曰, 洪樂安所謂教主云者, 未必是聚徒設教, 似指沈惑而崇信. … 王政所務, 莫如人其人. 其家藏雜書, 則別定官差, 登時披驗取來, 焚於曹庭, 渠則待栲訊限滿, 更加嚴刑, 濟州牧, 減死棘置. 仍令牧使, 朔望點考時, 以文以言, 必捧毁斥邪學之跡, 頻送廉察, 考其行止, 萬一有依舊不悛, 或誑惑他人, 牧使親執訊推, 直捧結案, 先斬後啓."

결과적으로 권일신이 뒤늦게나마 지만한 혐의로 조율할 수 있는 형률은 「금지사무사술」 뿐이었으며, 정조는 이마저도 정상을 참작하여 減死 처분을 내렸다. 윤지충·권상연의 경우처럼 사건이 강상과 관련된 것이라면 정상참작의 여지가 없지만, 사학과 관련된 문제는 '사람을 사람답게[人其人]' 하는 것이 우선이기 때문에 일곱 차례 형신을 가해서라도 죄를 인정하고 천주교를 부정한 이상 그를 반드시 죽일 필요는 없었다. 오히려 정조는 권일신이 죄를 뉘우치고 백성을 교화하기를 바랐다. 그가 옥중에서 悔悟書를 바치자 배소를 사학이 성행한 湖西로 바꾸고 공을 세울 것을 주문한 것이다.[115] 권일신이 배소로 가는 도중 사망하여 정조의 주문은 실현되지 못했지만, 이를 통해 천주교 신자의 형정에서 시종일관 교화의 가능성을 발견하려 한 정조의 태도를 엿볼 수 있다.

정조가 의도한 형정의 목적이 죄인의 처형이 아닌 '교화'에 있었다는 사실은 최인길 등 11명의 중인에 대한 처분에서 보다 명확히 드러난다. 형조는 우선 일반 신문[平問]을 통해 이들을 취조한 뒤 마음을 고치지 않은 죄인들을 형장으로 다스렸다. 김계환과 김덕유는 평문에서 말이 떨어지자마자 다시는 사학을 하지 않겠다고 하였고, 손경윤과 현계온, 허속은 3~4도 혹은 10도의 형장 끝에 사학을 하지 않겠다는 다짐을 받고 석방하였다. 다만 최필제와 최인철, 정인혁은 형장을 버티며 사학을 버릴 것을 완강하게 거부하였는데, 이들은 다시금 父兄에게 내어 보내 3일을 기한으로 타일러 돌아올 것을 명했다.[116] 중인 이하 천주교 신자들의 형정이 '평문 → 형장 → 부형설득'의 순으로 이어졌음을 알 수 있다. 이때 세 번째 '부형설득'의 절차가 주목된다. 정조는 천주교 신자가 수차례 형장에도 배교하지 않을 경우 家長에게 감화의 의무를 지웠고, 가

115) 『正祖實錄』 권33, 정조 15년 11월 16일 정해. 달레에 따르면 권일신에 대한 위리안치가 결정된 이후 형조는 권일신의 노모를 불러와 배교를 권했고, 이에 굴복한 권일신이 배교하자 그의 배소를 예산으로 변경하였다. (『달레(상)』, 358~359쪽)
116) 「형조에 있는 여러 죄수의 감화 내용」, 『벽위편』, 173쪽.

장은 천주교가 개인뿐 아니라 가족에게도 화가 미칠 것을 우려하여 적극적으로 설득에 임했다. 그 결과 최필제와 정인혁, 최인철 등 대다수의 신자들은 부형의 설득으로 배교한 뒤 훈방되었다.

정조가 보기에 조선 천주교 신자 중 가장 감화시키기 어려운 이는 최필공과 이존창이었다. 최필공은 정조에게 "중인의 괴수"로 지목되었고,[117] 이존창은 진산사건 당시 이승훈, 권일신과 함께 이름이 언급될 정도로 위험시된 인물이다.[118] 특히 최필공의 경우 수 차례 형신을 견디며 신앙을 고집해 형조로부터 "미혹을 깨우쳐 살려줄 길이 전혀 없다"는 보고를 받았음에도 정조는 그를 "반드시 말로 감화시킬 것"이라며 처형을 윤허하지 않았다.[119] 결국 최필공은 마음을 바꿨고, 정조는 그를 석방하고 평안감영의 審藥까지 제수했다.[120] 완악한 사학죄인 최필공의 회심 사례는 정조에게 아주 좋은 본보기가 되었다. 정조는 홍양호에게 『최필공전』을 짓게 하여 천주교 문제에 대한 교화 우선 원칙에 대한 자신감을 드러냈고, '君師'로서 자신의 역할을 부각했다.[121] 이존창 또한 충청도관찰사 박종악이 그를 회유하였음을 보고하자 곧 석방하여 평민으로 돌아가게 하였다.[122] 사족이나 관리로서 사학에 물든 이들에게는

---

117) 『闢衛編』, 「刑曹諸囚感化本末」. "傳曰, … 至於中人之魁首, 無出於必恭."

118) 『正祖實錄』 권33, 정조 15년 11월 3일 갑술. 진산사건 당시 이존창은 내포를 중심으로 활약하였다. (차기진, 「예산 여사울과 내포의 사도 이존창」, 김진소 외, 앞의 책, 2007, 65쪽) 아울러, 1791년 당시 내포의 천주교 문제에 대한 정조와 박종악의 대응은 장유승, 「1791년 내포: 박종악과 천주교 박해」, 『교회사연구』 44, 2014, 73~80쪽에 상세하다.

119) 『正祖實錄』 권33, 정조 15년 11월 8일 기묘. "刑曹又以崔必恭, 梁潤德等供招, 啓曰 … 必恭凶毒堅忍, 頑如木石, 忽地張目發言曰, '爲大父母死, 實爲孝, 云云. 此外雖撞之喝之, 欲其言萬方, 冥然若無知, 萬無開惑傳生之道. 請考律稟處."; 「刑曹諸囚感化本末」, 『闢衛編』. "而今必欲以言語, 感悟之者."

120) 「형조에 있는 여러 죄수의 감화 내용」, 『벽위편』, 177쪽.

121) 서신혜, 「『최필공전』의 핵심어 세 가지: 감화, 군사, 중국원류설」, 『한국문학과 예술』 31, 2019, 114~116쪽.

최소한 징계 등의 처분으로 책임을 물었던 것에 비해, 중인 이하 신자들에게는 이들을 깨우쳐 회심케 한다는 교화의 원칙이 관철된 것이다.

천주교 신자에 대한 교화 우선주의는 정조 대 천주교 신자의 형정에서 두루 확인된다. 정조는 '人其人'의 원칙을 여러 차례 천명하였다. 이단을 물리치는 방법으로 첫째가 감화이고 둘째가 형벌이며 셋째가 처형이라는 것이다. 정조에게 형벌과 처형은 반드시 부득이한 경우에만 행하는 것으로, 감화시켜 사람을 사람답게 만드는 것만 못한 것이었다.[123] 이에 정조는 '강상죄인' 윤지충·권상연과 그 책임자를 가중처벌한 것 외에 천주교 신자들은 모두 처분을 감경하였다. 이는 대다수의 사형죄인의 형을 감경한 정조 대의 판결 경향과도 일치하는 것이다.[124] 특히 관료가 아닌 신자들의 경우 그 가족을 동원하고 관직까지 제수하여 교화에 역점을 두었는데, 앞서 살펴본 사례 외에도 전라도에서 고발된 유항검은 "기한 전에 자수한 데다 진심으로 회개했다"는 이유로 아무런 처분도 받지 않고 白放되었다.[125] 이를 통해 우리는 천주교 신자에 대한 형정이 정치적으로 특정 세력을 비호하는 것을 넘어 '풍속'의 차원에서 다뤄지고 있음을 알 수 있다. 실제로 정조는 천주교 신자의 형정에서 문체 문제를 함께 거론하였는데,[126] 이는 정조가 천주교를 '稗官雜記'로 상징되는 풍속 문제의 연장선상에서 이해하였음을 보여주는 것이다. 정조에게 천주교는 패관잡기와 함께 바로잡아야 할 '邪'로 여겨졌으며,[127] 이를 위해

---

122) 『正祖實錄』 권33, 정조 15년 12월 11일 신해.

123) 『闢衛編』, 「刑曹諸囚感化本末」. "按闢異之法, 有三. 一曰感化, 二曰刑威, 三曰誅戮. 而刑威誅戮, 必不得已然後用之, 則未若感化而人其人."

124) 심재우, 앞의 책, 2009, 235~236쪽.

125) 「전라감사 정민시가 윤지충과 권상연을 문초하고 올린 장계」, 『벽위편』, 182~183쪽.

126) 『正祖實錄』 권33, 정조 15년 10월 24일 을축. "欲禁西洋之學, 先從稗官雜記, 禁之, 欲禁稗官雜記, 先從明末淸初文集禁之."

127) 윤재민, 「文體反正의 再解釋」, 『고전문학연구』 21, 2002, 73~80쪽.

서라도 형정과 함께 교화를 위한 노력은 병행되어야 했다.

정조는 이른바 '文體反正' 과정에서도 교화와 형정을 적절히 보합하였다. 예컨대 박지원은 『열하일기』로 문풍을 타락시킨 주범으로 지목되었고, 성균관 유생 이옥은 과거시험 답안이 문제시되어 充軍 처분을 받았다.[128] 보다 극적인 사례는 강이천일 것이다. 강이천과 김이백 등은 『정감록』을 근거로 海島眞人을 운운하며 역모를 꾀했는데, 정조는 강이천을 減死하여 제주도로 유배 처분하였다.[129] 조선후기 형정에서 『정감록』 등의 말세론은 반체제 사건으로 여겨져 엄히 처벌되었음을 고려할 때,[130] 사건을 문체 문제로 축소하여 교화의 여지를 남긴 정조의 처분은 분명 '人其人 火其書'라는 천주교 신자의 형정과도 일관성을 보이는 것이었다. 천주교 신자의 형정에서 문체의 문제가 함께 언급된 것은 정조가 주창한 '扶正學'의 관점에서 보았을 때 서학으로 문제를 일으킨 남인뿐 아니라 문체에 문제가 있기는 노론이나 소론 또한 마찬가지임을 지적함으로써 척사 논의를 '黨論'으로 국한시키기 위한 것이기도 했다.[131] 이러한 조치가 채제공을 위시한 남인들을 비호하기 위한 것이었음은 물론이다.

문제는 여타 사례와는 달리 천주교는 이러한 원칙이 유효하지 않았던 점에 있었다. 문체반정의 주범으로 지목된 이들은 개별적으로 처리되었으며, 일부는 적극적으로 자신의 문체를 '교정'해 정조의 기대에 부응하였다.[132] 해도진인 등과 연관된 역모 사건 또한 개별 사안을 다스리는

128) 안세현, 「문체반정을 둘러싼 글쓰기와 문체 논쟁」, 『어문논집』 54, 2006, 139~141쪽.

129) 백승종, 『정조와 불량선비 강이천』, 푸른역사, 2012, 90~131쪽.

130) 정진혁, 앞의 논문, 2022, 61쪽.

131) 박광용, 「朝鮮後期 "蕩平" 硏究」, 서울대학교 국사학과 박사학위논문, 1994, 210~214쪽.

132) 박지원이 대표적이다. 그는 1796년(정조 20) 정조에게 「서이방익사」를 지어 바침으로써 문체와 관련된 자신의 혐의를 벗고자 하였다. (남호현, 「李邦翼 漂海記錄

것만으로도 사건의 확대를 방지할 수 있었다. 하지만 천주교 신자들은 처분 이후에도 다시 교회로 돌아갔고, 오히려 정조의 '관대한 처분'을 기화로 교세를 확장해 갔다. 앞서 살펴본 이승훈과 이존창, 최필공, 최인길, 유항검 등이 곧바로 조선 천주교회로 돌아와 선교사 영입에 직접 관여한 것은 정조 대 천주교 신자 형정의 궁극적 목적이었던 '교화'가 실현되지 못하였음을 보여주는 단적인 사례다.

1790년대에는 이미 조선 천주교회가 경향 각처에 연락망을 구축하였고, 이들과 연계된 '외부 세력'인 북경 천주당은 해도진인처럼 막연한 상상의 산물이 아니라 구체적 조직과 규모를 지닌 실체였다. 진산사건 이후 조선 천주교회는 조직적으로 선교사를 영입하기 위해 노력했고, 그 결과 1794년(정조 18)에는 중국인 주문모 신부가 입국하기에 이르렀다.[133] 천주교 서적 또한 날로 증가하여 1791년 12월 기준 내포에서만 10개 고을에서 94명에게 20종류의 서적을 압수하는 등,[134] 천주교의 확산은 이미 기존의 대응으로는 막을 수 없는 수준에 이르러 있었다. 하지만 정조는 이러한 상황에서도 '인기인 화기서'의 원칙을 포기하지 않았고, 개별적 심리를 통한 '교화'에 목적을 두었다. 천주교 신자에게 『대명률』을 비롯한 刑典을 적용한다는 것은 곧 추국을 개설해 이들을 逆律로 처단한다는 것을 의미하였기 때문에,[135] 정조는 이례적으로 강상죄를 범한 것으로 여겨진 윤지충과 권상연의 형정도 어디까지나 '道伯'이 주관하게 함으로써 천주교 문제가 국가적 문제로 확대되는 것을 막고자 했다. 하지만 정조의 이러한 노력에도 불구하고 천주교 신자들은 전국 각지에서 체포되었으며, 그 수 또한 증가함에 따라 천주교 문제에 대한 정

에 나타난 '서로 다른 길': 한글산문 『표해록』과 박지원의 「書李邦翼事」를 중심으로」, 『서강인문논총』 51, 2018a, 236~239쪽)

133) 주문모 신부의 입국 과정은 조광, 앞의 책, 2010b, 325~338쪽에 상세하다

134) 장유승, 앞의 논문, 2014, 85~88쪽.

135) 박광용, 앞의 논문, 1994, 212쪽.

조의 형정적 대응은 점차 한계에 봉착하고 있었다.

이러한 난맥상을 가장 잘 보여주는 것이 진산사건 이후 발견되는 수많은 '杖斃' 사례이다. '장폐'는 형조나 관찰사의 정식 신문에서 발생하는 '物故'와는 달리, 포도청이나 수령 단계의 형신에서 피신문자가 사망하는 경우를 일컫는다. 조선시대 사형의 판결은 오직 국왕만이 내릴 수 있었고, 流刑 이하의 범죄는 관찰사와 형조에서 직접 처리할 수 있었다.[136] 물론 이 경우에도 형조와 관찰사는 사건의 경과를 국왕에게 보고했으며, 그렇기 때문에 신문 정황이 담긴 장계나 결안을 남기게 된다. 국청이나 신문 과정에서 '물고'된 죄인 또한 물고되기 전까지의 기록이 남았으며, 물고를 막지 못한 관인에 대한 처벌 또한 존재하였다.[137] 그런데 포도청이나 수령은 상위 기관의 지휘를 받아 기초조사를 담당하므로, 이 단계에서 피형신자가 사망할 경우 신문내용이 기록으로 남지 않았다. 기초조사에서 죄인이 자신의 죄를 '自服'한 뒤에야 그 기록이 이첩되어 상위 부서에서의 정식 신문이 이어지기 때문이다.[138] 그런데 진산사건 이후 공포된 금령은 '인기인 화기서'의 원칙을 강조할 뿐, 체포된 천주교 신자의 처분 절차를 제시하지 않았다. 이러한 상황에서 유사는 천주교 신자를 체포하면 책을 압수하고 형장을 가해 '감화'할 때까지 형신을 반복할 수밖에 없었다. 앞서 살펴본 권일신이나 최필공, 이존창의

136) 심재우, 앞의 책, 2009, 33쪽.

137) 예컨대 『대명률』은 옥졸이 도리에 어긋나게 죄수를 학대하다 죄수가 죽게 될 경우 '絞'를 명시하였으며(『大明律直解』 권28, 刑律, 「斷獄」 '陵虐罪囚'. "凡獄卒非理在禁, 陵虐毆傷罪囚者, 依凡鬪傷論. 剋減衣糧者, 計贓以監守自盜論. 因而致死者, 絞."), 『경국대전』은 관리가 濫刑할 경우 杖百·徒三年을 규정하였다. 『속대전』 또한 관리가 공무를 위해 태나 장을 치더라도 사람이 죽게 될 경우 경중을 헤아려 처단할 것을 규정하였다. (『典律通補』 「刑典」, 囚禁)

138) 차인배, 「조선후기 포도청의 사법적 위상과 활동 변화」, 『역사민속학』 58, 2020, 9쪽; 심희기, 「19세기 조선 관찰사의 사법적 행위의 실증적 고찰」, 『고문서연구』 58, 2021, 185~193쪽.

사례가 이에 해당하는데, 문제는 죄인이 감화하지 않을 경우 보고조차 이루어지지 않은 상황에서 다수의 장폐가 발생할 수 있었다는 점이다.

충청도관찰사 박종악은 내포의 천주교 신자를 '깨우치는' 과정에서 부득이 笞杖을 사용한 사실을 밝혔는데,[139] 이 과정에서 배교하지 않은 신자들에 대한 장폐가 있었음을 짐작할 수 있다. 박종악은 『수기』를 통해 내포 전역의 천주교 신자 처분 결과를 정조에게 보고하였는데, 『수기』에는 모두 자복을 받거나 깨우친 사례만이 수록되었기 때문이다.[140] 내포에서 체포된 모든 천주교 신자가 감화된다는 것은 사실상 불가능하다. 박종채 또한 아버지 박지원이 면천군수를 역임할 때 처음에는 "천주교를 믿는 사람을 적발하면 중죄인을 다스리는 곤장으로 호되게 내리친" 사실을 기록하였다.[141] 박종채는 이후 박지원이 노선을 변경해 천주교 신자들을 '감화'시켜 많은 이들의 배교를 이끌어냈음을 강조하지만, 박지원이 부임 초기 천주교 신자들을 혹독하게 형신한 사실은 부인하지 않았다. 따라서 여타 지역에서는 지방관에 의한 천주교 신자에 대한 혹독한 형신이 이어졌음을 어렵지 않게 짐작할 수 있다.

이처럼 '감화'라는 목적아래 이루어진 천주교 신자의 형신에서 발생한 수다한 장폐는 순교 사료를 통해 폭넓게 확인된다. 예컨대 홍주의 원시장은 1791년경 천주교 신자로 고발되어 체포되었는데, 그는 周牢를 비롯하여 무려 70대의 治盜棍을 맞고도 배교하지 않았다. 홍주 관장이 이 사실을 충청감사에게 보고하자 감사는 그를 '장살'하라고 답했고, 결국 원시장은 1792년 12월 17일 사망하였다.[142] 영조 대 이후 주뢰와 치

---

139) 장유승, 앞의 논문, 2014, 76~77쪽.

140) 장유승, 위의 논문, 2014, 86~88쪽. 장유승은 이 논문의 〈부록〉(105-142쪽)을 통해 박종악의 『수기』 중 천주교 문제와 관련된 10통의 편지를 원문과 함께 번역하여 게시하였다. 이에 따르면 내포지역 10개 군현에서 천주교 신자에 대한 '감화' 사례가 제시되어 있다.

141) 박종채, 박희병 역, 『나의 아버지 박지원』, 돌베개, 1998, 133쪽.

도곤은 원칙적으로 포도청의 決杖 방식이었기 때문에,[143] 홍주 관장이 정말로 주뢰와 치도곤을 가했는지는 불분명하다. 충청감사가 임의로 '장살'을 명했다는 점도 의심스럽다. 다만 조선후기 법률서에는 수령이 고의로 중죄인을 장살한 사례가 여럿 전하며, 관찰사가 이를 지시한 뒤 '物故狀'을 올릴 것을 지시한 사례 또한 전하고 있다.[144] 따라서 원시장의 사례가 지나치게 이질적인 것은 아니다. 원시장의 사례는 내포의 천주교 신자 중 중앙에 보고되지 않은 채 장폐된 사례를 보여주는 것으로, 천주교 신자의 '교화'를 목적으로 행해진 제한 없는 형신에서 많은 신자들이 장폐되었을 가능성을 보여준다. 진산사건 이후 각지에서 천주교 신자의 체포와 신문이 이어졌음은 박종악의 『수기』 외에도 여러 순교 사료는 물론 『사학징의』에서도 확인되므로,[145] 기록되지 않은 천주교 신자의 장폐는 적어도 현재 알려진 것보다는 많았을 것으로 짐작할 수 있다.

천주교 신자가 결안이나 조율 없이 장폐된 사건 중 가장 극적인 것은 1795년(정조 19)의 이른바 주문모 신부 '失捕' 사건일 것이다. 주지하듯이 이 사건은 주문모 신부가 한영익의 밀고로 발각되자, 수색 과정에서 신부는 놓치고 최인길과 윤유일, 지황이 포도청에서 밤중에 곤장에 맞아 사망한 사건이다.[146] 흔히 이 사건은 주문모 신부의 입국 사실을 인지한 정조와 채제공이 문제를 키우지 않기 위해 포도청에 분부하여 비밀리에

142) 앙투안 다블뤼, 유소연 역, 앞의 책, 2014, 138~143쪽.

143) 차인배, 「조선후기 '치도형'의 운영과 폐지 과정」, 『법사학연구』 63, 2021, 48쪽.

144) 이 문제는 심재우, 「조선후기 수령의 법적 지위와 형벌권의 실상: 『목민심서』를 중심으로」, 『한국문화』 91, 2020b, 157~165쪽에서 상세히 다루어졌다.

145) 청주의 배관겸과 여주의 최창주, 홍주의 이여삼(앙투안 다블뤼, 유소연 역, 앞의 책, 2014, 153쪽; 172쪽; 244쪽), 공주의 강완숙과 서울의 손경윤, 안성교(조광 역주, 앞의 책, 2001, 169쪽; 211쪽; 앞의 책, 2022, 30쪽) 또한 1791년에 체포되었음을 확인할 수 있다.

146) 『달레(상)』, 379~381쪽; 『벽위편』, 192~195쪽. 달레는 사망한 3인이 결안에 서명하고 '참수'된 것으로 서술하였으나, 이는 분명한 오류이다.

이들을 '장살'하였고, 이것이 수개월 뒤 공론화되며 문제가 된 것으로 이해된다. 신부를 놓친 상황에서 사망한 3인을 신문하여 그 행방을 밝혀야 함에도, 이들이 동시에 죽었다는 것은 그것이 의도된 죽음임을 보여준다는 것이다.[147] 하지만 주문모 신부 실포 당시 포도청에서 조사받은 것은 사망한 3인만이 아니었다. 장폐한 3인 외에도 홍낙민과 김종교, 허속 또한 자신이 1795년에 포도청에서 신문 받았음을 진술하였기 때문이다.[148] 따라서 이 사건은 정조와 채제공이 3인을 '故殺'하였다기보다는 주문모 신부의 체포를 위한 신문에서 사실을 실토하지 않은 3인이 '장폐'한 것으로 이해하는 것이 보다 사실에 부합할 것이다.

진산사건의 처리 과정에서 내려진 '격외의 처분'은 분명 1791년 당시 천주교 문제가 정치 문제로 비화하는 것을 막을 수 있게 해주었다. 하지만 주문모 신부의 입국이 발각되고 3인의 천주교 신자가 아무런 형정적 조치 없이 장폐하는 일까지 발생하자 정조는 더 이상 천주교와 연루된 남인들을 보호할 수 없었다. 일이 이 지경까지 이른 것이 모두 이승훈이 서학서를 가지고 온 데서 비롯된 것으로 여겨진 이상, 이에 대한 처분이 없을 수 없었다. 이전까지 천주교와 연루되지 않았던 이가환이 새롭게 '사학의 괴수'로 지목되기 시작하였으며,[149] 정조는 사학 문제를 '결자해지'하라는 취지에서 이가환을 충주목사로, 정약용을 금정찰방에 보임

---

147) 김숙경, 앞의 논문, 2021a, 222쪽; 소진형, 앞의 논문, 2022, 109~110쪽.

148) 『백서』, 63~64쪽; 조광 역주, 앞의 책, 2001, 187쪽; 앞의 책, 2022, 159~160쪽. 달레는 이때 장폐한 3인 외에 다른 천주교인 '5인'이 함께 고발된 것으로 기록하였다. (『달레(상)』, 381쪽) 홍낙민과 김종교, 허속 외에 충주 사람 이국승이 1795년에 사학 혐의로 충주관아에서 체포되었는데(조광 역주, 앞의 책, 2001, 162쪽), 이를 일컫는 것일 가능성이 있다. 후술하겠지만 이 사건을 빌미로 천주교와 연루된 이가환이 충주목사로 좌천되어 사학 문제를 "스스로 회개하고 백성들을 일깨워줄 것"을 주문받고 있기 때문이다.

149) 김선희, 「이가환은 왜 邪學 首魁가 되었나?: 비판 논리의 변화를 중심으로」, 『한국실학연구』 45, 2023b, 326~333쪽.

하여 각각 실효를 거두도록 하였다.[150] 이승훈 또한 예산으로 정배하여 스스로 회개하여 백성들을 일깨울 것을 주문하였다.[151] 정조는 서학을 엄히 단속하라는 여론을 고려하여 이가환과 정약용을 좌천이라는 처분을 통해 비교적 가볍게 징계하였으나, 이승훈은 서학서를 가져왔다는 '원죄'만으로 그 자신이 현감으로 있었던 고을에 정배하였다.

한편, 놓친 주문모 신부에 대한 譏察과 함께 내포 지역에서 천주교 신자들의 장폐가 지속적으로 발생하였다. 정조는 주문모 신부를 놓친 이후 장용영 등의 친위 조직으로 하여금 신부의 행방을 찾게 하였는데, 이는 이른바 척사론자들의 의견이 반영된 것이라기보단 정조의 의지가 강하게 반영된 것이었다. 그러는 한편 정조는 내포 천주교 신자들의 사정 또한 탐지하고 있었는데, 이 과정에서 '가짜 신자' 조화진을 활용하여 천주교 신자들을 적발해 내기도 하였다.[152] 이러한 일들은 朝紙에도 실리지 않아 많은 이들이 몰랐는데, 1798~1799년 두 해 동안 내포 지역에서만 천주교 신자로 형벌을 받아 죽은 자가 100명을 넘었다는 기록이 나올 정도였다.[153] 이들 중 대다수는 장폐하였는데,[154] '인기인 화기서'라는

150) 『正祖實錄』 권43, 정조 19년 7월 25일 갑술. "特補李家煥, 忠州牧使. 家煥以整理儀軌堂上, 屢違召, 有是命. 時, 湖西多漸染邪學, 忠州爲最, 特以家煥爲倅, 又以丁若鏞, 爲金井察訪, 俾各效贖罪之方."

151) 「이가환, 정약용, 이승훈의 처분」, 『벽위편』, 210~211쪽.

152) 방상근, 「18세기 말 내포 교회와 정사박해」, 『교회사학』 15, 2018, 134~141쪽.

153) 『闢衛編』, 「戊己兩年湖西治邪」. "其事, 不出朝紙故, 知者或鮮, … 其內浦諸邪, 則或付海美鎭營治之, 戊午己未兩年間, 刑斃者不下百餘人." 물론 이 기록을 있는 그대로 신빙하기는 어렵다. 하지만 현재까지 확인된 이 시기의 '순교자'가 8명인 점을 감안할 때, 『벽위편』이 언급한 '刑斃者' 100여 명은 '刑訊을 받거나 杖斃한 자'의 총원으로 보는 것이 사실에 부합할 것이다. 확인된 순교자는 이도기와 박취득, 원시보, 정산필, 방 프란치스코, 배관겸, 이보현, 인언민이다. (『하느님의 종 윤지충 바오로와 동료 123위 시복자료집(제1집)』, 한국 천주교회의 시복 시성 특별위원회, 2005)

154) 현재까지 확인된 8명의 순교자 중 이도기와 원시보, 배관겸, 이보현, 인언민은 사망 원인이 '장살'로 명확히 기록된 반면, 박취득은 '교사', 정산필은 '참수', 방

원칙이 유지되는 한 장폐하는 천주교 신자는 계속 발생할 수밖에 없었다. 황사영 또한 1795년 이후 발생한 천주교 신자에 대한 체포와 형신은 정조의 비밀 지령이 아닌 것이 없었으며, 정조가 무분별하게 이루어진 유사의 형장을 일부러 모른 체 하여 은밀히 신부를 체포하여 천주교 문제를 결말지으려 한 것으로 진단했다.[155] 정조 대 천주교 신자의 형정에서 강조된 '인기인 화기서'의 원칙은 분명 형정보다 '예악'을 강조한 것이었다. 하지만 이것이 원인이 되어 수많은 천주교 신자들의 장폐를 초래했다는 점에서 교화중심 형정의 한계를 노정한 것이기도 하였다.

요컨대 1790년대에 이르면 천주교 신자의 형정은 이미 '인기인 화기서'의 원칙을 고수하는 것만으로 다스릴 수 있는 성격의 사안이 아니었다. 정조는 천주교 문제를 '유사'에서 처분한다는 원칙을 포기하지 않았지만, 주문모 신부 실포 사건 이후 이러한 조치는 이제 소기의 '성과'를 거두어야 했다. 결국 천주교와 그 서적을 엄히 금지한다는 '금령' 외에 별다른 형정의 원칙을 수립하지 않은 정조의 대응은, 천주교 신자들의 공적 활동 범위를 제거하는 동시에 그 '사람'에 대한 처분은 주저했다는

프란치스코는 '교사 혹은 장살'로 되어 있다. 하지만 순교 사료의 처형 방식은 앞서 살펴보았듯이 오류가 많아 그대로 취하기 어렵다. 박취득만 해도 '도합 1천 4백 대' 이상의 형장을 맞은 뒤 오히려 상처가 낫는 '기적'이 발생하여 목 졸라 죽인 것으로 기록되었기 때문이다. (『달레(상)』, 415~416쪽) 방상근은 이때 천주교 신자들이 정조의 교화주의 영향을 받아 '停訟과 待時' 규정을 적용받은 것이라고 하였다. (방상근, 앞의 논문, 2018, 146쪽) 하지만 '정송'은 절기에 따라 송사를 중지하는 민사 조항이며, 대시와 부대시 여부는 결안과 조율을 거친 죄인에게만 해당하는 것이므로 '장폐'된 이들과는 관련이 없다. 조지에도 알리지 않고 비밀스럽게 추진한 사안을, 정조가 별도의 판부를 내려 '정형'을 명했을 리도 만무하다. 따라서 여러 형태로 전하는 이 시기 천주교 신자의 죽음은 이들에 대한 전방위적인 체포와 형신이 이어지는 가운데 발생한 '장폐' 사례로 이해하는 것이 옳을 것이다.

155) 『백서』. "故乙卯後, 群臣多請嚴禁聖教, 而一幷委之於有司, 若不欲干涉者, 然外鄉窘難, 莫非暗命, 而佯若不知, 盖欲緩教友之心, 潛捕神父, 暗地結果."

점에서 천주교 신자들이 음지에서 활동하며 교세를 확장할 수 있었던 빌미를 제공하였다. 사건이 발생할 때마다 그것을 개인의 일로 치부하고, 개별적인 처분을 반복하던 심리 중심의 형정은, 이미 정조 대에 한계에 봉착하고 있었다.

천주교 신자의 형정에서 정조가 끝까지 '교화'의 원칙을 놓지 않은 것은, 곧 자신이 즉위한 이래 지속적으로 지향한 '군사'의 면모, 그리고 성왕의 정치를 포기할 수 없었기 때문으로 생각된다. 천주교에 대한 국가 차원의 탄압을 선언하는 것은, 군사로서 성왕을 지향한 자신의 정치가 실패하였다는 것을 인정하는 셈이었기 때문이다.[156] 정조가 처했던 정치적 상황 또한 엄격한 법의 집행만을 고집하지 않았다. 정조 후반의 기조 자체가 비단 형정 뿐 아니라 정국 운영 전반에서 최대한 너그러운 처분을 내리는 경향을 보였기 때문이다.[157] 따라서 정조는 사실상 이미 그 한계가 드러났음에도, 천주교 신자의 형정에서 자신의 원칙을 끝까지 고수했다. 정조가 어렵게 '교화'에 성공하여 傳을 짓고 관직까지 제수한 최필공은 1799년(정조 23) 또다시 사학 혐의로 체포되었다. 그는 자신의 '잘못'을 뉘우치지 않았으며, 심지어 부형의 설득에도 마음을 돌이키지 않았다. 형조는 최필공에게 죄에 마땅한 율을 적용하여 처형할 것을 요청하였으나, 정조는 이번에도 반드시 최필공의 '마음'을 바꿔야 한다며 정형을 허락지 않았다.[158] 결국 정조 대에 지속적으로 행해진 천주교 신자에 대한 심리 위주의 형정은, 천주교에 대한 양반들의 부정적 여론도

---

156) 소진형, 앞의 논문, 2022, 115~116쪽.

157) 최성환, 『영·정조대 탕평정치와 군신의리』, 신구문화사, 2020, 309~325쪽.

158) 『正祖實錄』 권52, 정조 23년 8월 5일 신묘. "刑曹判書李得臣奏曰, 崔必恭自臣曹更爲嚴問, 多般曉諭, 則其迷惑, 可謂愈往愈甚, 少無覺悟之意, 故招致渠父兄, 使之曉諭, 則以爲時日之間, 猝難責效, 而過限後渠輩, 更當來告云. 此等難化之民, 須施當律, 然後庶可有懲治之地矣. 上曰, 此是不足責之流. 在前則口然而心不悟, 今番則必使革心好矣."

조선 천주교회의 교세 확장도 잠재우지 못했다. 이는 결국 정조의 승하 직후 전국적 규모의 '邪獄'이 발생한 직접적 원인이 되었으며, 천주교 신자의 형정에 일정한 기준과 절차가 수립되어야 함을 여실히 보여주는 것이었다.

제3장

신유사옥(1801)과 형정의 전형(典刑) 수립

1. 전국적 사옥(邪獄)의 개시와 천주교 신자의 일반 양형

정조 대에 개시된 천주교 신자의 형정은 정조 대의 여타 형정이 그러했듯 교화를 목적한 '심리'에 기반했다. 정조는 '인기인 화기서'를 강조하며 천주교 신자의 개별적 교화를 강조했지만, 1790년대를 지나며 오히려 조선 천주교회는 교세를 확장했다. 특히 정조가 자신의 성과로 내세우고 싶어 했던, 최필공과 이존창의 배교 번복과 주문모 신부의 실포는 천주교 신자의 형정에서 개인적 차원의 교화가 실현될 수 없음을 상징적으로 보여주었다. 풀려난 신자들은 교회로 돌아갔고, 주문모 신부는 조선 천주교회의 조직적인 비호 아래 암약했다. 정조는 비밀리에 주문모 신부를 체포하여 사태를 끝내려 하였지만,[1] 이 과정에서 발생한 수많은 장폐는 오히려 정조 대의 형정적 원칙을 스스로 무너뜨리는 것이었다. 결국 1800년(정조 24) 전후 이어진 천주교 신자의 체포와 이로 말미암은 장폐는, 이미 천주교 신자에 대한 형정적 전환을 예고하고 있었다. 따라서 순조 즉위 직후 시작된 천주교 신자에 대한 전국적 규모의 '邪獄'은 정조 대 그것과의 연장선상에서 조망할 때 그 전모를 이해할 수 있다.

정조 사후의 정국은 흔히 '세도정치'로 표현된다. 세도정치는 국왕의 특별한 신임과 위임을 받은 외척에 의한 국정운영을 골자로 하는데,[2] 특히 정조 사후 순조 초의 정국은 대왕대비 정순왕후가 垂簾聽政함에 따라 벽파가 장악하였다.[3] 정조 대부터 천주교 문제에 강경한 입장을 취한

1) 『闢衛編』, 「戊己兩年湖西治邪」. "上意必欲, 先捉文謨, 而後大治邪徒. 【嗣永帛書, 易有此語】"

2) 박현모, 앞의 책, 2011, 117~119쪽.

벽파는 남인 내 공서파와 함께 천주교에 대한 대대적인 공세를 기획하였고, 정조의 장례가 끝난 직후 대왕대비의 하교를 통해 천주교 신자에 대한 대대적인 색출을 공포하였다.[4] 하교의 골자는 천주교 신자의 형정에서 교화주의 원칙을 견지하면서도, 그 무게중심은 보다 형정적인 처리에 있었다.

> 선왕께서는 매번 "正學이 밝아지면 邪學은 저절로 종식될 것"이라고 하셨다. 듣건대 이른바 사학이 옛날과 다름이 없어서 서울에서 畿湖까지 날로 더욱 번성하고 있다고 한다. 사람이 사람 구실을 하는 것은 인륜이 있기 때문이며, 나라가 나라다운 것은 교화가 있기 때문이다. … 감사와 수령은 자세히 효유하여 사학 하는 자로 하여금 번연히 깨우쳐 마음을 돌이키게 하고 … 엄금한 후에도 改前하지 않는 무리가 있으면, 마땅히 逆律로 從事할 것이다. 수령은 각기 그 지경 안에서 五家作統法을 닦아 밝히고, 그 統內에 만일 사학을 하는 무리가 있으면 統首가 관가에 고하여 징계하여 다스리되, 마땅히 劓罰을 시행하여 진멸함으로써 (사학의) 遺種이 없도록 하라. 이 하교를 묘당에서는 거듭 밝혀서 京外에 알리도록 하라.[5]

위 하교는 순조 신유년을 기점으로 천주교 신자에 대한 국가 차원의 대대적인 형정이 실시되었음을 보여준다. 정순왕후는 천주교 신자들에게 교화의 여지가 있다면서도, '교화되지 않은' 이들을 중심으로 형정적

---

3) 오수창, 「정국의 추이」, 한국역사연구회 19세기정치사연구반 편, 앞의 책, 1990, 73~80쪽; 박광용, 앞의 논문, 1994, 219~220쪽.

4) 『백서』. "及先王薨, 嗣君幼沖, 大王大妃金氏垂簾聽政. 大王大妃, 卽先王之繼祖母, 本係僻派中人, … 意外臨朝, 遂挾僻派而肆毒, 庚申十一月, 先王葬禮纔過, 卽將一班時派, 盡行放逐, 朝內半空, 從前害敎之惡黨, 素與僻派相連, 見時勢大變, 譁然並起, 有大擧之勢."

5) 『純祖實錄』 권2, 순조 1년 1월 10일 정해. "大王大妃敎曰, 先王每謂, 正學明, 則邪學自熄. 今聞所謂邪學依舊, 自京至于畿湖, 而日益熾盛云. 人之爲人, 以有人倫, 國之爲國, 以有敎化. … 監司守令, 仔細曉諭, 使爲邪學者, 飜然改革, … 而如是嚴禁之後, 猶有不悛之類, 當以逆律從事. 守令各於其境內, 修明五家統之法, 其統內如有邪學之類, 則統首告官懲治, 當劓殄滅之, 俾無遺種. 以此下敎, 自廟堂申明知委於京外."

처리 방침을 밝혔다. 즉 오가작통을 중심으로 백성들 상호 간 감시를 강화하고, 적발된 신자들이 개심하지 않으면 엄히 처단하여 사학의 '殄滅'을 목적으로 한다는 것이다. 금령 또한 체계적으로 하달되어, 향촌 행정의 말단인 '坊' 단위까지 천주교 신자에 대한 대응체계가 마련되었다.[6] 천주교 신자에 대한 저인망식 체포와 신문이 단행되었으며, 전국적으로 수많은 신자가 형신을 받기에 이르렀다. 조선 천주교회에 대한 국가적 차원의 전면적 형정이 단행된 것이다.

정순왕후는 금령을 어긴 천주교 신자를 '逆律'로 다스릴 것을 천명했지만, 모든 신자에게 역률을 적용하는 것은 사실상 불가능했다. 신유년을 기점으로 조선 천주교회의 신자 수는 이미 10,000명을 상회하고 있었기 때문이다.[7] 이러한 상황에서 시급했던 것은 천주교 신자에 대한 양형 기준을 마련하는 것이었다. 조선 조정은 붙잡혀 온 신자를 모두 역도로 몰아 처형할 수 없었지만, 그렇다고 해서 이들을 정조 때처럼 노도 놓아줄 수도 없었다. 이제 천주교 신자들은 단순히 개인 차원의 일탈이 아닌, 국가에 위협이 되는 일종의 반국가세력으로서 重律이 적용되어야 했다. 천주교 문제가 '나라를 나라답게 하는[國之爲國]' 문제로 여겨졌기 때문이다. 조선 조정이 천주교 문제를 국가적 차원의 문제로 인식한 이상, 형정의 대상 또한 개인이 아닌 국가에 대항하는 집단으로 규정되어야 했다. 이제 천주교 신자들은 개인이 아닌 조정 내의 사악한 파벌[黨] 내지 조선 사회 내의 불온한 무리[徒]로 규정되었다. 有司가 아닌 조정이 직접 사학 문제를 지휘하였으며, 다수의 양반 관료 또한 체포되었으므로 수차례 推鞫이 개설되었다.

신유년 당시 조선 천주교회의 교세 확산은 중국에서 서학을 들여와

6) 김숙경, 「「赤城坊鄕約禁邪學節目」으로 본 천주교 금지 정책과 斥邪 인식」, 『기억과 역사』 49, 2021b, 333~334쪽.

7) 조광, 앞의 책, 2010a, 22~29쪽.

전파한 남인들 때문으로 여겨졌으므로, 조정은 우선 정조 대부터 사학 문제의 원흉으로 지목된 이가환과 이승훈, 정약용과 주변인들에 대한 신문을 진행했다. 이들은 이른바 '三凶'으로 지목되었는데, 조정에서 남인 세력의 축출은 벽파 정권의 정치적 목적과 관련된 것이기도 하였다.[8] 우선 이가환은 추국에서 자신은 무고하며 과거의 혐의는 모두 정조에 의해 소명되었음을 주장하였으나, 모두 받아들여지지 않고 계속된 형신 끝에 물고되었다.[9] 이가환은 자신에게 사학 교주라는 낙인이 찍힌 것은 모두 자신이 자초한 일이며, 구금에서 풀려나면 이 일을 반드시 바로잡겠다며 의지를 보였다. 이는 일종의 자책성 발언이었지만, 추국청은 이를 사학 '교주' 혐의의 지만으로 받아들이려 하였다. 실제 추국에서 이가환이 지만한 것은 이승훈에게 서학서를 한 차례 얻어 본 사실과 사학에 물든 家屬(이승훈 등)을 단속하지 못한 점에 지나지 않았지만,[10] 추국청은 가능한 이가환을 '교주' 혐의로 정법하려 하였다. 하지만 이가환이 물고되자 더 이상의 신문은 불가능했고, 이가환에 대한 사학 '교주'로서의 판결은 실현되지 못했다. 조선시대 형정의 대원칙인 결안과 조율이 이루어지지 않았기 때문이다.

이가환 생전에 그에게 가해지던 정치적 공격의 정도를 감안하면, 그에게 중률이 조율될 것임은 자명했다.[11] 하지만 이가환이 물고함에 따라 그를 사학의 '교주'로 정법하려는 시도는 좌절되었고, 조정은 失刑의

8) 차기진, 앞의 책, 2002, 305~318쪽.

9) 『純祖實錄』 권2, 순조 1년 2월 26일 임신. "推鞫酌處邪學罪人. 罪人李家煥供以爲, … 渠之染邪之跡, 一直發明矣, 屢被刑訊之後, 竟以邪魁之目自服捧遲晩, 而物故於獄中."

10) 「이가환 심문 기록(25:36)」, 이상식 역주, 『추안급국안』 73, 흐름, 2014, 60~62쪽. 이하 이 책에서는 전주대학교 고전국역총서로 발간된 국역 『추안급국안』을 활용하였다. 이후 각주에서는 고전국역총서 기준 『추안급국안』의 권수와 페이지를 기재하며, 세부 사항은 참고문헌에 기재하였다.

11) 김선희, 앞의 논문, 2023b, 333~352쪽.

문제에 직면했다. 이가환과 권철신이 연달아 물고되자 대왕대비는 곧바로 실형을 염려했다. 이병모는 이가환이 이미 죄를 인정한 것이나 다름없기 때문에 법 적용에 앞서 귀신의 벌이 가해진 것이라며, 마땅히 "지만한 뒤 물고된 것"으로 朝紙에 기록해야 한다고 하였다.[12] 이는 곧 실현되었고,[13] 신유사옥의 마무리를 알리는 「討邪頒教文」에도 이가환은 "은밀히 활약한 사학의 우두머리"로 명시되었다.[14] 현존 『추안급국안』 또한 이가환과 정약용, 이승훈, 정약종 등의 신문기록을 「辛酉邪學罪人李家煥等推案」으로 엮어 보관했다. 이러한 사실은 신유사옥 당시 조선 조정이 이가환을 실질적인 조선 천주교회의 '수괴'로 여기고 있었음을 보여준다. 하지만 엄밀한 의미에서 이가환이 사학 '교주'임을 지만한 것은 아니었으므로, 조선 조정은 이가환을 사학 교주로 정법하지 못했다. "승복하지 않은 자를 정법하는 것은 불가하다"는 원칙이 지켜진 것이다.[15] 사옥을 단행한 조정의 입장에서, 이가환을 비롯한 천주교 신자의 형정은 단순히 그들의 죽음으로만 끝나서는 안 되었다. 그것은 천주교 신자들을 의심의 여지가 없는 '邪'로, 옥사를 단행한 조선 조정을 명백한 '正'으로 만들어 주는 무대여야 했다.

---

12) 『承政院日記』 1833책, 순조 1년 2월 25일 신미. "大王大妃殿教曰, … 而鞫事之遷延, 已至多日, 如權哲身·李家煥輩, 連致徑斃, 獄事有失刑之慮, 誠爲悶然矣. 秉模曰, 獄事過爲遷延, 專由於臣等擧行之不逮, 不勝惶悚矣. … 李家煥則自中素有文名, 而當初邪學册子出來之時, 渠若視之如鴆毒, 避之若蛇蝎, 則後生年少輩, 必無漸染訛汚之理, 而由渠首唱, 其言漸熾, 京外靡然從之, 故滔天燎原之禍, 其本則都歸於渠, 渠亦以邪魁之名, 亦所自取爲辭, 而未及用法, 鬼誅先加, 當以遲晩後物故, 頒諸朝紙."

13) 『承政院日記』 1833책, 순조 1년 2월 26일 임신. "禁府罪人李家煥, 以自中有文名者, 當其甥侄李承薰購來邪書也. 首先眈看, 以致連姻戚黨之靡然從之, 擧世之以邪鬼指目, 無以發明, 遲晩後物故."

14) 『純祖實錄』 권3, 순조 1년 12월 22일 갑자.

15) 『英祖實錄』 권21, 영조 5년 3월 3일 정미. "顯命曰, 逆節雖狼藉, 不服而死, 則不用逆律者, 蓋慮後日, 雖曖昧者, 亦必用此法故也. 上曰, 豐原言是也. 不承服者, 正法不可矣." 이는 적어도 조선전기 이래의 관례였다. 심재우, 「조선시대 연좌제의 실상: 『연좌안』 분석을 중심으로」, 『한국문화』 55, 2011a, 99~100쪽.

이가환이 물고되자 '실형'의 문제를 우려하여 구차하게라도 그가 "지만한 뒤 물고된 것"으로 공포한 조정의 대처는 조선시대 천주교 신자의 형정이 지닌 정당성의 문제를 잘 보여준다. 그것은 형정의 목적이 바른 법의 집행에 있으며, 이를 통해 '정의의 법정'을 구현하고자 한 조정의 의도가 반영된 것이다. 추국을 통해 구현된 국가는 푸코가 이야기한 "근대 이전의 권력을 현시하는 공간"으로,[16] 그곳에서 이루어진 형정은 단순히 조정 내 특정 세력이 다른 세력을 정치적으로 제거하는 것에 그쳐서는 안 되었다. 대왕대비의 교서에도 나타나 있듯 천주교 신자의 형정은 '사람을 사람답게 하고 나라를 나라답게 하는' 것이어야 했기 때문에, 천주교 신자들은 모두 적법한 절차를 거쳐 죄인으로 정법되어야 했다. 따라서 형정의 진행 과정에서 이가환 뿐 아니라 권철신이나 강이천 같은 죄인들이 계속해서 물고된 사실은 정조 대의 장폐처럼 묻을 수 있는 문제가 아니었다. 그것은 오히려 "귀신의 주벌"이라는 수사를 통해서라도 이유를 설명해야 하는 것이었으며, 바로 이 점에서 천주교 신자의 징치에서 '형정'의 의미를 드러내는 것이었다.

이처럼 다소 애매하게 물고되어 버린 이가환에 비해 이승훈의 혐의는 분명했다. 그의 '購書傳法'은 이미 정조 대부터 충분한 근거가 갖추어져 있었으며, 신문 과정에서 이승훈이 1795년(정조 19) 이후에도 조선 천주교회에 깊이 관여한 사실이 드러났기 때문이다.[17] 정조가 이미 천주교 서적을 '사서'로 규정했고, 이승훈이 을사년 이후에도 활동한 것이 확인된 이상 그를 처형하는 것은 어렵지 않았다. 이것만으로도 이승훈은 선

---

16) 이하경, 앞의 논문, 2018, 48쪽.

17) 「이승훈을 심문하고 최창현과 대질하다(25:67)」, 『추안급국안』 73, 96~99쪽. 이전까지 신문에서 이승훈은 자신이 1795년을 기점으로 천주교와 완전히 단절했다고 하였지만, 최창현과 정약용 등의 진술을 통해 그가 주문모 신부를 맞아 온 사실을 비롯해 조선 천주교회에 깊이 개입한 사실이 발각되었다. 결국 이승훈은 자신이 을사년 이후에도 조선 천주교회에 관여한 사실을 지만할 수밖에 없었다.

왕 정조의 효유하는 뜻을 저버리고 금령을 어긴 죄목으로 처형될 수 있었다. 하지만 이승훈의 형정은 그에게 선왕의 뜻과 금령을 어긴 죄를 묻는 데 그치지 않았다. 이승훈뿐만 아니라 최필공이나 이존창과 같이 사학의 '前科'가 있었던 신자들이 줄줄이 잡혀온 데다, 새로 붙잡힌 신자들 또한 이들 못지않게 적극적으로 자신의 신앙을 드러내는 경우가 나타났기 때문이다.[18] 이러한 상황에서 조선 조정은 천주교 신자들을 개별적으로 처리하던 이전의 방침에서 벗어나 '조선 천주교회'라는 집단에 상응하는 형정적 기준을 마련해야 했고, 그 결과 나타난 것이 천주교 신자에 대한 「造妖書妖言」이라는 重律의 조율이다.

「조요서요언」은 "讖緯나 妖書, 妖言을 만들거나 이를 전하여 대중을 미혹시킨 자는 首從을 가리지 않고 모두 참한다"고 규정하는데,[19] 이 율이 이승훈은 물론이고 최필공과 이존창, 홍낙민, 최창현 등에게도 적용된 것이다.[20] 이들의 결안에는 모두 "以妖書妖言, 傳用惑衆" 같은 표현이 들어갔는데, '惑衆'은 특히 「조요서요언」 조율의 핵심 요소였다. 신유년의 조정은 주문모 신부를 숨겨 가며 전국적으로 천주교를 전파한 조선 천주교회를 하나의 '반국가세력'으로 규정한 것이다. 「조요서요언」은 각종 종교 집단이 군사 세력화하여 반왕조 운동의 구심점이 된 元末明初의 상황을 반영하므로,[21] 신유년 당시 조선 조정이 교세를 확장한 조선 천주교회에 형정적으로 대응하기에 가장 적합한 조문으로 여겨졌다. 결

18) 최창현이 대표적이다. 그는 조선 천주교회의 총회장으로 평신도 회장을 역임하다 체포된 뒤 신앙을 고백하고 순교했다. 방상근, 「최창현의 삶과 신앙」, 『교회사학』 10, 2013 참조.

19) 『大明律直解』 권18, 刑律, 「造妖書妖言」. "凡造讖緯妖書妖言, 及傳用惑衆者, 皆斬. 若私有妖書, 隱藏不送官者, 杖一百徒三年. 【皆者, 謂不分首從, 一體科罪. 餘條言皆者 並准此.】"

20) 『純祖實錄』 권2, 순조 1년 2월 26일 임신.

21) 한승훈, 「종교 자료로서의 심문기록: 추국 문서와 조선후기 종교사」, 『종교문화비평』 37, 2020, 194쪽.

과적으로 「조요서요언」은 조선왕조 전 시기 동안 가장 많은 천주교 신자에게 조율된 죄목이 되었다. 앞서 살펴보았듯이 1811년(가경 6) 청조가 마련한 천주교 신자의 처벌 조례 양형이 「금지사무사술」에 준해 絞監候에서 종신유배형이었으므로, 천주교 신자에 대한 「조요서요언」 조율은 분명 조선후기 천주교 신자에 대한 형정의 특징적 면모였다.[22)]

「조요서요언」의 파괴력은 '皆斬' 두 글자에 있었다. 이때 '皆'는 "首從을 가리지 않고 모두"를 의미하는데, 『대명률』은 "'모두[皆]'라고 하였으면 죄에 수범과 종범을 구분하지 않고, '모두'라고 말하지 않았으면 수범과 종범을 구분하는 법을 따른다"고 하여 '皆'의 의미를 상세히 설명하였다.[23)] 이를 근거로 조정은 조선 천주교회의 지도급 인사뿐 아니라 일반 신자들도 모두 '적법하게' 처형할 수 있었다. 천주교 신자에 대한 강력한 처벌을 주장하던 노론계는 "천주교에 한 번 빠지면 이미 사람이 아니기 때문에 '수종'을 구별할 수 없다"고 했는데,[24)] 이러한 인식이 형정에 반영된 것이다. 그뿐 아니라 조정은 천주교 신자를 신문하면서 조

---

22) Roux는 신유사옥 당시 조선왕조가 천주교 신자에게 「금지사무사술」이 아닌 「조요서요언」을 조율한 이유를 조선왕조가 청에 대한 반감으로 『대청율례』가 아닌 『대명률』을 기준으로 삼은 데서 찾았으나(Roux, 앞의 논문, 2012, 83쪽), 이는 사실과 다르다. 조선왕조의 천주교 신자에 대한 형정은 『대명률』을 기반으로 하면서도 그 조율의 맥락과 논리는 전적으로 천주교를 바라보는 조선왕조의 시각과 조선의 천주교 상황에 달린 문제이지, 法源의 문제가 아니다. 게다가 법전으로서 『대명률』과 『대청율례』에는 본질적으로 아무런 차이가 없다. (蘇亦工, 앞의 논문, 2002, 218~222쪽)

23) 『大明律直解』 권1, 名例, 「共犯罪分首從」. "若本條言皆者, 罪無首從, 不言皆者, 依首從法."

24) 『老洲集』 권9, 「與李性老」. "然邪說之若是猖獗, 無他耳. 職由於聖遠敎弛, 正學不明, 故朱子每誦闢異之功, 必以內修外攘爲說. 內修者, 經正爲本而當先, 外攘者, 辭闢爲末而當後. 然顧其禍人也, 急於水火, 不可緩也. … 說者曰, 獄不可以濫也, 當分首從而用法, 此言似矣而實不然. 首從之分等, 恐指如謀逆稱亂作奸犯科之獄, 若此獄則一入其中, 換腸易心, 已不可以人類言. 若非誤入之淺, 眞個懺悔革面革心者, 俱係罔赦, 從便是首, 首便是從, 尙何分別之可論耶."

선 천주교회의 여러 특징을 파악하였는데, 그중 하나가 바로 조선의 전통적 신분질서와는 다르게 운영된 조선 천주교회의 모습이다.[25] 을사년 추조적발 사건 당시 당대의 명사인 이승훈과 정약용은 '이벽이란 놈'을 스승으로 모셨고, 한갓 중인에 불과한 김범우는 '양반의 후예'를 가르쳤다.[26] 게다가 강완숙의 경우 일개 과부의 몸으로 왕실 여인들을 개종시키기도 하였다.[27] 따라서 천주교 신자들은 '수종'이 불분명한 경우가 많았고, 이를 여타 변란 사건과 같이 처리할 경우 '종범'으로 살아나간 이들이 다시금 천주교를 전파할 우려가 있었다. 이러한 상황에서 「조요서요언」은 천주교 신자를 '천주교 신자'라는 힘의 하나만으로, 다른 요소를 고려할 필요 없이 '정법'할 수 있게 해준다는 점에서 조선 천주교 신자의 형정에 적합한 조문이 된 것이다.

그 결과 신문 과정에서 물고되거나 추국청에서 상위 형률이 적용된 일부 신자를 제외하면 조선왕조의 천주교 신자들은 대부분 「조요서요언」 죄목으로 처형되었다.[28] 신유년 이전까지 「조요서요언」은 「금지사무사술」과 마찬가지로 조율한 적이 거의 없는 율이었고, 의율 단계에서 논의될 때에도 '斬待時'에 해당하는 것으로 여겨졌다.[29] 하지만 신유년의 조

25) 이는 정약용의 다음과 같은 언급을 통해서도 확인된다. "世局以位高才高者爲領袖, 而其法不然, 以至死不變者爲頭目, 甿隷所不拘也." (『與猶堂全書』 시문집 권15, 「貞軒墓誌銘」)

26) 조광 역주, 앞의 책, 2001, 202쪽. "(홍익만 結案招) 너는 본시 양반의 후예이다. 금지령을 무시하고서 김범우한테 사서를 배웠고 …"

27) 강완숙의 활동은 『달레(상)』, 382~393쪽에 상세하다. 강완숙이 개종시킨 왕실 여인은 은언군의 부인 상산군부인 송씨와 며느리 평산군부인 신씨로, 이들은 모두 賜死되었다. 사사된 두 왕실 여성과 궁녀들에 대해서는 Park Joo, "Catholicism and Women in the Royal Court of King Sunjo in the late Chosŏn dynasty", in Donald Baker ed, "*Critical Readings on Christianity in Korea(Vol. 2)*", Brill(USA: Leiden and Boston), 2014, pp. 647-658 참조.

28) Roux, 앞의 논문, 2012, 83쪽; 방상근, 앞의 논문, 2022, 268~269쪽.

29) 『成宗實錄』 권230, 성종 20년 7월 13일 기사. "司憲府啓, 驪州人李義明假托天命,

정은 「조요서요언」을 적용한 천주교 신자의 行刑에서 윤지충·권상연의 사례를 전례로 삼아 '斬不待時'를 결정했다.[30] 2장에서 살폈듯 정조가 윤지충과 권상연을 부대시참한 것은, 그들이 신주를 불태운 행위를 곧 '毁屍'와 같은 것으로 여겨 십악 중 불효를 비부한 결과였다. 그런데 신유사옥 당시 「조요서요언」이 조율된 신자들은 폐제분주와는 맥락이 전혀 달랐음에도 불구하고, 진산사건의 형정을 전례로 삼아 부대시참을 집행한 것이다. 신유년의 조정은 천주교 신자들의 구체적인 행위(즉 '분주')가 아닌 그들 모두를 '폐제분주를 일삼는 사학의 무리'로 규정함으로써, 집단적 차원에서의 「조요서요언」의 조율을 정당화한 것이다.

「조요서요언」이 조율된 천주교 신자들의 부대시참을 이끌어 낸 십악이 무엇인지도 분명치 않다. 정순왕후는 천주교 신자를 '역률'로 다스릴 것을 천명했으므로, 이때의 십악을 謀反이나 謀大逆, 謀叛과 같은 반역 사건 관련 십악으로 이해할 수 있을 것이다. 하지만 이 항목들은 『대명률』에 별도 형률로 존재하기 때문에, 형률의 「모반대역」이나 「모반」이

妄造妖書妖言陳啓罪, 律該斬待時." 이 사건의 판결에서 이의명은 결국 減死 처분을 받았다. 반면 윤영현은 1485년(성종 16) 道詵의 풍수도참을 믿고 따라야 한다는 주장을 한 최호원의 징계 사례를 「조요서요언」에 해당하는 사건으로 소개하였다. (윤영현, 앞의 논문, 2024, 18쪽) 이 문제에 대한 처리로 율문을 검토하는 과정에서 『대명률강해』의 '講'에 해당하는 "若傳用者, 所惑不及二人, 皆杖一百流三千里."가 언급되었기 때문인데, 성종은 이마저도 "律이 罪보다 무겁다"는 이유로 고신추탈과 외방부처만을 명했다. (『成宗實錄』 권175, 성종 16년 2월 1일 계축) 그뿐 아니라 『대명률강해』의 문구는 요서나 요언을 통해 미혹시킨 이가 '2명 이하'일 때를 규정한 것인데, 최호원은 도선의 풍수도참을 따라야 한다고 상소문을 통해 공공연히 주장했으므로 이는 「조요서요언」이 아닌 『경국대전』에 규정된 「亂言」에 가깝다. 「난언」 죄의 양형 또한 '杖一百流三千里'를 규정하였으므로, 최호원 사건 당시 실제로 검토된 율문은 「조요서요언」이 아닌 「난언」으로 보는 것이 타당하다.

30) 『純祖實錄』 권2, 순조 1년 2월 25일 신미. "秉模曰, 推鞫正法, 例爲待時. 而年前尹持忠權尙然輩, 以焚主廢祭, 皆施不待時之律. 今番諸囚, 亦當不待時擧行矣. 大王大妃敎曰, 依此爲之."

아닌, 「조요서요언」이 조율된 신자들을 십악의 모반이나 모대역, 모반을 범한 것으로 규정할 수는 없다. 결국 천주교 신자에게 적용한 '십악'은 그 형정적 근거가 모호한 셈으로,[31] 이를 통해 신해년(1791)에 폐제분주를 단행한 이들과 신유년(1801)의 천주교 신자들을 같은 집단으로 바라본 조정의 시각을 확인할 수 있을 뿐이다. 천주교 신자에 대한 「조요서요언」 조율 및 십악죄인으로서의 부대시참이 결정되자, 조정은 천주교 신자들에 대한 처형을 일사천리로 진행하였다. 앞서 살펴본 이승훈이나 최창현 같은 '국청 죄인'들 외에도, 형조와 관찰사 등의 유사 단계에서 천주교 신자에 대한 처형을 집행한 것이다. 『사학징의』에 따르면 추국청 죄인 외에도 형조와 각도의 관찰사 단위에서 국왕의 별도 심리 없이 사형이 집행되었다. 사형판결의 최종 판결권은 국왕에게 있었으므로, 논리상 지방의 천주교 신자들은 국청의 '妖言惑衆' 죄인들과 함께 「조요서요언」의 '종범'으로 일괄적인 사형집행이 이뤄진 것이다. 그 결과 천주교 신자의 형정에서 결안 및 조율 과정이 대폭 간소화하여 천주교 신자가 배교하지 않으면 거의 즉각적으로 사형이 집행되었다.

> B-1. (최필제) 너는 신해년(1791)에 죽을 죄를 용서받은 흉악한 무리이다. 그러나 조정의 은덕을 생각지 아니하고, 묵은 버릇을 바로잡지 못했다. 다시 사학에 빠져 요사스런 무리와 연결되었다. 周哥(=주문모) 놈에게 모이기를 기약해서, 날 저물어 모이고 새벽녘에 흩어지며, 여러 사람을 속여서 현혹시켰다. 뿐만 아니라 너의 아비가 다방면으로 사학을 금지했으나, 끝내 회오하지 않았다.

31) 이 문제는 병인년(1866)에도 해결되지 않았던 듯하다. 병인년 당시 형조는 천주교 신자 전장운과 최형의 조율에서 「조요서요언」을 비부히먼시도, 이 율은 대시와 부대시 문제에 관계되므로 의정부에서 詳覆하여 결정할 것을 요구하였다. 결국 이들은 상복 끝에 「조요서요언」과 십악이 조율되어 부대시참 되었는데, 이 경우에도 이들이 범한 '십악'이 무엇인지는 구체적으로 제시되지 않았다. (『高宗實錄』 권3, 고종 3년 1월 5일 을축)

B-2. (고광성) 너는 사학에 현혹되어 밤낮으로 배워 익혔고, 신주를 땅에 묻고 제사를 폐지했다. 그 죄는 綱常에 관계되니, 만 번 죽어도 아깝지 않다.

B-3. (홍필주) 너와 네 어미(=강완숙)는 한 마음으로 사학에 깊이 빠졌다. 종류가 다른 사람을 같은 것으로 보고, 이를 기화로 아비같이 모셨으니, 죄악이 넘친다. 남녀가 뒤얽혀 소굴을 만들었고, 어리석은 백성을 거짓으로 유인했다. 세상의 지목을 받더라도, 예수를 위해 사형을 당하더라도 참으로 달게 받겠다고 했다.

B-4. [여주] (임희영) 사학을 준수하여, 신주를 세우지 않고 제사를 지내지 않았다. (원경도) 사학에 깊이 빠져, 형에게 제사를 폐지하도록 권했으니, 사람의 도리가 온통 끊어졌다.

위 B군의 사료는 모두 『사학징의』에 수록된 사형죄인의 결안 공초[結案招]로,[32] 천주교 신자들이 어떠한 罪狀으로 처형되었는지를 알 수 있게 해준다. 『사학징의』는 '정법'된 천주교 신자 87명의 결안을 발췌해 실었는데,[33] B군의 사료는 그 중 대표적인 사례를 제시한 것이다. 일부 신자의 경우 결안이 누락되었지만, 전반적으로 거의 동일한 절차로 신문 이후 결안-조율이 이루어졌음을 알 수 있다. B군의 사료는 모두 "사학에 깊이 빠졌다"는 점을 명시하였는데, 「조요서요언」의 조율에서 피형신자의 천주교 신봉 여부가 가장 중요한 조율의 근거가 되었음을 보여준다.

---

32) 각 사료의 출처는 다음과 같다. 조광 역주, 앞의 책, 2001, 150쪽; 164쪽; 193쪽; 244쪽.

33) 보다 구체적으로, 형조에서 처형한 사형죄인 문서철인 「正法罪人秩」에 37명, 각도의 사형죄인 문서철인 「各道正法罪人秩」에 19명, 추국청에서 처형한 사형죄인과 賜死 및 杖斃 죄인의 문서철인 「鞫廳正法及賜死罪人杖斃罪人」에 31명의 명단 및 신문자료가 제시되어 있다. 『사학징의』가 형조에서 작성한 기록인 만큼 「정법죄인질」은 신문 내용과 결안초가 상세히 작성된 반면, 이관된 문서를 옮긴 경우에는 내용이 비교적 소략하다. 이는 실제 신문기록이나 결안상의 차이가 아닌, 이를 초록한 주체가 형조였기 때문에 생긴 차이일 것이다.

특히 B-1의 최필제는 이미 진산사건 당시 체포되었다가 거짓으로 배교하여 석방된 적이 있는데, 이 경우 배교 번복의 사실 또한 결안에 명시함으로써 정법의 정당성을 강조했다.[34] 조정의 시각에서 이들은 정조의 '살리기 좋아하는 덕'에 의해 죽음을 면했음에도, 다시금 잘못된 길로 빠진 개심의 여지가 없는 부류였다.

B-2와 B-4를 통해 천주교 신자의 형정에서 '폐제분주' 혐의가 「조요서요언」 조율의 근거로 활용되었음을 알 수 있다. 진산사건은 신유사옥의 형정에서 주요 판례로 참고되었다. 그런데 B-2 고광성과 B-4 임희영은 모두 신주를 '묻거나 세우지 않았을' 뿐 윤지충이나 권상연처럼 신주를 '태운' 것이 아니었다. B-4 원경도는 신주에 대한 언급이 없이 '제사'만을 폐했다는 이유로 처형되었다. 진산사건 당시까지만 해도 윤지충과 권상연이 신주를 태웠는지 여부는 양형과도 관계된 결정적 문제였다. 하지만 신유년의 조정은 천주교 신자가 신주를 태웠는지 묻었는지의 여부를 묻지 않았고, 심지어 제사만 폐한 경우라도 폐제분주 관련 혐의가 일부라도 확인되면 곧바로 「조요서요언」을 조율했다. 조율 과정에서 신주나 제사와 관련된 '구체적 행위'가 아닌, 폐제분주를 일삼는 '천주교 신자'라는 점을 문제 삼은 것이다. 이러한 조치는 천주교 신자의 신문을 진산사건보다 훨씬 간소하게 하였으며, 많은 천주교 신자를 우선 정법죄인으로 간주한 뒤 정상을 감안한 참작이 이루어지도록 하였다. 이러한 전환은 천주교 신자의 진술을 바탕으로 형량을 결정하던 정조 대 형정에 대한 반성으로, 천주교 문제에 대한 '효율적' 대처를 위한 전환이 이루어진 것이다. 이는 한편으로는 진산사건을 계기로 천주교에 대한 조정의 태도를 확정지은 상황에서, 일률적이고 엄격한 처벌을 위한 '형정 편의

34) 최필제 외에도 정인혁과 최인철, 이국승, 강완숙, 김종교, 손경윤 등이 신문에서 이선의 '전과'를 지적받았다. 특히 손경윤은 1791년과 1796년에 두 차례나 체포되었다가 풀려났다.

주의' 기조가 나타난 것이기도 하다.

이러한 점에서 B-3에서 보이듯 천주교 신자의 배교 여부는 중요한 문제였다. 천주교 신앙의 고수 여부야말로 천주교 신자를 참하느냐, 아니면 감사하여 유배 등의 처분을 내리느냐의 기로였기 때문이다. 정법된 천주교 신자들은 거의 대부분 자신의 신앙을 버리지 않았는데, 조정의 입장에서도 이는 「조요서요언」을 조율하는 핵심 근거였기 때문에 천주교 신자의 '신앙 고백'은 범죄 혐의에 대한 '지만'으로 중요하게 기록되었다. 달레를 비롯하여 조선 천주교회사를 다룬 고전적 서술에서는 무도하고 폭력적인 관헌에 의한 진술 강요나 진술의 왜곡 및 축소, 은폐 사실이 종종 언급되지만, 적어도 신유사옥 당시의 추국 문서나 『사학징의』에는 이러한 축소나 은폐 시도를 확인하기 어렵다. B-3에서 홍필주의 발언으로 제시된, "세상의 지목을 받더라도, 예수를 위해 사형을 당하더라도 참으로 달게 받겠다"는 등의 표현은 오히려 조선 천주교회측의 자료에서 보이지 않는다.[35] 이러한 사실은 천주교 신자의 신문 기록을 가능한 있는 그대로 드러내어 조율의 근거를 밝힐 뿐만 아니라, '정법'의 정당성을 강조한 조선왕조의 천주교 신자에 대한 형정의 특징을 보여주는 것이다.

한편 「조요서요언」은 여성 신자에게도 예외 없이 적용되었다. 본래 婦女는 자신이 大逆을 범하여 스스로 陰計를 주도하였다는 것이 역적의 招辭에 분명히 나타난 경우 이외에는 問招하지 않는 규정이 『속대전』에 명시되어 있었다.[36] 하지만 천주교 신자는 남녀를 불문하고 체포된 모든 신자가 문초를 받았다. 본래 이 규정은 부녀를 보호하기 위한 맥락에

---

35) 홍필주의 순교 사실을 다룬 조선 천주교회측 자료인 『달레(상)』, 501~502쪽이나 『백서』, 94~95쪽은 그가 형신을 견디며 동료들을 밀고하지 않은 사실을 공통적으로 전한다. 하지만 두 사료 모두 홍필주의 직접 진술은 전하지 않았다.

36) 『續大典』 刑典 推斷. "婦女身犯大逆, 自主陰計, 緊援逆招者外, 勿問. 【當宁乙丑(1745)下敎】"

서 나온 것이지만,[37] 천주교 신자의 경우 이 조문의 보호를 받지 못한 것이다. 강완숙과 같은 조선 천주교회의 일부 여성 신자들이 주문모 신부의 도피와 전교에 적극적으로 가담하였기 때문이다.[38] 특히 일부 신자는 고의로 '과부'를 위장하였는데, 이들은 조선사회에서 과부가 가지는 활동성과 기동력을 기반으로 교회 활동에 적극적이었다.[39] 이러한 상황에서 조선 조정은 천주교 신자의 경우 여성이라도 예외 없이 문초하였고, 『사학징의』에만 무려 64명의 여성 신자의 문초 기록이 실릴 정도로 많은 신자들이 문초를 받았다.

신유년 조선 천주교회의 여성 신자 중 가장 두드러진 활동을 한 인물은 단연 강완숙이다. 따라서 여러 천주교 신자들의 공술에서 언급된 강완숙을 신문하고 처형하는 것은 조선후기의 형정 관행에 비추어 보아도 이례적인 것이 아니다. 강완숙은 조선 천주교회의 지도급 여성으로, 조정의 시각에서 볼 때 "자신이 대역을 범하여 스스로 음계를 주도한" 정황이 현저했기 때문이다. 하지만 강완숙을 제외한 여성 신자들은 조선 천주교회의 주도적 인물이 아니었음에도 문초를 받고 사형당한 경우가 많았다. 예컨대 형조에서 참수된 최설애는 "신세가 비참하고 가난하여 스스로 살아가지 못하는" 과부로, 이웃 과부들과의 연으로 천주교에 입교했을 뿐이었다. 그런데 최설애는 최종 신문에서 "邪術을 正道라고 생각하며, 형벌을 당하더라도 바꿀 마음이 참으로 없다"라고 진술한 결과 처형되었다.[40] 최설애와 입교 시기 등이 거의 유사한 과부 신조이나 이

---

37) 조지만, 앞의 책, 2007, 280쪽.

38) 『달레(상)』, 392쪽; 『백서』, 38~39쪽. 여성 천주교 신자의 활동은 Kim Ok-hy, "Women in the history of Catholicism in Korea", in Donald Baker ed, *op. cit.,* 2014, pp. 659-677 참조.

39) 박민예, 「辛酉迫害를 통해 본 천주교회 내 과부 신자와 '僞裝寡婦'」, 『서강인문논총』 54, 2019, 70~72쪽.

40) 조광 역주, 앞의 책, 2001, 221~222쪽.

어린아기 등의 여성 신자가 모두 배교하여 유배되었음을 고려할 때,[41] 여성 신자의 경우에도 「조요서요언」의 조율은 천주교의 신봉 여부에 달린 것이었음을 확인할 수 있다.

요컨대 신유년을 기점으로 천주교 신자에 대한 전국적이고 전면적인 형정을 개시한 조선 조정은, 이승훈의 신문을 바탕으로 「조요서요언」을 핵심으로 하는 천주교 신자에 대한 일반 양형 기준을 확립하였다. 「조요서요언」은 천주교 혐의가 있는 이들을 '모두[皆]' 참할 것을 규정함으로써 신유년 당시 크게 교세를 확장한 천주교 신자의 형정에 가장 적합한 형률로 비부되었다. 조선 조정은 정조 대의 경험을 통해 천주교의 경우 일반 변란 사건과 같이 首從을 나누어 주범만 처벌할 경우, 풀려난 '종범'들이 다시금 천주교를 확산시킬 것이라는 사실을 알고 있었다. 따라서 '수종을 가리지 않는' 「조요서요언」을 통해 천주교 신자라는 점만 확인되면 우선 정법죄인으로 간주하는 형정적 전환을 통해 천주교 신자의 '殄滅'이라는 소기의 목적을 달성하려 하였다. 그 결과 신유년의 조정은 「조요서요언」을 적용해 수많은 신자들을 처형하였고, 이 과정에서 함께 이루어진 不待時 결정과 일반 여성 신자에 대한 문초는 이전까지 조선 왕조의 형정적 관례를 뛰어넘는 조치였다. 따라서 신유사옥 당시 천주교 신자에 대한 일반양형의 '비법성' 내지 '불법성'에 대한 혐의는 천주교 신자의 조율 과정이 아닌, 조율 이후 처형의 집행 절차 및 여성에 대한 신문에서 일부 발견되는 것이다.

41) 조광 역주, 앞의 책, 2022, 233~236쪽.

2. 지도급 신자의 형정과 국체(國體)의 문제

천주교 신자에 대한 「조요서요언」 조율은 전국에서 체포된 천주교 신자를 조선 천주교회에의 가담 정도와 관련 없이 '천주교 신자'라는 사실만으로 처형할 수 있게 해주었다. 많은 신자들이 이 죄목으로 참수되었고, 조정은 한층 간소화된 행형절차를 통해 많은 천주교 신자를 처형할 수 있었다. 그런데 일부 지도급 신자의 경우 「조요서요언」보다 중률이 조율되었는데, 이를 통해 우리는 '정의의 법정'을 통해 정당성의 문제를 해결하려 한 조정의 의도를 확인할 수 있다. 「조요서요언」은 분명 천주교 신자의 처형에 적합한 율이었지만, 이것으로 사옥을 마무리할 경우 정당성의 문제를 마주할 우려가 있었기 때문이다.

천주교 신자들이 단지 '요언을 일삼으며 대중을 미혹시킨[妖言惑衆]' 무리에 불과하다면, 先王과는 달리 이들을 모두 죽이는 가혹한 처사를 강행할 이유는 없었다. 정조 대는 물론이요, 영조 무인년(1758) 황해도의 生佛 사건처럼 주모자만 죽이면 될 문제를 '皆斬'이라는 율로 다스렸다면, 그에 상응한 명분이 필요했다. 이를 위해 신유년 조정은 사옥의 규모를 전국적인 것으로, 적어도 조정의 주요 인물이 포함된 변란으로 규정해야 했다. 이때 가장 적절한 인물은 이가환이었다. 그는 남인의 영수 채제공의 후계자로 여겨졌을 뿐만 아니라, 이승훈과 정약용을 비롯한 천주교 신자들과 모두 연결되어 있었기 때문이다. 조정은 이가환을 사학의 '교주'로 처형하려 하였지만, 그가 물고됨에 따라 오히려 정치적 원한으로 죄 없는 이를 죽였다는 비판에 직면해야 했다.[42] 따라서 조정은 천주

---

42) 이러한 비판은 당대부터 일어났다. 『백서』, 77쪽. "… 初入禁府, 猶自抵賴, 治獄者, 皆平時仇嫉之人, 必欲致之死地, 自知終不得免, 遂承認本心, 到死不變, 畢命於毒杖烙刑之下, 時年六十歲."; 『與猶堂全書』 권15 詩文集, 「貞軒墓誌銘」. "嗚呼, 自古設鞫獄, 如宣廟己丑肅廟庚申, 亦必有告者上變, 有囚者招引, 或文書被捉, 或囚人立證,

교 신자에게 「조요서요언」을 시행한 이유를 밝히고, 이들에게 '역률'을 적용한다는 대비의 공언을 실현해야 했다. 바로 이 시점에 정약종의 일기가 드러남으로써 조정은 천주교 신자에게 역률을 조율할 근거를 확보하게 된다.

정약종은 이른바 册籠 사건으로 천주교 관련 서적과 편지들이 발각되어 체포되었는데, 이때 압수된 일기의 문구가 더 큰 문제를 일으켰다. 그 내용은 "나라에 큰 원수가 있으니 임금이며, 집에도 큰 원수가 있으니 아비이다[國有大仇君也, 家有大仇父也]"라는 12자였다. '凶言'으로 지칭되는 정약종 일기의 문구는 신유사옥의 진행 과정에서 조정에 탄압의 정당성을 부여해 주는 사건으로 확대되었다.[43] 2장에서 확인한, 부모나 임금의 명령을 어기겠느냐는 전라감사의 질문에 '이유 있는 침묵'으로 대응한 윤지충의 사례처럼 君父에 대한 공공연한 반대는 도덕적으로 비난받을 뿐 아니라 형률로써 처단되어야 할 범죄였다. 따라서 천주교 신자 정약종이 君父를 동시에 '원수[仇]'로 지칭한 사실은 천주교가 '無父無君'의 가르침임을 보여주는 결정적 증거가 되었고, 정약종은 「조요서요언」보다 상위 형률이 조율되어야 할 범죄자로 여겨졌다.

> 이병모가 말하기를, "… 정약종은 邪術의 괴수일 뿐 아니라, 국문하는 마당에 엄중한 신문을 받으면서도 한결같이 완고하고 사납게 굴면서 죽어도 후회하지 않는다고 했습니다. … 또한 임금과 어버이를 향하여 함부로 흉언을 했으니, 신등은 분노하여 일전에 請對한 것입니다. 이러한 賊에게 단지 요언혹중의 율만을 적용할 수는 없고, 마땅히 「범상부도」로 결안하고 정법해야 합니다." 하였다.[44]

乃逮乃拷, 乃殺乃市. 若夫臺啓以發之, 獄訊以成之, 無證無贓, 而直杖殺之, 遂以棄市者, 己丑庚申, 所未有也. 一二陰邪之人, 鼓吻膏脣, 十有餘年, 蜚語煽惑, 以灌當路人之耳, 彼惡知之. 平日夙知其可殺, 斯殺之已矣."

43) 정약종에 대한 서술은 조광, 앞의 책, 2010b, 411~412쪽을 참조했다.

44) 『承政院日記』 1833책, 순조 1년 2월 25일 신미. "秉模曰, … 丁若鍾則不但爲邪術

이병모는 신유년 2월 12일 추국에 임했는데, 이때 '12자 흉언'에 대한 신문이 이어졌다. 정약종은 자신이 일기에 흉언을 기재한 사실을 지만하였으며, 추국청은 바로 국왕과의 청대를 요청했다.[45] 정약종은 이미 「조요서요언」에 해당하는 '사술의 우두머리[邪術之魁]'로 지목되었는데, 여기에 '12자 흉언'이라는 죄가 더해졌기 때문에 이를 상회하는 조문을 비부할 필요성이 생긴 것이다. 『대명률』은 「조요서요언」보다 상위 형률로 「모반」과 「모반대역」만을 규정하므로, 정약종에게 비부할 적절한 형률을 찾기 위한 논의가 이어졌다. 그런데 「모반」과 「모반대역」은 실행범이 아니라면 '모의[謀]' 정황이 드러나야 하는데, '12자 흉언'은 압수된 일기에서 발견되었을 뿐이어서 모의 정황을 확인할 수 없었고, 정약종이 입을 열지 않아 지만도 받지 못했다.[46] 결국 조정은 정약종이 지만한 혐의, 즉 일기에 적힌 '12자 흉언'을 근거로 율을 비부해야 했고, 이때 선택된 율이 바로 「범상부도」였다.

정약종에게 조율된 「범상부도」는 『대명률』이 아니라 조선 전기부터 '亂言'이라는 죄목으로 존재하다가 『속대전』에 수록된 항목이다.[47] 조선왕조의 법 적용에서 『대명률』이 아닌 『경국대전』이나 『속대전』을 조율하는 것은 대개 명률보다 엄중한 형벌을 조율할 때였다.[48] 「범상부도」

之魁, 鞫庭嚴問之下, 一味頑悍之死, 靡悔妖憯獰慝, … 至向君親, 肆發凶言, 臣等憤惋之忱, 已悉於日前請對, 而此賊不可但用妖言惑衆之律, 當以犯上不道, 結案正法."

45) 「정약종 일기 때문에 임금 만나기를 요청하다(25:52)」, 『추안급국안』 73, 79쪽.

46) 추국청은 2월 17일 신문에서 책롱사건의 문서들을 통해 발각된 '서양인과의 왕래' 사실과 '신부의 내력'을 캐물었으나, 정약종이 입을 열지 않은 탓에 신문의 방향을 정약종이 아닌 정약용과 최창현을 신문하는 것으로 바꿔야 했다. 「정약종 등의 심문 결과를 보고하다(25:144)」, 『추안급국안』 73, 189~192쪽.

47) 『續大典』 刑典, 「推斷」, 〈關係惡逆誣上不道〉. "凡關係惡逆, 誣上不道, 干犯大訓者外, 勿爲設鞫. 【文字間非直犯惡逆, 則抉摘捏合, 毆之於犯上不道之律者, 一切禁之】[當宁乙丑(1745)下敎]"

48) 야기 다케시, 「조선 당쟁사에 있어서의 官人의 처분」, 도미야 이타루 편, 손승회 역, 『동아시아의 사형』, 영남대학교 출판부, 2014, 257쪽.

는 주로 상소문의 문구나 특정 발언이 왕을 모욕했다는 이유로 해당 문구를 작성하거나 관련 언행을 한 자에게 조율된 죄목이다.[49] 따라서 「범상부도」는 일기에 흉언을 기재한, '凌上'이라는 부도함만을 지만한 정약종을 정법할 적절한 조목으로 비부된 것이다.[50] 이때 정순왕후는 교주와 소굴을 알아내지 못한 채 정약종만 정법한다면 다른 이들이 모든 책임을 정약종에게 전가할 것을 우려하며 신중한 입장을 취했다.[51] 하지만 추국청 관원들이 "정약종은 결단코 잠시도 용납할 수 없는 자"임을 거듭 강변하고 권엄 등 63인이 연명 상소하여 정약종 등의 처형을 요청하자,[52] 결국 정약종은 서소문 밖에서 참수되었다.

정약종에 대한 「범상부도」 조율은 사옥을 확대한 이들의 의도를 명확하게 보여준다. 정약종에게 "요언혹중의 율만을 적용할 수 없다"는 발언에서 보이듯, 추국청은 천주교 신자를 '역률'로 처단하기 위해 「조요서요언」보다 상위 형률을 비부하려 하였다. 「조요서요언」도 이미 진산사건이나 여타 '惑衆' 사건의 양형보다 가중된 것이었지만, 사학의 수괴로서 정약종을 처형하기 위해서는 보다 무거운 율이 조율될 필요가 있었다. 즉 「조요서요언」은 많은 천주교 신자를 처형할 수 있게 해준 일반양형으로는 효과적이었으나, 바로 이 점 때문에 首從이 뒤섞여 獄體를 손상시킬 우려가 있었던 것이다. 이러한 상황에서 정약종에게 조율된 「범

49) 이하경, 「조선 후기 범상부도죄의 정치적·법제사적 함의」, 『사학연구』 136, 2019, 123쪽.

50) 본래 『대명률』에서 십악으로 규정한 '부도'는 한 집안에서 죽을죄가 아닌 3인을 죽이거나, 시체를 잘라 먹는 행위 혹은 蠱毒이나 魘魅같은 저주행위를 지칭하는 것이지만, 조선에서는 그 의미가 달랐다. 조선 후기에 '범상부도'나 '대역부도' 등과 같이 사용된 '부도'란 군신 간에 지켜야 할 충성의 의무를 다하지 못한다는 의미의 '부도함'에 더 가깝다. (이하경, 위의 논문, 2019, 141쪽)

51) 『純祖實錄』 권2, 순조 원년 2월 12일 무오. "大王大妃教曰, 不得教主窩窟, 而只用法於此漢, 則他漢之爲教主窩窟者, 必推諉於此漢. 然則其在獄體, 決不可徑先用法. 但當嚴覈, 期於得其窩窟, 然後正法可也."

52) 『純祖實錄』 권2, 순조 원년 2월 18일 갑자.

상부도」는, 천주교 신자들이 단순히 '무부무군'한 사교를 믿는 집단이라는 막연한 추정을 '12자 흉언'이라는 형태로 구체화하였다. 이 점이 중요한 이유는 천주교 신자는 '아비도 임금도 모르는 자'라는 조정의 비판에 대해, 십계명을 앞세워 자신들은 '忠君愛國'하는 집단이라고 반박한 천주교 신자들의 주장을 불식할 수 있게 해주었기 때문이다.

신해년(1791)의 윤지충·권상연과 신유년(1801)의 여러 천주교 신자들, 훗날 기해년(1839)의 정하상에 이르기까지 천주교 신자들은 천주교가 국가에 해를 끼치지 않으며 자신들은 반역자가 아님을 일관되게 주장했다.[53] 실제 신문 상황에서도 조선 조정은 유항검 형제의 '큰 배[大舶]' 계획이 발각되기 전까지는 천주교 신자들이 역모를 꾀한 뚜렷한 증거를 찾지 못했다.[54] 주문모 신부의 행방 또한 여전히 묘연했다. 요컨대 신유년 2월 현재 조선 조정은 대왕대비가 역률까지 운운하며 천주교 신자의 '진멸'을 도모하며 단행한 사옥을, 그 옥체에 맞게끔 형정적으로 성리해야 했다. 그것은 단순히 조정 내의 정적을 제거하는 차원을 넘어, 조선 천주교회란 '반국가세력'에 대한 도덕적 승리를 가져다주는 것이어야 했다. 따라서 천주교 신자들은 단순히 요언을 일삼는 무리일 뿐 아니라 국가에 위협이 되는 존재여야 했고, 이러한 명분을 충족시켜 주는 것이 정약종에 대한 「범상부도」 조율인 것이다.

실제로 조선 조정은 사옥이 모두 마무리된 후 이를 청조에 보고한 奏文에서 사옥을 '정약종 등이 결당하여 분규를 일으킨 일[邪賊丁若鍾等結黨滋事]'로 규정하여 정약종을 신유사옥의 주범으로 명시하였다.[55] 조정은 신유사옥을 국가의 안위에 관계된 일로 인식하며 사절단의 구성에서

53) 도날드 베이커, 김세윤 역, 앞의 책, 1997, 332~338쪽.

54) 강슬기, 앞의 논문, 2018, 176쪽.

55) 이기헌, 이홍식·박은정 역, 『국역 이기헌 연행일기』, 세종대왕기념사업회, 2019, 208~209쪽.

부터 각별한 신경을 썼고,[56] 그만큼 신유사옥은 주범이 명시된 역옥으로 규정되어야 했다. 그런데 주문모 신부는 '上國' 청나라 사람이기 때문에 조정은 이를 우려하였고, 의도적으로 주문모 신부의 결안을 작성하지 않고 서둘러 軍律을 집행해 효시하였다.[57] 당초 사학의 수괴로 지목된 이가환은 물고되었고, 채제공은 사옥의 최종국면에서야 천주교 문제의 책임이 인정되어 삭직되었을 뿐 역률의 追施는 이루어지지 않았다.[58] 결국 조선 조정이 당시 시점에서 형정적으로 사옥의 '주범'으로 삼을 수 있는 천주교 신자는 정약종뿐이었다. 정약종은 남인 유력인사가 천주교 관련 혐의로 역률이 조율된 사례가 되어, 사옥에 역옥의 성격을 부여하는 결정적인 계기가 되었다. 정약종은 역적이므로 家産籍沒이 이어졌고,[59] 이는 각각 '物故罪人'과 「조요서요언」에 의한 '正法罪人'으로 가산적몰이 이루어지지 않은 이가환이나 이승훈과는 구별되는 형정적 조치였다.[60] 요컨대 정약종은 천주교 신자로서 붙잡혀 신문을 받았지만, 형정적으로는 일기에서 발견된 '12자 흉언'을 빌미로 「범상부도」가 조율, 邪賊이자 逆賊으로 처형된 것이다.

정약종에게 「범상부도」를 조율함으로써 조정은 천주교 신자에게 '역률'을 적용한다는 최소한의 목적을 달성하였다. 순조는 정약종의 처형 이후 사옥을 일단락짓기 위해 정조의 혼전인 孝元殿에 告由祭를 기획하였고, 「告由文」에도 정약종을 '犯上不軌'를 범한 '흉적의 괴수[凶魁]'로 명시하였다.[61] 하지만 「범상부도」는 그 죄가 정약종 개인에 국한되었고,

56) 남호현, 「진주와 탐문: 신유년(1801) 동지겸진주사의 활동과 정보수집」, 『역사와 현실』 118, 2020, 591~595쪽.

57) 주문모 신부의 형정과 군율의 집행은 남호현, 앞의 논문, 2023, 162~166쪽 참조.

58) 『純祖實錄』 권3, 순조 1년 12월 18일 경신. 채제공은 신유사옥 동안 무려 51차례나 탄핵되었다. (정두희, 앞의 글, 2003, 73쪽)

59) 조광 역주, 앞의 책, 2001, 249쪽.

60) 『純祖實錄』 권3, 순조 1년 9월 15일 기축. "兩司【持平朴宗正, 正言權晙】合啓, 請物故罪人家煥, 哲身, 正法罪人承薰, 樂敏, 施以孥籍之典, 不允."

정약종을 제외하면 천주교 신자의 조율은 여전히 「조요서요언」에 머물렀다. 결국 정약종에 대한 「범상부도」 조율은 천주교 신자 개인에 대한 역률의 적용에는 성공하였지만, 천주교 혹은 조선 천주교회 전반에 대한 역률 적용은 이끌어내지 못했다는 점에서 부분적인 목적만을 달성한 것이었다. 다시 말해 천주교 신자의 형정은 정약종의 「범상부도」 조율 이후에도 여전히 「조요서요언」의 범주를 넘어서지 못했다.

이러한 상황을 가장 잘 보여주는 것이 정약종의 처형 이후 신유년 3월부터 4월까지 전개된 강이천과 김건순 등의 옥사다. 강이천과 김건순은 1797년(정조 21) 경부터 『鄭鑑錄』 등의 예언서와 海道眞人說 등을 바탕으로 변란을 도모한 것으로 의심받았다. 이 사건은 강이천의 귀양으로 마무리 되었는데, 신유사옥 당시 이들은 다시금 신문을 받아야 했다. 강이천과 김건순 등이 조선 천주교회와 관계되었으며, 주문모 신부와도 수차례 만난 사실이 발각된 것이다.[62] 특히 김건순은 노론 명문가의 후손으로, 본인은 부정하였으나 세례받은 천주교인(세례명 요사팟)으로서 주문모 신부와 '큰 배'에 대한 논의를 한 사실이 발각되었다.[63] 이들의 신문에서 흥미로운 것은, 강이천과 김건순이 모두 천주교를 믿었다는 혐의와 모반 혐의 중 전자만을 지만했다는 점이다.

> C-1. (강이천 신문) 너는 교활한 생각을 품고, 사악한 천주학을 한 죄목으로 처형당하는 것이 반역을 했다는 죄목으로 사형당하는 것보다 낫다고 생각했다. (강이천 진술) 사악한 천주학과 반역은 차이가 있습니다. 이단의 요사스런 말을 전파시킨 죄는 제 스스로 알고 있습니다. 죽임을 만번 당할지라도 오히려 가볍습니다. … 저는 다만 전파

---

61) 「효원전에 사유를 고하는 글」, 『벽위편』, 232쪽.

62) 이상의 내용은 백승종, 앞의 책, 2012, 292~342쪽을 참조하였다.

63) 김건순이 인정한 혐의는 주문모를 만난 것과 천주교 서적을 읽었다는 것이었다. 임혜련, 「정조 말~순조 초 金健淳의 행보와 辛酉邪獄」, 『한국학논총』 51, 2019b, 304~313쪽.

한 죄만 있을 뿐이니, 마땅히 사악한 천주학으로 최후 자복 진술하겠습니다. (강이천 신문) … 너의 본래 죄는 바로 반란이다. 이에 빨리 반란으로 최후 자복 진술하라. (강이천 진술) 사악한 천주학에 대해서는 제가 마땅히 최후 자복 진술하겠지만, 반란에 대해서 어찌 최후 자복 진술을 할 수 있겠습니까?[64]

C-2. (김건순 신문) 너는 주문모를 가서 만났으니 사악한 천주학에 깊이 빠진 죄에 대해서는 다시 물을 것이 없다. 강이천이 반란을 모의한 것에 대해서는 여러 사람이 파다하게 진술했다. 그런데 강이천은 매번 너를 끌어들여 이야기했고, "정예병을 훈련시키고 큰 배를 만든다"는 이야기 또한 주문모의 진술에서 나왔다. 그러니 네가 어찌 감히 발뺌하려 드느냐? 이에 빨리 최후 자복 진술하라. (김건순 진술) "정예병을 훈련시키고 큰 배를 만든다"는 등 이야기의 경우 저는 매우 억울합니다. 이로써 처벌을 받는다면 저는 죽어도 눈을 감지 못할 것입니다. 사악한 천주학에 대해서는, 저는 그 책을 본 적이 있고 또 주문모를 만났습니다. 이것으로 최후 자복 진술하겠습니다. 이밖에 달리 드릴 말씀이 없습니다.[65]

위 사료는 모두 강이천과 김건순이 모두 천주교 관련 혐의는 인정하면서도 반란 모의는 부인하였음을 보여준다. 당초 대왕대비는 강이천과 김건순의 신문에서 "사악한 천주학과 반역하려는 흉악한 음모를 구별해서" 진술 받을 것을 주문하였는데,[66] 이를 통해 조정 또한 '사학' 혐의와 '모반' 혐의를 구분하고 있었음을 알 수 있다. 강이천은 물고되었고, 추국청은 김건순의 경우 '큰 배' 등의 이야기는 삼전도 항복(1637)의 치욕을 씻으려는 과장된 말일 뿐 정예병을 훈련시키거나 배를 만든 흔적은 없으므로 반란이 아닌 천주교에 해당하는 법률로 처리해야 한다고 보고하였다.[67] 결국 김건순은 주문모와 두세 차례 사악한 천주학을 토론하

64)「강이천 심문 기록(25:373)」,『추안급국안』74, 91~94쪽.
65)「김건순 심문 기록(25:376)」,『추안급국안』74, 96~97쪽.
66)「강이천 등의 심문 결과를 보고하다(25:371)」,『추안급국안』74, 91쪽.

고, 海上人 등의 요언을 일삼은 혐의가 인정되어 「조요서요언」이 조율되어 처형되었다. 이 옥사에서는 김건순 뿐 아니라 강이천과 관계된 김백순이나 김이백도 처형되었다. 김백순은 천주교 신자로서 '요언혹중'한 사실을 지만하였으며, 김이백은 주문모와 만났고 바다의 섬과 島主 등의 이야기를 퍼뜨린 혐의로 「조요서요언」이 조율되었다.[68] 강이천과 김건순 등의 옥사는 천주교와 『정감록』으로 대표되는 말세론이 혼합되어 발생한 옥사로, 물고된 강이천을 제외한 김건순과 김이백, 김백순 등의 주요 인물은 모두 '사학' 즉 천주교 혐의가 인정되어 「조요서요언」이 조율되었다.

강이천과 김건순 등의 형정은 조선 조정이 이 시점까지는 천주교 신자의 형정을 여타의 國獄, 즉 모반이나 변란사건과는 구분하여 처리하였음을 보여준다. 많은 신자가 「조요서요언」으로 처형되었지만, 주문모 신부가 처형된 신유년 4월에도 천주교 신자에 대한 「모반」이나 「모반대역」과 같은 역률은 조율되지 않았다. 예외적으로 정약종에게는 「범상부도」라는 역률이 조율되었으나, 이 죄목이 천주교 신자 일반으로 확장되는 일은 없었다. 조선 후기에 빈발한 말세론이나 모반, 변란사건 등의 형정에서 쟁점은 조직화 여부였다. 조선왕조는 말세론 사건 등의 형정에서 '사상적 위험성'과 '조직적 위험성'을 함께 고려하였는데, 조직을 갖춘 경우 더 철저하게 처분하였다.[69] 비단 천주교뿐만이 아니라, 조선왕조는 말세론이나 변란 등 사건이 國體에 관계되면 역률의 적용을 주저하지 않았다. 예컨대 1787년(정조 11) 김동익 등의 역모 사건의 경우, 조정은 이들을 실질적인 위협세력으로 여기지 않으면서도 신문 과정에서 '이인

67) 「강이천 등의 심문 결과를 보고하다(25:379)」, 『추안급국안』 74, 97쪽.

68) 「김건순 판결문(25:506)」, 『추안급국안』 74, 227~228쪽; 「김백순 판결문(25:385)」, 『추안급국안』 74, 102~103쪽; 「김이백 판결문(25:507)」, 『추안급국안』 74, 228~229쪽.

69) 정진혁, 앞의 논문, 2022, 61쪽.

좌의 아들'과 해도 등의 언급을 근거로 역률을 적용했다.[70] 따라서 조정은 천주교 신자의 경우에도 이 점을 문제 삼아 역률을 적용할 수 있었다. 천주교 신자들의 신문을 통해 이들의 '조직화'는 충분히 입증할 수 있었기 때문이다. 하지만 천주교 신자의 일반양형은 「조요서요언」에 그쳤고, 이를 통해 천주교 신자의 형정이 조선 조정의 의도대로만 진행되지는 않았음을 알 수 있다.

신유년 조정은 사옥의 개시 단계에서부터 조선 천주교회와 남인의 연루 가능성을 추궁하였다. 그런데 당초 사학의 '교주'로 지목된 이가환은 물고되었고, 이승훈의 신문에서도 남인은 물론 천주교 신자들이 역모를 꾀한 흔적은 발견되지 않았다. 오히려 수많은 천주교 신자들은 십계명을 강조하며 천주교는 '충군애국'하는 가르침임을 강조했고, 조정 또한 천주교 신자에게 역률을 조율하지 못했다. 천주교 신자들은 '사학' 혐의만을 지만할 뿐, 그 누구도 '역모' 혐의는 지만하지 않았다. 조정은 천주교 신자를 역적으로 몰아 처형하려 했지만 반역 혐의에 대한 지만을 받지 못했고, 천주교 신자들 또한 신앙을 고수했다. 이러한 길항은 형정에도 적용되었고, 그 결과가 바로 「조요서요언」이라는 형정적 처리로 귀결된 것이다. 조선후기 천주교 신자의 형정이 지니는 의미가 단순히 특정 정파가 반대 정파를 제거하기 위한 수단으로 여겨지지 않은 이유가 여기에 있다. 적어도 천주교 신자의 형정에서 '법적 절차'는 특정 정파의 이해를 초월해 지켜져야 할 '國法'의 위상을 지니고 있었던 것이다.

이러한 점에서 김건순이 처형된 바로 그 날 전라감사 김달순의 장계로 전해진 천주교 신자들의 '大船請來' 계획은, 천주교 신자에게 「모반대역」이라는 최상위 형률을 조율하여 천주교 신자를 반역의 무리로 규정하는 결정적 계기가 되었다. 조선 천주교회는 설립 직후부터 선교사

70) 남호현, 「18세기 조선의 위기의식과 海防 논의의 양상」, 『조선시대사학보』 87, 2018b, 280~281쪽.

영입의 일환으로 서양의 '큰 배'를 맞이할 계획을 세웠는데,[71] 이 계획이 전라도 신자들의 신문에서 드러난 것이다. 전라도는 진산사건 이후 10년 동안 박해가 없어서 교우가 자못 많았는데,[72] 신유년 당시 전라도의 천주교 공동체는 유항검·유관검 형제와 윤지헌을 중심으로 구성되었다. 유항검은 이승훈이 조직한 권도성직제에서 '神父'로 활동할 정도로 조선 천주교회의 지도적 위치에 있었고, 윤지헌은 윤지충의 동생이자 유관검의 친사돈이다.[73] 이들은 진산사건 당시 거짓으로 배교하거나 깊은 산골짜기로 숨어 화를 면했는데, 사옥이 재개되자 다시금 체포되었다. 이들은 모두 윤지충과 관련이 있었으므로, 전라감영은 당초 이들을 '폐제분주' 혐의로 수색하였고, 그 결과 "사당에는 단지 빈 독만이 있었고 나무로 만든 신주[木主]는 헐어빠진 상자에 담겨 먼지 더미에 놓여 있었다"는 사실이 드러났다.[74] 전라감영은 우선 유항검을 포도청으로 이송한 뒤 유관검과 윤지헌, 이우집 등 관련자를 차례로 신문했다. 그런데 3월 28일 이우집에게서 '大船請來 一場判決'이라는, 이른바 '八字凶言'이 드러났다.

> (이우집 공초) 정사년(1797) 12월에 마침 유관검의 집에 갔는데 … 유관검이 말하기를 "큰 배가 서양에서 분명 올 것이다. … (큰 배는) 보물과 물건을 많이 싣고 와 조선의 재물은 사용치 않고 천주당을 지을 것이며, 不鼓樂과 擧重機, 千里飛車를 그 안에 설치하고 천주교인을 대대로 모아 교리를 가르치고 토론하며, 과거를 시행하여 인재를 뽑고, 재능을 가려 醫官을 뽑는다. … 저들의 큰 배에는 多穴銃이 있으니 그것을 쏘면 두려워 엎드리지 않는 사람이 없을 것이다. 우리나라가 만약 혹시 좇지 않는다면 당연히 한바탕 결판을 낼

71) 차기진, 앞의 논문, 1998.

72) 『백서』, 106쪽. "全羅道, 辛亥以後, 十年無窘, 敎友頗多." 진산사건 이후 전라도의 천주교 상황은 윤영현, 앞의 논문, 2025, 91~96쪽 참조.

73) 주명준, 앞의 책, 1998, 201~208쪽.

74) 「전라 감사 김달순의 1차 비밀보고서(25:517)」, 『추안급국안』 74, 239~240쪽.

> 것이다" 했습니다. 또 "천주당은 당연히 윤지충의 무덤 위에 세워질 것이다" 했습니다. 또 경신년(1800) 10월에 유관검을 찾아가 만났는데 "… 성스러운 해에 인천과 부평 사이에 밤 동안 수천 척의 배가 정박한다는데 아직 소식이 없으니 이상하다, 이상하다!" 했습니다.[75]

서양의 '큰 배'를 불러오려는 천주교 신자들의 계획이 드러나자, 형정의 초점 또한 변했다. 이전까지 천주교 신자의 신문이 피신문자가 천주교 신자인지 여부를 파악하는 것에 주력했다면, 이우집 공초 이후 전라도 신자들의 형정은 이른바 '대박청래' 계획의 규명에 초점을 두었다. 예컨대 먼저 포도청으로 이송된 유항검은 첫 신문에서 폐제분주를 비롯해 사학을 한 정황만을 조사받았다. 이는 여타 신자들과 마찬가지로, 천주교 신자에게 「조요서요언」을 조율하기 위한 일반 절차였다. 하지만 이른바 '팔자 흉언'이 드러난 이후 상황이 달라졌다. 천주교 신자들이 주문모 신부를 매개로 서양의 '큰 배'를 불러들여 異域과 내통한 혐의가 드러나자, 신문의 초점은 천주교 신자들이 서양과 왕래한 구체적 정황과 함께 이들이 실제로 '모반'을 꾀했는지 여부에 맞춰졌다.

그 결과 유항검은 포도청의 재신문부터는 "거의 죽을 지경에 이를" 정도로 신문 받았고, 결국 주문모 신부와 이승훈, 권일신, 홍낙민 등과 함께 큰 배를 청하는 편지를 서양에 보낸 사실 및 윤유일에게 "큰 배가 온 다음에 우리나라가 만일 순순히 받아들이지 않으면 마땅히 한바탕 결판을 낸 다음에야 西敎가 크게 행해질 수 있을 것"이라는 말을 들었음을 실토하였다.[76] 유항검은 가혹한 신문 중에도 동료를 보호하기 위해 아직 체포되지 않았던 황심을 이미 죽은 윤유일로 바꿔 진술하였으나,[77] 결과적으로 천주교 신자들의 '모의' 정황을 지만하고 말았다. 유항검을

75) 「전라 감사 김달순의 1차 비밀보고서(25:517)」, 『추안급국안』 74, 251~253쪽.
76) 조광 역주, 앞의 책, 2022, 79~81쪽.
77) 차기진, 앞의 논문, 1998, 40쪽.

비롯한 천주교 신자들은 이른바 팔자 흉언 중 '대박청래' 혐의는 인정하였으나, '일장판결' 혐의는 모두 부인했다. 팔자 흉언을 처음 언급한 이우집은 유관검과의 대질에서 이를 명확히 밝히지 못했고, 유관검 또한 최종 신문에서 '일장판결' 발언을 부인했다.[78]

이제 공은 다시 조정으로 넘어왔다. 조정은 '대박청래'에 대한 천주교 신자들의 지만을 확보하였고, '일장판결'은 그 진위가 모호하지만 큰 배가 서양에서 올 경우 벌어질 수 있는 유혈사태는 충분히 예상할 수 있는 것이었다. 무엇보다도 조선 천주교회가 북경 천주당과 긴밀하게 연계된 사실이 확인된 이상, 이들에게 「조요서요언」만을 조율할 수는 없었다. 『대명률』은 「조요서요언」의 상위 형률로 「모반」과 「모반대역」만을 두었는데, 그 양형은 다음과 같다.

〈표 2〉『대명률』「모반대역」 및 「모반」 양형 비교

	謀反大逆		謀叛	
首犯	陵遲處死		斬	
從犯				
父	絞		流二千里安置	
子	年十六以上	絞	爲奴	
	年十五以下	爲奴		
伯叔父·兄弟之子	流三千里安置		-	
子之妻妾	爲奴		-	
女·妻妾	爲奴			
母·祖孫·兄弟姊妹	爲奴		流二千里安置	
財產	並入官			
知情不告(故縱)	斬		絞	
知情不告(不首)	杖一百流三千里			
謀而未行	-		首	絞

78) 팔자흉언의 신문 과정은 남호현, 앞의 논문, 2023, 168~175쪽에 상세하다.

	謀反大逆	謀叛	
		從	杖一百流三千里
		知情不告(不首)	杖一百徒三年

〈표 2〉는 「모반대역」과 「모반」의 양형을 보여준다. 이때 「모반대역」은 "사직을 위태롭게 하거나 종묘나 산릉, 궁궐을 훼손한 행위"로, 「모반」은 "본국을 배반하고 몰래 타국을 따른 행위"로 각각 규정된다.[79] 두 행위는 모두 국가에 위협이 되는 중대범죄이지만, 전반적으로 「모반대역」의 범위가 「모반」보다 더 넓으며, 양형 또한 한 등급씩 높게 책정되었다. 특히 「모반대역」은 陵遲處死를 규정하는데, 이는 五刑 체계에서도 벗어난 법외의 형으로 전통시대 동아시아에서 가장 높은 차원의 형벌로 여겨졌다.[80] 謀反과 謀大逆은 왕조국가에서 국가에 대한 직접적인 도전 행위로 여겨졌기 때문에, 『대명률』은 국가권력에 대한 범죄를 형률의 가장 앞에 배치하였다.[81] 이제 조정은 대박청래 모의가 '反'인지 아니면 '叛'인지를 가려야 했다. 그것은 곧 천주교 신자들의 행위가 "사직을 위태롭게 한" 행위인지, 아니면 "본국을 배반하고 타국을 몰래 따른" 행위인지를 가리는 것으로, 조정의 천주교 인식을 보여줄 것이었다.

결과적으로 조선 조정은 유항검을 비롯한 천주교 신자들에게 「모반대역」을 조율하였다. 유항검 형제와 윤지헌은 각각 「모반대역」의 수범과 종범으로 능지처사 되었으며,[82] 이우집과 김유산은 정황을 알고도 고의로 고하지 않은 죄로 참수되었다.[83] 요컨대 조선 조정은 이들을 본

---

79) 『大明律直解』 권18, 刑律, 「謀反大逆」; 「謀叛」. "凡謀反【謂謀危社稷】及大逆【謂謀毁宗廟山陵及宮闕】; 凡謀叛【謂謀背本國潛從他國】"

80) 이와이 시게키, 「송대 이후 사형의 제양상과 법문화」, 도미야 이타루 편, 손승회 역, 앞의 책, 2014, 103~119쪽.

81) 조지만 역해, 앞의 책, 2020, 430쪽.

82) 다만 조선에서의 '陵遲處死'는 실제로는 '車裂處死'로 집행되었다. 심재우, 「조선시대 능지처사형 집행의 실상과 그 특징」, 『사회와 역사』 90, 2011, 155~162쪽

국을 버리고 타국을 몰래 따른[謀叛] 행위의 '실행범'이 아닌, 사직을 위태롭게 한[謀反] 행위의 '미수범'으로 처형한 것이다. 형정적 견지에서 「모반대역」은 「모반」에 비해 혐의 입증이 오히려 용이했고, 조선 천주교 신자들이 내통한 타국이 청조였기 때문에 이러한 점들을 고려한 것이다.[84] 「모반대역」이 조율된 이들의 행형은 "사학에 전염된" 호남을 警衆한다는 목적에서 전라감영에서 이루어졌고,[85] 이로써 조선 조정은 천주교 신자 전반에 대한 역률의 적용이라는 소기의 목적을 비로소 달성하였다. 이러한 조치는 황사영이 붙잡히고 『백서』가 발각되기 전에 모두 이루어졌는데,[86] 이를 통해 우리는 유항검을 비롯한 전라도 지역의 천주교 신자들에 대한 「모반대역」 조율의 형정적 함의를 읽어낼 수 있다.

요컨대 조정은 이른바 '큰 배' 이야기를 빌미로 천주교 신자에게 『대명률』 최상위 형률인 「모반대역」의 조율을 이끌어 냄으로써 사옥을 역옥으로 마무리할 준비를 마쳤다. 유항검 등이 처형된 신유년 9월 17일 당시 주문모 신부나 정약종을 비롯한 조선 천주교회의 지도급 인사들은 모두 제거되었으며, 황사영은 아직 붙잡히지 않아 일각에서는 외국으로의 망명설이 제기되고 있었다.[87] 천주교의 진멸이라는 소기의 목적은 초과 달성하였으며, 조정은 다시 한 번 사옥을 마무리할 준비에 착수했

---

83) 「유항검 판결문(25:560)」; 「유관검 판결문(25:564)」; 「윤지헌 판결문(25:568)」; 「이우집 판결문(25:571)」; 「김유산 판결문(25:573)」, 『추안급국안』 74, 285~300쪽.

84) 남호현, 앞의 논문, 2023, 176~179쪽. 「모반」에 비해 「모반대역」이 입증이 용이한 이유는 「모반」의 경우 '타국'과의 관계가 고려되어야 했던 것에 비해, 「모반대역」은 조선의 내부 문제이기 때문에 조선왕조가 자체적으로 해당 사건을 '반란'으로 규정하면 되었기 때문이다.

85) 「유항검 등의 처리에 대해 의논해 보고하다(25:574)」, 『추안급국안』 74, 302~303쪽.

86) 유항검 등이 처형된 것은 신유년 9월 17일의 일이며, 황사영이 체포되고 『백서』가 발각된 것은 같은 해 9월 29일의 일이며, 이 사안이 조정에 보고된 것은 신유년 10월 1일이었다. (「황사영을 의금부로 이송하겠다고 보고하다(25:723)」, 『추안급국안』 75, 151쪽)

87) 김수태, 「『노상추일기』의 신유박해 기록 검토」, 『교회사연구』 58, 2021, 72쪽.

다. 일찍이 『천학문답』을 지어 천주교를 論斥한 안정복의 褒贈이 이루어졌으며,[88] 남인 신서파의 제거라는 정치적 목적 또한 마무리 단계로 채제공에 대한 탄핵이 다시금 시작되었다.[89] 사실상 마무리 단계로 들어선 사옥은 황사영의 체포로 대미를 장식하게 되었다. 황사영의 체포와 함께 발각된 『백서』의 존재는, 천주교 신자에 대한 조정의 위구심을 확인시켜주기에 충분한 것이었다.

황사영의 신문은 신유년 10월 9일 추국청에서 시작되어 11월 5일 처형이 집행되었는데, 흥미로운 것은 첫 신문에서부터 이미 '결안'이 마련되어 있었다는 점이다.[90] 황사영의 체포와 함께 『백서』가 발각되었으므로, 조정은 이미 이것만으로 황사영의 지만을 받을 것 없이 「모반대역」을 조율할 수 있었다. 『백서』의 내용은 조선사회는 물론 천주교 측에서도 납득할 수 없었던 것으로,[91] 추국청은 오히려 "너의 흉악한 편지에 있는 말은 차마 표현하기 어렵기 때문에 조목조목 캐묻지 않겠다"며 『백서』의 문구에 대한 신문은 거의 진행하지 않았다.[92] 이는 앞서 유항검 등의 신문에서 '대박청래' 내지 '일장판결' 등 문구의 의미를 샅샅이 캐물은 것과 대조적인데, 무엇보다 『백서』라는 결정적 증거가 있었기 때문이다. 추국청은 『백서』의 전문을 기록하였고,[93] 황사영과 관련자들의 신문은 이들의 혐의 입증보다는 반역 모의를 함께한 이들과 북경 천

88) 『純祖實錄』 권3, 순조 원년 9월 17일 신묘; 20일 갑오. 안정복에게는 正卿이 증직되었다.

89) 『承政院日記』 1841책, 순조 원년 9월 28일 임인.

90) 「황사영 심문 기록(25:726)」, 『추안급국안』 75, 155쪽.

91) 황사영 『백서』는 여러 異本이 존재한다. 각 이본에 대한 검토와 이를 바탕으로 한 『백서』에 대한 다양한 시각은 여진천, 『황사영 〈백서〉 연구: 원본과 이본 비교 검토』, 한국교회사연구소, 2009, 428~442쪽에 상세하다.

92) 「황사영 심문 기록(25:726)」, 『추안급국안』 75, 163쪽.

93) 「황사영백서(25:735)」, 『추안급국안』 75, 165~248쪽. 이 이본에 대한 상세한 분석은 여진천, 앞의 책, 2009, 179~211쪽 참조.

주당의 사정에 집중되었다. 그리고 이 과정에서 황사영 일행의 행위는 "유사 이래로 없었던 일"로, 『백서』는 "역사상 기록에도 없었던 흉악한 계획이고 흉악한 편지"로 그 의미가 강조되었다.[94] 이미 유항검 형제가 '대박청래' 발언만으로 「모반대역」이 조율된 이상, 황사영 또한 이 율을 벗어날 수는 없었다.

황사영에게는 당연히 「모반대역」이 조율되었고, 황심 또한 종범으로서 모두 능지처사되었다. 또한 옥천희와 김한빈, 현계흠은 「모반대역」의 지정불고죄로 참수하였다.[95] 『백서』를 통해 드러난 천주교 신자들의 죄상은 유항검 형제의 그것을 뛰어넘는 것이지만, 이미 유항검 형제를 「모반대역」으로 처형한 조선 조정은 황사영에게 그 이상 적용할 율이 없었다. 다만 황사영의 죄에 '窮凶'이나 '極惡', '絶悖' 등의 용어를 덧붙여 천주교 신자가 지닌 죄상의 극악무도함을 한층 강조했다.[96] 이제 조정은 옥사를 마무리하기 위한 작업에 착수했다. 「討邪頒教文」을 반포하여 사옥의 종식을 종묘사직에 고하는 한편, '잡범으로 죽을죄를 지은 경우' 이하 죄인에 대한 사면을 결정하였다.[97] 이러한 준비과정 끝에 신유사옥은 정부의 최고위 인사와 사대부 가문의 인재들이 포함된 '조직화된 국가 전복 음모사건'으로 규정하였으며,[98] 신유년 12월 22일에 「토사반교문」을 반포함으로써 공식적으로 종결하였다.[99] 「토사반교문」은 이후

94) 「황사영의 심문 결과를 보고하다(25:734)」, 『추안급국안』 75, 164쪽; 「황사영 심문 기록(25:830)」, 『추안급국안』 75, 289~290쪽.

95) 『純祖實錄』 권3, 순조 1년 10월 23일 병인.

96) 『백서』 발각 이후 궁흉이나 극악, 절패 등의 용어를 사용한 斥邪疏는 수 건에 이른다. 가장 대표적인 것은 심환지의 다음과 같은 발언이다. 『承政院日記』 1842책, 순조 1년 10월 5일 무신. "煥之曰, 黃嗣永, 白捕廳捉得, 而所現捉之文書, 窮凶極惡, 春間獄事, 亦爲論列, 而其所云云, 絶悖, 不可自下見之而止."

97) 여진천, 앞의 책, 2009, 69~73쪽.

98) 정두희, 앞의 글, 2003, 73~75쪽.

99) 『純祖實錄』 권3, 순조 1년 12월 22일 갑자.

1886년(고종 23) 조불수호조약이 체결되기까지 약 80년 동안 조선 천주교 신자에게 적용된 '令'으로 기능했다.[100] 순조의 즉위와 함께 시작된 전국적인 사옥이 「조요서요언」을 일반양형으로 함과 동시에 역률로써 마무리된 것이다.

이상의 과정을 통해 황사영을 비롯한 「모반대역」 죄인들에 대한 정법과 국가적 차원의 사옥은 마무리되었으나, 조선왕조는 사상 최초의 대규모 사옥에 대한 후속조치에도 많은 시간과 노력을 기울여야 했다. 형조에서는 歲前에 형조와 금부는 물론이요 전국 각지에 계류되어 있는 사학죄인에 대한 처형을 끝낼 것을 기획하였는데, 이와 관련해서는 다음 절에서 살핀다.

3. 사옥의 후속조치와 부가형 및 처분 검토

신유사옥은 전국적으로 단행된 천주교 신자에 대한 체포와 신문, 처형이 이루어진 옥사였다. 조정은 천주교 신자 일반에 대한 「조요서요언」 조율을 통해 천주교 신자가 배교하지 않으면 처형하였고, 정약종과 유항검 형제, 황사영 등에게는 逆律에 해당하는 「범상부도」와 「모반대역」을 조율해 사옥을 국가의 안위와 관련된 대규모 변란으로 규정하여 국옥으로 마무리지었다. 특히 사옥의 후반부에 발각된 천주교 신자들의 '대박청래' 계획과 황사영의 『백서』는 천주교가 국가에 직접적인 위협이 될 것이라는 위구심을 확인해준 것으로, 조정은 사옥을 마무리하기 위한 후속조치에도 전념했다. 신유사옥은 이전 시기의 각종 변란이나 '惑衆' 사건에 비해서도 유례를 찾아볼 수 없는 형정적 대응이었기 때문에, 이제

---

100) 최용규, 앞의 논문, 1988, 236쪽.

조정은 대규모 사옥을 단행한 논리를 마련해야 했다.

우선 대내적으로 사옥의 종결을 알린 「토사반교문」에서는 사옥의 불가피성과 함께 천주교 신자의 악랄함, 그리고 형정을 단행해 '典刑'을 밝힌 조정의 정당성이 강조되었다. 「토사반교문」은 비단 신유사옥만이 아닌, 정조 대 부터 10여년 이상 이어져 온 사학의 '天討'를 강조한 문장으로 구성되었다. 즉 신유사옥은 "皇天과 列聖朝의 도우심에 힘입어 이루어진 元惡·巨魁의 伏誅"로, 臣民뿐 아니라 宗社에도 고해야 할 거사였다.[101] 「토사반교문」은 특히 사옥이 정조의 뜻을 잇는 것임을 강조했다. 반교문에서 천주교 신자에 대한 정조의 형정은 "사람을 사람으로 내해 龍蛇를 감화시킨 것"으로, 신유년의 그것은 "왕이 왕노릇을 하여 鯨鯢를 주륙한 것"으로 대비되었다.[102] 이때 언급된 '용사'는 거칠고 사나운 백성으로 '赤子'로 만들어야 할 이들을 지칭하는 것이며, '경예'는 보다 큰 역적을 일컫는 것으로 주륙 대상으로 여겨졌다.[103] 순조 대의 조정은 정조 대의 형정을 "용사를 교화시키는 것이 항상 경예를 주륙하는 것보다 많았다"고 평했다.[104] 이는 분명 정조를 칭송하는 것이지만, 「토사반교문」이 보다 강조한 것은 정조가 승하하자 천주교 신자들이 오직 함부로 날뛰기만을 생각하여 변란을 도모하기에 이르렀다는 것이다.[105] 유교국

101) 『純祖實錄』 권3, 순조 1년 12월 22일 갑자. "頒敎文若曰, 惟我皇天列祖, 默祐邦家, 迺者元惡巨魁, 遄伏典憲, 祇告宗社陟降, 誕諭卿士庶民, 八域同慶之休, 萬代彝倫之敍."

102) 『純祖實錄』 권3, 순조 1년 12월 22일 갑자. "龍蛇咸化, 昔寧考以人治人, 鯨鯢駢誅, 今小子惟辟止辟."

103) 실록에서 '용사'와 '경예'의 고사는 주로 敎書나 綸音에서 언급된다. 각각의 대표적 용례를 제시하면 다음과 같다. 『正祖實錄』 권13, 정조 6년 6월 29일 갑오. "誠以龍蛇之不能化爲赤子, 亦由予涼德故也."; 『英祖實錄』 권84, 영조 31년 5월 13일 병술. "予自臨御以後, 每以寬大爲先, 體乾坤生物之仁, 姑貸梟獍之黨, 秉春秋討賊之義, 終行鯨鯢之誅."

104) 「正祖大王行狀」, "龍蛇之化, 常多於鯨鯢之戮."

105) 『純祖實錄』 권3, 순조 1년 12월 22일 갑자. "方沖年嗣服之初, 奈彼猖獗. 自仙馭賓

가의 국왕에게 선왕의 유지를 잇는 '繼志述事'는 새 국왕의 정당성과 관련된 중요한 문제로 여겨졌다.[106] 따라서 「토사반교문」은 신유년 사옥의 명분을 정조 대의 형정적 기조에 두면서도, 신유년 조정이 천주교 신자에 대한 대규모 형정을 강행한 원인을 신자들에게 돌림으로써 그 불가피성을 강조한 것이다.

「토사반교문」은 천주교 신자들의 행위를 "이괄, 한명련, 이인좌, 정희량도 감히 마음에 싹틔우지 못한 바이며, 신치운, 이천해, 박하원, 채제공도 감히 못했던 바"이자, "단군·기자조선 이후 신라, 고려왕조 이래 일찍이 들어보지 못한 일"로 규정하였다. 천주교 신자들은 "처음에는 神教를 빙자하여 남몰래 하늘을 뒤덮는 災禍를 빚었으며, 마침내 君父를 원수같이 보고 공공연히 임금을 해칠[射日] 모의를 꾸미는" 이들에 다름 아니었다.[107] 신교를 빙자해 재화를 빚었다는 것은 천주교가 邪術임을 강조한 것이고, 군부를 원수같이 본다는 것은 정약종의 일기와 『백서』에 나타난 犯上을 일컫는 것이며, 임금을 해칠 모의를 꾸몄다는 것은 곧 이들이 반역을 꾀했다는 것의 다른 표현이다. 이처럼 전례를 찾을 수 없는 반역행위를 다스리기 위해서는 전례 없는 조치가 이어져야 했고, 그 결과 마련된 것이 천주교 신자에 대한 대규모 형정인 것이다. 결과적으로 「토사반교문」은 신유년의 조정이 정조 대의 형정을 계승하면서도, 실질적으로는 천주교 신자에 대한 대규모 정법을 단행한 이유를 조선 천주

天之後, 惟意跳踉."

106) 『中庸』. "夫孝者, 善繼人之志, 善述人之事者也." 조선후기 정치사에서 '계지술사'의 의미는 윤정, 「18세기 국왕의 '文治'사상 연구 : 祖宗事蹟의 재인식과 '繼志述事'의 실현」, 서울대학교 국사학과 박사학위논문, 2007; 허태용, 「正祖의 繼志述事 기념사업과 『國朝寶鑑』 편찬」, 『한국사상사학』 43, 2013 참조.

107) 『純祖實錄』 권3, 순조 1년 12월 22일 갑자. "此誠适, 璉, 麟, 亮之所不敢萌. 雲, 海, 夏, 恭之所不敢道, 爾亦林蔥蠢動中物, 胡寧忍斯. 粤自檀, 箕, 羅, 麗以來, 未曾聞者. … 蓋外托邪術, 內懷異圖, 始也假托神教, 潛釀滔天之禍, 終焉讎視君父, 公肆射日之謀."

교회에 돌림으로써 유사 이래 없었던 '사옥'을 정당화한 것이다.

이처럼 신유년 조정은 신유사옥을 유사 이래의 큰 변란으로 규정했기 때문에, 이는 청조에도 알려 그 정당성을 인정받아야 할 사안으로 여겨졌다. 따라서 조정은 冬至使에 陳奏使를 겸하여 사옥의 경과를 보고하였고, 특히 청조에 邊門의 단속 강화를 요청하였다.[108] 주문모 신부가 국경을 넘어 잠입하였고, 사옥의 진행 과정에서 김유산과 황심 등이 수차례 국경을 왕래한 사실이 드러났기 때문이다. 결과적으로 조선 조정은 청조로부터 국경을 엄히 단속할 약속을 받아냈다. 이는 매우 효과적으로 시행되어, 신유년으로부터 10년 뒤인 신미년(1811)에 조선 천주교 신자들이 보낸 편지에는 국경의 상황을 "순찰군이 많기가 마치 숲속의 나무 같았으며, 국경에는 별로 중요하지 않은 곳까지도 성곽 도시를 경비하듯 하였습니다"라고 묘사하였다.[109] 사옥이 마무리된 지 10년이 지난 시점에도 여전히 국경의 경비가 삼엄하여, 남아 있던 조선 천주교 신자들은 다시금 선교사를 맞이하기까지 수십 년을 더 기다려야 했다.

사옥은 강상을 무너뜨리고 국가 전복을 모의한 데까지 나아간 천주교 신자들을 다스려 국가의 '典刑'을 밝힌 특단의 조치였다. 그렇기 때문에 결안-조율-정법의 형정적 절차가 엄격하게 지켜졌고, 이는 부가형도 예외가 아니었다. 예컨대 「범상부도」로 처형된 정약종에게는 가산적몰이 부가되었지만, 가족의 연좌는 실행되지 않았다. 정약종의 처 유씨와 아들 정하상, 딸 정정혜 등은 가산적몰 이후 석방되었다. 이들은 별도의 '爲奴'나 '徒流' 등의 처분 없이 방환되어 시골에 사는 친척 집에 의탁하였다.[110] 〈표 2〉에서 보이듯 「모반대역」이나 「모반」은 연좌인에 대한

108) 신유년 陳奏兼冬至使의 활동은 남호현, 앞의 논문, 2019, 591~600쪽에 상세하다.

109) 윤민구, 「신미년(1811)에 조선 천주교 신자들이 북경 주교에게 보낸 편지에 대한 연구」, 『(수원가톨릭대학) 논문집』 2, 1990, 69쪽.

110) 유씨와 정하상, 정정혜는 이후 기해사옥 때 붙잡혀 순교하였다. (현석문, 하성래 감수, 『기해일기』, 성황석두루가서원, 1985, 162~163쪽. 이하 『기해일기』로 약칭함)

위노나 도류 처분을 명시한 것에 비해, 「범상부도」는 역률이긴 하지만 연좌에 대한 별도 규정이 없었으므로 가산적몰만 실시한 뒤 연좌 처분이 이어지지 않은 것이다.

반면 「모반대역」은 연좌를 명시하였으므로, 이 율로 정법된 유항검 형제와 황사영 등에 대한 연좌가 집행되었다. 예컨대 유항검의 16세가 넘은 아들 유중철(23세)과 유문석(18세)은 교형에 처해졌고, 처 신희와 나이가 차지 않은 아들 유왈석(6세), 유왈문(3세), 딸 유섬이(9세), 며느리 이순이, 유관검의 처 이육희는 노비로 삼았으며 조카 유중성은 유삼천리에 안치하였다.[111] 이는 모두 위 〈표 2〉에 보이듯 「모반대역」의 양형에 맞게 집행되었음을 확인할 수 있다. 다만 신희와 이육희, 이순이, 유중성은 판결이 내려진 이후 다시금 신앙을 고백하였는데,[112] 이로 인해 「조요서요언」이 조율되어 참수되었다.[113] 이들은 천주교 신자이기 이전에 '유항검의 연좌인'으로 우선 조율되었으나, 다시금 「조요서요언」에 해당하는 죄를 지어 참수된 것이다.

황사영 또한 삼촌 황석필은 함경도 경흥으로 유배되었고, 집안의 노비들은 다른 관청으로 이속되었다. 역적의 가산을 몰수할 때 노비 또한 몰수하여 官奴로 이속한 것인데, 황사영의 경우 '사학의 우두머리이며 흉악한 역적'이므로 그 노비 또한 도성의 문 안에 둘 수 없는 탓에 각 고을의 관노로 定屬한다는 점을 별도로 밝혔다. 그밖에 황석필과 박삼취에 대한 처분 또한 주목된다. 황석필은 이미 형의 집으로 出系했기 때문에 원래 연좌 대상이 아니지만, 황사영이 도망친 뒤 간 곳을 고발하지 않았다는 이유로 정배되었다. 婢夫 박삼취 또한 거창에 정배되었는데,

111) 『承政院日記』 1842책, 순조 1년 10월 6일 기유.

112) 『달레(상)』, 554~555쪽; 조광 역주, 앞의 책, 2001, 247~248쪽.

113) 『純祖實錄』 권3, 순조 1년 12월 22일 갑자. "刑曹以全州邪學罪人等, 令該邑正法. 啓, 罪人申女喜, 李女六喜, 李女順, 柳重誠, 俱以沈酷邪敎, 甘心刑戮納供, 竝以妖書傳用結案."

비부 역시 원래 연좌 대상이 아니지만 황사영이 간 곳을 고하지 않았다는 이유로 연좌하였다.[114] 이상의 내용은 「嗣永叔與奴婢及婢夫發配秩」이라는 문서에 별도로 규정된 것으로, 황석필과 박삼취의 경우 일반적인 연좌 대상이 아니며 그 노비에 대한 처분 또한 일반적인 것이 아니었기 때문에 徒配案이나 流配案에 포함시키지 않고 별도 문서를 만들어 처리한 것이다. 이러한 사실은 신유사옥 당시 천주교 신자의 형정이 최대한 정해진 법의 집행에 따라 이루어졌음을 보여주며, 그렇지 않은 경우 황사영 연좌인의 경우와 같이 별도 문서를 만들어 처리하였음을 보여준다.

한편, 추국청에서 신문받은 뒤 '減死' 처분되거나 사안이 비교적 경미한 천주교 신자들은 徒流刑에 처해졌다. 이들 중 먼저 조선 천주교회의 주요인물로 지목되어 추국청에서 신문 받은 뒤 유배된 인물은 이기양과 정약전·정약용 형제가 대표적이다. 우선 이기양은 오석충과 함께 사학 혐의로 추국청에서 신문 받았다. 사실 이들은 천주교와는 크게 관련 없는 이들로, 이기양 등의 옥사는 남인 내 신진 세력을 제거하기 위한 '誣告'에 가까운 것이었다.[115] 결국 이기양과 오석충이 천주교와 연루된 사실은 발견되지 않았고, 이병모는 이기양을 무죄 석방하는 의견을 제시하기도 하였다. 다만 이미 사학죄인으로 지목된 이기양을 방면할 경우 신자들이 두려워하는 마음이 없게 될 것을 우려하여 이기양과 오석충은 각각 함경도 단천부와 전라도 임자도로 유배보내는 것으로 결정되었다.[116] 이러한 사실은 신유사옥이 집권 세력이 남인 신서파를 제거하기 위한 정치적 목적에서 단행된 것임을 보여주는 것이지만, 동시에 그 처분은 일

114) 조광 역주, 앞의 책, 2001, 273~274쪽.

115) 김정자, 앞의 논문, 2023, 129쪽. 다만, 이기양은 가족들이 천주교에 연루되어 있었기 때문에 관련이 전혀 없는 것은 아니었다. 이에 관해서는 조현범, 앞의 논문, 2022, 66쪽 참조.

116) 「오석충 등의 처리를 논의하다(25:197)」; 「이기양과 오석충을 귀양 보내다(25:200)」, 『추안급국안』 73, 244~247쪽.

반적인 형정 절차 내에서 이루어지고 있음을 보여준다. 즉 신유년 조정은 천주교와는 큰 관련이 없었던 이기양과 오석충을 사학죄인으로 제거하려 하였지만, 결과적으로 이들이 천주교와 관련된 정황을 발견하지 못했으므로 유배 보낼 수밖에 없었던 것이다. 이가환과 마찬가지로, 천주교 신자의 형정에서 범죄사실의 입증과 지만이라는 형정적 절차는 준수되었다.

이러한 사실을 극적으로 보여주는 것이 바로 정약전·정약용 형제의 사례이다. 이들은 앞서 「범상부도」의 죄목으로 처형된 정약종과 친형제지간이며, 특히 정약용은 이가환, 이승훈과 함께 천주교 문제의 三凶으로 지목될 정도로 신유사옥의 '핵심 피의자'로 여겨지고 있었다. 그럼에도 불구하고 이들의 처분은 사형을 감해 유배 보내는 것에 그쳤는데, 이는 여타 신자들과 마찬가지로 천주교 신자들에 대한 형정적 원칙이 정약전·정약용 형제에게도 적용되었기 때문이다. 정약전·정약용 형제는 정약종과 함께 조선 천주교회에서 활약하였으나, 1790년대에 이르러 조선 천주교회와는 결별한 것으로 평가된다.117) 이러한 사실은 신문 과정에도 드러났고, 특히 정약용은 천주교로 인해 집안이 망할 것을 원망해 천주교 신자를 마치 원수와 같이 여기고 신자들의 이름을 집어 말하기도 하였다.118) 같은 형제라 해도 정약종과 정약전·정약용의 '사학에 빠져든

117) 조성을, 「丁若鏞과 教案」, 『한국실학연구』 25, 2013; 「정약전과 서교: 흑산도 유배 이전을 중심으로」, 『교회사연구』 44, 2014. 다만 정약용이 만년에 혹은 '내면에' 천주교 신앙을 간직했는지의 문제는 결론이 나지 않은 채 오랜 논쟁이 이어지고 있다. (원재연, 「다산 정약용과 서학/천주교의 관계에 대한 연구사적 검토」, 『교회사연구』 39, 2012; 김수태, 「정약용과 천주교의 관계 재론(2): 『다산의 일기장』을 중심으로」, 『교회사연구』 66, 2025) 정약전 또한 마찬가지다. (정두희, 「고통 속에 꽃피운 영성: 흑산도에 유배된 정약전의 생애에 대한 재조명」, 『신학전망』 147, 2004; 김윤선, 「정약전론의 전개과정과 쟁점: 정약전과 천주교(1)」, 『교회사연구』 61, 2022) 이 책에서는 정약전과 정약용이 적어도 신유사옥을 전후한 시점에는 조선 천주교회의 일원이 아니었다는 점에서 이를 '결별'로 평가하였다.

118) 「정약용의 심문 결과를 보고하다(25:64)」, 『추안급국안』 73, 93~94쪽.

정도'가 달랐으므로, 이러한 차이는 양형에도 반영되어야 했다.

자신이 천주교 신자임을 인정하고 동료 신자의 이름을 끝내 발설하지 않았던 정약종과는 달리, 정약전은 사학에 물든 동생(정약종)을 엄히 다스리지 못한 점을 자책하였고 정약용은 천주교 신자의 탐문과 수색법을 일러주기까지 하였다.[119] 게다가 정약종의 「범상부도」 조율을 가능케 한 바로 그 문서에 정약용은 천주교 신자가 아니라는 점이 적혀 있었다. 정약종이 천주교 신자들과 주고받은 문서 가운데 조선 천주교회의 사정을 정약용에게 알리지 말라는 내용이 있었던 것이다. 결국 정약전과 정약용은 이승훈과 함께 "사학에 최초로 오염된" 점이 지석되면서도, '次律減死'하여 각각 신지도와 장기현으로 정배되었다.[120] 주문모 신부나 유항검 형제의 '대박청래' 계획, 황사영의 『백서』가 발각되지 않았던 상황에서, 조선 천주교회의 '首犯'으로 삼을 만한 사람은 정약종 뿐이었다. 이는 사옥을 역률로써 마무리짓는다는, 신유년 조정이 당면한 문제와도 관련된 것이었기 때문에 조정은 정약종을 역률인 「범상부도」로 처형하기 위해서라도 정약전과 정약용을 정배 처분할 수밖에 없었다. 이러한 상황은 황사영의 『백서』 발각 이후에도 되풀이되었는데, 정약전과 정약용은 황사영 관련 옥사에서 또다시 신문 받았으나, "情犯을 더 구핵할 것이 없었기 때문에" 각각 흑산도와 강진현으로 移配되는 데 그쳤다.[121]

---

119) 「정약전 심문 기록(25:86)」, 『추안급국안』 73, 120쪽; 「정약종 등의 심문 결과를 보고하다(25:144)」, 『추안급국안』 73, 190쪽.

120) 『純祖實錄』 권2, 순조 1년 2월 26일 임신. "丁若銓, 丁若鏞, 乃若鍾之兄與弟也, 當初邪書之東來, 未嘗不覽而稱好, 中歲自悟, 更不染汚之意, 質言於疏章. 及其就鞫也, 不忍證兄, 而若鍾文書中, 厥輩相與往復之際, 戒使若鏞知之, 平日之禁戒於家間可驗. 特因最初染汚, 爲世指目, 若銓, 若鏞, 以次律減死, 定配若銓于康津縣薪智島, 若鏞于長鬐縣."

121) 『純祖實錄』 권3, 순조 1년 11월 5일 무인. "薪智島定配罪人丁若銓, 長鬐縣定配罪人丁若鏞, … 俱發鞫招, 竝更拿訊, 別無情犯之有如究覈, 命竝酌處, … 若銓于羅州牧黑山島, 若鏞于康津縣."

정약전의 배소인 흑산도는 特敎가 없으면 배소로 지정할 수 없는 '極惡地'로 악명이 높았지만,122) 조정은 어디까지나 정약전의 처분은 '감사'의 범위 안에서 결정한 것이다.

정약종에 대한 「범상부도」 조율 및 황사영 사건과 연계된 정약전·정약용 형제의 정배는 조선왕조 형정의 특징을 잘 보여준다. 그것은 단순히 정적을 제거한다는 차원을 넘어, 죄인을 확실한 증거와 지만을 근거로 '적법하게' 처결함으로써 형을 집행한 조정의 정당성을 보여주는 것이어야 했다. 이러한 점에서 신유사옥의 형정에 엿보이는 조선왕조의 법체제는, 법에 국가의 체제가 반영될 뿐 아니라 법 체제가 국가 이데올로기의 정당화를 해주는 수단이 되기도 한다는 점에서 중요하다.123) 사실 조정의 인사가 '사학죄인'으로 낙인찍힌 이상, 그의 정치적 재기를 기대하는 것은 사실상 불가능했다. 따라서 조정은 체포된 인물이 '사학죄인'이었음을 입증하는 것만큼이나 이들에 대한 '바른 법[正法]'의 집행에도 주의를 기울였다. 추국청은 그 자체로 극장과도 같은 정치적 효과를 지니며,124) 이 무대의 주인인 조정은 정의로워야 했기 때문이다.

천주교 신자의 형정에서 '典刑'을 통한 정당성의 확립이라는 측면에서는 국가적 차원의 '사옥'의 단행이라는 점에 동의한 조정과 집권세력, 양반사회의 여론 사이에 시각차가 발견되기도 한다. 앞서 살펴보았듯이 정약종에 대한 「범상부도」의 조율 과정에서 정순왕후는 정약종을 서둘러 처형할 경우 천주교 신자들의 소굴을 알아낼 수 없게 될 것을 우려한 반면, 이병모를 위시한 신료들은 정약종에 대한 즉각적인 처형을 요구했다. 이는 정약전과 정약용의 조율 과정에서도 마찬가지였다. 올바른 법

122) 『續大典』 刑典, 「推斷」, 〈絶島無官守處〉. "絶島無官守處, 則罪人勿爲編配.【黑山島等極惡地, 特敎外勿爲定配】"

123) Anders Karlsson, *op. cit.,* 2023, p.185.

124) 이하경, 앞의 논문, 2018, 48~50쪽.

집행을 강조한 조정이 이들에 대한 정배를 결정하자, 사헌부에서는 다시금 정약전·정약용에 대한 추가적인 국문과 '邦刑'의 집행을 요구한 것이다.[125] 같은 상황이 황사영 『백서』 발각 이후에도 반복되었다. 정약전과 정약용은 다시금 추국청에 불려와 신문받았지만 이배되는 데 그쳤고, 이때도 三司는 이들 형제에 대한 정배 명령을 거둘 것을 요청하였으나 받아들여지지 않았다.[126] 이른바 '정약종 문서'와 마찬가지로, 황사영 『백서』에도 정약용이 이미 조선 천주교회를 떠난 사실이 기록되어 있었기 때문이다.[127] 이미 정약전과 정약용에게 적용된 정배는 '감사'하여 유삼천리에 준한 것이었으므로, 그 이상의 형은 곧 사형을 의미하기 때문에 양형의 상향이 아닌 배소의 이동만으로 처분을 마무리한 것이다. 『대명률』 또한 죄를 더할 경우 장일백·유삼천리까지만을 허용하고 죄를 더해 사형에 이르는 것은 불가함을 명시하였기 때문에,[128] 정약전·정약용의 감사 처분은 율에 맞게 이루어진 것이었음을 다시 한 번 확인할 수 있다.

사옥을 통해 정적을 제거하려 한 집권 세력 및 양반들의 일반 여론이 천주교 신자들에 대한 문자 그대로의 '殄滅'을 요구하였다면, 실제 형정을 집행한 조정은 이에 공감하면서도 행형에서는 옥사의 올바른 진행을 통한 '國體'의 확립을 우선시 했다. 이처럼 미묘한 입장의 차이는 결과적으로 신유사옥 당시 천주교 신자의 형정을 당대의 법감정에 부합하는 선에서 이루어지게 하였다. 조선시대 형정의 핵심이라 할 수 있는 情理法

125) 『純祖實錄』 권2, 순조 1년 3월 18일 갑오. "請薪智島定配罪人若銓, 長鬐縣定配罪人若鏞, 秋曹罪人伯淳, 荏子島島配罪人錫忠, 端川府定配罪人基讓, 更令王府, 嚴加鞫問, 期於得情, 夬正邦刑."

126) 『純祖實錄』 권3, 순조 1년 11월 5일 무인. "三司交章請寢酌配之命, 不從."

127) 『백서』. "李家煥文章蓋世, 丁若鏞才機過人, … 然此二人, 爲僻派之所深忌, 必欲中害, 家煥等, 雖背敎害敎, 僻派諸人, 常指斥爲邪黨, 譖駁備至."

128) 『大明律直解』 권1, 「名例律」, 〈加減罪例〉. "凡稱加者, 就本罪上加重. 稱減者, 就本罪上減輕. 唯二死三流, 各同爲一減. 加者, 數滿乃坐. 又加罪, 止於杖一百流三千里, 不得加至於死. 本條加入死者 依本條."

의 고려가 천주교 신자에 대한 형정에도 준수된 것이다. 바로 이러한 점에서, 천주교 신자에 대한 형정을 진행한 '국가'는 단순히 조정에 의한 전단이 이루어진 체제도, 특정 정파에 의해 일방적인 운영이 이루어진 무기력한 존재도 아니었다. 그것은 조정과 집권 세력의 이익 및 양반사회의 여론을 폭넓게 아우르면서도, 궁극적으로는 뭇 백성들의 '교화'를 추구했다는 점에서 형정과 예악을 짝한다는 古來의 이상을 여전히 견지하고 있었다.

조선 조정은 사학죄인으로 체포된 천주교 신자가 '改心'하지 않으면 「조요서요언」을 적용하여 엄격한 법 집행을 하는 한편, 동시에 이들이 '바른 길[正道]'로 돌아오면 적극적인 감형을 추진하였고 또 그러한 방향으로 유도하였다.[129] 실제로 신유사옥 당시에는 처형된 신자보다 훨씬 더 많은 신자들이 도류형에 처해졌으므로,[130] 신유사옥 당시 천주교 신자에 대한 형정의 전모를 올바르게 이해하기 위해서는 감사 및 도류 처분된 일반 신자들에 대한 분석이 필수적이다. 이때 주목되는 문서 중 하나가 『사학징의』에 수록된 좌우 포도청 발송 공문이다. 이 문서들은 형조가 접수한 타관발 문서철인 「來關秩」에 수록되어 있는데, 이 문서가 주목되는 이유는 포도청이 체포한 천주교 신자에 대한 조사기록[文案]과 함께 기초조사 결과에 따른 조율의 초안을 함께 적어 보냈기 때문이다. 포도청은 범죄자의 체포와 수사 그리고 범죄 정황을 기록한 草記를 상위 기관인 의금부나 형조 등에 이관함으로써 형사절차의 기초적인 단서를 제공하는 역할을 하였다.[131] 따라서 『사학징의』에 수록된 포도청 발송 문서는 천주교 신자에 대한 형정의 실제를 보여줄 뿐 아니라,

129) 김한규, 앞의 논문, 1979, 82쪽.

130) 심재우, 「1801년 천주교 유배인의 현황과 유배지에서의 삶: 『사학징의』 분석을 중심으로」, 『한국문화』 87, 2019, 275쪽.

131) 차인배, 앞의 논문, 2020, 10쪽.

포도청 나름의 의율에 대한 의견 또한 제시되어 있어 주목된다. 포도청은 본래 의율 권한이 없지만, 천주교 신자에 대한 신문 결과를 바탕으로 나름의 의율안을 제시하여 천주교 신자에 대한 형정의 草案과 結案을 비교할 수 있게 해준다.

예컨대 포도청은 신유년 4월 6일 형조에 "사학에 홀려서 정황을 알고도 고하지 않은 죄인[知情不告罪人]" 18명의 명단을 이송하였는데,[132] 사학죄인에 대한 일반양형으로 적용된 「조요서요언」에는 지정불고 항목이 없다. 천주교 신자에게 적용된 형률 중 지정불고를 규정한 율은 「모반대역」과 「모반」 뿐이므로, 포도청에서 작성한 의율의 '초안'은 형조에서 다시금 결안하여 적절한 죄목으로 다시 조율되었다. 이밖에도 포도청은 여타 체포된 천주교 신자들의 진술을 나름의 의율 결과와 함께 형조로 이관하였는데, 포도청에서 작성한 초안[捕案]과 형조에서 확정된 결안을 비교하면 다음과 같다.

〈표 3〉『사학징의』 소재 천주교 신자의 포도청 초안[捕案]과 형조 결안 비교

	이름	捕案	結案	근거
1	崔海斗	知情不告	流 (興海)	4월 6일 공문
2	金宗教		斬 (造妖書妖言)	
3	洪弼周		斬 (造妖書妖言)	
4	金連伊		斬 (造妖書妖言)	
5	柳德伊		流 (和順)	
6	李 鉉		斬 (造妖書妖言)	
7	玄啓欽		斬 (知情不告)	
8	洪正浩		斬 (造妖書妖言)	
9	尹福占		流 (寧海)	
10	洪阿只連伊		流 (安岳)	
11	尹鍾百		流 (江陵)	

132) 조광 역주, 앞의 책, 2001, 128쪽.

	이름	捕案	結案	근거
12	金顯禹		斬 (造妖書妖言)	
13	姜完淑		斬 (造妖書妖言)	
14	鄭順每		斬 (造妖書妖言)	
15	崔仁喆		斬 (造妖書妖言)	
16	李國昇		斬 (造妖書妖言)	
17	尹占惠		斬 (造妖書妖言)	
18	文榮仁		斬 (造妖書妖言)	
19	南必容	죽도록 홀린 죄인 2인, 마지못해 전향한 6인, 전향한 죄인 15인	流 (康津)	4월 7일 공문
20	朴允煥		流 (興陽)	
21	婢 丁任		**徒 (松禾)**	
22	鄭分伊		流 (旌善)	
23	尹 鉉		流 (海南)	
24	李就安		流 (海南)	
25	朴成艷		流 (迎日)	
26	金順伊		**徒 (長淵)**	
27	南松老		流 (同福)	
28	許 涑		流 (康翎)	
29	金月任		流 (蔚山)	
30	金廉伊		流 (鎭海)	
31	尹碩春		流 (機張)	
32	金得浩		流 (泰安)	
33	姜福惠		流 (順天)	
34	趙桃愛		流 (靈巖)	
35	南 悌		流 (茂長)	
36	高光晟		斬 (造妖書妖言)	
37	洪順喜		流 (靈光)	
38	李得任		流 (長興)	
39	沈樂熏(薰)		流 (務安)	
40	李 喜		**徒 (長連)**	
41	朴九愛		流 (杆城)	
42	洪梓榮	知情不告	流 (光州)	5월 10일 공문

	이름	捕案	結案	근거
43	趙 燮		流 (羅州)	
44	金致錫	邪學	流 (潭陽)	
45	鄭元相		流 (求禮)	
46	金啓完	斬	斬 (造妖書妖言)	9월 11일 (後錄)
47	鄭光受		斬 (造妖書妖言)	
48	洪翼萬		斬 (造妖書妖言)	
49	玉千禧		斬 (知情不告)	
50	邊得中	絞	斬 (造妖書妖言)	
51	孫景(敬)允		斬 (造妖書妖言)	
52	金弘喆		流 (金海)	
53	諸寬得		流 (樂安)	
54	李五喜(李景陶)		斬 (造妖書妖言)	
55	孫景(敬)郁		流 (蔚山)	
56	金義浩	斬	斬 (造妖書妖言)	11월 12일
57	宋再紀		斬 (造妖書妖言)	
58	金貴同		斬 (造妖書妖言)	
59	黃日光		斬 (造妖書妖言)	
60	韓德運		斬 (造妖書妖言)	
61	張德裕		斬 (造妖書妖言)	
62	金日浩		斬 (造妖書妖言)	
63	洪 鑌		斬 (造妖書妖言)	
64	權相問		斬 (造妖書妖言)	
65	女 崔雪愛		斬 (造妖書妖言)	
66	黃次乭	絞	流 (伊川)	
67	朴師敏		流 (南原)	
68	韓 銀		流 (草溪)	
69	李重弼		流 (梁山)	
70	崔起仁		流 (襄陽)	
71	崔仁采		流 (殷栗)	
72	崔允信		流 (黃澗)	

	이름	捕案	結案	근거
73	姜成喆		流 (義城)	
74	鄭命福		流 (長城)	
75	高潤得		流 (高城)	
76	朴占金		流 (古阜)	
77	方聖弼		流 (玉果)	
78	金漢奉		流 (固城)	
79	金世貴		流 (柒原)	
80	金世奉		流 (昌平)	
81	婢 小明		流 (河東)	
82	金喜達 (金義浩 子)		流 (平昌)	
83	女兒 金聖丹 (金漢彬 女)		流 (長水)	

〈표 3〉은 『사학징의』 수록 포도청 문서 중 혐의와 양형이 기록된 83명의 명단과 형조에서 작성한 결안을 비교한 것이다. 『사학징의』에는 포도청 외에도 추국청이나 각도 감영에서 이송한 신자들의 결안도 기록돼 있지만, 포도청 문서가 특히 중요한 이유는 포도청에서 의율한 초안[捕案]과 실제 결안 사이의 양형을 비교할 수 있게 해주기 때문이다. 전반적으로 포도청의 초안은 체포된 신자들에 대한 신문 내용을 바탕으로 대략적인 양형만을 제시하였으며, 실제 형조의 결안은 포안과 일치하는 경우도 있지만 일치하지 않는 경우도 많다. 예컨대 포안에서 '참'이나 '교'로 양형을 명시한 46번 이하의 신자 38명 중 14명(36.8%)만이 포안과 결안이 일치하는데, 이러한 사실은 포안이 어디까지나 포도청이 작성한 기초자료로만 활용되었음을 보여준다.[133] 한편 포안과 결안이 일치

133) 포도청 또한 〈표 3〉의 문서들을 형조에 이관하며 천주교 신자들의 죄상은 "정상에 구별이 있고 경중에 차이가 난다"며 천주교 신자에 대한 양형을 서로 견주어 살펴서 행할 것을 요청하였다. (조광 역주, 앞의 책, 2001, 131쪽)

하지 않는 24명 중 21명(87.5%)이 포안보다 감형되었으며, 3명(12.5%)만 포안보다 가중되었으므로 일반 천주교 신자에 대한 행형의 초점이 가중보다는 가감에 맞추어져 있었음을 알 수 있다.[134] 감형된 천주교 신자는 3건의 徒刑을 제외하면 모두 流刑에 처해졌으며, 絞刑은 없다.

〈표 3〉에 수록된 신자들은 모두 포도청에서 형조로 이송된 일반 신자들이므로, 이들에게 조율된 형률은 기본적으로 「조요서요언」이다. 다만 현계흠(7)과 옥천희(49)는 지정불고로 참수되었는데, 이는 이들이 황사영 『백서』 사건에 연루되어 「모반대역」의 '지정불고'가 조율되었기 때문이다. 앞서 살폈듯이 「조요서요언」은 '皆斬'을 명시하였기 때문에, 〈표 3〉에서 참수되지 않은 52명(64.2%)[135]이 실질적인 '從犯'으로 여겨졌음을 알 수 있다. 「조요서요언」의 '개참'은 신분이나 통상적인 行凶節次 문답만을 통해서는 수범과 종범을 분명히 가리기 어려운 천주교 신자의 특성상, 미천한 신분이거나 조선 천주교회 가담 정도가 심하지 않더라도 신앙을 고수할 경우 그를 처형하기 위한 수단으로 활용된 것이다. 따라서 형조는 일단 「조요서요언」에 해당하는 신자들을 신문하여 이들을 수종으로 구분하였고, 이러한 차이는 '조율'이 아닌 '행형'을 통해 구분하였다. 법 집행을 통한 정의의 구현을 강조한 조선시대 형정에서 조율상의 屈法은 자칫하면 失刑의 문제를 불러올 것이지만,[136] 우선 「조요서요언」에 해당하는 사학죄인으로 규정된 인물에 대한 減死는 형정에서 교화의 가능성을 고려한 처분이라는 점에서 오히려 권장될 것이었기

134) 『사학징의』에는 양형이 제시된 사례 외에도 매맞고 풀려난 죄인 문서철[刑放秩]에 9명 및 무죄 석방자 문서철[白放秩]에 15명, 감화되어 자수한 사람 문서철[感化自現秩]에 5명의 명단이 더 있어 실제 감경사례는 〈표 3〉의 비교보다 더 많았음을 알 수 있다.

135) 이 수치는 〈표 3〉에 수록된 전체 신자(83명)가 아닌, 「모반대역」의 지정불고죄로 참수된 현계흠과 옥천희를 제한 신자(81명)에 대한 비율이다.

136) 조선후기 형정에서 분별없는 감형에 대한 문제제기는 김호, 앞의 책, 2020, 45쪽 참조.

때문이다.

〈표 3〉에서 형이 가중되거나 가감된 사례를 구체적으로 살펴보자. 우선 포안에 비해 형이 가중된 변득중(50)과 손경윤(51), 이경도(54)의 사례다. 셋은 각각 을사년(1785)과 경술년(1790), 신해년(1791)에 입교하여 비교적 경력이 길었다. 특히 손경윤은 이미 신해년과 병진년(1796)에 두 차례나 체포되어 거짓 전향하고 석방된 전력이 있었을 뿐만 아니라 邪書를 베껴서 판매하기까지 하였다.[137] 이는 분명한 가중 사유로 세 차례나 사학을 한 점과 '傳書' 혐의는 그에게 「조요서요언」을 적용하기에 충분한 것이었다. 손경윤과 거의 동일한 죄상으로 체포된 손경욱(55)이 유배된 것과 비교할 때,[138] 손경윤의 경우 이전의 거짓 배교 혐의가 양형에 영향을 미친 것임을 알 수 있다.

반면 변득중은 죄 위에 죄가 더해진 경우이다. 그는 포도청과 형조에서 천주교를 夷狄禽獸의 학문이라 비방하고 마음을 바꾸어 귀순하겠다고 하였으나, 신문 과정에서 황사영을 감추어준 혐의는 물론 황사영의 수색이란 명목으로 남의 재물을 빼앗고 부녀를 간음한 사실이 함께 드러났다. 이는 "이미 범한 사학죄 이외에 또 용서받지 못할 죄를 첨가시킨" 것으로, 이러한 내용이 결안에 명시되어 「조요서요언」이 조율되어 처형되었다.[139] 손경윤과 변득중은 포도청 단계에서는 천주교를 비난하고 바른길로 돌아올 것을 다짐하여 單件으로는 그 죄상이 경미하여 '교'가 의율되었지만, 형조에서는 이전의 전과나 추가 죄상이 확인되어 포안에 비해 상향된 「조요서요언」으로서의 '참'이 조율된 것이다. 특히 변득중의 경우 추가로 범행한 재산 강탈 및 간음도 매우 죄질이 나쁜 것이지만, 이미 「조요서요언」에 해당하는 죄인이므로 餘罪에 대한 심리 없이 「조

137) 조광 역주, 앞의 책, 2001, 211~212쪽.
138) 조광 역주, 앞의 책, 2022, 191~194쪽.
139) 조광 역주, 앞의 책, 2001, 237~239쪽.

요서요언」이 적용되었음도 짐작할 수 있다.

이경도의 사례는 조금 특이하다. 그는 이윤하의 아들이자 권철신의 조카이며, 이순이의 오빠이다.[140] 이처럼 이경도는 집안에 신자가 많아 일찍부터 천주교에 입교하였다. 이경도의 兒名은 이오희로 '경도'라는 이름은 이가환이 지어준 것인데, 이경도의 양형에는 바로 이 점이 영향을 미쳤다. 교회사 기록에 등장하는 이경도의 세례명은 '가롤로'인데, 이는 '경도'라는 이름과 관련 없는 것임에도 이경도의 결안에는 "이가환이 이름을 지어주었다"는 점이 명시되어 마치 '천주교 신자' 이가환이 이경도에게 '邪號'를 내려준 것처럼 기재되었기 때문이다.[141] 이는 앞서 살펴보았듯이 이가환과 조선 천주교회와의 관련성을 명확히 찾기 어려운 상황에서, '천주교 신자'인 이경도의 진술에서 이가환의 이름이 등장하자 이를 부회하여 이경도의 양형을 가중한 것으로 생각된다. 물론 이경도가 신자들 사이에서 유명했기 때문에 체포를 피할 수 없었던 점도 감안해야 하겠으나,[142] 정작 결안에는 이경도의 '사학' 관련 혐의보다 '이가환과의 연루 여부'가 보다 중요한 사유로 기재되었다. 이를 통해 행형 단계에서 조선왕조의 재량권이 사학의 수괴 찾기라는 명분으로 일부 남용되었음을 확인할 수 있다. 하지만 이러한 사례는 적어도 〈표 3〉에는 이경도의 경우에만 확인되는 것으로, 일반화해서는 안 된다는 점 또한 아울러 지적해야 한다.

반면, 〈표 3〉에서 감경된 대다수의 사례는 형조 신문에서도 추가 범죄 사실이 발견되지 않았으며, 체포된 신자 본인이 배교한 경우이다. 그

140) 이윤하의 가계와 그 자녀의 조선 천주교회에서의 활동은 강석진, 「박해시대 이윤하 가족의 신앙생활과 순교」, 『교회사학』 12, 2015, 172~194쪽에 상세하다.

141) 조광 역주, 앞의 책, 2001, 242쪽.

142) 강석진, 앞의 논문, 2015, 180쪽. 그밖에, 이경도와 여동생 이순이(루갈디)가 주고받은 편지가 간행되어 있어 이들 남매의 신앙생활의 일면을 살펴볼 수 있다. 김진소 편, 양희찬·변주승 역, 『이순이 루갈다 남매 옥중편지』, 디자인흐름, 2010.

런데 천주교 신자에 대한 감형의 논리는 앞서 살펴본 가중처벌의 논리보다 포괄적이라는 점이 특징적이다. 즉 변득중이나 손경윤처럼 추가적인 죄상이 발견된 이들은 가중처벌 되었지만, 감경의 경우 천주교 신자 본인이 배교를 선언하면 최소한의 '실마리'만 가지고도 폭넓게 유배 처분을 내린 것이다.

D-1. (최해두) 윤현의 사위이며, 윤유일의 사학을 이어받았다. 이미 주문모란 놈을 정광수의 집에서 여러 차례 만났다. 그 정황을 캐 보니, '정황을 알았다'라는 율문에서 벗어나기 어렵다. 다만 포도청에서 진술한 말이 분명하고, 진심으로 뉘우치고 깨달아 선량한 백성이 되고자 한다고 진술을 바쳤다. 지금 엄히 신문하는 중인데도 줄곧 이와 같으니 참작하여 용서할 단서가 있다. 법대로 율문을 적용한다.

D-2. (남필용) 여러 차례 매질하며 신문했는데도, 끝내 시원스레 (마음을) 바꾸지 않았다. 말을 하면 번번이 두 측면을 모두 견지하니, 정상을 캐 보면 더욱 교활하고 괘씸하기 그지없다. 그러나 조정에서 율문을 적용하는 것은 형세상 한결같이 법대로 결단해야 한다. 제사를 이미 소략하게나마 차린 일은, 완전히 폐지한 데 비하면 오히려 한 등급 감해야 한다. 사학은 조정의 금지령으로 인하여 억지로나마 끊었으니, 오히려 죽어도 변치 않겠다는 것보다는 낫다. 이미 여러 차례 매질을 했으니, 참작하여 사형에서 감등해서 법대로 율문을 적용한다.

D-3. (홍재영) 이 죄수의 경우는 홍낙민의 아들이며 황사영과는 동서지간으로, 사학에서는 씨앗과 덩굴 관계이다. 게다가 밀접하게 결탁해서 오간 자들은 온 세상의 손가락질과 눈총을 받는 흉악한 무리가 아님이 없다. … 다만 죄를 저지른 정황이 정약종의 아들 정철상에 비하면 얕고 깊은 구별이 없지 않다. 그러므로 '가볍게 처벌한다'라는 죄목에 부치되, 심하게 '형벌 적용을 실수했다'라는 것에 이르지 않도록 해야 한다. 일단 법률 적용을 관대하게 하여 특별히 한 가닥 실낱 같은 목숨을 살려준다. 이렇게 율문을 적용한다.

위 D군의 사료는 각각 최해두(1)와 남필용(19), 홍재영(42)의 결안으로, 천주교 신자의 형정에서 감형 논리를 잘 보여준다.[143] 우선 D-1 최해두는 사학을 배운 지가 16년이나 되었으며, 주문모와도 여러 차례 만난 사실이 분명해 「조요서요언」이 조율될 근거를 충족했다. 하지만 신문 과정에서 최해두는 여러 차례 '뉘우치고 깨달아' 바른 백성으로 돌아갈 것을 다짐하였는데, 이러한 점이 받아들여져 감사하여 유배 처분되었다. 이는 가장 전형적인 천주교 신자의 감형 사례로, 훗날 최해두가 유배지에서 「자책」이라는 글을 지어 자신의 배교를 한탄하였음을 생각할 때 그의 '배교 선인'은 형조가 본 것처럼 진실한 것은 아니었다고 하겠다.[144] 하지만 중요한 것은 형조에서 최해두의 배교 선언을 근거로 그를 감사 처분했다는 점이다. 이러한 점에서 천주교 신자의 배교 선언은 그것만으로 곧 사형을 면해주는 충분조건은 아니더라도, 천주교 신자의 감형에 필요조건으로 여겨지고 있음을 알 수 있다.

D-2 남필용과 D-3 홍재영은 유배 처분된 천주교 신자 중 가장 죄상이 무거운 경우이다. 우선 남필용은 포도청에서 두 차례, 형조에서 세 차례나 형신을 당했는데, 천주교를 하루아침에 그만둘 수 없으며 '나라의 금령 때문에' 부득이 천주교를 끊었다고 하였다. 다만 남필용은 권철신의 조언에 따라 밥과 국을 대충 차려 놓으며 최소한의 제사는 지냈다. 형조는 이를 근거로 남필용이 제사를 '완전히 폐한' 것은 아니며, 그가 비록 '금령 때문에' 사학을 끊었다고 하더라도 이는 죽음을 무릅쓰고 사학을 버리지 않겠다는 이들과는 다르므로 감사 처분하였다. 그는 형장 후유증으로 곧 사망하였지만,[145] 적어도 「조요서요언」에 의한 정법죄인이 아

143) 각각의 출처는 다음과 같다. 조광 역주, 앞의 책, 2022, 154쪽; 159쪽; 177~178쪽.

144) 정두희, 『신앙의 역사를 찾아서: 한국천주교회사 이야기』, 한국기독교연구소, 2023, 107~115쪽.

145) 심재우, 앞의 논문, 2019, 286쪽.

닌 감사 처분된 유배죄인으로 생을 마감한 것이다. D-3 홍재영은 이승훈, 이존창과 함께 처형된 홍낙민의 아들이지만, 아비를 죽게 한 천주교를 원수같이 여기며 그 죄상 또한 정약종의 아들인 정철상에 비해 가벼웠으므로 특별히 죄를 감해주었다. 이러한 사실은 주요 천주교 신자의 연좌인이라 하더라도, 천주교를 비난하기만 하면 기본적인 형정의 방향은 가중보다는 가감에 있었음을 보여주는 것이다.

한편 〈표 3〉에서 가장 낮은 도형이 처분된 정임(21)과 김순이(26), 이희(40)는 모두 여성으로, 정임은 강완숙의 종이며 김순이는 과부이자 홍필주의 집에 더부살이한 인물이며, 이희는 조섭의 첩이자 이취안의 딸이다. 이들 중 정임은 세례를 받지 않았고 이희는 미상이며 김순이는 多瑟羅라는 세례명을 받았다. 이들은 공통적으로 '마음을 고쳐먹고 감화된' 사실을 진술한 데다 천주교에 빠진 정도가 깊지 않았으므로 가장 가벼운 양형인 도배 처분되었다. 이희의 가족인 이취안(24)과 조섭(43)이 모두 유배되었음을 고려할 때, 이희는 「조요서요언」의 '종범의 종범'으로 취급되어 한 단계 아래인 도배에 처해졌음을 짐작할 수 있다. 그런데 『사학징의』의 도배와 유배 구분은 다소 불명확하다. 정분이(22)는 『사학징의』에는 정선에 '유배'된 것으로 기록되었으나 이후 『승정원일기』에서는 본래 '徒三年定配' 죄인으로 장기간 해배되지 않은 인물로 등장하기 때문이다.[146) 『사학징의』는 그밖에 지방감영에서 유배보낸 121명 중 도배죄인 25명이 포함되어 있는데, 이들은 전반적으로 포도청과 형조가 있는 서울로 압송된 인물들에 비해 사안이 경미한 것으로 판단된다.[147) 다만 정분이의 경우처럼 도배죄인이 유배죄인과 별다를 것 없었던 점이 파

146) 『承政院日記』 2201책, 순조 26년 3월 7일 무자. "以邪學干連徒三年定配, 如旌善鄭女粉伊等十名, 或至二十六年, 或至十一年之久, 當初勘律, 止於徒年, 則可知其所犯之不至深重, 而過限不放." 이 기록에는 정분이의 이름이 '分伊'가 아닌 '粉伊'로 나오지만, 사학죄인으로 정선이 배소인 점을 근거로 동일인으로 파악하였다.

147) 심재우, 앞의 논문, 2019, 290쪽.

악되는 만큼, 이러한 구분은 당대부터 엄밀했던 것 같지는 않다.

요컨대 이른바 '정법죄인'을 제외한 천주교 신자의 형정은 그 방향성이 가중이 아닌 감경에 맞춰졌다. 이는 형관 개인의 변덕도, 특정 신자에 대한 이례적 은사도 아닌 "법대로 율문을 적용한" 결과였다. D-1 최해두와 D-2 남필용의 사례에서 보이듯 형조는 천주교 신자의 감사를 결정하며 그것이 '법에 의한' 처분이었음을 강조했다. 「조요서요언」은 '皆斬'을 명시하였지만, 조선 조정은 결안 이후 조율 이전 단계에서 재량을 발휘하여 실질적인 종범격 신자들을 대량 감사 처분하였다. 이러한 사실은 조선왕조의 형정에서 결안-조율의 단계가 유의미한 절차임을 확인해주며, 결안 이후 조율 이전의 형정이 여전히 천주교 신자에 대한 '교화'를 염두에 두고 있음을 보여준다. 물론 이 단계에서 배교를 거부한 수많은 신자들이 처형되었고, 유배지에서 천주교 신자들의 삶 또한 여타 유배죄인에 비해 가혹했던 것이 사실이다.[148] 하지만 적어도 형정적 차원에서 볼 때 그것은 정조 대에 미처 마련하지 못한 천주교 신자에 대한 대응 절차를 마련한 결과이며, 그 방향성은 정조 대와 마찬가지로 개별 신자에 대한 교화 가능성을 염두에 두었다는 점에서 연속성을 발견할 수 있다. 신유사옥의 형정을 전반적으로 평가할 때, 정법죄인 뿐만 아니라 기타 감사 처분된 신자들의 양형 과정을 함께 살펴야 하는 이유가 여기에 있다.

148) 이러한 사실은 신유사옥 유배인들에 대한 별도 관리 문서인 『사학징의』 수록 「발배관문식」을 통해 확인된다. 심재우, 위의 논문, 2019, 296~304쪽.

4. '전형적(典刑的)' 형정절차의 확립과 그 의미

신유사옥은 이른바 벽파 정권에 의한 천주교 신자에 대한 대규모 탄압으로, 그 정치적 성격이 부각되는 가운데 형정적 의미는 충분히 조망받지 못했다. 이러한 시선은 황사영 『백서』에도 나타날 정도로 오랜 연원을 지니며,[149] 천주교 신자를 '관대하게' 처분한 정조와 '가혹하게' 처분한 벽파 정권이라는 이분법을 만들어냈다. 하지만 이 장에서 살폈듯이, 형정적 관점에서 정조 대 천주교 신자에 대한 형정과 신유년의 그것은 연속선상에서 보아야 그 의미를 온전히 이해할 수 있다. 신유사옥 과정에서 마련된 천주교 신자에 대한 '전형적' 형정은 정조 대 천주교 신자의 형정에서 드러난 문제점을 보완하고, 이후 천주교 신자의 형정에 典例가 되었다는 점에서 보다 중요한 의미를 지닌다.

정조가 조선후기 국왕 중에서도 '君師'의 지위를 특히 강조한 것은 주지의 사실이다. 중국 고대의 三代처럼 국왕이 정치적 지도자인 동시에 학문적 지도자인 聖人이라는 관념은 예치와 교화 및 정국 운영의 중심을 국왕에 둠으로써 정조 자신의 집권 기반을 공고히 하는 것이었다. 이러한 관념은 형정에도 반영되어 정조 대 형정은 전반적으로 '罪疑惟輕', 즉 죄가 의심스러우면 가벼운 쪽을 택하라는 寬刑주의로 귀결되었다.[150] 이는 정조 대 형정의 특징적 면모이지만, 문제는 이러한 관형주의가 천주교 문제의 해결에는 오히려 역효과를 낳았다는 점이다. 정조는 천주교 신자의 경우에도 그 죄가 윤지충·권상연의 경우처럼 사안이 '綱常'에 관

149) 『백서』. "及先王薨, 嗣君幼沖, 大王大妃金氏垂簾聽政. 大王大妃, 卽先王之繼祖母, 本係僻派中人, 本家曾爲先王所廢, 因此積年懷恨, 而莫能泄. 意外臨朝, 遂挾僻派而肆毒."

150) 한승현, 「중국의 18세기: 서유럽과 조선과의 비교를 중심으로」, 『역사학보』 213, 2012, 141~145쪽.

계되지 않을 경우 최대한 감화시키는 방향으로 형정을 전개했다. 이는 '人其人 火其書'와 같이 반복되는 언급에서 확인되듯 천주교 신자를 개인적으로 감화시켜 올바른 길로 돌아오게 함으로써, '군사'로서 국왕의 위상을 다지기 위한 조치였다.

이를 위해 정조는 최필공이나 이존창과 같이 수 차례 배교와 번복을 반복한 신자들을 끝내 감화시키고자 하였고, 이승훈이나 정약용 등을 가능한 보호하여 이들이 '바른 길'로 돌아올 것을 기다렸다. 이른바 문체반정의 주범으로 지목된 박지원과 같은 이들이 훌륭한 반성문을 지어 바침으로써 바른 길로 돌아왔음을 보여주었던 것과 같이, 천주교 신자들 또한 박지원과 같이 '改前'할 것을 기대한 것이다. 하지만 천주교 신자들의 경우는 달랐다. 이들은 조선 천주교회라는 집단으로 활동하였으며, 官長 앞에서 배교한 뒤 다시금 교회로 돌아갔다. 그러는 사이 주문모 신부를 들여오기에 이르렀고, 정조 말년에는 이미 천주교 신자가 만 명에 다다라 사실상 '인기인 화기서' 원칙의 고수는 불가능했다. 그럼에도 불구하고 자신의 '군사'로서의 입지를 포기할 수 없었던 정조는 형정의 방향을 바꾸지 않았고, 그러는 동안 전국에서 붙잡혀 온 수많은 신자들이 적법한 신문이나 형정적 절차 없이 장폐 되어 갔다. 정조 대 형정의 일반적 특징을 죄인에 대한 관형과 정리법을 고려한 판결이라고 할 때, 천주교 신자들이 거의 무제한으로 장폐되었던 현실은 정조 대 형정의 원칙을 스스로 무너뜨리는 것이었다.

이러한 점에서 신유년에 새롭게 등장한 벽파 정권은, 단순히 조정 내의 반대세력을 제거할 뿐 아니라 천주교 문제를 국가적 차원의 옥사 즉 '國獄'으로 확대하여 개인이 아닌 집단 단위로 천주교 신자에 대한 형정을 단행하였다. 이제 천주교 신자들은 개인적으로 그릇된 학문에 빠져든 것이 아니라 조정 내의 사악한 당파[黨] 내지 국가적 혼란을 야기하는 사악한 무리[徒]로, 조선 천주교회라는 거대한 '반국가세력'의 일원으로 처단되어야 했다. 이러한 형정적 전환은 새롭게 집권한 벽파 세력의 정적 제거를 효과적으로 해줄 뿐 아니라, 정조 대의 형정으로는 도저히 해결할 수 없었던 천주교 문제를 비로소 해결할 수 있게 해주었다는 점에서 '繼述'의 취지에도 맞는 것이었다.

이러한 형정적 전환의 결과 적용된 「조요서요언」은 그동안 조선왕조에서 사실상 적용된 적 없는 死文化된 형률이었지만, 조선 천주교회를 진멸할 수 있는 가장 적절한 형률로 선택되었다. 「조요서요언」이 명시한 '皆斬'은 천주교 신자의 형정에서 수종의 구분을 없앰으로써, 종래의 신분질서와는 달리 신앙을 중심으로 구성된 천주교 신자들을 '적법하게' 일망타진 할 수 있게 해주었기 때문이다. 이제 조선왕조는 잡혀 온 천주교 신자를 일단 「조요서요언」에 해당하는 중죄인으로 간주한 뒤, 신문내용을 바탕으로 천주교 신자의 양형을 결정할 주도권을 쥔 것이다. 정조 대 진산사건의 형정에서 단 한 차례 이루어진 천주교 신자에 대한 '정형'은 천주교 신자에게 「금지사무사술」과 「발총」이라는 두 조항을 조율함으로써 천주교 신자에 대한 처형을 가능하게 하였지만, 그것은 어디까지나 윤지충·권상연 개인에게 초점을 맞춘 것이기 때문에 천주교 신자에 대한 일반양형이 될 수 없었다. 특히 정조는 윤지충·권상연의 여러 혐의 중 '焚主'만을 바탕으로 천주교 신자에 대한 부대시참을 이끌어 냈는데, 이 과정에서 『대명률』 본문이 아닌 『대명률부례』의 주석을 인용하는 등 여러 변통적인 조치들을 마련해야 했다. 이러한 조치는 진산사건의 형정에만 나타난 특수한 사례로, 인율비부의 관례를 벗어난 것이기도 하였다.

이러한 이유로 신유년 조정은 천주교 신자의 '正刑'에 있어서는 정조 대의 그것을 계승하지 않았지만, '行刑'에 있어서는 정조 대 이전부터 이어져 온 조선왕조의 형정적 원칙을 답습했다. 즉 신유년 조정은 천주교 신자에 대한 저인망식 체포와 신문을 통해 이들에 대한 조율을 「조요서요언」에서 「범상부도」와 「모반대역」에 이르기까지 조심스럽게 상향시켜 나갔으며, 이를 통해 사학죄인에게 역률을 적용한다는 종래의 목적을 달성하였다. 유항검 형제와 황사영 『백서』를 통해 드러난 천주교 신자의 '대박청래' 모의는, 조선왕조의 근간을 흔들 만한 중대 형사 범죄로, 엄격히 처단되어야 할 뿐 아니라 이를 바로잡은 조정의 위상 또한 높여주는 것이었다. 그렇기 때문에 이 과정에서 정형된 신자들의 조율은 '적법하게' 이루어졌으며, 정약전·정약용 형제의 경우 오히려 이러한 형정 절차로 인해 목숨을 부지할 수 있었다.

신유년 조정이 단행한 사옥은 주로 조정 내 반대세력과 국내의 불온세력을 제거한다는 목적에서 이루어진 것이지만, 이 과정에서 발각된 조선 천주교회의 해외와의 연루 사실은 분명 조정의 예상을 뛰어넘는 것이었다. 이는 천주교 신자들이 해외와 연루되었을 것이라는 막연한 불안감을 확인시켜 주었으며, 이로 인해 조선 조정은 사옥의 경과를 청소에도 알려 추가적인 국경의 단속을 강화해야 했다. 이러한 사실은 천주교 문제가 단지 조정 내의 당쟁이나 국내 문제에만 국한되는 것이 아님을 보여주는데, 특히 형정적으로 이러한 문제가 부각된 사례가 바로 개성의 지식인 한재렴의 형정이다.

한재렴은 개성 출신의 지식인으로 박지원에게 글을 배웠으며, 1795년에 제출한 試券이 정조의 눈에 들어 御批를 하사받기도 하였다.[151] 그는 여러 시험에서 入格하였으나, 이가환이 성균관 대사성을 할 때 서너 차례 뽑힌 것이 문제가 되어 형조의 신문을 받았다. 신유년 2월 대사간 목만중이 사직상소를 올리며 이가환과 이승훈, 정약용 형제 등을 성토하였는데, 이때 한재렴을 함께 비판한 것이 빌미가 된 것이다.[152] 형조는 "이

151) 한재렴의 생애는 김승룡, 「心遠子 韓在濂의 학문과 문학에 대하여: 18세기 松都 지식인의 한 측면」, 『동양한문학연구』 22, 2006, 78~89쪽에 상세하다.

152) 『承政院日記』 1833책, 순조 1년 2월 23일 기사.

가환이 추천한 사람은 모두가 사학 패거리"라며 한재렴을 사학죄인으로 몰아갔지만, 한재렴은 오히려 사학을 비난하고 자신은 무관함을 주장하였다. 조사 결과 한재렴이 과거에 급제한 것은 이가환 때문이 아니며, 사학 혐의 또한 뜬소문에 불과하다는 것이 밝혀졌으나, 사학의 비방이 있었던 것은 그가 처신을 잘못한 탓이라며 형방 처분하였다.[153] 사옥 초기 이가환에 대한 '사학 首魁 만들기'가 이어지는 가운데, 개성의 巨富 한재렴이 의심받은 것이다.

단순한 刑放으로 끝나는 듯했던 한재렴의 형정은 오히려 황사영이 처형된 뒤인 신유년 11월 11일 재개되었다. 사헌부에서 공문을 보내 한재렴의 재신문을 요청한 것이다. 『사학징의』 수록 천주교 신자들은 대개 추국청이나 포도청, 각도 감영에서 이송된 이들인데, 한재렴의 경우 '사헌부의 공문'이 발단이 된 점이 특이하다. 사헌부는 비변사와 형조 등과 함께 죄인을 직접 수금할 수 있는 '直囚衙門'에 해당하는데,[154] 사헌부가 한재렴을 직접 수금하지 않고 형조에 공문을 보내 처결을 요청한 것은 곧 사헌부가 한재렴의 사학 연루를 '重罪'로 보았음을 방증하는 것이다. 『속대전』은 중죄가 아니면 별도로 문서를 이관하여 수금하는 것을 금지하고 있기 때문이다.[155] 이미 한 차례 형방 처분된 한재렴이 다른 일을 벌인 정황은 없었으므로, 또다시 한재렴의 신문을 요청한 사헌부의 공문은 신유사옥 이후 고조된 대외 위기의식의 발로로 이해된다.

이때 한재렴이 다시금 주목받은 것은 그가 "재물을 산처럼 쌓아 놓고

153) 이상의 내용은 『사학징의』 「刑放秩」에 수록된 한재렴의 신문을 요약한 것이다. 조광 역주, 앞의 책, 2022, 31~37쪽.

154) 조선후기 직수아문의 범위는 심재우, 앞의 논문, 2020b, 149~150쪽 참조. 『전율통보』에 따르면 정조 대를 기준으로 직수아문은 비변사와 형조, 병조, 한성부, 사헌부, 규장각, 승정원, 종부시, 포도청, 관찰사, 수령이 있었다.

155) 『續大典』 刑典, 「囚禁」, 〈大典直囚衙門外〉. "備邊司·捕盜廳直囚, 其餘各司及軍門, 竝移文本曹囚. 違者, 重推.【各司笞五十自斷. 重罪外, 勿移文囚禁.】"

西路를 점거"하여 異域의 내통분자들과 연루된 것으로 의심받았기 때문이다. 그의 가문은 개성 일대에서 손꼽히는 부자인데, 윤유일이나 황심 등 천주교 신자들이 사행로를 따라 북경을 왕래했기 때문에 '개성의 유력자' 한재렴이 다시 의심받은 것이다. 사실상 한재렴이 이가환과 연루된 것은 그가 문장이 뛰어나 몇 차례 칭찬받은 것이 전부였다. 형조는 이번에도 한재렴이 천주교와 관련된 아무런 증거를 찾지 못했으나, 진술에서 "이가환의 칭찬과 부추김을 받았다"는 말이 나왔다는 이유로 그를 순천으로 유배보냈다.[156] 천주교와는 아무런 관련이 없었음에도 한재렴이 이토록이나 수모를 겪어야 했던 것은, 황사영『백서』사건 이후 조선왕조의 천주교에 대한 위구심을 보여주는 대목이다.

유항검 형제의 '大舶請來' 계획과 황사영『백서』사건을 겪으며 조정은 천주교 신자들을 실질적인 국가 위협세력으로 간주했다. 천주교 신자들이 내통한 서양은 막연하게 상상되던 해외가 아니라 '북경 천주당'이라는 실존하는 공간에 자리한 이들이며, 18세기 후반부터 異樣船이 조선 서해안에 나타나는 빈도 또한 증가했기 때문이다.[157] 실제로 황사영과 함께 처형된 현계흠은 1798년(정조 23) 동래 용당포에 정박한 영국 함선 프로비던스호에 승선해 내부를 둘러볼 수 있었다.[158] 현계흠의 전언은 유관검이나 황사영을 비롯한 일부 천주교 신자들이 '큰 배'에 대한 기대를 갖게 만들었고, 신유년 조정 또한 천주교 신자들이 정말로 국가 전복을 모의한 것으로 보아 이들에게「모반대역」을 조율한 것이다. 앞서「토사반교문」을 살펴본 바,「토사반교문」이 신유사옥을 이괄이나 이인좌의 난보다 큰 변고로 설명한 것은 바로 이러한 맥락에서 단순한 수사에 그

156) 이상의 내용은『사학징의』의 유배죄인 목록인「酌配罪人秩」에 수록된 한재렴의 신문을 요약한 것이다. 조광 역주, 앞의 책, 2022, 230~232쪽.

157) 남호현, 앞의 논문, 2018b, 284~289쪽; 김기둥,「헌종대 濟州島의 이양선 대응과 내비색 성비」,『지역과 역사』52, 2023, 244~248쪽.

158) 박천홍,『악령이 출몰하던 조선의 바다』, 현실문화, 2009, 49~85쪽.

친 것이 아니었다. 반교문은 단순히 종사에 고하는 데서 끝나는 것이 아니라 京外에 반포된 문서이므로, 그 내용은 단순히 왕실이나 조정 내의 일부 계파를 넘어 전 양반 지배층이 납득하고 공감할 수 있는 내용으로 구성되어야 했다.159) 이러한 점에서 「토사반교문」에 묘사된 조선 천주교회의 위험성은 신유년 당시 조선 양반사회 전반의 천주교 인식에 다름 아니었다.

신유사옥의 신문 과정에서 드러났듯이 조선 천주교회는 실제로 북경 천주당과 연루되어 있었고, 조선의 앞바다에는 이양선이 출몰하기 시작했다. 이러한 상황에서 조선 조정은 유항검 형제의 '대박청래' 계획과 황사영의 『백서』를 계기로 천주교 신자에게 「모반대역」을 조율하였으며, 이는 '외세'에 대한 '국가'의 대응 차원에서 이루어진 것이다. 바로 이 점에서 신유년 천주교 신자에 대한 형정은 단순히 조정 내의 권력다툼이 아니라, 본격적으로 시작된 西勢東漸이라는 세계사적 현상에 대한 조선 국가의 인식을 그대로 반영한 것이기도 한 것이다. 결과적으로 신유사옥은 정조 대부터 본격적으로 불거지기 시작한 천주교 문제를 천주교 신자에 대한 본보기, 즉 '전형적' 형정절차의 마련이라는 방식을 통해 일단락 지을 수 있었다. 그것은 신유년 당시 왕실과 조정 내의 특정 세력의 이익을 대변하는 것임과 동시에, 양반 사회 일반에 퍼져 있었던 대외 위기의식이 반영된 결과였다는 점에서 시대적 함의를 지니는 것이기도 하였다.

159) 19세기 양반사회의 대외 위기의식은 이른바 서양 문물 전반에 대한 적대감의 형태로도 나타났다. 노대환, 「18~19세기 중반 서양물품의 조선 유입과 洋物禁斷論」, 『한국학연구』 66, 2022, 474~482쪽.

제4장

기해·병오사옥과 권도(權道)로서의 형정

1. 신유년 이후의 천주교 단속과 '서양 사정'

신유사옥으로 조선 천주교회는 궤멸적 타격을 입었다. 거의 모든 지도급 신자들은 물론, 신앙을 고수한 일반 신자들이 대부분 처형되었기 때문이다. 달레는 이러한 상황을 두고 신유년 조정의 집권세력이 "정치적 원한과 종교적 증오심을 모두 만족하게 푼 것"으로 평했다.[1] 조정에서는 「토사반교문」을 반포하여 사옥의 종결을 선포하는 한편, 오가작통법을 신칙하고 지방관들로 하여금 달마다 사학의 유무를 보고하는 일을 법식화했다.[2] 이러한 조치는 효과를 발휘하여, 앞서 신미년(1811) 천주교 신자들의 편지에서 확인했듯 신유사옥 이후 조선 천주교회는 재건까지 상당한 기간을 기다려야 했다. 하지만 동시에 살아남은 신자들이 조정의 눈이 닿지 않는 곳으로 이주하여 '敎友村'을 형성, 각지에서 소규모 천주교 공동체가 등장하는 계기를 마련하기도 하였다.[3] 이러한 상황에서 조선 조정은 사학 문제를 이전처럼 심각하게 여기지 않았으며, 기해년(1839) 이전까지 천주교 신자에 대한 국가적 차원의 사옥은 재현되지 않았다.

다만 몇몇 지역에서 천주교 신자에 대한 체포와 처형이 간헐적으로 이어졌다. 사옥이 종결되었다고 해서 천주교에 대한 금령까지 해제된 것은 아니었기 때문이다. 따라서 신유사옥은 신유년 이후에도 여타 천주교

---

1) 『달레(상)』, 618쪽.

2) 『純祖實錄』 권3, 순조 1년 11월 8일 신사. "命申飭京外五家統之規, 仍命月終, 以邪學有無啓聞事, 著爲式."

3) 김진소, 「한국 천주교회의 소공동체 전통」, 최석우 신부 수품 50주년 기념 사업위원회 편, 앞의 책, 2000, 245~282쪽.

문제의 典例로 기능했다. 예컨대 1815년(순조 15) 경상감사 이존수가 경상도 지역에 사학이 퍼졌음을 보고하였다. 이른바 '乙亥迫害'이다. 경상도는 조선의 鄒魯之鄕으로 신유년에도 사학 문제가 불거진 적이 없는데, 청송 사람 최봉한이 정약종과 주문모로부터 사학을 배운 뒤 이 지역에 전파하여 청송과 영양, 진보 일대에 사학이 번졌다는 것이다. 최봉한은 곧 물고 되었으나, 안치룡 등 수십여 명의 신자들이 체포되어 조정에 품처를 의뢰한 것이다.[4] 조정은 이들에 대한 '율에 의한' 처분을 결정했고, 이듬해인 1816년(순조 16) 사학죄인 김종한 등 7명의 處斬이 집행되었다.[5] 당초 이존수는 이들이 천주교를 "서로 전하고 심하게 혹하지 않음이 없다[相互傳習, 無不沈惑]"는 이유로 체포하였으므로, 처형된 신자들은 모두 「조요서요언」이 조율되어 처형되었음을 알 수 있다.

한편 『일성록』에는 최봉한 외에도 김진성과 김아기 등의 물고 사실을 전하고 있어, 더 많은 신자들이 물고되었음을 알 수 있다.[6] 하지만 이존수가 첫 보고에서 언급한 신자들 중 참수되지 않은 모든 신자가 물고되었다고 보기는 어려우므로, 나머지 신자들은 신유년과 마찬가지로 형방이나 정배처분 되었음을 짐작할 수 있다.[7] 이를 종합하면 1815년 경상

4) 『純祖實錄』 권18, 순조 15년 6월 18일 임신. "慶尙監司李存秀啓言. 辛酉掃蕩之後, 宜無邪黨餘孼, 更相薰染. 況大嶺以南, 卽我東鄒魯之鄕, 未嘗有邪種之流入. 何來醜類, 潛入於青松, 英陽, 眞寶深山僻村之中, 自相傳習, 全村詿誤. 青松罪人崔奉漢, 從遊於若鍾, 師受於文謨, 收拾邪臟, 暗自踰嶺, 轉入深峽, 誘集流民, 自爲敎主, 而押囚營獄之後, 旋卽致斃. 罪人安致龍, 金若古排, 高聖大, 高聖云, 徐碩奉, 李善福, 金振聲, 金岳只, 申光釆, 孫斗同, 女性悅, 允德. 英陽罪人金宗漢, 李希英, 金稀成, 金福守, 金光福. 眞寶罪人金時佑, 崔允金, 金光億, 金興金, 金驗同, 光億妻分今, 及其子種乾, 興, 金子長福, 女作丹, 驗同子, 甲得, 女時任, 丁壬等, 互相傳習, 無不沈惑. 竝請令廟堂稟處. 廟堂請更加盤覈, 依律施行. 允之."

5) 『純祖實錄』 권19, 순조 16년 11월 8일 계축. "慶尙監司李存秀, 以邪學罪人金宗漢, 金若古排, 高聖大, 高聖云, 女時壬, 女性悅, 金希成, 處斬, 馳啓."

6) 『日省錄』 순조 15년 10월 18일 기사. "崔奉漢, 金振聲, 方萬東, 金阿只, 申光釆, 朴有達, 金加八里, 女允德, 沈瓊, 金光億, 俱已瘐斃, 在所勿論."

7) 『承政院日記』 2063책, 순조 15년 10월 18일 기사. "金福守等, 渠既感化, 施以次律,

도 청송과 영양, 진보 일대에서 체포된 30명의 천주교 신자들 중 7명(23.3%)은 「조요서요언」이 조율되어 참수되었고, 3명(10%)은 물고되었으며 나머지 20명(66.6%)은 형방이나 정배처분 되었음을 짐작할 수 있다. 이때 형방 내지 정배처분 된, 즉 실질적인 '종범'으로 여겨진 신자의 비율(66.6%)은 이 책의 3장 3절에서 참수되지 않고 徒流 처분된 신자의 비율(64.2%)과 유사하므로, 신유사옥의 형정적 기류가 이 시기에도 지속되었음을 알 수 있다.

비슷한 형정이 강원도에서도 이어졌다. 김강이를 비롯한 7명의 천주교 신자가 체포되었는데,[8] 이때도 주범격인 김강이는 참수되었지만 배교한 동생 김창귀는 보성군에 정배하였으며, 김윤집 등 5인은 조사한 뒤 석방하였다.[9] 김강이는 "요언을 깊이 믿어 입으로 외우고 마음으로 기뻐하여[篤信訞言, 口誦心悅]" 「조요서요언」 조율이 불가피했지만, 여타 신자의 경우 배교하였거나 시학을 한 징황이 분명치 않았으므로 노류 내지 형방처분을 내린 것이다. 이러한 기조는 19세기 전반 내내 이어졌다. 달레가 "모든 박해 중에서 가장 통탄할 만한 것"이며, "이렇게 배교자가 많았던 때는 일찍이 없었다"고 평한,[10] 1827년(순조 27)의 이른바 '丁亥迫害' 때에는 체포된 100명의 신자 중 14명(14%)만이 옥중에서 물고되거나 처형되었다.[11] 나머지 신자들은 대부분 배교하여 정배 내지 형방

崔奉漢等, 具已瘐斃, 勿論, 其餘諸囚, 分輕重酌處."

8) 김강이를 비롯한 을해년(1815) 강원도의 천주교 신자들에 대해서는 여진천, 「강원 감영과 순교자들」, 『교회사학』 15, 2018, 212~220쪽에 상세하다.

9) 『承政院日記』 2063책, 순조 15년 10월 18일 기사. "江原道邪學罪人金鋼伊, 篤信訞言, 口誦心悅, 依例捧結案, 金昌貴, 觀於道啓, 別以淺深合置惟輕之典, 金允執等, 別無濡染之跡, 從輕重勘放, 現捉邪書, 即爲燒火之意, 分付, 何如. 判付啓, 依允"; 『日省錄』 순조 15년 11월 12일 계사. "狀啓以爲, 邪學罪人金鋼伊, 則依例捧結案. 金昌貴, 則杖一百流三千里定配於寶城郡, 金允執等, 從輕重勘放."

10) 『달레(중)』, 110~113쪽.

11) 방상근, 「『일성록』을 통해 본 정해박해」, 『신학전망』 224, 2024, 214쪽.

처분 되었는데, 공주의 박성삼은 사학의 '首魁'로 언급되었지만 배교를 선언한 데다 '死囚傳生'의 명분으로 감사처분되어 온성으로 유배되었다.[12] 신유년과 같이 국가적 차원의 '사옥'을 벌여야 할 이유가 없는 이상, 지방에서 산발적으로 발생한 천주교 문제는 신유년에 마련된 형정적 기조에 따라 유사 차원에서 대응하는 정도의 단속이 이어진 것이다.

신유년 이후에도 지방에서 간헐적인 천주교 신자의 체포가 이어지는 가운데, 천주교 신자로 인한 滯獄 문제가 누적되기 시작했다. 체옥은 조선후기 형정의 고질적 문제 중 하나이지만,[13] 천주교 신자는 역옥죄인과 함께 사면 대상에서 제외되었으므로 그 정도가 더욱 심했다.[14] 수감된 천주교 신자들은 옥 안에서 서로 권면하였고 옥 밖의 신자들은 옥바라지를 통해 조선 천주교회의 유지를 위해 노력하였는데, 이는 결과적으로 많은 천주교 신자들이 장기간 옥에 머무를 수 있는 배경이 되었다.[15] 이러한 상황에서 재옥 천주교 신자의 수는 꾸준히 증가했고, 체옥의 증가라는 의도하지 않은 결과를 초래했다.

천주교 신자의 형정에 '의도적으로' 체옥을 활용한 정황도 일부 확인된다. 이는 사실 정조 대부터 나타나는데, 앞서 살폈듯이 1799년(정조 23)에 다시금 사학을 한 혐의로 체포된 최필공이 2년 동안 옥에 머무르다 신유사옥에 이르러서야 처형된 사례가 대표적이다. 이러한 사례는 19세기 전반 천주교 신자의 형정에서 종종 발견되는데, 예컨대 정해년(1827)에 체포되어 사형 판결이 내려진 신자들은 옥중 물고를 제외하면

---

12) 방상근, 위의 논문, 2024, 209쪽.

13) 조윤선, 「19세기 典獄署 분석: 『大典條例』·『承政院日記』를 중심으로」, 『민족문화』 56, 2020, 363~367쪽.

14) 『承政院日記』 2058책, 순조 15년 5월 7일 신묘. "其餘逆獄干連, 邪學干犯, 及罪犯深重者, 仍配之意, 敢啓. 傳曰, 知道."

15) Andrew Finch, "The Pursuit of Martyrdom in the Catholic Church in Korea before 1866," *Journal of Ecclesiastical History* 60-1, 2009, pp. 112~114.

대부분이 12년 뒤인 기해사옥이 되어서야 처형되었다.[16] 이들은 '具格捧結案啓聞稟處' 혹은 '更爲論理登聞稟處' 판부가 내려진 이들로, 배교하지 않은 채 일종의 비전향 장기수로 옥에 머무르다 기해사옥 때 처형된 것이다. 이들 중 일부, 예컨대 김지성과 같은 신자는 투옥된 지 5년 만인 1832년(순조 32) 7월에 배교하여 '酌放' 되었는데,[17] 이러한 사례는 드물지만 19세기 중엽에도 여전히 천주교 신자에 대한 교화 우선 형정의 원칙이 관철되고 있었음을 보여주는 것이다.

19세기 초반 간헐적으로 이어진 천주교 신자의 형정에 나타난 이른바 '교화주의' 원칙은 정조 대의 그것과 차이가 있다. 즉 정조는 이승훈이나 정약용, 최필공 같은 사학의 '수괴'에 대한 개심을 기대한 것에 비해, 19세기 중반에는 사학 '수괴'는 처단하면서도 일반 신자에 대한 교화의 여지를 남겼다는 점에서 그렇다. 이는 신유사옥을 통해 확립된 천주교 신자의 형정이 이어진 것으로, 19세기 이후 조선 조정은 천주교 신자를 체포한 뒤 '배교하지 않은' 주범격 신자들은 「조요서요언」을 조율해 처형하면서도 배교하거나 죄상이 무겁지 않은 신자들은 가급적 처형하지 않는 방식을 택했다. 문제는 '정법'과 '감사' 사이에 놓인 신자에 대한 명확한 기준이 마련되어 있지 않았다는 점이다. 이들은 이미 작성된 결안을 바탕으로 조율할 경우 '개참'을 명시한 「조요서요언」에 따라 참형에 처해야 했다.[18] 하지만 이들은 실제 「조요서요언」이 조율된 신자들에

16) 방상근, 앞의 논문, 2024, 214~220쪽.

17) 『日省錄』 순조 32년 7월 26일 경오.

18) 예컨대 경상도에서 체포된 김사건은 '具格捧結案啓聞稟處'에 해당함에도 결안이 작성된 지 12년 뒤인 1839년 기해사옥이 되어서야 처형되었다. 『承政院日記』 2219책, 순조 27년 6월 7일 신사. "刑曹啓目粘連, 因慶尙道邪學罪人等獄事, 辛亥辛酉之鋤治雖嚴, 湖西湖南之遺種自在, 按法誅鋤, 不容少緩. 朴甫祿, 安思興, 金思健, 朴士儀等罪犯罔赦, 情跡無疑. 依例令道臣, 具格捧結案, 啓聞後稟處"; 『承政院日記』 2366책, 헌종 5년 4월 12일 정축. "又啓目粘連, 尙州邪學罪人金思健敬奉天柱, 深得其妙, 雖死無恨, 依法處斷."

비해 輕重의 구별이 있었고, 그들 중 일부는 김지성과 같이 '개심'의 여지가 있었다. 따라서 이들은 결안이 작성된 이후 바로 처형되지 않았고, '조율' 이전까지 유예가 두어져 연명할 수 있었던 것이다. 이러한 사실은 천주교 신자의 형정에서 신문 이후 결안-조율의 단계가 단순히 기계적으로 이루어지는 것이 아닌, '결안 이후 조율 이전 단계'가 지닌 특수성이 반영된 것으로서 각 단계가 지닌 형정적 의미를 보여준다.

문제는 이러한 '유예'가 허락된 신자 중 상당수가 장기간 옥에 머무르게 됨으로써 결과적으로 체옥이 증가하였다는 점이다. 다블뤼 주교는 기해사옥을 특정하여 천주교 신자들이 신문 중의 고문보다 장기간의 수감생활을 더욱 고통스러워하였음을 기록하였는데,[19] 이를 통해서도 체옥이 기해사옥의 특징적 면모임을 알 수 있다. 천주교 신자에 대한 체옥의 누적은 사학 문제를 단속해야 했던 조정의 고민을 잘 보여준다. 조정은 천주교 신자들을 무작정 석방할 수 없었지만, 그렇다고 이들을 모두 죽일 수도 없었다. 신유년과 마찬가지로 천주교 신자에 대한 개별적 '교화' 가능성을 포기하지 않았기 때문이다. 그 결과 신유년 이후 기해년에 대대적인 사옥이 발생하기 전까지, 전국에서 간헐적인 천주교 신자의 체포 및 이로 인한 체옥의 증가가 나타난 것이다. 체포된 신자들은 지방관의 판단에 따라 조정에 보고하여 주범격만 정법하는 정도의 조치가 이루어졌고, 그렇지 않은 경우 장기간 수감하는 경우가 잦아졌다. 이들은 배교할 경우 대체로 훈방되었으나, 그렇지 않을 경우 장기간 수감되며 별도

19) 『달레(상)』, 110~111쪽. "다블뤼 주교는 1839년의 대박해에 대하여 말하는 가운데 이런 말을 썼다. '우리 교우들은 다리를 뻗고 누울 수 없을 정도로 이런 감옥 속에 빽빽이 들어차 있었습니다. 그들은 신문 때의 고문은 이 무서운 留置의 고통에 비하면 아무 것도 아니라고 이구동성으로 내게 말했습니다. … ' 다블뤼 주교는 여기서 박해 때에 천주교인들을 가두던 감옥을 그대로 이야기하고 있다는 것을 지적함이 마땅하겠으며, 그의 말을 조선의 모든 시대의 감옥에 적용한다는 것은 지나친 일일 것이다. 그렇기는 하지만 異教徒나 천주교인을 막론하고 모든 피고인이 감옥을 고문보다 더 두려워한다는 것은 의심할 수 없는 사실이다."

의 처분을 기다려야 했다. 이는 체포된 천주교 신자에 대한 결안이나 조율 이전의 구금 상태가 무기한 이어진 것으로, 도형이나 유형과는 다른 것이다.

천주교 신자의 형정이 체옥으로 상징되는 '정체'를 겪는 와중, 조선 천주교회는 점차 그 교세를 회복하였다. 앞서 살펴보았듯이 신미년(1811)에 조선 천주교회는 북경 주교에게 편지를 보내는가 하면, 다시금 연행 사절단에 잠입해 북경 천주당을 왕래하기 시작한 것이다. 신유년 이후 조선 사절단은 천주당을 방문하지 않았으므로,[20] 조선 천주교회의 천주당 왕래는 보다 대담하게 이루어졌다. 정하상은 1816년(순조 16) 이래 20년이 넘도록 북경을 왕래하였고, 1831년(순조 31)에는 조선 代牧區가 설정되었다. 중국인 유방제(=여항덕 파치피코) 신부가 조선과 청조를 왕래하였으며, 프랑스인 앵베르 주교와 모방, 샤스탕 신부가 국내에 들어와 활동하기에 이르렀다. 그 결과 조선 천주교회는 기해년(1839) 당시 다시금 10,000여 명의 신자를 회복하였다.[21] 신유년 이래 지속적으로 증가한 천주교 신자의 체옥과, 1830년대에 이르러 다시금 회복된 조선 천주교회의 교세는 조정으로 하여금 다시금 신유년의 전례를 답습해야 할 필요성을 제기하였다. 다만 신유사옥 이후 적어도 조정에서는 천주교 문제가 불거지지 않았고, 1830년대 중반까지 정권을 장악하였던 안동김씨는 천주교에 비교적 관용적 태도를 취하였으므로 전국적인 사옥의 재개는 이루어지지 않았다.[22] 순조는 물론이요 대리청정을 한 효명세자 또

20) 이해응, 『薊山紀程』 1804년 1월 26일 병진. 「天主堂」. "前此留館時, 人多入見, 而一自邪學之有禁, 遂不得相通."

21) 이상의 내용은 최선혜, 「기해박해」, 한국교회사연구소 편, 『한국천주교회사』 3, 2017, 15~45쪽; 이석원, 「프랑스 선교사제의 서한을 통해 본 기해교옥과 조선대목구의 실상: 모방 신부·샤스탕 신부·앵베르 주교의 서한을 중심으로」, 『교회사학』 17, 2020 참조.

22) 최선혜, 위의 글, 2017, 19~20쪽 참조.

한 이와 유사한 입장을 견지했다.[23] 하지만 전국에서 체포된 천주교 신자는 계속 늘어났고, 조정의 상황 또한 한결같은 것은 아니었기에 언제든지 사옥이 재개될 수 있는 상황은 이미 조성되어 있었다.

이처럼 조선 천주교회의 교세가 점차 확산하는 가운데, 조정은 연행사절단을 통해 북경발 서양 사정을 지속적으로 수집했다. 17-18세기의 서양 사정이 북경 천주당 방문을 통해 확보되었던 것과는 달리, 19세기의 서양 사정은 주로 청조의 관료들이나 朝報 등의 공문서를 통해 수집되었다. 청조에서는 1781년(건륭 46)의 回敎徒 반란이나 1804년(가경 9)에야 진압된 白蓮敎의 난 등으로 인해 邪敎에 대한 위기의식이 고조되어 있었는데, 1821년(도광 1)에는 『대청율례』에 禁敎 조항이 추가돼 천주교를 믿거나 선교하면 교형에 처하거나 유배하여 노예로 삼는 법식을 마련하였다.[24] 가경 연간은 청조의 천주교 탄압 일변도 법령과 천주교 측의 중국 전통 배제 위주 교령이 충돌하면서, 이전과 같이 중국의 전통과 천주교가 공존할 수 있는 여지는 사실상 없어졌다.[25] 이러한 상황에서 조선 사절단이 청조를 경유해 수집한 서양 사정은 부정적인 내용으로 일관하였으며, 서양과 연계된 천주교 또한 여타 사교와 마찬가지로 국가의 안위를 해치고 사회적 혼란을 야기하는 집단으로 여겨졌다.

예컨대 1805년(순조 5) 심양을 방문한 심양문안사의 서장관 홍수호는 廣東에서 크게 사옥이 일어 수만 명을 죽였다거나 북경의 천주당을 모두 없앴다는 소식을 전했고,[26] 1810년(순조 10) 동지겸사은사의 서장관

23) 달레는 순조를 천주교 신자들의 피를 흘리는 것을 싫어하여 사형판결을 재가하지 않은 국왕으로 묘사하였고(『달레(중)』, 184쪽), 대리청정을 한 효명세자 또한 천주교 신자의 형정에서 '父子之倫'에 의한 '革心'을 강조했다(방상근, 앞의 논문, 2024, 212쪽).

24) 최병욱, 『중국 근현대 천주교사 연구』, 경인문화사, 2020, 70~80쪽.

25) 이준갑, 앞의 책, 2022, 308쪽.

26) 『同文彙考』 補編續, 「使臣別單」 2, 「(乙丑)瀋陽問安行書狀官洪受浩聞見事件」. "彼中西洋之學, 近益熾盛, 相繼誅戮, 終不寢熄. 晝出宮禁都城形止送, 于洋國將售不軌

이영순은 澳門에서 청군이 영국[咭唎]과 충돌한 소식을 전했다.[27] 이러한 정보는 정기적으로 청조를 방문하는 조선 사절단이 나름의 정보평가를 통해 수집한 것이므로,[28] 곧 서양에 대한 조선왕조의 시선에 다름 아니었다. 조선 사절단은 사실상 천주교와는 관련 없는 내몽골지역 回子의 반란을 서양세력과 연관짓는가 하면, 제1차 중영전쟁(제1차 아편전쟁, 1840) 이전부터 서양에서 유입된 鴉片으로 청조에서 여러 문제가 발생한 사실 또한 보고하였다.[29] 이러한 보고는 한결같이 천주교를 사회적 동요의 원인으로 지목하였고, 나아가 서양과의 직접적 무력충돌로 이어질 우려가 있다는 공통된 전망을 내놓았다. 사절단을 통해 서양 세력의 위험성이 지속적으로 보고되는 가운데, 정작 그 사절단을 통해 조선 천주교회는 비밀리에 북경 천주당과 왕래하고 있었던 것이다. 따라서 조선 천주교 신자들이 신유년과 마찬가지로 사절단에 섞여 북경 천주당을 왕래한 사실은 그 자체루써 사옥 재개의 명분이 될 것이었나.

한편 조선의 해안에는 전보다 더 잦은 빈도로 이양선이 출몰하기 시작했다. 신유사옥 당시 현계흠이 탑승한 영국 상선 프로비던스호의 소문이 '대박청래' 및 황사영『백서』사건의 기폭제가 되었던 만큼, 이양선

之謀. 今五月晦間, 爲廣東總督所執捉邪獄, 因此大起若以悔悟自服則赦之, 其不悔悟者誅之死者, 無慮屢萬人云. 而五處天主堂, 或云盡爲毁撤, 或云不毁之而合置五堂人於一堂, 使兵丁把守."

27) 『同文彙考』 補編續, 「使臣別單」 2, 「(己巳)冬至兼謝恩行書狀官李永純聞見事件」. "咭唎, 素稱洋外悍虜, 而藉名保護西洋, 陰圖占地謀利, 領兵攔入于澇門. 摠兵黃飛鵬, 斬其數人, 虜兵雖卽退去. 而以澇門交易之利, 每欲占居, 皇帝爲慮洋人之騷擾, 不許其貿遷虜. 遂怏怏數來侵境, 黃浦居民, 不能奠接, 漸次渙散, 而當初虜兵之入澇也, 以兩廣摠督吳熊光等不能制其攔入, 降級革職, 伊時官兵粮船所費, 銀三萬一千七百餘兩賠, 徵於熊光等云."

28) 민두기, 「十九世紀後半 朝鮮王朝의 對外危機意識: 第一次, 第二次中英戰爭과 異樣船 出沒에의 對應」, 『동방학지』 52, 1986, 261쪽.

29) 『同文彙考』 補編續, 「使臣別單」 2, 「(己丑)冬至兼謝恩行書狀官趙秉龜聞見事件」; 「(戊戌)冬至兼謝恩行書狀官李時在聞見事件」.

은 언제든지 천주교와 연결될 소지가 큰 사안으로 여겨졌다. 1816년(순조 16) 영국인 맥스웰은 서해안을 탐사하면서 상륙한 뒤 마량진 첨사 등과 접촉했고, 1832년(순조 32)에는 영국 상선 로드 앰허스트 호가 황해도와 충청도를 왕래하며 교역을 요청했다.[30] 이양선의 접촉에 조선 조정은 '人臣無外交'의 원칙을 내세우며 거절하였는데, 앰허스트 호는 홍주목사와의 問情에서 "나라의 풍속은 대대로 耶蘇의 학문을 받든다"는 점을 언급했다.[31] 따라서 조선 조정은 이양선 문제를 천주교와 관련지어 이해했고, 아편전쟁 이전부터 이양선에 대한 대책과 함께 국내의 천주교 신자에 대한 방비를 소홀히 하지 않을 수 없었다.

요컨대 1830년 중후반 무렵의 조선왕조는 내부적으로는 점차 증가하는 천주교 신자 및 체옥의 누적과 외부적으로는 잦은 이양선의 출몰에 직면했다. 둘은 사실 별개의 일이지만, 조정은 국내의 천주교 신자들과 이양선을 연결지었다. 이러한 인식에는 사행을 통해 반복적으로 전해진 '서양 사정'이 중요한 요인으로 작용하였다. 증가하는 대내외의 위협에 대해 조선왕조는 다시 한 번 '사옥'이라는 수단을 강구했고, 그 포문을 연 인물은 우의정 이지연이었다. 당시 정국은 김조순을 위시한 안동김씨와 조인영으로 대표되는 풍양조씨가 두루 장악하다가, 1838년(헌종 4) 2월부터는 이지연이 국정을 담당하였다.[32] 이지연은 풍양조씨와 밀접한 관계로, 안동김씨에 비해 천주교 문제에 더 적대적이었다.[33] 이러한 당파적 설명은 물론 기해사옥을 이해하는 배경으로 중요하지만, 보다 중요

---

30) 민두기, 앞의 논문, 1986, 271쪽; 박천홍, 앞의 책, 2009, 167~293쪽.

31) 『純祖實錄』 권32, 순조 32년 7월 21일 을축. "公忠監司洪羲瑾狀啓. 六月二十五日, 何國異樣三帆竹船一隻, 來泊於洪州 古代島後洋, 而云是英吉利國船, 故使地方官洪州牧使李敏會, 水虞候金瑩綬, 馳進問情. … 國俗世主耶蘇之學, 與中華交易, 由來二百年之久, 與大清國均, 大均權勢不進貢, 從本國上北京, 不叩頭階下."

32) 오수창, 앞의 글, 1990, 106~107쪽.

33) 최선혜, 앞의 글, 2017, 19~20쪽; 김정자, 「헌종 후반~철종 초반 정국과 정치 세력의 동향: 成齋 趙秉鉉 賜死 사건을 중심으로」, 『조선시대사학보』 96, 2021, 199쪽.

한 사실로써 1839년(헌종 5) 무렵 조선 천주교회의 교세가 무시 못 할 수준에 다다른 사실을 아울러 지적해야 한다.

사옥이 본격적으로 전개되기 전부터 각지에서 천주교 신자들이 체포되는 사례가 늘어났다. 1835년(헌종 1) 이천에 사는 이호영은 남매가 함께 붙잡혔으며, 1838년 겨울 권득인과 1839년 2월 박안나는 일가가 체포되었다.[34] 마찬가지로 본격적인 사옥이 개시되기 전인 1839년 2월에 체포된 박 루치아와 전 아가타는 궁녀였다.[35] 이들은 정해년(1827)에 체포된 신자들과 마찬가지로 즉각적으로 처형되지 않은 채 옥에 수감되었다. 설상가상으로 남명혁의 집에서 앵베르 주교의 제의와 책 등이 발견되었는데,[36] 이는 결국 직접적인 사옥 재개의 도화선이 되고 말았다. 이러한 상황에서 이지연은 수렴청정하던 대비에게 사학의 '討治'를 건의했는데, 그 내용은 다음과 같다.

> 이지연이 말하기를, "근래 들으니 좌우 포도청에서 체포한 사학죄인의 수가 수십 명에 달한다고 합니다. (이들은) 혹 형조로 이송되기도 하는데, 대부분 죽기를 작정하고 미혹되어 감화하거나 회오하는 자가 매우 적으니, 이러한 無父無君함은 이미 夷狄禽獸만도 못한 것입니다. … 彝倫이 무너지고 습속이 점차 물드는 것은 물론이며, 황건적과 백련교의 걱정을 하지 않을 수 없습니다. 이는 대개 신유년 討邪 이후 이들이 革心했다고 여겨 방치한 것이니, 그들이 남모르게 번지는 것과 씨가 씨를 뿌리는 것이 오늘에 이르렀습니다. … 도성 안이 이러하므로 外道의 사정 또한 알 만합니다. 듣건대 關東에도 (사학죄인이) 많이 체포되었다 하는데, 지금과 같은 때에는 (사학을) 엄히 조사하여 모두 뿌리 뽑아 生道殺人하는 의리에 의탁하지 않을 수 없습니다. … 아울러 不待時의 형을 명하시고, 서울과 경기는 각별히 譏捕가 담당하는 땅으로 삼고 京外에는 오가작통법을 시행하는 등의 일을 모두 신유년 討邪의 예에 의거하여(강조: 필자) (이들이) 전과 같이 숨지 못하게 하심이 어떻습니까?" 하니 대

34) 『기해일기』, 140쪽; 47쪽; 52쪽.

35) 『기해일기』, 55~58쪽; 95~98쪽.

36) 이석원, 앞의 논문, 2020, 173쪽.

왕대비께서 "아뢴대로 하라." 하였다.[37]

인용문은 기해사옥의 시작을 알리는 이른바 '邪學討治令'으로, 이지연의 건의를 계기로 사옥이 재개되었음을 보여준다. 이지연의 정치적 입지로 인해 이 사건은 당대의 정치적 역학구도와 관련되어 이해되기도 하지만,[38] 정작 사옥의 개시 단계에서 그러한 정치적 길항은 찾아보기 어렵다. 신유사옥이 개시되기 전부터 이른바 '三凶'에 대한 공격이 이어진 것과는 달리, 기해사옥의 발발 과정에서 정치적 갈등은 문제가 되지 않았다. 신유년과는 달리 정치적 보복을 받을 만한 인물이 없었기 때문이다.[39] 오히려 사옥의 개시 단계에서 조정이 우려한 것은 천주교의 교세와 외국과의 연계 여부였다. 사옥을 결심한 조정은 천주교 문제에 대한 대책 논의를 이어갔다. 이 자리에서 대왕대비는 천주교의 교세가 심상치 않음을 우려하며, 이 단계에서 사옥을 통해 천주교 신자들을 진멸하지 않을 경우 나라가 나라답지 않아질 뿐 아니라 인류가 장차 멸절될 것이라며 천주교 문제를 다시금 '나라' 및 '인륜'의 문제와 결부시켰다.[40] 대

---

37) 『承政院日記』 2365책, 헌종 5년 3월 5일 신축. "止淵曰, 近聞兩捕廳所捉邪學罪人, 多至累數十人, 或有移送秋曹者, 而擧皆抵死迷惑, 其能感發悔悟者絶少云, 此類之無父無君, 曾夷狄禽獸之不若. … 彝倫之斁敗, 習俗之漸染, 已矣無論, 而黃巾·白蓮之憂, 不可不念, 此蓋辛酉討邪之後, 意謂此類革心革面, 一向抛置, 以致潛滋暗煽, 種下生種, 至于今復此熾蔓, … 而都下若此, 外道可知, 又聞關東, 亦多有被捉者, 到今事勢, 不可不嚴加鉤詰, 一切鋤治, 以寓生道殺人之義, … 竝令不待時用刑, 亦爲措辭行關於諸都諸道, 以爲各別譏捕之地, 京外五家作統, 一依辛酉討邪時例, 俾不得如前匿跡, 何如. 大王大妃殿答曰, 依爲之."

38) 김정자, 앞의 논문, 2024. 김정자는 기해사옥에 앞서 1836년(헌종 2)의 南公彦·南膺中 推鞫을 한 장을 할애하여 다룸으로써 기해사옥 또한 정치적 목적에서 발생한 사건임을 강하게 시사하였다. 하지만 정작 기해사옥의 발단이 된 기해년 전후의 사정은 언급하지 않았으며, 남공언 등의 옥사가 기해사옥과 관련되었다는 서술은 이어가지 않았다.

39) 최선혜, 앞의 글, 2017, 73쪽.

40) 『承政院日記』 2365책, 헌종 5년 3월 5일 신축. "所謂邪學, 近忽滋蔓, 予亦有聞, 隱

왕대비는 일부 궁녀들이 사학죄인으로 체포된 사실 또한 알고 있었으므로,[41] 이러한 문제를 종합하여 사옥의 개시를 승인한 것이다.

같은 자리에서 조정이 천주교 신자들의 외국과의 연루를 우려했음도 확인된다. 신유사옥 당시 천주교 신자들이 소장하던 邪學册子를 남김없이 태워버린 바 있는데, 이번에 압수된 천주교 신자들의 물건은 신유년 이전의 것과는 다르므로 그 출처를 알 수 없었기 때문이다. 이에 이지연은 홍주목사와 문정한 바 있던 로드 앰허스트 호를 지목하였다. 문정 과정에서 앰허스트 호가 전달한 책자는 대개 천주교를 전파하기 위한 것이었는데, 이 책자는 감영에서 모아 태워버렸지만 일부가 새어나갔을 가능성이 있다는 것이다.[42] 당시 조선 조정은 정하상 등이 북경을 왕래하며 선교사를 영입한 정황을 알지 못했으므로, 새롭게 나타난 천주교 관련 기물의 출처로 이양선을 의심한 것이다. 천주교 신자들의 외국과의 연계 여부는 황사영『백서』사건 이후 조선 조정이 가장 우려한 사안 중 하나였기 때문에, 조정은 출처를 알 수 없는 서양문물의 근원을 찾기 위해서라도 사옥을 재개할 필요성을 공유했다.

기해사옥은 개시 단계에서부터 그 기준을 신유사옥에 맞췄다. 인용문에 보이듯 부대시의 형, 즉「조요서요언」의 조율을 통한 천주교 신자의 처형뿐 아니라 오가작통의 부활 등의 일체 사안을 '신유년의 전례'에 비

憂在心, 將欲下詢以到底鋤治之道矣. 即聞大臣所奏, 益知其所未知, 驚惋何言, 人之爲人, 即是彝倫而已, 而一染其術, 倫紀斁絶, 人之常情, 好生而已, 而一惑此法, 以死爲榮, 雖夷狄禽獸, 豈至於此, 若不遍搜窮治剿殄無遺, 則非徒國不得爲國, 人類將滅絶而後已."

41) 『承政院日記』2365책, 헌종 5년 3월 5일 신축. "且聞日前各宮, 有宮人名色者, 亦爲見捉云, 尤極痛惋."

42) 『承政院日記』2365책, 헌종 5년 3월 5일 신축. "止淵曰, … 而就以今番捕廳現捉者言之, 似非辛酉以前物件, 其從何處出來, 誠未可知, 而年前英吉利國人漂到時, 以其册子, 略有散給者, 蓋欲爲傳播其教之意也. 雖自錦營, 收聚燒火, 而亦安保無漏布之弊乎."

추어 단행한 것이다. 다만 신유년과는 달리 기해년의 천주교 신자들은 대개 비천한 부류가 다수라는 점이 지적되었다. 즉 신유사옥은 이승훈이나 정약용 같은 '搢紳士子'들이 기묘한 것을 좋아한 탓에 邪書를 깊이 탐구하다 그릇된 길로 빠진 것임에 비해, 기해년 당시 체포된 신자들은 일반 백성이 많았으며 종종 사족이 있더라도 한미한 집안 출신이라는 것이다.[43] 따라서 기해년의 조선 조정은 사옥을 '신유년의 예에 의거' 하면서도 그 초점은 조정 내 특정 인사가 아닌 일반 신자들에게 두어야 했다. 이러한 차이는 곧 형정에도 반영되어야 했고, 그 결과 기해사옥은 신유사옥을 참고하면서도 실제 진행에서는 천주교와 관련하여 기해년 조정이 인식한 여러 문제를 해결하는 방향으로 단행되었다.

2. 일반 신자의 양형과 '고살(故殺)' 문제

조정에서 사옥을 결정하자 형조는 우선 서울에 잡혀 있던 신자들을 대상으로 신문을 개시하였는데, 그 결과 신유사옥 때와 마찬가지로 천주교 신자들이 '사학에 빠져든' 정도에 따라 형의 경중을 구분하였다. 예컨대 형조판서 조병현은 포도청에서 형조로 이송된 천주교 신자 43명 중 15명(34.9%)이 죄를 자복하고 회오하여 석방하였으나, 나머지 28명은 끝끝내 회오하지 않아 부득불 형을 사용해야 한다고 보고했다.[44] 형조

43) 『承政院日記』 2365책, 헌종 5년 3월 5일 신축. "大王大妃殿曰, 今番現捉中, 亦有班名者云乎. 止淵曰, 雖或有之, 皆是卑微之類矣. 辛酉則搢紳士子之好奇能文者, 多入其中, 蓋以邪書中, 或有方術精微處, 故擧皆駸駸然沈惑云矣."

44) 『承政院日記』 2365책, 헌종 5년 3월 20일 병진. "大王大妃殿敎曰, 邪學按獄, 今果何如. 日久則易爲懈慢矣. 秉鉉曰, 自捕廳移送臣曹者, 合爲四十三名內, 十五名則自服其罪, 能知悔悟, 故已爲肆赦, 其餘二十八名, 則萬端曉喩, 終迷不悟, 其在竝生之義, 雖甚矜憐, 將不得不用刑矣."

는 이들 28명에 대한 재신문을 진행했고, 『승정원일기』에는 이 중 23명의 이름 및 신문 결과를 확인할 수 있다.

〈표 4〉 기해년(1839) 3-4월 중 형조에서 신문받은 천주교 신자의 형정

	이름	체포시기*	신문결과	처형(분)일자	비고
1	남명혁	1839. 2.	造妖書妖言	1839. 4. 12.	-
2	권득인	1838. 冬.	造妖書妖言	1839. 4. 12.	-
3	박아기	1839. 2.	造妖書妖言	1839. 4. 12.	-
4	조덕창	-	懲治放送	1839. 3. 28.	배교, 천주교 비난
5	김은례	-	懲治放送	1839. 3. 28.	배교, 천주교 비난
6	고아내	-	懲治放送	1839. 3. 28.	배교, 천주교 비난
7	오순이	-	懲治放送	1839. 3. 28.	배교, 천주교 비난
8	박광신	-	懲治放送	1839. 3. 28.	배교, 일자무식
9	차계홍	-	懲治放送	1839. 3. 28.	배교, 일자무식
10	박준명	-	懲治放送	1839. 3. 28.	배교, 일자무식
11	홍대아기	-	懲治放送	1839. 3. 28.	배교, 일자무식
12	김아기a	-	懲治放送	1839. 3. 28.	배교, 일자무식
13	박무술아	-	懲治放送	1839. 3. 28.	배교, 일자무식
14	김자근아기	-	懲治放送	1839. 3. 28.	배교, 일자무식
15	이광헌	1839. 2.	造妖書妖言	1839. 4. 12.	-
16	박희순	-	造妖書妖言	1839. 4. 12.	-
17	태문행	-	嚴刑懲礪放送	1839. 3. 29.	형추 후 배교
18	최병문	-	嚴刑懲礪放送	1839. 3. 29.	형추 후 배교
19	태응천	-	參酌放送	1839. 3. 29.	染汚不甚, 배교
20	이조이	1835. 1.	造妖書妖言	1839. 4. 12.	-
21	한아기	1836. 9.	造妖書妖言	1839. 4. 12.	-
22	김업이	1836. 9.	造妖書妖言	1839. 4. 12.	-
23	김아기b	1836. 9.	造妖書妖言	1839. 4. 12.	-

* 체포 시기는 『기해일기』에 근거함

〈표 4〉는 『승정원일기』에서 확인되는 23명 신자들에 대한 신문 결과를 정리한 것이다. 기해사옥은 『사학징의』와 같이 정리된 관변측 문서가 적기 때문에, 천주교 신자의 형정에 대한 기록은 실록이나 『승정원일기』 등에서 산발적으로 확인해야 한다. 다만 물고되거나 처형된, 즉 '순교한' 신자들은 『기해일기』를 통해 보다 구체적인 정보를 알 수 있다. 기해사옥 초기의 형정을 정리한 〈표 4〉에서 총 23명의 천주교 신자 중 9명(39.1%)이 참수되었는데, 이들은 모두 배교하지 않았을 뿐 아니라 남명혁(1)과 권득인(2), 이광헌(15)은 폐제분주 사실까지 확인되었다. 한편 여성 신자인 이조이(20)와 한아기(21), 김업이(22), 김아기b(23)는 모두 최소 3년 이상 옥에 갇혀 있었는데, 이들의 처형 사실을 통해 기해사옥이 초기부터 '체옥의 해소'를 위해 장기간 수금되어 있던 천주교 신자들의 처형을 비로소 집행했음을 알 수 있다. 『기해일기』는 이들 중 김업이와 한아기, 김아기b가 모두 "결안하여 옥에 있은" 수년 후 참수되었음을 밝히고 있는데,[45] 이를 통해 기해사옥의 형정에서 이미 결안된 신자들의 조율이 이루어져 처형이 집행되었음을 알 수 있다.

한편 〈표 4〉에서 처형되지 않은 신자들은 모두 '刑放' 되었음을 알 수 있다. 〈표 4〉는 이들이 모두 '放送'된 것으로 기록하였으나, 이미 신문과정에서 형장을 맞았으므로 형방으로 보는 것이 옳을 것이다. 이들은 모두 배교하거나 천주교에 대한 비난을 서슴지 않았는데, 조정은 배교를 선언하고 천주교를 비난한 신자들을 별도의 정배 처분 없이 모두 방송하였다. 이는 기해사옥의 한 특징인데, 이지연은 천주교 신자를 '次律減死' 하여 섬으로 유배 보낼 경우 이들이 그 땅을 전염시킬 것을 우려했다. 이러한 우려는 신유사옥 당시에도 일었지만, 신유년 조정은 이를 천주교 신자의 유배지 분산과 유배지에서의 엄격한 관리를 통해 해결했다.[46]

45) 『기해일기』, 51~54쪽.

46) 심재우, 앞의 논문, 2019, 294~300쪽.

반면 기해사옥 당시 이지연은 별도의 감사정배 등의 처분 없이 배교하지 않은 천주교 신자를 '殄滅'할 것을 건의했고, 이를 대왕대비가 받아들임으로써 기해사옥의 일반 양형은 '사형'과 '형방'의 양자택일로 귀결되었다.[47] 앞서 살펴보았듯이 기해년 이전의 이른바 '정해박해'나 '을해박해' 때만 해도 관찬기록에 천주교 신자에 대한 정배처분 기사가 확인되는 반면, 기해사옥을 다룬 관찬기록에서 천주교 신자에 대한 정배 등의 도류처분은 발견되지 않는다. 기해사옥은 신유사옥과는 달리 사옥을 통해 '전형을 바로잡는 것'보다 말 그대로 천주교 신자의 '진멸'을 우선했고, 이러한 방향이 형정에 반영된 결과 천주교 신자의 형정에서 정배 등의 감사처분이 이루어지지 않은 것이다.[48] 하지만 여전히 절반 이상의 신자들(60.9%)이 '형방'됨으로써 신유사옥 이래 '감사' 기조가 지속되었음을 확인할 수 있다.

그렇다면 천주교 신자의 신문은 어떠한 방식으로 이루어졌으며, 조율의 근거는 무엇이었는가? 기해사옥은 신유사옥과는 달리 일반 천주교 신자의 신문상황을 알 수 있는 관변 기록이 부족해 그 실상을 확인하기 위해서는 『기해일기』를 참고해야 한다. 『기해일기』는 기해사옥 당시 '순교한' 천주교 신자들의 사적만을 담고 있으므로, 이를 통해 기해사옥

---

47) 『承政院日記』 2365책, 헌종 5년 3월 5일 신축. "止淵曰, 此實難測, 必也先蠱其心術而然, 此等年未滿者, 亦難用刑, 是爲悶然, 而雖非兒少, 或不無情跡之可施次律者, 若謫配則必傳染於所到地方, 亦豈不可畏乎. 辟以止辟之道, 不可不用殄滅之政矣. 大王大妃殿敎曰, 所奏誠然矣."

48) 『기해일기』 또한 총론에서 기해사옥의 형정을 '참수치명'과 옥사 및 장폐 등의 물고사례, 그리고 '방출한 이'로 구분하였다. 『기해일기』, 16~17쪽. 다만 『기해일기』의 총론에는 각도의 순교 현황을 전하는 가운데 강원도에 "정배한 자가 둘"이라고 하여 천주교 신자의 정배 사례를 전한다. 하지만 그것이 정확히 누구를 지칭하는지는 불명이며, 어째서 이들이 정배된 것인지 또한 현재로선 알 수 없다. 후술하듯이 「모반」 죄로 처형당한 유진길의 妻子가 정배된 바 있는데, 이들을 의미하는 것일 가능성이 있다. 다만 이를 포함한다 해도 기해사옥의 체포자 중 '정배' 사례가 극히 드물다는 사실은 마찬가지다.

당시 조정의 천주교 신자 처형 기준을 확인할 수 있다. 『기해일기』에서 확인되는 천주교 신자의 신문 기록 중 특징적인 내용을 제시하면 다음과 같다.

E-1. (이 아우구스티노 =이광헌) 기해 2월에 일가 남녀 10여 인이 한가지로 잡히어 포청에 들어가니, 포장이 잡아들여 중형하고, "주를 배반하고 黨을 대라" 하되, 종시 다 굴치 아니하니 다 移刑曹 하고 … 혹형 3차에도 의연 불굴하니, 在獄三朔 기해 4월 12일에 9인이 참수 치명하니, 연이 53세요.

E-2. (이 바르바라) 부모 弟兄이 다 교인이라. … 기해 2월에 잡히어 포청에 들어가 무수히 형벌을 받되, 뜻잡음을 堅確하여 변치 아니하는지라. 후에 형조로 옮겼더니, 형관이 백단으로 꾀이고 달래나, 종내 주를 배반치 아니하니, 관원이 "그 나이 어린 것이 요물이라" 하여, 도로 포청으로 보내어, 여러 번 중한 형벌을 받되, 조금도 어려워하는 빛이 없고 한가지로 갇힌 세 어린 아이로 더불어 서로 提醒하여 날을 보내더니, 기갈이 심하고 또 염병으로 더하니, 괴롭게 앓기를 月餘를 하다가 옥에서 안연히 죽으니 연이 15세러라.

E-3. (김 골룸바 =김효임) … 間에 가두더니, 포졸이 잡아내어 봉춧대로 마구 많이 치며 힐문함이 포장의 문목보다 몇 배나 더 우심하여, 형제를 다 옷 벗기고 赤身으로 때리며 능욕하며 조롱하다가 나중에 불로 몸을 지짐이 열두 곳이라. … 형관이 推閱을 마침에 다시 (골룸바가) 아뢰되, "관장은 백성의 부모시이라, 소녀의 冤屈함을 아뢰고 싶나이다." 형관 왈, "아뢰라" (답왈) "포졸의 행실이 여자의 옷을 벗기고 적신으로 동여매어 달고, 능욕하며, 때리며, 조롱하고, 불로 살을 무수히 태우니, 士夫女나 여자는 한 가지옵고, 법대로 죽이는 것은 감수하려니와 國法 외에 형벌을 하오니, 원통하오이다" 형관이 대노하여 왈, "저 옥같은 새악씨를 누가 감히 핍박하리오?" 하고, 즉시 포졸 두 놈을 刑推定配하니, 그 후로는 모든 여자들의 옷 벗기는 욕과 불로 살을 지지는 형벌이 없더라.

E-4. (정 뻬로따시오 =정국보) 기해 3월에 잡히어 포청에 이르니, 포장이 올려 혹형하되 굴치 아니하니, 형조로 옮겼더니, 형관의 추열에 유감을 입어 배교하니, 즉시 방출한지라. … 형조로 달려가 官前에 들어가려 하니, 하인들이 연고를 묻거늘 "그 배교한 죄를 스스로 고하고 情願으로 죽어지라" 하니 … 포장이 좌기하고 치도곤 25도를 중장하여 간에 가두었더니, 이 밤에 종명하니.

위 E군의 사료는 모두 『기해일기』에 수록된 순교 기사로, 기해사옥의 형정을 살펴볼 수 있는 내용을 전한다.[49] 우선 E-1은 기해사옥의 전형적인 형정 절차로, 포도청에서 체포된 신자가 기본적인 신문을 받고 형조로 이송되는 과정을 확인할 수 있다. 포청과 형조에서의 신문은 신유사옥과 마찬가지로 천주교 신자들이 '사학에 빠져든 정도'와 '동료 신자[黨]의 출처' 및 '배교 여부'와 '제사를 폐한 까닭' 등으로 요약된다. 이는 모두 신유사옥 당시 천주교 신자에게 「조요서유언」을 조율한 근거가 되었던 사항으로, 형조의 신문에서도 배교하지 않은 천주교 신자는 결안 후 '在獄' 상태로 대기하다 형이 집행되었다. 반면 E-4에도 보이듯 신문 중 배교를 선언한 신자는 '즉시 방출'되었다.[50] 정국보는 방출된 뒤 죄책감을 이기지 못하여 다시금 자수한 끝에 포도청에서 장폐한 것이므로, 일반적으로 배교하여 방송된 신자는 더 많았음을 짐작할 수 있다. 관변기록뿐 아니라 『기해일기』를 통해서도 신문 과정에서 배교한 천주교 신자들이 '방송' 되었음을 확인할 수 있다.

E-2는 기해사옥의 특징적 면모 중 하나로, '재옥'을 형정에 활용한 사례다. 이 바르바라는 옥사할 당시 나이가 15세로, 본래라면 사형에 처해

49) 각 사료의 출처는 다음과 같다. 『기해일기』, 40~41쪽; 63쪽; 105쪽; 147~148쪽. 『기해일기』 원문은 순한글로 작성되었으나, 의미가 분명한 경우에 한해 한문으로 변환하였다.

50) 정국보 외에 최 필립보(=최희득)도 "배교함에 즉시 방출"되었다가 죄책감을 이기지 못하고 다시 자수한 끝에 옥사하였다. 『기해일기』, 159~161쪽.

져서는 안 될 나이였다. 『대명률』은 70세 이상 15세 이하 및 불구자[廢疾]가 流罪 이하의 죄를 범했을 때에는 收贖을 원칙으로 하였고, 죄가 모반이나 살인죄에 속하더라도 황제의 재가를 통해 처결할 것을 규정하였다.[51] 『경국대전』 또한 70세 이상과 15세 이하는 강도죄나 살인죄가 아니면 囚禁조차 금지하였기 때문에,[52] 나이가 많거나 어린 천주교 신자에 대한 수금 또한 조선왕조의 형정 관례를 벗어난 것이었다. 따라서 관에서는 이 바르바라에게 용형할 수 없어 그가 배교하도록 "백단으로 꾀이고 달랬"으나, 그는 배교하지 않았다.

바로 이 유형의 신자들이 '정법'과 '형방' 사이에 놓인 경우다. 신유년이었다면 이 바르바라는 감사하여 정배나 도류 처분이 내려졌을 수도 있겠지만, 기해년에는 정배를 활용하지 않았으므로 형조는 어쩔 수 없이 그를 "도로 포도청으로 보내어" 배교할 때까지 머무르게 할 수밖에 없었던 것이다. 포청에서 다시금 고문과 형신이 반복되었음은 물론이다. 비록 정식 법전은 아니었으나, 조선후기 법률서를 망라하여 편찬된 『전율통보』 또한 70세 이상이나 15세 이하인 자는 "拷訊하기에 합당하지 않다"는 점을 명시하였으므로,[53] 이들에 대한 반복적인 형신 또한 조선후기 형정의 일반적 관행을 넘어선 것이라고 하겠다. E-2는 이 바르바라 외에도 '한가지로 갇힌 세 어린 아이'의 존재를 전하는 바, 이러한 이들이 이 바르바라뿐이 아니었음을 확인할 수 있다.

조선왕조의 형정 원칙상 나이 등의 문제로 처형할 수 없는 이들의 처

---

51) 『大明律直解』 권1, 「名例律」, 〈老少廢疾收贖〉. "凡年七十以上, 十五以下, 及廢疾, 犯流罪以下, 收贖. 八十以上, 十歲以下, 及篤疾, 犯反逆殺人應死者, 議擬奏聞, 取自上裁. 盜及傷人者 亦收贖, 餘皆勿論."

52) 『經國大典』 「刑典」 '囚禁'. "杖以上, 囚禁. …【年七十以上, 十五以下, 非强盜殺人, 則勿囚】"

53) 『典律通補』 「刑典」, 用刑. "八議人【議親, 議故[皇家故舊特蒙恩者], 議功, 議賢, 議能[有大才業], 議勤[有大勞者], 勤議貴[職事官三品以上, 散官二品以上], 儀賓[承先代者]】及七十以上, 十五以下及廢疾者, 不合拷訊, 據衆證定罪. 【違者, 故失入論】"

분 문제는 조정에서도 논의되었다. 대왕대비는 10여 세의 소아도 천주교를 믿어 잡혀 들어오고 있는데, 이들이 刑戮을 두려워 하지 않는 이유를 물었다. 이에 이지연은 이미 그들의 마음이 오염되었기 때문이라고 하면서도, 나이가 차지 않았기 때문에 '用刑'하기는 어렵다고 하였다.[54] 이들 체포된 '소아'는 나라의 법을 적용해 처형할 수도, 사학에 혹심하게 빠져들었기 때문에 무죄방송 할 수도 없는 이들이었다. 결국 조정에서 선택할 수 있는 수단은 체포된 신자들이 '개심할 때까지' 포청과 형조를 오가며 신문하는 수밖에 없었고, 그 과정에서 많은 신자들이 물고되었다.

『기해일기』는 비단 E-2 뿐 아니라 나이 등의 사정으로 처형도 방송도 하지 못한 채 의도적으로 천주교 신자를 물고시킨 사례를 여럿 전한다. 이광헌의 딸 이 아가타는 "國律에 어린 아이는 참수하는 법이 없는 고로" 다시 포도청으로 이송되었다가 무려 300여 대의 笞와 90여 도의 大棍을 맞고도 죽지 않아 재옥 11개월 만에 옥중에서 絞殺 당했다. '童子' 유 베드로(=유대철) 또한 14세 나이로 무려 태 100여 대와 장 및 치도곤 40대를 맞고도 죽지 않아 "絞하여 치명"했다.[55] 나이가 많은 천주교 신자의 형정에도 재옥이 활용되었다. 79세 정 아가타는 나이가 많은 탓에 평문을 받았으나, 배교하지 않아 전옥서에 투옥된 뒤 "기갈이 심하고 또 학질병을 겸하여 기력이 자진"한 끝에 물고되었고, 71세 '곱장 할멈' 루치아도 "형벌하려 하다가 年老病殘한 고로 그저 간에 가두었더니, 나이 늙고 기력이 쇠진하여" 사망하였다.[56] 정약종의 부인이자 정하상의 어머니 유씨 또한 기해사옥 당시 79세로 "국률에 어린아이와 연고노인은 참수하는 법이 없는지라" 재옥 5개월 동안 무려 230대의 笞杖을 맞은

54) 『承政院日記』 2365책, 헌종 5년 3월 5일 신축. "大王大妃殿曰, 十餘歲小兒, 亦有被捉者, 屢誘不悟云, 此有何知覺, 而不畏刑戮耶. 止淵曰, 此實難測, 必也先蠱其心術而然, 此等年未滿者, 亦難用刑, 是爲悶然."

55) 『기해일기』, 39~42쪽; 161~162쪽.

56) 『기해일기』, 148~149쪽; 151~152쪽.

끝에 물고되었고, 이 막달레나 또한 71세의 나이로 옥사하였다.[57] 청조 옹정 연간의 지방관 남정원은 죄가 분명한 죄인을 상위 부서에 이관하지 않고 지방관이 고의적으로 물고시키는 방법으로 '장폐'와 함께 감옥에서 죽이는 '獄斃'와 죄수에게 식사를 주지 않아 굶겨 죽이는 '瘦斃'를 언급하였는데,[58] 이러한 사례가 『기해일기』를 통해서도 확인되는 것이다. 『기해일기』는 모두 '순교한' 이들의 기록만을 전하므로, 옥고 끝에 기록을 남기지 않고 물고되거나 배교 방송된 신자는 보다 많았을 것이다.

천주교 신자의 형정에서 물고 자체는 이례적인 것이 아니다. 정조 대나 신유사옥 때에도 천주교 신자가 신문 중 '물고' 혹은 '장폐'된 사례는 있었다. 기본적으로 곤장 등이 동원되던 신문에서 물고는 으레 발생할 수 있는 일이었고, 『추안급국안』을 분석한 선행연구에서 『추안급국안』에 기록된 전체 피신문자의 15.7%가 물고된 사실이 밝혀지기도 하였다.[59] 중요한 것은 물고 및 장폐가 발생하는 구조다. 기해사옥에서 나타난 물고나 장폐가 특정한 의미를 지니는 것은 그것이 기해년 당시 조정의 방침과 관련되어 나타났기 때문이다. 을묘년(1795) 주문모 신부 실포 사건에서 최인길과 윤유일, 지황이 장폐하자 정조에 대한 거센 비난이 일었던 것이나, 신유사옥 당시 이가환과 강이천이 물고되자 정순왕후가 곧 '失刑'의 문제를 우려한 것과는 달리, 기해사옥에서 천주교 신자의 물고는 문제가 되지 않았다. 기해사옥은 개시 단계에서부터 전국에서 체포된 뒤 감옥에 머무르던 천주교 신자의 '진멸'을 목적으로 하였기 때문에, 법을 적용하기 어려운 이들에 대해서는 반복적인 형신 내지 방치를 통한 물고를 유도한 것이다. 그 결과 『기해일기』에만 22명의 물고 사실이 기

57) 『기해일기』, 162~165쪽; 170~173쪽.

58) 남정원, 미야자키 이치사다 해석, 차혜원 역, 『녹주공안: 청조 지방관의 재판기록』, 이산, 2010, 55~56쪽.

59) 정진혁, 앞의 논문, 2022, 39쪽.

록되었는데, 이는 신유사옥 당시 『사학징의』에 기록된 추국청과 포도청의 물고자를 모두 합한 7명보다 3배 이상 많은 수이다.[60] 현존 『기해일기』는 '옥중 치명자의 일기'로 상기 22명의 사례를 나열하는 가운데 마지막 손 안드레아(=손경서)의 일기가 중간 이후 결락되어 있으므로,[61] 『기해일기』에 기재된 '물고자'는 더 많았을 것이다. 요컨대 천주교 신자의 형정에서 '재옥'을 적극적으로 활용하여 '정법'할 수 없는 신자들의 물고를 유도한 것은 기해사옥 형정의 특징적 면모로써, 신유사옥 당시 마련된 '전형적' 형정의 원칙이 정법과 처분 사이의 사각지대에서부터 무너져가고 있음을 보여주는 것이다.

이러한 점에서 『기해일기』를 비롯한 '순교 사료'에서 등장하는 '絞殺'의 문제 또한 짚고 넘어가야 한다. 조선후기 전 시기를 통틀어 천주교 신자에게 적용된 형률 중 그 양형으로 '교'를 명시한 것은 윤지충과 권상연에게 적용된 「금지사무사술」과 유항검 등 「모반대역」 죄인의 연좌인 뿐이다. 하지만 앞서 살펴보았듯이 「금지사무사술」은 윤지충과 권상연의 죄상에 비해 가벼운 형으로 여겨졌으므로, 정조 대 조정은 여기에 최대 '참'을 규정한 「발총」을 조율해 윤지충과 권상연을 부대시참하였다. 신유사옥 당시에도 앞 장에서 살펴보았듯 捕案 단계에서 '교'를 의율한 경우는 있으나, 이는 참고 단계에서 이루어진 의율로 실제 조율에서는 대다수의 신자들이 정배 처분되었음을 확인하였다.

그런데 '순교 사료'에는 교살당한 이들의 사례가 여럿 보인다. 앞 장에서 살핀 박취득의 사례가 그러하며, 『기해일기』에도 정 안드레아(=정화경)나 이 막달레나의 사례가 전한다. 이들의 공통점은 모두 형조나 감

60) 『사학징의』에는 「鞫廳杖斃罪人秩」과 「捕廳杖斃罪人秩」이 수록돼 있는데, 전자에는 이가환과 권철신, 강이천이, 후자에는 박중환과 심아기, 김이우, 조신행의 이름이 기록되어 있다.

61) 『기해일기』, 177쪽. 감수자 하성래는 이 대목에서 손 안드레아의 치명 기록이 나오지 않은 것으로 보아, 이 이후도 낙장된 것이 분명하다고 하였다.

사 이하의 '하급기관(포도청이나 고을의 관장)'에서, 그리고 '수차례 형신을 받은 끝에' 교살되었다는 점이다. 이러한 사실은 조선시대 천주교 신자의 형정에서 '교'가 정형이 아닌 장폐나 물고를 목적한 '故殺'의 수단으로 더 많이 활용되었음을 보여주는 것이다. 『기해일기』 또한 총론에서 순교자의 유형으로 '참수치명한 자 54명'과 '옥에서 교하여 죽고, 장하에 죽고, 병들어 죽은 자가 합 60명'으로 구분하고 있다.[62] 따라서 '순교 사료'에서 전하는 천주교 신자의 죽음의 형태 중 '교'는 '정형'이 아닌 형정 외의 수단으로써 비법적 혹은 형정 외의 수단이 동원된 '고살'의 결과로 이해하는 것이 타당하다. 이러한 사실은 기해사옥 이전에도 존재하였지만 기해사옥에 이르러 본격적으로 등장한 것으로, 『기해일기』의 다음과 같은 기사를 통해서도 다시 한 번 확인된다.

> 기해 秋에 대신 이지연이 갈리고 조인영이 정승한 후로 聖教를 더욱 독해하여 경성 옥중 교우를 一竝 포청에서 교하여 죽이어, 이 해 내로 다 끝을 내기로 하나, … (김 데레사) 이때 歲末이 가까웠으니, 대신이 이 해 내로 끝을 내려 하여 굴한 이와 굴치 않은 이를 다 죽이는지라. 몇이 하루에 놓인 이가 있되, (김 데레사는) 죄목이 더 중하므로 놓이지 못하더니, 크게 깨닫고 관장을 향하여 설명하고 통회를 진절히 하고 在獄八朔, 기해 12월 28일에 교하여 치명하니, 연이 37세러라.[63]

위 인용문은 『기해일기』의 총론과 김 데레사의 사례 중 조인영이 정승의 자리에 오르자 연중에 사옥을 마무리 짓기 위해 재옥 신자를 일거에 '교살'한 사실을 전한다. 이러한 내용은 관찬 사료에 전하지 않기 때문에 그 진위를 확인할 수는 없다. 『기해일기』는 기해사옥의 종료를 알린 「척사윤음」이 반포된 기해년 10월 18일 이후인 11월 24일(7명)과 12

62) 『기해일기』, 16쪽.

63) 『기해일기』, 18쪽; 176쪽.

월 27일(7명), 12월 28일(3명)에 참수된 신자의 기사 및 5명의 '교살' 기사를 전하고 있어 윤음 반포 이후 사옥을 마무리하기 위한 조치로써 재옥 신자들의 처형 내지 교살이 이루어졌음을 짐작할 수 있다. 이 과정에 조인영이 어떠한 역할을 했는지는 명확하지 않지만, 「척사윤음」을 조인영이 작성한 데다 그가 우의정이 된 것이 「척사윤음」 반포 직후인 10월 21일이었기 때문에 천주교 신자들이 이를 조인영과 관련지어 이해한 것일 가능성이 있다.[64] 이러한 사례는 여타 '순교 사료' 중에서도 기해사옥 관련 기사에서 나타나는 특징적인 것으로, 기해사옥의 형정적 처리 원칙으로 인해 발생한 사각지대에서 수많은 천주교 신자들이 '고의적으로' 물고되었음을 보여주는 것이다. 『기해일기』 총론의 기록을 신빙한다면 정법된 신자(54명)를 웃도는 수(60명)의 신자가 장폐 혹은 고의로 물고되었다.

물론 기해사옥 당시 '정법'과 '방송' 사이의 사각지대에서 수많은 교살 정황이 발견된다고 해서 사옥의 형정적 원칙이 모두 무너진 것은 아니었다. 사옥을 결심한 조정의 목적이 천주교 신자의 '진멸'과 체옥의 해결에 있었기 때문에, 고의적 물고는 불가피한 측면이기도 하였다. 기해사옥 또한 신유사옥과 마찬가지로 적어도 사옥의 진행 자체에 있어서는 '정의의 법정'을 표방하였으므로, '국률에 의해 죽일 수 없었던' 일부 신자의 사례를 제외한 천주교 신자의 형정은 적법하게 진행되었다. 이를 잘 보여주는 사례가 E-3 김 골룸바의 사례이다. 김 골룸바는 포도청의 신문 과정에서 나체로 매달리는 등의 능욕을 당했는데, 이 사실을 형관에게 고하니 대노한 형관이 곧 두 명의 포졸을 '刑推定配' 한 것이다. 앞의 '교살' 사례에서 보이듯 포도청 등 하급관청에서 신문 중 발생한 물고는 별도의 처분을 받지 않았는데, 사학죄인 김 골룸바가 '國法'을 앞세워 포졸의 부당함을 탄원하니 형관 또한 이를 받아들인 것이다

64) 『憲宗實錄』 권6, 헌종 5년 10월 21일 계해. "大王大妃, 命知事趙寅永拜相."

앞서 살폈듯이 신유사옥 때부터 여성 천주교 신자들은 '사학죄인'으로서 여타 남성 신자들과 함께 「조요서요언」이 조율되어 처형되는 등, 역모나 강상죄를 제외하면 여성의 형신을 금지한 『속대전』의 보호를 받지 못했다. 하지만 이는 사학죄인의 특성상 여성을 형정에서 배제하지 않은 것이지, 『속대전』이 규정한 조선사회에서 여성의 지위는 여전히 보장되어야 했다. 따라서 E-3의 형관은 김 골룸바가 사학죄인임에도 불구하고 그 청원을 받아들였고, 이를 통해 우리는 기해사옥에서도 여전히 '정의의 법정'이라는 명분을 포기하지 않은 조선왕조 형정의 일단을 확인할 수 있다. 위의 기사 또한 『기해일기』에서만 확인되기 때문에 그 진위를 확인하는 것은 어렵다. 다만 『기해일기』는 사옥을 직접 겪은 현석문과 최영수 등이 수집한 기록이므로,[65] 적어도 E-3을 국법 및 형정에 대한 당대의 인식을 보여주는 사례라고는 할 수 있을 것이다.

요컨대 일반 천주교 신자에 대한 기해사옥의 형정은, 신유사옥을 통해 마련된 '전형적' 형정의 원칙 중 일부를 의도적으로 무너뜨림으로써 천주교 신자의 '진멸'이라는 소기의 목적을 달성하였다. 신유사옥을 천주교 신자의 전례로 활용하면서도, 실제 사옥의 진행에서는 기해년의 현실에 맞게 형정을 변통한 것이다. 기해사옥은 신유사옥과 같이 조정의 주요 인사를 배제한다는 정치적 목적이 없는 상태에서 개시되었다. 따라서 사옥의 진행 과정에서도 '형 집행을 통한 정당성의 확립'보다는 말 그대로 국내에서 번성한 천주교 신자의 '진멸' 그 자체를 목적으로 했다. 다만 이때 이야기하는 '진멸'이란 말 그대로 조선에 있는 모든 천주교 신자들을 멸절시킨다는 의미는 아니었다. 그것은 불가능할뿐더러, 조선 내부의 민심의 동요 또한 야기할 것이었기 때문이다. 조정은 장기간 재옥 중이던 신자들의 형을 집행하고, 서울과 그 인근 지역에서 천주교 신자의 단속에 초점을 두어 형정을 진행하였다.[66] 이 과정에서 신유사옥

---

65) 김규성, 앞의 논문, 2016, 31~32쪽.

의 형정에서 적극적으로 활용된 천주교 신자에 대한 도류 처분은 거의 활용되지 않았고, 조정은 천주교 신자에게 '정법' 아니면 '방송'이라는 양자택일을 강요함으로써 체옥이라는 고질적 문제를 동시에 해결하려 하였다. 그런데 사옥의 진행 과정에서 천주교 신자들이 외국과 연계된 정황이 속속 발견되고, 나아가 앵베르 주교와 모방, 샤스탕 신부가 붙잡히기에 이르자 기해년의 조정은 천주교 신자와 연계된 외국 문제에 대한 형정적 처리를 함께 고민해야 했다.

3. 모반(謀叛) 관련 천주교 신자의 형정

기해사옥을 진행하며 조선 조정은 국내의 천주교 신자들이 외국과 연계되었음을 확신하였다. 신유사옥 당시 천주교와 관련된 물건을 모두 불태웠음에도 불구하고, 기해년을 전후해 체포된 신자들에게서 비교적 최근의 것으로 보이는 서양 기물이 발견되었기 때문이다. 앞서 이지연은 이러한 기물의 출처로 로드 앰허스트 호와 같은 이양선을 의심하였지만, 기해사옥 과정에 드러난 천주교 신자의 외국과의 연계는 상상을 초월한 것이었다. 단순히 천주교 신자들이 이양선에서 '흘러나온' 사서를 베껴 전한 것이 아니라, 아예 서양 선교사를 영입해 수년 동안 국내에서 활동한 사실이 발각된 것이다. 물론 정조 대에도 주문모 신부가 들어와 활동한 바 있지만, 기해년에 발각된 외국인 신부는 프랑스인 앵베르 주교와 모방, 샤스탕 신부였기 때문에 그 충격은 더했다. 그뿐 아니라 조선 천주교회는 조선인 세 아이(김대건, 최양업, 최방제)를 국외로 내보내기까지

66) 남호현, 「기해·병오년 사옥의 형정과 19세기 중반 위기의식의 실제(1839~1846)」, 『역사와 현실』 134, 2024b, 128쪽.

하였다.[67] 이는 신유년에도 없었던 일들로, 기해년의 조정은 천주교 신자들이 외국과 연계된 사안에 대한 새로운 형정적 기준을 마련해야 했다. 신유년의 유항검 형제나 황사영 등이 서양과의 연루를 모의[謀]한 데 그쳤다면, 기해년의 천주교 신자들은 이를 직접 실행에 옮기고 있었기 때문이다.

기해사옥에서 외국과의 연루 문제가 불거진 것은 기해년 6월 역관 유진길의 체포 및 앞서 살핀 앵베르 주교의 제의 발각이 계기가 되었다. 堂上譯官 유진길은 천주교를 전습한 지 15년이나 되었으며, 총 8차례 북경을 왕래하며 畫簇이나 册子 등의 '邪術物件'을 들여온 사실이 발각된 것이다. 따라서 조정은 유진길 외에도 체포되지 않은 천주교 신자가 더 있을 것으로 확신하였으나, 그가 이미 죽은 남명혁과 이광헌의 이름만을 대 추가적인 천주교 신자의 체포에 어려움을 겪었다.[68] 소강상태를 맞는 듯했던 사옥은 앵베르(=범세형) 주교와 모방(=나백다록), 샤스탕(=정아각백) 신부가 체포되면서 본격화했다. 앵베르 주교 이하 프랑스 선교사들은 1835년(헌종 1)부터 1837년(헌종 3)까지 연달아 입국해 비밀리에 활동하였는데, 가짜 신자 김순성(=김여상)의 밀고로 앵베르 주교가 체포되고 모방, 샤스탕 신부가 차례로 자수함으로써 모두 체포되었다.[69] 세 선교사가 체포되자 헌종은 이 일을 포도청에 일임할 수 없으므로 추국을 개설할 것을 명했다.[70] 신유년 이후 38년 만에 천주교 신자에 대한 추국이 재개된 것이다.

---

67) 세 신학생의 유학생활은 원재연, 「19세기 전반 경기도 거주 세 소년의 해외 유학생 공동체와 서학 수용」, 『기전문화연구』 45(1), 2024 참조.

68) 『承政院日記』 2368책, 헌종 5년 6월 8일 임신. "又以右邊捕盜廳言啓曰, … 罪人劉進吉, 多般鉤問, 則口招內, 學習斯學, 今爲十五年, 而潛心專工, 雖死杖下, 萬無棄學之心云. 且以譯官, 前後赴燕爲八次, 則邪術物件, 必當有貿取播傳處, 故嚴加窮覈, 則畫簇與册子, 如干貿給於先促[捉]之南明赫, 李光獻等處云."

69) 『기해일기』, 23~33쪽.

70) 「죄인들을 추국청을 설치해 엄히 조사하게 하다(28:245)」, 『추안급국안』 82, 389쪽.

앵베르 주교와 모방, 샤스탕 신부는 추국청의 첫 번째 신문에서는 平問으로 신문 받았다. 오히려 이 첫 신문에서는 “너는 외국 사람이니 낱낱이 바른대로 진술한다면, 너의 나라로 살아서 돌아갈 길이 아마도 있을 수 있다”(앵베르)거나 “바른대로 진술한다면, 너의 나라로 살아서 돌아갈 수도 있고 심한 매질도 면할 수 있다”(모방) 혹은 “너는 외국 사람이니 반드시 사형에 처해지고야 마는 상황에는 이르지 않을 것이다”(샤스탕)고 하여 회유하려 했다.[71] 하지만 세 선교사는 모두 조선 신자들은 ‘사랑하고 보호해야 할 대상’이기 때문에 이름 대는 것을 거부했고, 다만 먼저 잡혀 있던 정하상과 조신철의 이름만을 인급했나.[72] 설국 추국청은 刑問으로 전환했고, 포도청에 수감되어 있던 정하상과 조신철, 유진길도 추국청으로 이송되어 신문 받았다.[73] 서양인 세 신부가 3년을 연이어 입국한 것은 신유년 주문모 신부의 사례를 연상케 했고, 특히 정하상은 주문모 신부의 영입에 관여한 정약종이 아들이었기 때문에, 기해사옥은 이른바 ‘辛酉餘孽’과도 관련되며 본격적으로 확산할 여지를 마련했다. 게다가 이번에 붙잡힌 3인의 선교사는 중국인도 아닌 서양인이었다. 따라서 ‘三洋’ 혹은 ‘양놈[洋漢]’으로 지칭되는 프랑스 선교사의 체포 이후 기해사옥의 전개는 신유년 주문모 신부 등의 형정과 비교함으로써 그 의미를 보다 구체적으로 파악할 수 있다.

우선 세 외국인 선교사의 신문 과정을 살펴보면, 이들은 형문에서도 평문 때와 마찬가지로 조선인 신자들의 이름을 발설하지 않았으며, 단지

71) 「범세형을 심문한 내용(28:249)」, 『추안급국안』 82, 395쪽; 「나 베드로를 심문한 내용(28:250)」, 『추안급국안』 82, 398쪽; 「정 야고보를 심문한 내용(28:253)」, 『추안급국안』 82, 402쪽.

72) 정하상과 조신철은 각각 기해년 6월과 5월에 체포되었다. 『기해일기』, 78쪽; 88쪽.

73) 「범세형 등을 엄히 매질해 심문하게 하다(28:255)」, 『추안급국안』 82, 403~404쪽. 유진길은 당초 서양인 선교사들의 진술에는 언급되지 않았으나, 정황상 그가 서양인 선교사 사건에 연루되었음이 분명하였기 때문에 정하상, 조신철과 함께 추국청으로 이송되었다.

죽기만을 바랄 뿐이라고 진술하였다. 추국청은 신유년 '대박청래' 사건이나 『백서』 등을 의식하여 선교사들이 조선에 온 '진짜 목적'을 물었다. 이에 대해 선교사들은 하나같이 단지 전교하러 왔을 뿐이며, 그 외에 별다른 목적이 없었음을 강조하였다.[74] 결국 추국청은 세 선교사의 신문을 통해 이들이 '국내에 들어와 천주교를 전했다'는 사실 외에 아무것도 알아내지 못했다. 사실이 그러했기 때문이다. 하지만 헌종은 이들이 꾸미고 계획한 것이 여러 해가 되었으며, 왕래하고 머문 것이 이처럼 거리낌이 없는데 어찌 '흉악하고 비밀스런 죄상'이 없겠느냐며 모두 매질해 기필코 실정을 밝힐 것을 주문했다.[75] 하지만 이어지는 신문에서도 추국청은 별다른 소득을 얻지 못했고, 설상가상으로 수 차례 형신을 받은 선교사들의 숨이 끊어지려 하였다. 결국 추국청은 세 서양인 선교사의 형정을 주문모 신부의 예에 따라 '군문효수'할 것을 건의하며 다음과 같이 보고했다.

> 죄인 범세형과 나백다록, 정아각백 등의 경우 … 추국청을 연 지 지금 여러 날이 되었는데도, 단서가 될 만한 말을 한마디도 밝혀내지 못했으니, 이는 바로 鞫獄 이래로 없었던 일입니다. … 여러 번 샅샅이 캐물었지만 진술한 말은 오늘이나 어제나 같았으며 줄곧 입을 다무는데, 그러한 태도는 이놈이나 저놈이나 같았습니다. 어제 임금님께 "말로써 타이를 수도 없고 형벌로도 위협할 수도 없는 자들"이라고 말씀드린 것은 바로 그들의 실상입니다. 각별히 매질하여 심문해야 혹시 조금이라도 자백을 받기를 기약할 수 있는데, 범세형 놈은 포도청에서 주리를 트는 형벌을 여러 차례 당해 숨이 장차 끊어지려 합니다. 나백다록 놈도 며칠 전에 심하게 매를 맞아 생긴 상처에 독이 나서 음식을 전부 물리쳤으므로 아마도 지레 죽어버려 형벌을 적용하는 도리를 잃을 것이라는 걱정이 듭니다. … 신유년 옥사의 기록을 삼가 살펴보니, 주문모가 지레 죽어 버리지 않을까 걱정이 듦에 따라 추국청에서 논의하여 보고하면서 군율로 처벌하기를 직접 요청했습니다. … 하니, 임금이 "… 지금에 와서는

---

74) 「나 베드로를 다시 심문한 내용(28:266)」, 『추안급국안』 82, 419쪽.

75) 「범세형 등을 매질해 심문하게 하다(28:271)」, 『추안급국안』 82, 425쪽.

죄상에 대해 특별히 다시 조사할 단서가 없으니, 신유년에 주문모에게 법률을 적용한 예에 따라 범세형, 나백다록, 정아각백 세 놈을 모두 軍營에 내주어 목을 베어 높이 매달아 사람들을 경계시키도록 하라" 하였다.[76]

위 인용문은 조정이 앵베르 주교와 모방, 샤스탕 신부의 군문효수를 결정한 맥락을 잘 보여준다. 우선 세 선교사는 수 차례 형신에도 불구하고 조선 신자의 이름을 대지 않았다. 선교사들은 전교 과정에서 갈등을 빚기도 했지만,[77] 죽음 앞에서는 한결같이 조선 천주교 신자들을 보호했다. 이러한 태도는 추국청으로부터 '국청 이래로 없었던 일'이라는 평을 받았는데, 더 큰 문제는 이로 인해 조선 조정이 서양 선교사에게 조율할 죄목을 찾지 못했다는 점이다. 추국청을 개설한 이상 조정은 죄인에게 적절한 율을 적용하거나 감사처분하는 등 판결을 내려야 했는데, 선교사들이 사실상 진술을 거부하자 진술과 지만에 기반한 '결안'도 작성할 수 없게 된 것이다.

추국청의 이러한 고민은 "말로써 타이를 수도 없고, 형벌로도 위협할 수 없는 자들"이라는 표현에서 잘 나타난다. 이들은 외국인이기 때문에, 만약 선교사들이 조선 천주교 신자의 이름을 발설할 경우 이들은 정말로 '방송'되어 고국으로 돌아갈 수 있었을지도 모를 일이다. 이는 방송과 처형의 양자택일이라는 기해사옥의 방침에도 부합하는 것이었다. 하지만 선교사들은 조선 천주교 신자들을 발설하지 않았을 뿐 아니라 배교도 하지 않았으므로, 이들을 방송할 수는 없었다. 따라서 추국청은 이들을 '정법'해야 했는데, 문제는 이들에게 조율할 적절한 형률을 찾기가 어려웠다는 점이다. 국내 신자들에게 적용하던 「조요서요언」을 적용하자니 이

76) 「범세형 등을 군영에 내주어 처형하게 하다(28:308)」, 『추안급국안』 82, 478~480쪽.

77) 강버들, 「앵베르 주교의 조선 선교 방략」, 서강대학교 사학과 석사학위논문, 2018, 9~23쪽. 이에 따르면 앵베르 주교는 조선어를 적극적으로 활용하는 등 조선의 문화를 최대한 인정하려 한 반면, 모방 신부는 보다 엄격한 교리의 적용을 주장했다.

들은 일반 신자들과는 차이가 있었고, 그렇다고 외국과 관련된 범월이나 「모반」을 조율하자니 관련 진술을 확보하지 못했다. 추국청은 선교사들이 "다른 나라에 몰래 입국한 것"과 "옷을 바꿔 입고 여기저기 출몰한 혐의"는 도적이나 다름없는 것이며, 그들이 전교한 천주교 신자들은 "대부분 우리나라를 원망하는 흉악한 무리"라는 점을 강조하며 이들을 '도적'의 명목으로 처형하려 했다. 『대명률』 형률의 '賊盜' 항목에는 「조요서요언」뿐 아니라 「모반」과 「모반대역」이 함께 속해 있으므로, 이를 적용하려 한 것이다. 하지만 선교사들이 "다른 나라에 도착하면 곧 그 나라의 옷을 입고 왕래했으니, 이는 도적이 하는 짓과는 차이가 있습니다"거나 "나라를 원망하는 무리라고 하셨지만, 제가 그들에게 가르쳐 준 내용은 마음으로 진실하게 사랑하고 보호하라는 것"[78]이라고 대답한 이상 이들에게 적도율을 적용하기는 어려웠다. 결안의 핵심요소인 '지만'을 받지 못했기 때문이다.

결국 추국청에서 선택한 대안은 이들 서양 선교사를 '주문모 신부의 예'에 의거 처형하는 것이었다. 추국청은 "주문모가 지레 죽어버리지 않을까 걱정이 듦에 따라" 군율로 처벌하기를 요청한 전례를 따르자고 하였지만, 정작 주문모 신부 신문 기록에는 물고를 걱정한 내용이 한 차례도 나타나지 않는다. 앞 장에서 살폈듯이 신유년의 조정이 주문모에게 군율을 적용한 것은 그가 '상국인'이었기 때문이지, 물고를 우려해서가 아니었다. 그럼에도 불구하고 기해년 조정은 세 외국인 선교사를 '律'이 아닌 '例'에 의거 처형하였는데, 이는 사실 주문모가 아닌 앵베르 주교와 모방 신부의 물고를 우려한 결과였다. 결과적으로 세 선교사에 대한 군율 비부는 천주교 신자에 대한 형정에서 '前例'만으로 천주교 신자를 처

78) 이상 서양 선교사와의 문답은 「범세형을 다시 심문한 내용(28:273)」, 『추안급국안』 82, 427쪽; 「나 베드로를 다시 심문한 내용(28:275)」, 『추안급국안』 82, 432쪽; 「나 백다록을 다시 심문한 내용(28:305)」, 『추안급국안』 82, 474쪽의 내용을 요약한 것이다.

형한 첫 사례가 되었다. 신유년의 주문모와 기해년의 앵베르, 모방, 샤스탕은 전혀 다른 입장에 있었지만, 기해년의 조정은 이러한 차이를 애써 무시한 채 세 서양인 선교사에 대한 '예에 의한' 처형을 집행했다. 이러한 사실은 조선왕조의 천주교 신자에 대한 형정이 진행됨에 따라 전례가 곧 정법의 근거가 되어 사옥의 유형을 만들어 내고 있었음을 보여준다.

추국청은 정하상과 유진길, 조신철, 남이관 등 국내 신자의 형정적 처리에도 주력했다. 이들의 행적은 신유년 천주교 신자들의 그것을 방불했고, 특히 정하상과 남이관은 각각 신유년의 사학죄인 정약종과 남필용의 아들이기 때문에 신문에서도 이러한 점이 추궁되었다.79) 예컨대 추국청은 정하상에게 서양 놈을 데려온 일은 황사영이 선박을 보내 달라고 요청한 계책과 거의 같고, 소굴의 우두머리로 자처한 점은 곧 주문모 신부의 거처를 마련한 일과 같다며 정하상의 죄상을 신유사옥과 연결 지었다. 정약종과 황사영은 모두 역률이 조율되어 처형되었기 때문에, 추국청은 이 '전례'를 정하상 등에게도 적용하려 한 것이다. 따라서 이들이 꾸민 일은 단지 '천주교를 널리 전파한' 것이 아니라 '흉악한 변란을 꾸미는' 데로 나아간 것으로 지목받았고, 이러한 점을 신문을 통해 확인하려 하였다.80) 하지만 이들은 자신들이 천주교를 전파하기 위해 서양인 선교사를 영입했음을 인정하면서도, 변란을 모의했다거나 신유년의 일과 관련된 사실은 부인하였다. 특히 황사영에 대해서는 그를 '역적'이라고 비난하며 황사영 『백서』와 천주교의 가르침은 다르다는 사실을 강조하였다.

---

79) 남이관의 아버지 남필용은 신유사옥 때 체포되었으나 감사처분되어 강진으로 유배되었다. 남이관 또한 단성으로 유배되었으나 5-6년 뒤 해배되었다. (『기해일기』, 91~92쪽)

80) 「정하상을 심문한 내용(28:260)」, 『추안급국안』 82, 409쪽.

(추국청) 황사영의 『백서』는 바로 계획에 관한 이야기이고, 네가 이번에 한 바는 바로 그 일을 이루고자 한 것이다. 그러니 그것이 어찌 뜻은 황사영과 같고 죄는 황사영보다 더한 죄상이 아니겠느냐?

(유진길) 황사영의 계책은 바로 큰 배를 거느리고 오도록 요청하여 반드시 나라에 재앙을 끼치려고 한 것입니다. 이번에 서양 사람들이 입국했지만, 일찍이 반역을 꾀하는 모양이라도 있었습니까? 천주교의 가르침을 전하는 데 불과할 뿐이었습니다. 가령 나라에 재앙을 끼치는 계책이 있었다면, 어찌 천당에 올라가겠습니까?

(정하상) (황사영은) 과연 역적입니다. … 속셈은 우선 말할 것도 없거니와, 나라에 재앙을 끼치는 말을 문서에 썼기 때문에 그를 역적이라 했습니다. … 저는 평생 『백서』를 괴이한 변고로 여겼기 때문에 서양 사람에게 물어보았습니다. 그러나 저희 천주교의 가르침에는 애당초 그러한 마음이 없습니다. … 나라에 걱정을 끼치는 일은 곧 역적질이니, 비록 황사영의 반역을 꾀하는 마음이 없을지라도 이러한 지경에 이르러 어찌 감히 역적질로 자백하지 않겠습니까?[81)]

위 사료는 황사영과 관계된 추국청과 유진길·정하상의 문답 중 일부이다. 추국청은 기해년 정하상 등의 행위가 신유년 황사영의 뜻과 같은 것이며 그것이 실제로 이루어졌기 때문에 기해년 천주교 신자들의 죄상은 황사영보다 더하다고 추궁하였다. 하지만 유진길과 정하상은 모두 황사영을 '역적'이라 비난하였고, 서양인 신부를 영입한 것은 단지 천주교의 절차, 즉 성사를 집전하기 위함이었음을 강변하였다. 특히 정하상은 체포되며 미리 준비한 『上宰相書』를 제출하였는데, 『상재상서』는 보다 정밀한 논리로 補儒의 이상을 전개함으로써 천주교가 이단이며 반인륜적이라는 비난에 대한 대응을 제시하였다.[82)] 『상재상서』의 논리는 황사영 『백서』 사건을 '하늘을 뒤덮은 흉계'로 단정한 정약용의 입장을 계승

81) 「유진길을 다시 심문한 내용(28:320)」, 『추안급국안』 85, 497~498쪽; 「정하상을 다시 심문한 내용(28:322)」, 『추안급국안』 85, 500~502쪽.

82) 이경구, 「이벽, 황사영, 정하상의 천주교, 유교 인식의 동일성과 차이점」, 『교회사연구』 52, 2018, 135~139쪽.

한 것으로,[83] 기해년 천주교 신자들은 자신들에게도 재앙 같았던 황사영 『백서』 사건을 조선 천주교회와 구별함으로써 천주교의 정당성을 강조하였다. 결국 정하상과 유진길을 비롯한 천주교 신자들은 서양 선교사들을 영입해 '천주교를 전파한 것'과 '나라의 금령을 어긴 점'만을 지만하였다.

기해년에 체포된 천주교 신자들 중 정하상과 남이관은 실제로 신유년에 '사학죄인'으로 단죄된 정약종과 남필용의 아들이었으며, 이들은 황사영조차 미수에 그쳤던 서양 신부의 영입에 연달아 성공하였다. 이뿐 아니라 신문 과정에서 조선 천주교 신자들이 '傳種'을 목적으로 세 아동(김대건, 최양업, 최방제)을 외국으로 보낸 사실이 드러났으며,[84] 설상가상으로 신유년 사학죄인인 '홍낙민의 아들' 홍재영과 '이가환의 손자' 이시자의 이름까지 거론되었다.[85] 따라서 기해년 조정은 정하상을 비롯한 조선 천주교 신자들을 서양인 선교사들과 미친기지로 '신유년의 예'에 따라 처형할 충분한 근거를 확보하였다. 그런데 추국청 신문에서 그 이름이 언급되었음에도 홍재영과 이시자를 추국청으로 이송해 정하상 등과 대질하는 일은 시행되지 않았고,[86] 정하상과 유진길은 「謀叛不道」

83) 『與猶堂全書』 권15 詩文集, 「先仲氏墓誌銘」. "是年秋, 逆賊黃嗣永就捕, 得黃沁帛書, 凶謀滔天."

84) 「정하상을 다시 심문한 내용(28:296)」, 『추안급국안』 82, 462~464쪽. 이로 인해 김대건의 아버지 김제준이 포도청에서 추국청으로 이송돼 신문 받았고(「김제준을 포도청에서 잡아오다(28:303)」, 『추안급국안』 82, 470쪽), 최양업의 아버지 최경환은 포도청에서 도합 340여 도의 형신을 받은 끝에 물고되었다. (『기해일기』, 157~159쪽)

85) 「유진길을 다시 심문한 내용(28:292)」, 『추안급국안』 82, 458~460쪽; 「정하상을 다시 심문한 내용(28:296)」, 『추안급국안』 82, 463쪽. 기해사옥 당시 홍재영과 이시자는 각각 전주와 충청도에서 사학죄인으로 체포되었다. 이승훈의 아들 이신규 또한 비슷한 시기에 붙잡혀 신문받았다 석방되었다. 이들은 '邪孽'로 지칭되었는데, 이에 대해서는 남호현, 「원죄의 형정?: 사얼 이신규의 삶을 통해 본 조선후기 사옥의 위법성」, 『교회사연구』 66, 2025, 328~335쪽 참조.

라는 새로운 형률이 조율되어 처형되었다.

앞서 〈표 2〉에서 살펴보았듯이 「모반」은 『대명률』의 「모반대역」과 「조요서요언」 사이에 위치한 형률로, 그 핵심은 "본국을 배반하고 몰래 다른 나라를 따를 것을 모의한[謀背本國, 潛從他國]" 것에 두어졌다. 이 율이 조선 천주교 신자에게 조율된 것은 정하상과 유진길이 처음인데, 흥미로운 점은 이들의 결안에서 황사영 『백서』와의 관련성이 강조되었음에도 정작 조율된 죄목은 「모반대역」이 아닌 「모반」이었다는 점이다. 즉 유진길의 결안에서 서양인 신부를 맞이하고 조선의 아동들을 국외로 보낸 일은 "신유년의 옥사보다도 더 흉악한 일이고, 『백서』의 계책에서도 미처 이루지 못한 일"이 명시되었고, 이는 정하상 또한 마찬가지였다.[87] 신유년의 유항검 형제나 윤지헌, 황사영과 황심 등이 「모반대역」의 미수범으로 능지처사되었던 것에 비해, 기해년의 정하상과 유진길은 「모반대역」이 아닌 「모반」의 실행범으로 참수된 것이다.

신유년 천주교 신자들에 대한 「모반대역」 조율과 마찬가지로, 기해년 천주교 신자들에 대한 「모반」 조율은 조선왕조의 천주교 신자에 대한 형정에서 법과 국가의 관계를 잘 보여준다. 신유사옥은 순조 즉위 직후 집권한 벽파 정권이 자신들의 정당성을 강조하고 조정 내 적대세력을 '邪黨'으로 몰아 배제해야 했기 때문에, 이가환과 이승훈, 정약용을 비롯한 '搢紳'들의 형정이 하나의 핵심축을 이루었다. 따라서 남인 친서파의 일원인 황사영의 『백서』가 발각되자, 조정은 이 사건을 가능한 적극적으로 해석하여 그를 「모반대역」의 미수범으로 능지처사하였다. 황사영 또한 『백서』에서 당론적 인식을 강하게 드러냄으로써, 신유사옥 당시 천주교 신자의 형정을 당쟁의 결과로 인식하였다.[88] 반면 기해사옥은

86) 김정자, 앞의 논문, 2024, 410쪽.

87) 「유진길의 결안(28:336)」, 『추안급국안』 82, 519~520쪽; 「정하상의 결안(28:337)」, 『추안급국안』 82, 520~522쪽.

전국 각지에서 체포된 천주교 신자가 나날이 증가하는 현실을 해결하기 위한 목적에서 개시되었으므로, 말 그대로 천주교 신자의 '진멸'을 목적했을 뿐 천주교 신자의 형정을 당쟁 내지 당론과 관련짓지 않았다.

그 결과 기해년의 조정은 서양인 선교사가 세 명이나 체포되고, 조선 아동을 해외로 내보낸 사실이 발각되었으며, 심지어 '홍낙민의 아들'과 '이가환의 손자'까지 언급되었음에도 이들에 대한 대질신문조차 하지 않은 채 사옥을 마무리했다.[89] 서양 선교사를 맞아 오고 조선 아동들을 해외로 내보내는 데 주도적인 역할을 한 정하상과 유진길만을 「모반」 죄의 실행범으로 정법하였으며, 「모반」 죄의 실질적 종범으로 여겨진 남이관과 조신철, 김제준조차 「모반」 죄의 '同參' 혐의가 아닌, "형조에 내주어 참작하여 처리"하는 것으로 마무리지었다.[90] 신유사옥 당시 윤지헌과 황심이 「모반대역」 죄의 '동참' 혐의로 유항검 형제 및 황사영과 함께 능지처사된 것과는 달리, 기해사옥은 종범격 신자에게 「모반」을 조율하여 '皆斬'하지 않고 이들을 형조로 돌려보내 참작하는 것으로 형정적 처리를 마무리한 것이다. 기해사옥을 신유사옥처럼 정치적 시각으로만 이해할 수 없는 이유가 여기에 있다.

남이관과 조신철은 다시 형조로 이송된 후에도 신앙을 저버리지 않아 참수되었다.[91] 다만 김제준은 "형벌이 혹독하여 중간에 굴한" 사실과 함께 형조에서 "연 3차 중형한" 사실을 전한다.[92] 이러한 사실은 김제준이

---

88) 이경구, 앞의 논문, 2018, 129~134쪽.

89) 홍재영은 정하상·유진길 사건과는 관련 없이 전주에서 함께 체포된 이조이와 최조이, 오예종 등과 함께 「조요서요언」이 조율되어 처형되었으며(『承政院日記』 2373책, 헌종 5년 11월 24일 병진), 2014년 교황 프란치스코에 의해 복자품에 올랐다. 빈면 이시자는 진천의 김옥 근처에서 약병을 운영하다 붙잡혔으며, 충청감사에게 사학을 버리겠다고 맹세하며 배교한 뒤 석방된 것으로 나타난다. (『벽위편』, 356쪽)

90) 「김제준과 남이관을 형조에서 처리하게 하다(28:339)」, 『추안급국안』 82, 523쪽.

91) 『기해일기』, 86~92쪽.

배교할 경우 참작의 여지가 있었음을 보여준다. 그는 邪徒 중에서도 비천하고 몰지각한 부류로, 아들(=김대건)을 서양에 보낸 일도 속은 것에 불과하기 때문에 그를 정하상 등의 죄상에 가담한 죄목으로 책망할 수는 없다는 것이다.[93] 물론 김제준 또한 중간에 회심하여 다시금 신앙을 고백한 끝에 참수됨으로써 정하상 등의 「모반」에 연루된 종범격 신자들은 결과적으로 모두 참수되었다. 하지만 남이관 이하 신자들에게 조율된 형률은 「모반」의 동참죄가 아닌 「조요서요언」이었다는 점에서 천주교 신자들의 '선택'의 결과였던 것이다.

정하상 등의 형정이 마무리된 후 조정은 사옥의 종결을 준비했다. 대왕대비는 사옥의 종결을 알리는 윤음의 작성을 명했고, 조인영이 지은 「척사윤음」이 경외에 반포되었다.[94] 당초 사학의 진멸을 건의한 이지연은 사직하였고,[95] 천주교 신자의 '진멸'이라는 소기의 목적은 달성되었다. 따라서 조정은 연내에 사옥을 종결한다는 방침을 세웠고, 사학죄인 최창흡과 정정혜, 홍영주 등의 참수 보고가 이어졌다.[96] 이들은 「조요서요언」이 조율되어 참수되었으며, 앞서 살폈듯이 일부 신자의 경우 교살 내지 장살 사례가 전한다. 조선 천주교회 또한 국내에서 활동하던 세 외국인 선교사를 모두 잃었고, 지도급 인사인 정하상과 유진길은 물론 '회장' 이광헌과 남명혁, 박종원, 홍병주, 최경환, 민극기가 순교했기 때문에 교세를 회복하기까지 어느 정도 시간이 필요했다.[97]

---

92) 『기해일기』, 91~93쪽.

93) 「김제준을 다시 엄히 매질해 심문하게 하다(28:320)」, 『추안급국안』 82, 494~495쪽; 「김제준을 형조에 내주어 법에 따라 거행하기를 요청하다(28:336)」, 『추안급국안』 82, 518쪽.

94) 『憲宗實錄』 권6, 헌종 5년 10월 5일 정묘; 18일 경진.

95) 『憲宗實錄』 권6, 헌종 5년 10월 21일 계미.

96) 『憲宗實錄』 권6, 헌종 5년 11월 24일 병진; 12월 28일 경인.

97) 이광헌 이하 '회장'의 명단은 『기해일기』의 순교자 이름 옆에 '회장'이라고 기재된 이들을 나열한 것이다. 조선 천주교회에서 '회장'의 역할과 활동에 대해서는 방

조정에서는 역률인 「모반」 죄목으로 처형된 정하상과 유진길과 관련된 이들의 연좌에도 착수하였는데, 이를 위해 정하상·유진길의 연좌 대상자가 파악되는 한편 가산적몰 또한 이루어졌다.[98] 연좌인의 검토대상이 정하상과 유진길 뿐인 점 또한 「모반」죄의 적용이 둘에게만 국한되었음을 보여준다. 황사영 사건의 경우 「모반대역」의 동참죄로 처형된 황심까지 연좌인의 검토가 이루어졌지만,[99] 기해년의 남이관이나 조신철, 김제준의 경우 그렇지 않았기 때문이다. 정하상과 유진길 연좌인에 대한 형정은 사료의 부족으로 구체적 실상을 확인하기 어렵다. 다만 정하상의 어머니가 83세의 고령인 탓에 연좌에서 면제되었고,[100] '외교인'인 유진길의 형과 처자가 모두 정배된 점으로 보아 대체로 규정에 맞게 연좌율이 집행된 것으로 보인다.[101] 「모반」은 형제자매의 연좌 양형으로 '流二千里安置'를 명시하였는데, 유진길의 형이 정배된 것으로 기록되었기 때문이다. 다만 『기해일기』는 유진길의 처와 '나이가 차지 않은 어린 자식'도 함께 정배된 것으로 전하는데, 원래 「모반」 죄의 처첩 및 나이가 차지 않은 자녀는 '爲奴'가 원칙이므로 실제 이들이 '위노'된 것인지 '정배'된 것인지는 불명이다.

상근, 「박해 시대 조선 천주교회의 회장제」, 『교회사연구』 51, 2017 참조.

98) 『承政院日記』 2370책, 헌종 5년 8월 16일 기묘. "又以義禁府言啓曰, 謀叛不道罪人進吉, 夏祥等, 旣已承服正刑矣. 其父母妻妾子女祖孫兄弟年歲姓名存沒居住, 令漢城府, 考出帳籍, 亦爲分付五部及各該道, 應坐諸人, 一一查出, 成册牒報後, 依律擧行, 而籍沒家產事, 令該司捧承傳擧行, 何如. 傳曰, 允."

99) 『承政院日記』 1842책, 순조 1년 10월 24일 정묘.

100) 『承政院日記』 2371책, 헌종 5년 9월 7일 기사. "金公鉉, 以義禁府言啓曰, 卽接南部令安泳牒報及成册, 則謀叛不道罪人夏祥應坐之人, 查出以來矣, 夏祥母仙任年八十三懸錄, 依律文免坐, 何如. 傳曰, 允." 다만 정하상의 어머니 선임, 즉 '유 체칠리아'는 앞서 살펴보았듯이 '사학죄인' 명목으로 체포되어 기해년 10월 18일 옥사하였다. 그런데 『기해일기』는 유 체칠리아의 나이를 79세로 전하고 있어 차이가 있다.

101) 『기해일기』, 85쪽.

「모반」 죄인 정하상과 유진길에 대한 연좌율 집행 및 기타 수감 사학 죄인들의 정법을 끝으로 사옥은 마무리되었지만, 이것이 사옥의 완전한 종결을 의미하는 것은 아니었다. 당초 기해사옥이 단행된 계기는 국내의 천주교 문제와 함께 '서양 사정'을 골자로 한 외부에 대한 위기의식 또한 한 축을 이루었는데, 엄밀한 의미에서 기해사옥은 전자만을 처리한 것이었기 때문이다. 특히 기해사옥 이듬해인 1840년(헌종 6)에는 '洋夷' 영국과 청조 사이에 이른바 제1차 아편전쟁이 발발했고, 관련 정보는 사행을 통해 조선에도 전해졌다.

조선왕조는 이 전쟁을 그리 심각하게 받아들이지는 않았으나, 奉天 즉 만주지역에서도 전투가 벌어졌다고 보고하는 등 서양에 대한 위기의식은 점차 고조되었다.[102] 북경의 프랑스 선교사들 또한 기해사옥으로 '牧者를 잃은' 조선 천주교회에 서둘러 선교사를 파견할 방안을 모색했고, 페레올 주교는 실제로 프랑스 군함의 출동을 요청하기도 하였다.[103] 이 과정에서 김대건 신부의 역할이 중요해졌다. 그는 조선 천주교회가 파견한 신학생 출신이었을 뿐 아니라, 제1차 아편전쟁의 종결을 알린 남경조약의 조인식에 프랑스군의 통역으로 참관하였기 때문이다.[104] 김대건은 1842년 12월 29일(양력)에 의주 변문을 통해 조선에 입국한 이후 1846년 6월 5일(양력)에 체포되기까지 수차례 국경을 왕래하였는데,[105] 그의 체포는 기해사옥 당시 드러난 조선인 천주교 신자의 해외 유학 사실을 확인시켜 줌과 동시에 보다 직접적으로 '외국'과 관련된 사안이었

102) 민두기, 앞의 논문, 1986, 261~265쪽; 조광, 앞의 책, 2010b, 170~175쪽.

103) 이석원, 『19세기 동서양 충돌과 조선 천주교: 조선대목구장들의 천주교 공인 시도와 조선의 대응』, 수원교회사연구소, 2018, 94~107쪽.

104) 김대건 신부의 남경조약 '참관'에 대해서는 도진순, 「1842년 김대건의 南京條約 조인식 참관과 보고」, 『한국근현대사연구』 98, 2021a 참조.

105) 한국교회사연구소 편, 『성 김대건 안드레아 신부의 활동과 업적』, 한국교회사연구소, 2021, 29~35쪽의 「김대건 신부 연보」 참조.

다는 점에서 조선왕조의 대외 위기의식을 자극하기에 충분했다.

김대건 신부는 1846년(헌종 12) 5월 '犯越邪學罪人'으로 처음 보고되었다.[106] 윤유일 등 천주교 신자들이나 기해년의 정하상 등도 무단으로 국경을 왕래하였지만, 이들은 조선왕조의 정례 연행 사절단에 '잠입'한 것이었기 때문에 별도로 '범월'과 관련된 논의는 이루어지지 않았다. 그런데 김대건 신부는 이양선을 단속하던 등산진 첨사에게 현장에서 체포된 것이기 때문에, 처음에는 '異樣人'으로 간주되어 신문받았다.[107] 김대건 신부는 자신을 '중국 廣東 사람'으로 소개하였고, 압수된 물건 중 천주교 관련 기물이 발견되자 등산진 첨사는 그를 "외국 천주교의 무리[異國邪學之類]"로 보고하였다.[108] 헌종은 기해년에 邪教를 다스린 지 오래되지 않았는데 이러한 '潛越'이 발생한 것은 분명 국내에 그를 맞이한 이들이 있을 것이라고 지적하였다. 비변사 또한 국법이 이완되고 사학의 무리가 흉악해진 것이라며, 김대건이 다년간 출몰한 종적이 있으므로 국내에서 그를 맞아들인 이들의 색출을 강조하였다.[109] 기해사옥 이후 7년 만에 천주교 신자의 체포와 신문이 재개된 것이다.

이어진 해서 감영의 문초에서 김대건은 계속해서 자신이 중국인이며 조선에 나온 것은 경치를 즐기고 천주교를 봉행하려는 것이었다고 진술하였다.[110] 그런데 그를 태웠던 배의 선주 임성룡과 사공 엄수는 김대건

---

106) 『海西文牒錄』 丙午 五月. "登山鎭被捉, 犯越邪學罪人金大建等, 捉致盤覈形止狀啓.", 한국교회사연구소 편, 『성 김대건 안드레아 신부의 체포와 순교』, 한국교회사연구소, 2021, 41쪽. 김대건 신부의 신문기록은 『해서문첩록』뿐 아니라 좌우『포도청등록』과 『일성록』, 『승정원일기』 등에 산재해 있는데, 한국교회사연구소의 『성 김대건 안드레아 신부의 체포와 순교』는 이를 모아 한 권의 책으로 정리·간행한 것이다. 이하 이 책에서는 이 자료집의 내용을 인용할 경우 『김대건 신부의 체포와 순교』로 약칭하여 쪽수를 제시하였다.

107) 『憲宗實錄』 권13, 헌종 12년 5월 20일 갑술. "黃海監司金鼎集, 以異樣人金大建捉囚事, 令廟堂, 使之嚴覈."

108) 『海西文牒錄』 丙午 五月. 『김대건 신부의 체포와 순교』, 42~43쪽.

109) 『承政院日記』 2450책, 헌종 12년 5월 21일 을해.

이 가는 곳마다 그림을 그렸으며, 중국 배를 만나 두 차례 편지를 전한 사실을 진술하였다.[111] 황해감사는 김대건이 스스로 범월하여 사학을 한 것과, 외국 선박과 소통한 일은 둘 중 하나만으로도 죽을죄에 해당한다며 사건을 중앙에서 엄히 다스릴 것을 촉구하였다.[112] 서울로 이송된 김대건 등은 좌우 포도청이 합좌하여 신문하였는데, 이 와중에 해서 감영은 김대건이 중국 배에 건냈던 편지를 찾아 그 내용을 장계로 전했다.[113] 이를 통해 김대건이 해외 '徒黨'에게 소식을 전한 사실은 물론, 동봉된 지도가 언문으로 작성된 사실이 드러났다.[114] 결국 김대건은 포도청의 신문에서 자신이 용인 태생으로 최양업·최방제와 함께 신학생으로 선발되어 중국으로 유학하였으며, 중국에서 영국과 프랑스 사람들이 조선에 오려고 하는 것을 극력 만류한 사실을 실토하였다.[115] 이를 통해 조정은 김대건이 기해년에 조선 천주교회가 파견한 조선인 아동 중 하나라는 사실을 확인하였고, 그가 '大英佛浪國' 사람들과 직접 교섭한 사실을 파악하였다. 그뿐 아니라 윤5월에는 기해년부터 체포령이 내려져 있던 현석문이 체포되었는데, 그는 '이재영'으로 변성명하고 柵門에서 김

110) 『海西文牒錄』 丙午 五月. "矣身素有遊覽之性癖, 各國山川果多周覽, 而朝鮮出來, 亦爲翫京而行敎是乎旀.", 『김대건 신부의 체포와 순교』, 68~69쪽.

111) 『김대건 신부의 체포와 순교』, 73쪽; 77쪽; 89쪽.

112) 『海西文牒錄』 丙午 五月. "潛越是誠何意, 而歸諸翫景行敎, 隱引必有其人, 而謂以粧啞轉乞論其情節, 極涉憤痛. 而此外尤有所萬萬驚腕者, 招納江民給錢興販, 與之同載, 直泛沿海, 設施則出於晦跡商船, 指意則在於傳書唐舶. 自犯越而邪學, 而至於交通異船, 有一於此罪不容誅, 況兼有之乎. … 犯越罪人, 事體不輕. 令廟堂稟處爲白乎旀. 海防法意, 何等嚴重, 而沿海邑鎭, 苟能格勤於瞭望追逐之節, 則漁採唐船, 何若是無難來往, 至有此異類相接, 交通書信之變怪乎." 『김대건 신부의 체포와 순교』, 96~99쪽.

113) 『右捕廳謄錄』 헌종 12년 5월 29일. 『김대건 신부의 체포와 순교』, 128~129쪽.

114) 『承政院日記』 2450책, 헌종 12년 5월 30일 갑신. 최근 이 지도를 상세히 분석한 저서가 출간되었다. 김순배 외, 『김대건 신부의 「조선전도」 연구』, 동북아역사재단, 2022.

115) 『日省錄』 헌종 12년 5월 30일; 윤5월 3일

대건과 왕래한 사실을 진술하였다.[116] 현석문은 신유년에 처형된 현계흠의 아들이었으므로, 정하상이나 남이관과 마찬가지로 '辛酉餘蘖'인 그가 중국을 넘나든 정황은 병오년의 형정을 기해사옥의 그것과 관련되며 진행되게 하였다.

설상가상으로 남경조약 당시 김대건과 동행한 바 있는 프랑스군의 세실(Jean-Baptiste Cécille) 제독은 1846년 8월 26일(양력) 충청도 앞바다에 나타나 기해사옥 때 조선이 프랑스 신부들을 처형한 일을 항의하며, "내년에 답신을 받으러 올 것"이라며 서한을 남기고 떠났다.[117] 편지에서 세실은 '프랑스 황제[佛朗西皇帝]'의 '분노'나 프랑스인을 해치는 '불공평한 압제자를 향한 보복'을 언급하였는데,[118] 이러한 사실은 조선왕조를 당황케 했다. 프랑스 군함이 내년에 다시 올 것을 예고했기에 헌종은 "내년 봄에 반드시 소요가 있을 것"을 우려하였다. 이에 대해 영의정 권돈인은 프랑스인이 왕제를 칭탁한 것은 조선을 '恐動' 하기 위한 것이며, 오히려 걱정해야 문제로 국내 사정을 프랑스에 전한 조선 천주교 신자들을 지목하였다. 헌종 또한 세실이 조선에서 발생한 외국인 선교사의 처형 사실은 물론 그 '年條'까지 알고 있었다는 점을 들며 조선 사람으로서 서양과 맥락이 통하는 자들을 우려하였다. 실제 세실의 편지에는 조선왕조의 경내로 한인이나 만주인, 일본인이 들어갈 경우 잘 호송해서 보내준다는 점까지 언급되어 있었으므로,[119] 조선 조정은 프랑스 군함

---

116) 『日省錄』 헌종 12년 윤5월 22일; 23일. 『김대건 신부의 체포와 순교』, 197~207쪽.

117) 편지는 한문으로 작성되었으며, 『日省錄』 헌종 12년 7월 3일에 전문이 기록되어 있다. 또한 『김대건 신부의 체포와 순교』, 239~245쪽에 프랑스본과 한글 번역이 함께 실려 있다.

118) 『日省錄』 헌종 12년 7월 13일 병술. "如其民無辜, 而人虐害之者, 是大辱吾佛朗西皇帝, 而招怨必矣."

119) 『日省錄』 헌종 12년 7월 13일 병술. "或言, 貴高麗律法, 禁革外國之人入境, 該三位入境故耳害之. 然本帥察得, 設或漢人, 滿州人, 日本人, 有冒入貴高麗之境者, 不過提護解送出境, 竝無克苦加害等情."

에게 조선의 사정을 알린 조선인이 있을 것을 확신한 것이다. 결국 세실이 편지에서 강조한 프랑스 황제의 위엄은 프랑스의 '공갈'로, 이양선 문제는 조선 내부의 변란[蕭墻之變]으로 귀결되었는데,[120] 조선 조정은 프랑스에 조선의 내부 사정을 알린 조선인으로 이미 붙잡혀 있던 김대건과 현석문을 지목하였다.

세실이 조선에 직접 편지를 전달해 프랑스 선교사들의 처형에 대한 해명을 요구한 것은 제1차 아편전쟁 이후 청조와 프랑스가 별도로 맺은 '황포조약'과 그 후속조치로 이루어진 도광제의 천주교 '弛禁 上諭'를 배경으로 하고 있었다.[121] 하지만 조선 조정은 제1차 아편전쟁의 결과로 전쟁이 '討平' 되었으며 '侵漁之弊'는 없다는 점을 중심으로 인식하였기 때문에,[122] 제1차 아편전쟁 이후 국제정세에 대해서는 별다른 주의를 기울이지 않았다. 자연히 조선왕조의 시선은 청조를 비롯한 국제정세보다는 '내부의 적'을 색출하는 쪽으로 기울었고, 이는 곧 김대건 신부를 비롯한 조선 천주교 신자들의 형정으로 이어졌다. 김대건은 조선의 관리들에게 영국과는 다른 프랑스의 '관대함'을 강조하며 조선과의 우호적 관계를 주선하려 했지만,[123] 이는 오히려 세실과 마찬가지로 조선을 '恐

---

120) 『憲宗實錄』 권13, 헌종 12년 7월 15일 무술. "上曰, 佛朗國書見之乎. 領議政權敦仁曰, 果見之, 而其書辭, 頗有恐動底意. … 上又教曰, 明春, 必有騷屑矣. … 予意則奏聞似好. 壬辰年, 以暎咭唎事, 有奏聞之擧, 與此似無異矣. 敦仁曰, 此與壬辰有異. 暎咭唎船之來泊洪州也, 至於十餘日留住, 渠有交易等語, 而旣據理斥之, 又卽問情, 詳探其動靜, 故至有奏聞之擧矣. 今此佛朗船之出沒於外洋, 威脅島民, 私相問答, 期欲納其槓書, 而言必稱皇帝者, 卽不過藉爲恐喝之計而已, 豈可以如此荒誕之辭, 遽爾奏聞乎. 年前殺洋人時, 旣不奏聞, 而今忽以此事奏聞, 則反有見疑之慮. … 上曰, 果不無見疑之慮. 此必有朝鮮人, 脈絡相通者矣. 不然則渠何以知見殺之由, 又何以知其年條乎. 敦仁曰, 一自邪術之流行, 人多漸染, 而今此佛朗船之來, 未必不由於慫慂誘引之致, 皆是蕭墻之變矣."

121) 황포조약과 도광제의 이금 상유에 대해서는 최병욱, 앞의 책, 2020, 80~109쪽에 상세하다.

122) 민두기, 앞의 논문, 1986, 264~265쪽.

123) 도진순, 「군함과 선교: 1842년 세실·장시니·리브와의 〈조선 구상〉과 顚倒된 실

動'하려 한 것으로 여겨져 오히려 그의 처형을 앞당겼다.

조정에서의 논의 끝에 김대건에게는 '군문효수'가 결정되었다.[124] 김대건의 일은 중대한 사안으로 여겨졌음에도 추국청 등의 설치 없이 포도청의 신문만을 바탕으로 결정되었다. 조선 조정은 청조에 기해사옥조차 보고하지 않은 상황이었기 때문에, 별도로 결안을 남길 필요 없는 '군문효수'는 주문모 신부 때와 마찬가지로 형정의 문적을 남기지 않는 효과적 조치였다. 그뿐 아니라 김대건은 신문 과정에서 자신이 '신부'가 되었다는 사실을 언급하였으므로,[125] 신유년의 주문모 신부는 물론 기해년의 앵베르 주교와 모방, 샤스탕 신부의 '전례'를 적용하기에도 적절했다. 그 결과 조선 조정은 김대건의 죄상이 원래라면 추국을 설치해야 할, '본국을 배반하고 외이를 따른[背本國而從外夷]' 모반 행위임을 분명히 하면서도, 정작 그 처분은 '전례에 따라' 군문효수를 결정하였다.[126] 현석문 또한 김대건과 마찬가지로 군문효수가 결정되었다. 그에게는 본래 「모반」이 조율되어야 했으나, 미천한 신분이라는 이유로 별도로 의금부를 번거롭게 할 것 없이 '김대건의 예에 따라' 군문효수가 결정된 것이다.[127] 이른바 '병오박해'로 불리는 김대건 신부와 현석문 등의 형정은 주범격인 김대건과 현석문에게 군문효수가 집행되는 한편, 여타 신자들은 경중에 따라 '사학죄인'으로서 작처하는 것으로 마무리되었다. 김대

행, 김대건·최양업의 입국과 순교」, 『역사학보』 252, 2021b, 306~308쪽.

124) 『憲宗實錄』 권13, 헌종 12년 7월 25일 무신. "命邪學罪人金大建梟首."

125) 『日省錄』 헌종 12년 윤5월 23일 정미.

126) 『承政院日記』 2453책, 헌종 12년 7월 25일 무신. "敎仁曰, 其罪則當爲大逆不道, 實合推鞫, 而自前如此罪人, 出付軍門, 多有已例, 今亦依此例處之, 恐好矣."

127) 『承政院日記』 2453책, 헌종 12년 7월 29일 임자. "又以備邊司言啓曰, 捕廳罪人玄錫文, 以辛酉伏法之種, 己亥亡命之賊, 變換姓名, 出沒京鄕, 煽播邪術, 詿誤愚蠢, 敢爲兇徒之窩窟, 已是渠斷案, 大建之當初購送異國, 年前裝出邊門, 皆渠自服, 則別無更査之端. 揆以國法, 當施謀叛之律, 而如渠鄙微, 不足致煩王府. 罪人玄錫文, 依大建例, 出付軍門, 梟首警衆, 其餘諸囚, 分付該廳, 分輕重酌處, 何如. 傳曰, 允."

건 신부의 체포와 처형은 곧 제1차 아편전쟁 이후 전개된 청조와 프랑스의 '和約'이라는 국제정세와 직접적으로 연관되어 발생한 것이었지만, 조선 조정이 더욱 문제삼은 것은 서양 세력 그 자체보다는 이들과 내통한 조선 천주교회였으므로 철저하게 조선 내부의 천주교 신자들을 '단속'하는 방향으로 형정이 전개된 것이다.

4. 헌종 대 형정의 특징과 그 시대적 함의

기해년(1839)과 병오년(1846)에 전개된 천주교 신자의 형정은 여러 면에서 신유사옥을 '前例'이자 '典例'로 삼았다. 기해년의 정하상, 남이관과 병오년의 현석문은 신유년의 정약종, 남필용, 현계흠의 아들이었으며 조정 또한 이들을 신유년 邪黨의 餘蘖로 칭하며 신문을 이어갔다. 기해·병오년의 조선 천주교 신자들은 세 명의 프랑스인 선교사를 영입하는가 하면 조선인 김대건 등을 해외로 내보내 장차 '傳種'을 위한 씨앗으로 삼는 등 신유년보다 대담한 전교 활동을 이어나갔다. 그뿐 아니라 신문 과정에서 '홍낙민의 아들' 홍재영과 '이가환의 손자' 이시자의 이름까지 거론되었기 때문에, 헌종 대의 사옥은 신유년의 그것과 마찬가지로 천주교 신자의 대대적인 처형뿐 아니라 이른바 '추국 정국'이라고 할 만한 대규모 옥사로 이어질 소지를 지니고 있었다. 하지만 기해·병오년의 사옥은 외형적으로 신유년의 전례를 답습하면서도, 일부 지도급 신자들에 대한 부분적인 「모반」 조율 및 군문효수의 집행이라는 선에서 마무리되었다. 천주교 신자들의 '범죄 정황'이 전에 비해 대담해지고 그 증거 또한 분명했음에도 불구하고, 오히려 그들에 대한 형정이 제한된 범위에서만 이루어진 사실은 천주교 신자에 대한 형정이 당초부터 국가의 필요에 의해 자의적으로 조절되고 있었음을 보여주는 것이다.

신유사옥에서 국가는 '정의의 법정'의 재판관이 되어 형정을 전개한 자신들의 정당성을 강조했다. 그것은 정조 대에도 마련하지 못한 천주교 신자의 양형 기준을 아들 순조가 확립함으로써 선왕의 뜻을 잇는다는 '계술'의 명분을 충족함과 동시에 정조의 은혜를 저버린 천주교 신자의 '진멸'을 달성할 수 있는 것이어야 했다. 이를 위해 신유년 조정은 천주교 신자의 일반 양형으로 '皆斬'을 명시한 「조요서요언」을 천주교 신자들에게 조율하였고, 죄가 조금이라도 국가의 안위와 관련되면 가능한 포괄적으로 『대명률』의 최상위 형률인 「모반대역」을 조율하였다. 유항검 형제는 단지 '큰 배[大舶]'에 대한 이야기를 발설했다는 이유로 「모반대역」이 조율되어 능지처사 되었으며, 황사영 또한 『백서』에서 자신의 흉악한 계획[謀]을 드러냈다는 점을 근거로 「모반대역」을 조율해 처형하였다. 「모반대역」은 "단지 공모만 하여도" 죄가 성립하기 때문에 이러한 절차는 적법한 것이기도 하였다. 신유년의 조정은 일반 신자들의 審理에도 주력하였는데, 그 결과 상당수의 신자들이 감사처분되어 도류 내지 형방되는 선에서 마무리되었다. 전반적으로 신유사옥은 천주교 신자의 형정에서 정조 대의 원칙을 계승하면서도 유항검 형제와 황사영 등 남인과 관련된 이들을 邪黨으로 규정해 「모반대역」으로 정법하는 것으로 대미를 장식함으로써 천주교 신자에 대한 '전형적 형정'을 완성하였다. 이는 정조조차 사실상 제어하지 못했던 천주교 문제를 효과적으로 제어함으로써 국가의 전형을 수립한 것이었기 때문에, 사옥이 마무리된 후 조정은 「토사반교문」을 작성해 천주교 신자의 '誅討' 사실을 국내·외뿐 아니라 종묘와 사직에도 알렸다.

반면 기해사옥은 소성 내의 특정 정파나 인사를 제거하기 위한 목적보다는 말 그대로 늘어난 국내 천주교 신자들의 '진멸'에 초점을 두었다. 신유사옥 이후 천주교와 관련된 남인계 인사들이 정계에 진출하지 못했을 뿐 아니라, 간헐적으로 체포·구금되던 천주교 신자가 적체되어 체옥을 심화시키는 지경에 이르렀기 때문이다. 김대건 등의 체포로 불거진 병오사옥 또한 천주교 신자들이 외국과 연루된 사실을 확인해 줌으로써,[128] 천주교 신자의 '진멸'이라는 기조에 박차를 가했다. 기해·병오사옥의 형정은 기본적으로 신유사옥의 그것을 전례로 하면서도 많은 부분에서 차이를 보였는데, 가장 대표적인 것이 천주교 신자의 일반 양형에서 도류 처분이 거의 이루어지지 않았다는 점이다. 헌종 대의 조정은 체포된 천주교 신자에게 배교 아니면 처형이라는 양자택일을 강요하였는데, 이러한 사실은 기해사옥의 기본적인 동기로 체옥 문제를 해결하기 위한 목적이 있었음을 단적으로 보여준다. 체포된 신자들을 신유년과 같이 '감사정배'하여 각지로 유배보낼 경우, 이들을 담당할 지방의 체옥 문제를 생각하지 않을 수 없었던 것이다. 이 과정에서 '정법'도 '방송'도 되지 못한 신자들의 처리 문제가 불거졌는데, 기해년의 조정은 이 문제를 '絞殺'로 대표되는 고의적인 물고 및 장폐로 해결하였다.

『대명률』은 분명 옥졸이 도리에 어긋나게 죄수를 학대하면 '鬪毆'의 죄목으로 논하며, 죄수가 죽으면 '絞'에 처할 것을 명시했다.[129] 그런데 기해·병오년의 사옥에서 많은 천주교 신자들이 물고 및 장폐하였음에도 이들에 대한 징계 등의 처분 내용을 확인하기 어렵다. 앞서 E-3 김 골롬바의 사례에서 보았듯이 포졸이 규정된 형신 외의 형을 남용하자 형관이 오히려 천주교 신자의 탄원을 받아들여 포졸들을 징계한 것과는 대비되는 대목이다. 이러한 사실은 조정이 포도청에서 행해진 '故殺'을 직접 지시하였거나 최소한 묵인·방조하였음을 보여주는데, 이를 직접적으로 보

128) 『承政院日記』 2472책, 헌종 14년 4월 15일 무오. "上曰, 似此故爲潛越之類, 無論某國人, 何可不誅, 而亦何以知爲渠國之人乎. 敦仁曰, 年前金大建之周流橫行於大小西洋, 亦不無內外和應之跡矣."

129) 『大明律直解』 권28, 刑律, 「斷獄」, '陵虐罪囚'. "凡獄卒非理在禁, 陵虐, 毆傷罪囚者, 依凡鬪傷論. 剋減衣糧者, 計贓以監守自盜論. 因而致死者, 絞."

여주는 사례가 병오사옥 당시 군문효수된 김대건 신부와 현석문 외 신자들의 형정을 보고한 『포도청등록』의 기사이다.

포도청은 김대건 신부와 현석문이 군문효수된 이후인 병오년 8월 1일 사학죄인 18명의 신문 결과를 보고했는데, 이들 중 배교하지 않은 임치백과 남경문 등 7인을 '嚴棍物故' 혹은 '嚴杖致斃'한 사실을 보고하였다. 이러한 포도청의 조치는 우발적인 것이 아니라 김대건 사건과 관련하여 수금된 사학죄인을 포도청에서 "輕重에 따라 酌處"하게 한 결과였으므로, 사실상 조정의 지시에 따라 천주교 신자의 물고가 이루어졌음을 알 수 있다.[130] 포도청이 천주교 신자를 물고 혹은 장폐시킨 사실을 보고했음에도 심상하게 "알았다[知道]"는 답변만이 내려지고 있기 때문이다. 이러한 사실은 기해·병오사옥에서의 형정에서 '고살' 문제가 조정의 눈밖에서 이루어진 것이 아니라, 조정의 지시 혹은 방조하에 포도청을 비롯한 하급관청에서 공공연히 이루어졌음을 보여주는 것이다. 기해·병오년의 조정은 나이가 차지 않거나 나이가 많았던 이들을 포함한 천주교 신자에 대한 반복적인 형신이나 옥사를 사실상 방기함으로써 체옥의 문제를 해소하려 하였다. 소아나 연로자에 대한 '用刑'은 물론 죄수에 대한 과도한 형신은 조선왕조의 법체제상 용인될 수 없는 것이었지만, 용형 이전의 신문에서의 물고는 형정의 진행상 불가피한 것으로 여겨졌고, 조

130) 『右捕廳謄錄』 헌종 12년 8월 1일. "左邊捕盜廳啓曰, 本廳在囚邪學罪人等, 分付該廳分輕重酌處事, 備邊司草記, 允下矣. 諸漢中, 林致百, 南景文兩漢, 講習邪學, 已多年. 所屢施牢刑一直, 抵死終不背教. 情節痛惋, 故嚴棍物故. … 韓履亨及李女干蘭, 禹女述任, 金女任伊, 鄭女喆念等, 屢施牢刑, 多般詰問而頑如木石, 終不可以背教之意. 一辭納招, 故竝爲嚴杖致斃之意, 敢啓. … 傳曰, 知道." 나머지 11명 중 김대건이 탔던 배의 선주 임성룡과 사공 엄수는 비록 배교하였으나 심상히 처리할 수 없다는 이유로 '移刑曹' 하였고, 나머지 이기원과 임학이, 김재신 등 9인은 배교했거나 처음부터 천주교 신자가 아니었다는 이유로 放送 처분되었다. 이를 통해 병오사옥 당시에도 천주교 신자의 형정에서 '徒流' 처분은 배제되었으며, 물고 혹은 방송의 처분이 내려지고 있음을 확인할 수 있다.

정은 바로 이 점을 활용하여 천주교 신자들의 물고 및 장폐를 유도한 것이다.

기해사옥은 개시 단계에서부터 '신유년의 예'를 참고했기 때문에 기해년의 조정이 천주교 신자의 형정에서 원칙과 절차의 중요성을 간과했을 리는 만무하다. 기해년의 조정은 '의도적으로' 기해사옥의 형정을 신유년과 다르게 전개하였으며, 자신들이 신유사옥에서 마련된 형정의 원칙을 스스로 무너뜨렸음을 잘 알고 있었다. 따라서 기해년의 조정은 이러한 사실 또한 감안해가며 사옥의 종결을 선언해야 했고, 그 결과 선택된 것이 '頒教文'이 아닌 '綸音' 형태의 사옥 종결 선언이다. 앞서 살펴보았듯이 신유사옥은 「토사반교문」의 반포로 마무리되었는데, 이는 단순히 경외에 討邪 사실을 전할 뿐 아니라 종묘와 사직에 이 사실을 고하고 전국적인 사면을 동시에 진행함으로써 사옥의 종결을 국가적 경사로 마무리하였다. 반면 기해사옥은 「척사윤음」의 반포로 종결되었는데, 윤음은 반교문과 마찬가지로 경외에 반포한 문서지만 종묘와 사직에의 告由祭는 물론 사면 등 후속조치가 없다는 점에서 차이가 있다. 「척사윤음」을 반포한 기해년의 조정이 「토사반교문」을 참조하지 않았을 리 없으므로, 윤음을 통한 사옥의 종결 또한 기해년의 조정이 선택한 결과로 보아야 할 것이다.

실제로 그 문장 또한 「척사윤음」은 「토사반교문」과 많은 점에서 차이가 난다. 예컨대 「토사반교문」이 이승훈에서 시작해 정약종과 권철신 등 무려 34명의 이름을 열거한 것과는 달리,[131] 「척사윤음」은 기해사옥

131) 「토사반교문」에 언급된 천주교 신자는 이승훈과 정약종, 권철신, 최창현, 옥천희, 홍낙민, 최필공, 최창현, 윤지충, 권상연, 김건순, 김백순, 이가환, 이벽, 채제공, 이존창, 주문모, 지황, 윤유일, 황심, 강완숙, 홍낙임, 황사영, 현계흠, 유항검, 홍교만, 김종교, 이희영, 홍필주, 김범우, 경복, 복혜, 운혜, 신혜이다. 이는 엄밀히 말하면 '신유사옥'에서 정법된 이들만이 아닌, 정조 대 이후 사학죄인으로 여겨진 모든 이들을 망라한 것이다. 이 중 이가환과 채제공, 김건순은 자신이 천주교

의 전례로 신유사옥을 언급하는 가운데 이승훈과 주문모, 황사영을 언급할 뿐 기해년에 체포된 천주교 신자는 단 한 명도 호명하고 있지 않다. 두 문서는 종결부에서도 차이를 보이는데, 신유사옥은 사학의 무리에 대한 '天討'가 행해진 결과이기 때문에 「토사반교문」은 "온 천하가 이미 깨끗해졌으니 다시 변화된 아름다움을 기대하겠노라"라는 문장으로 마무리되었다.[132] 반면 「척사윤음」은 기해년에 다시금 천주교가 횡행한 것은 국왕인 자신의 허물에서 연유한 것이기에, 헌종이 "애통해 하며" 유시하는 것으로 마무리되었다.[133] 「토사반교문」이 신유사옥을 국가 형정의 '典刑'을 밝힌 경사로 거듭 칭송한 반면, 「척사윤음」은 기해사옥을 국왕의 '寡德'에서 비롯된 부득이한 조치로 설명한 것이다. 이러한 차이는 두 국왕에 대한 평가가 담긴 行狀을 통해서도 확인된다.

> F-1. (순조대왕행장) 이때 西洋教라는 것이 북쪽에서 들어왔다. 일종의 간사한 무리들이 이를 몰래 서로 傳習하여 하늘을 속이고 귀신을 무시하고 임금을 버리고 부모를 등짐으로써 倫常을 파괴시켰으며 백성들까지 유혹하였으므로, 드디어 속히 제거하게 하여 그 가운데 더욱 깊이 빠져든 자는 목을 베고 그 黨與는 변방으로 귀양보냈다. 뉘우쳐 고친 사람들은 용서하였다. 天討가 행하여지자 곧바로 깨끗이 쓸어 없애게 되었으며, 諸道에 명하여 항상 규찰하여 금단할 것은 물론 매달 그 상황을 登聞하는 것을 기록하여 법식으로 삼았다.[134]

신자임을 부인하였으나 '사학의 무리'로 간주되었는데, 채제공의 경우 신유년의 조정이 채제공의 삭탈관직을 추시하기 위한 목적에서 포함시킨 것이다.

132) 『純祖實錄』 권3, 순조 1년 12월 22일 갑자. "王言宜簡, 豈欲播告之脩. 海宇既淸, 更冀於變之美. 故玆敎示, 想宜知悉."

133) 『憲宗實錄』 권6, 헌종 5년 10월 18일 경진. "今玆邪敎之橫肆, 職由予寡昧, 不能導率之咎, 反躬自責. 若恫在已, 而載念爾一寒一煗, 一飢一飽之節, 罔非予小子夙宵憧憧, 則其於爾性命之所關係, 倫彝之所維持, 爲人爲獸之所界限剖判者, 予又安得不重言復言. 哀痛而諭之也."

134) 『純祖實錄』 권1, 「純祖大王行狀」. "時有所謂西洋敎者, 自北而來, 一種邪徒, 潛相傳習, 誣天慢神, 遺君背親, 斁滅倫常, 誘惑氓庶, 遂亟行鋤治, 誅其沈溺之尤者, 黨

F-2. (헌종대왕행장) 역관 유진길은 邪教에 빠져 그 醜類와 함께 속이고 현혹하는 짓을 방자히 하며 감히 서양 사람을 데려와서 教主라 칭하고 비밀히 締結하여 간사하고 교활한 짓이 갈수록 심해지므로, 왕이 곧 명하여 잡아서 국문하여 모두 법으로 처치하고 중외에 윤음을 선포하셨다. 그 뒤에 김대건이라는 자가 도망하여 서양에 들어가 10년 동안 그 술법을 傳習하고 본국으로 돌아왔으므로 또 엄히 查覈하여 효수하니, 간사한 무리가 숨을 죽이고 백성의 뜻이 비로소 안정되었다.[135]

위 F-1과 F-2는 각각 순조와 헌종의 행장 중 사옥과 관련된 부분을 추린 것이다. 「순조대왕행장」이 신유사옥을 '천토'임과 동시에 천주교 문제에 대한 각종 절차를 '법식으로 삼은 점'을 평가한 것에 비해, 「헌종대왕행장」은 헌종 대의 사옥을 邪賊 유진길과 김대건의 복주 사실로 국한하고 있음을 알 수 있다. '辛酉邪蘖'인 정하상이 아니라 사건의 실질적 주범 유진길을 명시한 것은,[136] 이 사건이 정치적 사건이 아니었기 때문에 굳이 정하상의 이름을 언급할 필요가 없었음을 보여준다. 신유사옥의 형정은 비단 조정의 특정 인사를 제거한 것에서 더 나아가 倫常을 회복하고 典刑을 바로잡은 것으로 포장된 것에 비해, 기해사옥의 형정은 단지 유진길과 김대건이라는 사학죄인을 적법하게 복주했다는 점에서 그 의미가 평가되었다. 이처럼 분명하게 대비되는 신유년과 기해·병오년 사옥에 대한 평가 기준은 곧 그 형정이 '전형적'이었는가의 여부에 있었다. 신유사옥은 주범격 신자들에 대한 「모반대역」의 조율에서부터 천주

與屛之四裔, 改悔者宥之. 天討載行, 闢之廓如, 命諸道常加糾禁, 逐月登聞, 著爲式."

135) 『憲宗實錄』 권1, 「憲宗大王行狀」. "有象譯劉進吉者, 淫溺邪教, 與其醜類, 肆其詿惑, 敢引西洋人東來, 稱爲教主, 糾結詭秘, 宄猾愈甚, 王, 卽命捕獲鞫之, 竝置之法, 誕敷綸音于中外. 後有金大建者, 逃入西洋, 傳習其術, 十年而乃返國, 又嚴覈而梟之, 奸徒屛息, 民志始定."

136) 정하상은 신문 당시 자신이 "신유년의 전력이 있기 때문에 아마도 제가 벌이는 일들이 조정에 보고될지도 몰라" 전면에 나서지 않은 사정을 진술했다. (「정하상을 심문한 내용(28:260)」, 『추안급국안』 82, 410쪽) 따라서 기해사옥 당시 체포된 천주교 신자들 중 가장 적극적으로 활동한 인물로 유진길이 지목된 것이다.

교 신자의 일반 양형에 이르기까지 전 과정에서 '전형적 형정'임이 누차 강조되었고, 그랬기 때문에 이 옥사는 '천토'로서 그 의미를 널리 드러내야 할 것으로 여겨졌다. 반면 기해·병오사옥에서 신유사옥과 같이 전형적 형정 절차가 이루어진 부분은 유진길과 정하상 및 김대건 등 '모반' 관련 죄인의 형정에 국한되었으므로, 「헌종대왕행장」은 기해·병오사옥의 의미로 유진길과 김대건의 정법 사실만을 기재한 것이다. 조정은 유진길과 정하상, 김대건 외에도 수많은 천주교 신자를 처형하거나 고의로 물고시켰지만, 이는 조정 스스로도 인정하듯 '屈法'에 해당하는 것이었기 때문에 행장에 기재하지 않은 것이다.

한편, 기해사옥 직후 1840년대부터 서양 문제는 단순한 문명의 문제가 아닌 점차 현실 문제로 조선왕조를 엄습해 왔다. 1840년에는 제1차 아편전쟁이 발발하였고, 조선 조정은 사행을 통해 이러한 정보를 실시간으로 획득하였다. 기해사옥 당시 발각된 앵베르 주교와 모방, 샤스탕 신부의 존재는 신유년에도 실현되지 못한 것이었다. 그뿐 아니라 서양인 선교사가 모두 처형된 이후 불과 7년 만에 다시 발생한 '異樣人' 김대건 신부의 체포는 조선왕조로 하여금 천주교 문제를 가치관의 문제가 아닌 실질적인 국가 문제로 인식하게 하였고, 이러한 인식의 전환은 곧 천주교 신자의 형정에도 반영되었다. 그 결과 유진길과 정하상은 '謀背本國, 潛從他國'을 골자로 하는 「모반」이 조율되어 처형되었고, 김대건 신부의 경우 세실 제독의 편지라는 변수로 인해 서둘러 군문효수 되었으나 그 죄상은 사실상 「모반」과 동일하게 인식되었다. 따라서 헌종 기해년과 병오년에 발생한 '邪學謀叛罪人' 관련 형정은 조선왕조의 서양에 대한 인식이 현실화한 결과임을 방증하는 것이며, 이를 통해 우리는 조선왕조의 천주교 신자에 대한 형정이 조선왕조의 시대인식을 그대로 반영한 결과임을 아울러 확인할 수 있다. 신유년의 유항검 형제와 황사영이 「모반대역」 죄의 '미수범'으로 능지처사되고, 기해년의 유진길과 정하상이 「모반」 죄의 '실행범'으로 참형에 처해진 것은 이러한 시대적 맥락에서 이해되어야 하는 것이다.

요컨대 헌종 대 기해년과 병오년에 발생한 두 차례의 사옥은, 모두 신유년에 마련된 천주교 신자의 형정이라는 '典例'를 근간으로 하면서도 그 실질적인 운용에 있어서는 형정의 많은 원칙을 의도적으로 변형하고 훼손했다는 점에서 '權道'로서의 형정이라 할 수 있다. 권도란 맹자가 언급한 '似而非'와 같은 것으로, '常經'을 중시한 공자가 미워한 것을 일컫는 것이다.[137] 조선왕조는 성리학 사회의 근본으로 상경을 중시하지만, 동시에 時勢에 맞는 권도의 사용 또한 불가피한 것으로 여겨지곤 하였다.[138] 기해·병오년의 조정은 선왕이자 천주교 신자의 형정의 전례를 마련한 순조 대의 형정을 '상경'으로, 그리고 자신들이 단행한 사옥을 '권도'로 인식하였다. 따라서 기해·병오사옥의 의미를 신유사옥에 비해 제한적인 것으로 평가하였으며, 실제 형정의 전개 또한 신유사옥 당시 마련된 형정적 원칙의 상당수를 무너뜨릴 수밖에 없었다.

이때 유념해야 할 것은 신유년 조정이 형정의 '전형'을 마련하고 기해·병오년 조정이 '권도'로서의 형정을 단행한 것이 모두 천주교 문제에 대한 국가의 능동적 의사결정의 결과였다는 점이다. 신유년의 조정은 단순히 천주교 신자의 '진멸'만이 아닌 천주교 문제를 빌미로 남인 친서파를 제거하고 자신들의 정당성을 확보하기 위한 노력에 경주했고, 그 형정 또한 '전형적 형정'을 완성하는 데 주력했다. 그것은 정조조차 완전히 다스리지 못한 천주교 문제를 '적법하게' 다스린 결과여야 했으며, 이는 곧 선왕의 뜻을 이어받은 순조의 정당성을 대내외에 과시해 줄 것이었기

137) 『孟子集註』「盡心章句(下)」. "孔子曰, 惡似而非者. 惡莠, 恐其亂苗也, 惡佞, 恐其亂義也, 惡利口, 恐其亂信也, 惡鄭聲, 恐其亂樂也. 惡紫, 恐其亂朱也. 惡鄕原, 恐其亂德也."

138) 조선후기의 맥락에서 '常經'과 '權道'에 대한 논의는 박광용, 「조선의 18세기」, 『역사학보』 213, 2012, 21~22쪽 참조.

때문이다. 이를 위해 천주교 신자들은 범죄자이자 '반역자'로 처단되어야 했고, 형정의 적법한 진행이 강조되었다.

반면 기해·병오년의 조정은 사옥을 통해 늘어날 대로 늘어난 천주교 신자의 '진멸' 그 자체를 목적으로 하는 한편, 본격적으로 조선에 도래하기 시작한 '서양'에 대한 대응책을 마련해야 했다. 이를 위해 기해년의 조정은 신유사옥의 형정적 절차를 스스로 무너뜨렸고, 그 결과 많은 신자들의 물고를 유도하는 한편 외국 관련 천주교 신자에 대한 「모반」 조율 및 군문효수라는 새로운 판례를 만들어 냈다. 이를 종합하면, 헌종대에 '권도' 차원에서 단행된 사옥은 단순히 형정에 대한 무지나 서양에 대한 막연한 공포가 반영된 결과가 아니었다. 오히려 그것은 변화하는 국내·외의 사정 및 이와 연동된 조선 천주교회의 변화상에 대한 능동적 대응의 결과였음을 확인하게 된다. 헌종 대 '권도'로 인식된 천주교 신자에 대한 형정의 시대적 함의를 이해하기 위해 낭대 조선 천주교회의 상황은 물론 서양 관련 국제정세를 함께 이해해야 하는 이유가 여기에 있다.

제5장

병인년(1866) 이후 사옥의 형해화(形骸化) 과정

1. 내우외환(內憂外患)과 내수외양(內修外攘), 천주교

19세기 후반의 조선시대사는 흔히 '內憂外患'으로 표현된다. 내부적으로는 각지에서 사회적 폐단의 누적으로 인한 민의 저항이 이어졌고, 국제정세 또한 西勢東漸의 흐름이 더욱 심화되어 동아시아 전역에 전운이 감돌기 시작했다. 이러한 상황은 18세기 후반부터 이미 감지되었으나, 1850년대를 지나며 더욱 심화된 양상으로 전개된 것이다. 민의 저항 또한 통상적인 抗租나 拒納에서 더 나아가 '作變' 내지 '民亂'으로 발전하여 점차 적극적인 양상으로 변화하였다.[1] 지배층에 대항한 민이 조직화하는 과정에서 조선왕조의 지배이념인 성리학에 대항하기 위한 사상적 대안이 필요했고, 대표적인 것이 『정감록』으로 상징되는 민간의 예언사상이다. 『정감록』이나 미륵신앙 등의 예언사상은 본래 천주교와는 관련이 없으며, 오히려 천주교에서도 배척해야 할 대상으로 여겨졌다. 하지만 신유사옥 당시 강이천이나 김건순이 주문모를 '海島眞人'으로 여기며 조선 천주교회에 접근하였듯이, 일부 신자들은 천주교를 예언사상의 연장선상에서 이해하였다.[2] 조정의 입장에서 예언사상이나 천주교는 모두 일종의 말세론으로 여겨져 위험시되었지만, 3장에서 살폈듯 천주교 신자에게만큼은 '개참'을 명시한 「조요서요언」을 조율함으로써 조선 천주교회를 보다 위험한 조직적·사상적 변혁집단으로 규정지었다.

하지만 신유년(1801)에 처음으로 천주교 신자들에게 「조요서요언」이

1) 한명기, 앞의 글, 1990, 274~275쪽.
2) 백승종, 앞의 책, 2012, 311~322쪽.

조율된 이래 기해년(1839)과 병오년(1846) 사옥에 이르기까지, 수많은 천주교 신자들이 처형되었음에도 불구하고 정작 천주교 신자들에 의한 소요는 발생하지 않았다. 기해사옥 당시 유진길이 강변하였듯이, 서양 선교사가 연이어 국내에 들어왔음에도 이들은 그저 천주교를 전했을 뿐 황건적이나 백련교의 난과 같은 일은 일으키지 않았다. 하지만 조선 조정은 여전히 조선 천주교 신자들을 이양선 및 서양과 연결 지으며 의심의 눈초리를 거두지 않았다. 이러한 와중에 19세기 후반 조선에는 실제로 황건적이나 백련교에 비견될 만한 조직화된 민란이 발발하였는데, 그것은 천주교가 아닌 '東學'이란 이름의 신흥종교였다. 1860년(철종 11) 최제우가 창시한 동학은 서학(=천주교)으로 상징되는 외세의 침략에 대응해 반외세를 표방하였지만, 그 명칭을 통해서도 알 수 있듯 많은 부분 서학의 영향을 받았다.[3] 따라서 조선 조정은 동학을 '西洋之術'의 영향을 받아 생겨난 것으로 이해하였고,[4] 천주교와 동학을 비롯한 邪敎의 확산 저지를 위한 논의에 부심했다.

1860년 당시 천주교가 이승훈의 邪書 전래 이후 정조와 순조, 헌종 대에 수차례 '誅討'를 벌였음에도 진멸하지 못한 난적으로 여겨진 것에 비해, 동학은 단지 영남의 "지극히 어리석고 몽매한 자들"이 서학을 모방해 사설을 일삼은 것으로, 이들에게는 "이단이라는 이름조차 지나친" 것이었다.[5] 따라서 동학은 나라의 오랜 사교인 천주교에 비해 그 위험성이 크지 않은 것으로 여겨졌고, 형정적 처리에서도 동학은 천주교에 비

3) 동학과 천주교의 상호 인식은 김용덕, 「東學에서 본 西學」, 『동아문화』 4, 1965, 172~193쪽; 최석우, 「西學에서 본 東學」, 『교회사연구』 1, 1977, 113~147쪽 참조. 조광, 앞의 책, 2010b, 459~486쪽 또한 동학과 천주교의 상호인식을 다뤘다.

4) 『承政院日記』 2674책, 고종 1년 3월 2일 임인. "今此東學之稱, 全襲西洋之術, 而特移易名目, 眩亂蚩蠢耳. 苟不早行天討, 克底邦憲, 則其究也, 安知不駸駸爲黃巾, 白蓮之歸乎."

5) 『承政院日記』 2674책, 고종 1년 3월 2일 임인. "大王大妃殿傳曰, 異端邪說之陷溺人心, 實歎敎化之不明, 而今此嶺獄諸囚, 則至愚至蠢無足多辨, 異端之目, 在渠亦濫."

해 비교적 가벼운 처분을 받았다. 예컨대 동학의 창시자 최제우는 '警衆'을 위해 경상감영에서 군민을 모아놓고 효수하였지만, 최제우의 수제자인 강원보와 최자원 이하의 교우들은 모두 정배 이하의 처분을 받았다. '匪類'로 체포된 전봉준은 『대전회통』「軍服騎馬作變官門」이 조율되어 교형에 처해졌고, 2대 교주 최시형은 『대명률』「금지사무사술」이 조율되어 교형에 처해졌다.[6] 물론 세부적인 시대적 배경 및 신문 상황을 살펴야 하겠으나, 조율된 죄목만 보았을 때 동학 혐의로 체포된 신자들은 천주교 신자들에 비해 가볍게 조율되었음을 알 수 있다. 이러한 사실은 19세기 중반 이후 척사론의 주 대상이 여전히 천주교였음을 보여준다. 척사론은 이항로·김평묵과 같은 유림계는 물론 윤종의와 박규수, 남병철 등의 경세학계를 중심으로 나타났는데, 이들은 공통적으로 서양 세력을 방어하기 위한 가장 중요한 방법으로 '斥邪'를 꼽았다.[7] 따라서 실제 조선 천주교회가 사회적 소요를 기획했는지와 상관없이, 19세기 후반의 시대적 상황에서 천주교는 꾸준히 사회적 소요의 원흉으로 지목되었다.

한편 청조는 1850년대부터 조선보다 더 심각하고 실질적인 내우외환에 직면했다. 우선 내부적으로 '太平天國의 난(1850~1864)'이 발발하였는데, 태평천국은 홍수전이 기독교를 중국적으로 이해·변용하여 창시한 '上帝敎'를 기반으로 전국적 반란으로 확산하였다.[8] 조선 조정은 태평천국의 전황을 연행 사절단을 통해 파악하였는데, 사절단은 태평천국의 난을 예전부터 청조에 만연한 匪徒 중 '江南賊匪'가 흥성한 정도로 이해할

6) 『承政院日記』 2674책, 고종 1년 3월 2일 임인; 『高宗實錄』 권33, 고종 32년 3월 29일 경자; 권37, 고종 35년 7월 18일(양력). 그런데 『대전회통』은 「軍服騎馬作變官門」의 양형으로 '不待時斬'을 명시하고 있다. 그럼에도 불구하고 전봉준이 교형에 처해진 경위는 별도의 논의가 이루어져야 할 것으로 보인다.

7) 노대환, 앞의 책, 2023, 99쪽.

8) '上帝敎'의 장시 과정에서 기독교의 중국적 이해 양상은 최진규, 「太平天國 上帝敎와 基督敎: 基督敎의 中國的 理解」, 『역사학연구』 26, 2006, 220~227쪽 참조.

뿐, 그 심각성에 대해서는 별다른 주의를 기울이지 않았다. 이는 사절단이 정보를 수집하는 주된 경로가 북경인 탓도 있었지만, 청조의 혼란보다 '안정'을 강조한 사절단의 주관 또한 강하게 반영된 결과였다.9) 다만 사절단은 비록 청조의 성곽이 아무리 견고하다 하더라도 안에서 외적과 호응하는 嘯應之徒가 있다면 성문은 안에서 열릴 것이라며, 걱정할 문제는 '外寇'가 아닌 '方內'에 있다는 점을 강조하였다.10) 병오년과 마찬가지로 외세 침입에 대한 대응으로 내부의 단속을 우선한 것이다.

이러한 인식은 제2차 아편전쟁(제2차 중영전쟁, 1856~1860)의 결과 황제가 열하로 피신하고 영·불연합군에 의해 북경이 점령당했을 때에도 이어졌다. 조선 조정은 1860년(철종 11) 12월 9일에야 齎咨官의 手本을 통해 북경이 함락되고 圓明園이 불에 탔으며 황제가 열하로 피신한 사실을 확인했다. 철종은 서양이 강화를 맺은 것은 겉으로는 교역을 핑계대지만 실상은 '윤상을 어그러뜨리고 망치는 술[蔑倫悖常之術]'을 四海에 전염시키고자 하는 것이라며 제2차 아편전쟁의 결과 천주교가 확산할 것을 우려했다.11) 하지만 이러한 위기 상황에서도 조정의 대응은 "별다른 것이 있는 것이 아니라" 이미 오래전부터 주장해 온, "內修를 한 후에 外侵을 막을 수 있다"는 느긋한 일반론에 불과했다.12) 철종의 우려에 대한 조정의 대응이 미진한 점은 차치하더라도, 국왕의 우려는 물론 이에 대한 대처가 추후 다가올 서양과의 전쟁이나 영토의 침범보다는 천주교 문제에 집중된 점이 주목된다. 척사론을 주장하던 유학자들 또한

9) 하정식, 『태평천국과 조선왕조』, 지식산업사, 2009, 125~194쪽.

10) 『承政院日記』 2638책, 철종 12년 3월 27일 을묘. "皇城根本之固, 遼瀋控衛之壯, 何可輕破而越來. 第有邊卡內外往來嘯應之徒, 則亦難保其無事, 然則所可憂者, 在於方內而不在外寇也."

11) 『承政院日記』 2635책, 철종 11년 12월 10일 기사. "第念, 燕京之於我國, 卽唇齒之比也. 燕京若危, 則我國豈晏然乎. 且聞彼之所講和云者, 不徒交易之計而已. 以其蔑倫悖常之術, 欲爲傳染於四海者也. 然則我國亦難免其害, 況舟揖之利, 一瞬千里者乎."

12) 민두기, 앞의 논문, 1986, 269쪽.

서양의 입장에서 조선은 이익이 적어 국내의 천주교 문제만 잘 단속한다면 청조와는 달리 외침을 겪지 않을 것이라고 전망한 것으로 보아,[13] 이러한 인식은 조선 지배층의 일반적인 당대 인식이라 할 것이다.

'황건적과 백련교'라는 상징적 용어를 통해서도 알 수 있듯, 중국은 역대 왕조의 말엽에 내부에서 창궐한 사교 및 도적의 문제를 반복적으로 맞이했다. 따라서 조선 사절단은 청조의 여러 정세 중 도적에 대한 정보를 바탕으로 청조의 盛衰를 점치기도 했다.[14] 이러한 상황에서 정학을 수호하고[衛正] 사학을 배척하는 것[斥邪]은, 단순한 일반론의 되풀이라기보다 외부 상황을 통제할 수 없었던 조선왕조가 실질적으로 취할 수 있는 수단이기도 하였다. 외부의 침입에 대비해 '내부의 적'을 먼저 색출해야 한다는 것은 중국의 전례를 통해 이미 입증되었으며, 무엇보다도 조선 조정은 여전히 국내에 수많은 천주교 신자들이 존재한다는 점을 인식하지 않을 수 없었다. 기해·병오년의 형정을 통해 세 외국인 선교사는 물론 김대건 신부까지 처형하였지만, 김대건 신부가 처형된 바로 그 해에 페레올 주교와 다블뤼 주교가 입국하여 활동하는 등 조선 천주교회는 신유사옥 이후와는 달리 기해·병오사옥 직후부터 교세를 확장하였다. 제2차 아편전쟁 이후 선교사들은 청조에서의 활동이 더욱 자유로워졌기 때문에, 아편전쟁은 중국을 기반으로 조선 및 일본으로의 전교 발판을 마련해준 것이기도 했다.

이러한 상황에서 조선 천주교회는 기해·병오사옥 이후 병인년에 사옥이 재개되기까지 교세를 더욱 확산하였다. 병오사옥 이후 조선 천주교회의 신자는 1850년(철종 1) 11,000명에서 지속 증가하여 1865년(고종 2)에는 23,000명으로 늘어났다.[15] 1850년 이후 15년 만에 두 배 이상 증

---

13) 노대환, 앞의 책, 2023, 82~92쪽.

14) 남호현, 앞의 논문, 2020, 608~611쪽.

15) 『달레(하)』, 176~327쪽; 유홍렬, 앞의 책, 1962, 34쪽.

가한 것이다. 조선에서 활동한 외국인 선교사 또한 크게 증가하였다. 1847년(헌종 13)부터 1866년(고종 3) 사이 총 18명의 신부가 조선대목구 소속으로 조선에서 활동하였으며, 그중 3명은 주교였다.[16] 이들은 최양업 신부를 제외하면 모두 파리외방전교회 소속 프랑스 선교사로, 전국을 8개 구역으로 나누어 사목을 담당하거나 신학교에서 신학생을 양성하는 등 활발한 선교 활동을 이어나갔다.[17] 이러한 상황에서 조선에서 활동하던 다블뤼 주교는 1859년(철종 10) 포교성성 장관에게 보낸 편지에서 몇몇 지역에서 박해가 있었으나 "조정은 이 괴롭힘과 무관"하며, 관찰사가 사학죄인이 체포되어도 제대로 신문하지 않고 방송한 사례를 전하기도 하였다.[18] 대외 위기의식의 심화와 함께 유림계를 중심으로 '척사' 논의가 고조되는 가운데, 정작 병오년 이후 철종 대까지 천주교 문제는 조정에서 심각하게 논의되지 않았던 것이다. 이러한 상황이 이 시기 천주교의 교세 확장에 기여하였음은 물론이다.

오히려 철종 대에는 천주교 신자에 대한 사면이나 신원조치가 이루어져 천주교에 대한 조정의 적개심이 일부나마 완화된 사례 또한 발견된

---

16) 방상근, 「교회의 정비와 발전」, 한국교회사연구소 편, 앞의 책, 2010b, 215쪽; 조현범, 앞의 책, 2015, 99쪽. 명단은 다음과 같다(괄호 안은 조선에서의 활동기간). 페레올(Ferréol, 1845~1853), 다블뤼(Daveluy, 1845~1866), 베르뇌 주교(Berneux, 1856~1866), 최양업(1849~1861), 메스트르(Maistre, 1852~1857), 장수(Jansou 1854~1854), 푸르티에(Pourthié, 1856~1866), 프티니콜라(Petitnicolas, 1856~1866), 페롱(Féron, 1857~1866), 칼레(Calais, 1861~1866), 리델(Ridel, 1861~1866), 조안노(Joanno, 1861~1863), 랑드르(Landre, 1861~1863), 오메트르(Aumaître, 1863~1866), 브르트니에르(Bretenières, 1865~1866), 볼리외(Beaulieu, 1865~1866), 도리(Dorie, 1865~1866), 위앵(Huin, 1865~1866) 신부. 이중 페레올 주교와 최양업, 메스트르, 장수, 조안노, 랑드르 신부는 조선에서의 사목활동 중 선종(병사)하였고, 다블뤼, 베르뇌 주교, 푸르티에, 프티니콜라, 오메트르, 브르트니에르, 볼리외, 도리, 위앵 신부는 병인사옥 당시 처형되었으며, 페롱, 칼레, 리델 신부는 병인사옥 때 조선을 탈출했다.

17) 방상근, 위의 글, 2010b, 214쪽.

18) 『달레(하)』, 295~298쪽.

다. 대표적 사례가 조선 천주교 유입의 '원흉'으로 여겨진 이승훈의 신원이다. 1856년(철종 7) 3월 21일 철종은 자신의 생부모인 전계대원군과 완양대부인의 옛 묘소에 친행한 뒤 친할아버지 은언군의 묘소에 참배했다.[19] 은언군은 정조 대 내내 정치적 문제의 중심에 있었다. 특히 그는 신유사옥 당시 부인 송마리아와 며느리 신마리아가 사학죄인으로 사사된 것과 연루되어 함께 사사되었는데, 직계 자손인 철종이 즉위함에 따라 신원된 것이다. 전계대원군과 완양대부인의 옛 묘소는 강화군에 있었고, 은언군은 강화 유배지에서 사사된 뒤 인근 양주 신혈면 진관리에 묻혔기 때문에 이곳을 함께 방문한 것이다. 그런데 철종이 생부모와 은언군의 묘를 방문한 이 날 인천에 살던 이승훈의 아들 '幼學' 이신규가 격쟁하여 아버지 이승훈의 신원을 요구한 것이다.

이신규의 격쟁은 이른바 '衛外擊錚'으로, 위외격쟁은 임금이 거둥할 때 시위 권역 밖에서 격생하는 것을 일컫는다. 『육전조례』는 위외격쟁의 처리 과정으로 나장이 原情을 거두고 격쟁을 한 죄인은 형조로 보내어 공초를 받을 것을 규정하였는데,[20] 이신규의 경우 그 아버지 이승훈의 일이 사옥과 관계된 것이었기 때문에 형조는 이 일을 스스로 처리하지 않고 의금부에 이관하여 결정할 것을 요청하였다. 형조에서 이신규는 자신이 '革悟'하였음을 강조하였고, 형조는 사학죄인의 경우 "진실로 뉘우치고 자복한 자에게는 죄를 묻지 않는 법"임을 강조하며 이승훈의 이름을 爻周하고 이신규에게 '開人自新'의 길을 열어주는 것이 어떻겠느냐

---

19) 『哲宗實錄』 권8, 철종 7년 3월 21일 무인. "詣全溪大院君, 完陽府大夫人舊墓所, 展拜. 行茶禮夕上食, 仍詣恩彦君墓所, 展拜."

20) 『六典條例』 「刑典」 '擊錚'. "幸行時, 部外則自纖營, 捧入原情, 凡衛外擊錚時原情, 羅將收捧, 罪人, 言送政院後, 移送本曹捧供, 四件事【子孫爲祖父母, 妻爲夫, 弟爲兄, 奴爲主. ○ 又刑戮及身, 父子分別, 嫡庶分別, 良賤分別】外, 竝勿施. 雖非四件事, 係是民隱, 勿請猥濫律." 조선후기 격쟁제도에 대한 상세한 고찰은 조윤선, 「18·19세기 擊錚·上言·擊鼓의 제도사적 고찰과 童蒙擊錚」, 『고전번역연구』 14, 2023, 284~296쪽 참조.

고 건의하였다.[21] 형조의 요청은 의금부에서도 받아들여졌고, 이승훈은 신원되었다.[22] 순조 대에도 도류 처분된 일부 신자가 해배되는 등 천주교 신자의 석방은 간간이 있었지만, 이승훈의 경우 천주교 문제의 원흉으로 여겨졌던 만큼 그의 신원은 천주교 신자에 대한 조선 조정의 적개심이 다소간 완화된 것으로 이해할 수 있다. 이때 이신규의 격쟁이 있었던 때와 장소가 철종의 은언군 묘소 행행이었다는 점 또한 의미심장하다. 은언군 또한 본인은 천주교 신자가 아니었음에도 천주교 문제로 사사되었으므로,[23] 이를 고려하여 이승훈의 신원 또한 이루어진 것으로 생각된다.

이러한 기조는 일반 신자의 사면 사례를 통해서도 확인된다. 앞서 살폈듯이 사학죄인 즉 천주교 신자는 대역죄인과 함께 사면령의 대상에서 제외되곤 했는데, 철종 대에는 사학죄인을 비롯한 중죄인에 대한 사면령이 단행되었다. 사면령의 계기는 곧 1858년(철종 9)의 元子 탄생이었다. 오랫동안 후사 문제로 고심하던 철종에게 원자의 탄생은 경사가 아닐 수 없었으며, 전국적으로 원자의 탄생을 축하하는 차원에서 還穀의 탕감과 함께 경죄수의 放送은 물론 중죄수의 保放까지 이루어진 것이다.[24] 이 사면령에 대역죄인이나 사학죄인 등의 제한조건은 보이지 않는다. 다블뤼 주교는 이 '大赦'에 배교를 선언하지 않은 천주교 신자 10여 명이 석방되었고, 이 중에는 김대건 신부와 함께 상해에 갔던 뱃사공도 풀려나

---

21) 『承政院日記』 2578쪽, 철종 7년 4월 6일 임진. "刑曹啓目, 今三月二十一日幸行敎是時, 衛外擊錚人仁川幼學李身逵, 爲其父承薰伸雪事, 非臣曹所管, 令義禁府稟處, 如何. 啓. 設有十分所犯, 苟以革悟自服, 則置之勿問, 卽治邪之法也. 李身逵之爲其父稱冤, 不啻曰革曰悟, 而尙在罪籍, 已非治邪之法, 且何以開人自新之路乎. 李承薰罪名, 特爲爻周爲良如敎."

22) 『承政院日記』 2578쪽, 철종 7년 4월 7일 계사.

23) 달레는 은언군의 처 송마리아와 며느리 신마리아의 순교 사실을 기록하면서 은언군은 천주교와 아무런 관련이 없었음을 언급하였다. (『달레(상)』, 480~481쪽)

24) 『哲宗實錄』 권10, 철종 9년 10월 18일 경신. "命輕囚, 一并放送, 重囚保放."

왔다고 기록하였다.[25] 이는 물론 천주교 문제가 아닌 원자의 탄생이라는 국가적 경사로 인해 이루어진 것이었으나, 천주교 신자를 별도로 제한하지 않고 사면한 점에서 전에 비해 완화된 천주교 신자의 단속이 이루어졌음을 확인할 수 있다.

요컨대 철종 대에는 순조 대 이후 헌종 대까지 이어지던 천주교 신자에 대한 단속이 다소 완화되었다. 천주교는 여전히 '사교'로서 엄히 단속되었고 양반 지배층 일반의 천주교에 대한 적개심 또한 수그러든 것은 아니었지만,[26] 적어도 국가적 차원에서 천주교 신자를 대대적으로 체포·처형하는 차원의 사옥은 철종 대까지 발생하지 않았다. 철종 대의 사회적 소요는 천주교가 아닌 동학이나 민란에 집중되었고, 철종 자신이 사학죄인에 연루되어 사사된 은언군의 후예였기 때문에 천주교 문제에 대해 전에 비해 완화된 입장을 취한 것이다. 이러한 상황에서 천주교 문제의 '원흉'으로 여겨지던 이승훈이 사면되고, 일부 천주교 신자들이 석방되는 사례가 나타나자 일반 백성들은 물론 양반 및 조정 관료 중에서도 다시금 천주교에 입교하는 사례가 다시 증가했다. 기해사옥 당시 천주교 신자의 특징 중 하나로 비교적 '미천한 이들'이 주류였던 것과 달리, 1860년대에 이르면 양반 출신 천주교 신자의 비중이 유의미하게 증가하였음이 확인된다. 병인년 이전 조선 천주교회의 신자들 중 양반 신자의 비중은 4.42%(石井壽夫)에서 7.89%(방상근), 14.4.%(서종태)까지

25) 『달레(하)』, 297~298쪽.

26) 예컨대 베르뇌 주교와 남종삼 등의 체포 전인 병인년 정월에 평양 중영에서는 여러 천주교 신자들을 매질하여 배교하도록 하였으며, 이 중에는 이정률과 우세영 등도 포함되어 있었다. 이정률은 끝까지 배교를 거부한 끝에 배교한 신자들에게 장살된 뒤 대동강에 버려졌고, 우세영은 평양 중영에서는 배교하였다가 서울에서 다시 자수하여 병인년 정월 25일 새남터에서 처형되었다. 내포 사람 전 프란치스꼬 사베리오 또한 병인년 전 해인 을축년에 포교에게 잡혔다가 그 해 12월 10일에 교살되었다. (뮈텔 주교 저, 하성래 감수, 『치명일기』, 성황석두루가서원, 1985, 14쪽; 339쪽. 이하 『치명일기』로 약칭함)

다양한데,[27] 보다 중요한 것은 이 시기 양반 신자들의 역할이다. 1860년대의 양반 신자들은 殘班이나 鄕班으로 천주교에 입교한 이들도 있었으나, 일부는 조정의 관료로서 국정에 임하기도 하였다.

예컨대 병인사옥 당시 가장 먼저 체포된 양반 신자 중 한 명인 남종삼은 승지를 역임하였고 조선후기 閥閱 가문의 하나인 북인계 의령남씨로 당시의 집권층을 형성하고 있었으며, 그 아버지 남상교 또한 충주목사와 돈녕부 동지사 등을 역임하였다.[28] 또한 남종삼과 함께 근무한 조철증은 대왕대비 조씨의 손자 항렬로 노론 벌열 출신이었으며, 관직 또한 정언에 이르렀다.[29] 이러한 지배층 출신 천주교 신자의 분포는 남성 관료층에 국한되지 않았는데, 가장 대표적인 사례가 흥선대원군의 부인 부대부인 민씨의 사례이다. 부대부인 민씨는 교리문답과 기도문을 공부하는 한편, 고종이 왕위에 오른 것을 감사하는 뜻으로 베르뇌 주교에게 미사를 청하기도 하였다.[30] 또한 대원군의 딸이자 조기진의 며느리인 이씨도 천주교를 믿었고,[31] 지배층 양반은 아니지만 고종의 유모인 박 마르타 또한 천주교 신자였다.[32] 교회사 기록에는 유모에게 천주교 이야기를 전해 들은 고종이 천주교 신자가 되고 주교도 만나보겠다고 말한 사실을 전하는데,[33] 이러한 기록은 물론 사실 확인이 어렵지만 적어도 철종 대 이후 적어도 조정 차원에서는 천주교 문제가 심각하게 다뤄지고

27) 병인사옥 당시 양반 신자의 비율이 이처럼 다른 것은 연구자별로 활용한 사료의 범위 및 '양반'의 개념상에 차이가 있었기 때문이다. 하지만 이들은 공통적으로 1860년대에 양반 신자의 수가 증가한 점은 인정한다.

28) 남상교와 남종삼의 가문 및 이력은 이원순, 『성 요한 남종삼과 그 일가의 신앙』, 분도출판사, 1984, 49~54쪽에 상세하다.

29) 서종태, 앞의 글, 2000, 301쪽.

30) 『달레(하)』, 361~387쪽.

31) 서종태, 앞의 글, 2000, 301쪽.

32) 『치명일기』, 26쪽.

33) 『달레(하)』, 361쪽.

있지 않았음을 보여주는 것이라고 하겠다.

이처럼 벌열 혹은 왕실의 일원에서 천주교 신자가 나타난 사실은 조선 천주교회로 하여금 이들이 조정에서 천주교의 승인을 위해 노력해줄 것을 기대하게 하였고, 실제로 이들은 뒷 절에서 다루듯이 러시아와 관련된 조정의 의사결정에 어느 정도 관여하기도 하였다. 이러한 사실은 관료 출신 천주교 신자의 위상이 전에 비해 달라졌음을 보여주는 것이지만, 동시에 신유년과 마찬가지로 조정 내의 천주교 신자를 제거하기 위한 '사옥'의 재개 가능성을 암시하는 것이기도 하였다. 따라서 1860년대에 천주교 신자가 조정 깊숙이 분포한 사실은 천주교 신자에 대한 국가의 경계가 다소 완화된 사실을 보여주는 동시에, 신유년과 같이 조정 인사의 제거를 위한 '사옥'의 재개 가능성 또한 높아졌음을 보여주는 것이다. 특히 19세기 중반 이후 유림을 중심으로 한 양반 집권층의 '내우외환'에 대한 대비책으로서 '내수외양'론이 거의 유일한 대책으로 부상하고 있었음을 고려할 때, 이러한 기조에 정면으로 배치되는 조선 천주교회의 확산은 언제든지 국가권력과 충돌할 여지가 있는 문제였다. 이러한 문제는 서양 세력의 직접적인 접근이 이루어지기 전까지는 수면 아래에 존재할 뿐이지만, 일단 문제가 불거지자 조선왕조는 천주교 신자에 대한 대대적인 사옥을 재개했다. 프랑스 함대와의 전면 충돌로 귀결된 병인년의 '洋擾'가 있기 이전, 다시금 천주교 신자에 대한 형정을 재개한 계기는 다름 아닌 러시아였다.

2. 대러시아 위기의식의 실제와 사옥의 재개

헌종 대 앵베르 주교를 비롯한 서양인 선교사 3인이 체포된 이후 조선왕조는 천주교 문제를 서양 문제의 일환으로 인식하였는데, 그 대상은 주로 프랑스였다. 기해년에 붙잡힌 앵베르 주교와 모방, 샤스탕 신부가 모두 프랑스 출신이었을 뿐 아니라, 앞서 살폈듯이 병인년에 조선에 들어와 활동하던 서양 선교사들은 모두 프랑스인이었기 때문이다. 청조의 경우 두 차례 아편전쟁에서 주된 교전국이 영국과 프랑스, 러시아였으므로, 사행을 통해 이러한 정보를 수집한 조선왕조가 우려한 '서양'은 결국 영국과 프랑스, 러시아 정도로 국한되었다. 하지만 1860년대 이전까지 러시아의 접촉은 두드러지지 않았고, 조선에 접근한 이양선 또한 대다수가 영국과 프랑스의 배였기 때문에 조선이 가장 큰 위협을 느낀 '서양'은 결국 영국과 프랑스였다. 그런데 제2차 아편전쟁의 결과 조성된 새로운 국제질서에서 러시아가 부상하였고, 이는 조선의 北邊에도 영향을 미쳐 조선은 러시아와 국경을 맞대게 되었다.

19세기 이전에도 조선은 물론 러시아를 인식하였다. 하지만 조선이 러시아를 직접 대면한 것은 19세기에 접어들면서부터이다. 신유사옥 이후 조선 사절단의 북경 천주당 방문이 금지된 이후, 그 대안으로 러시아 사신의 숙소인 '俄羅斯館'을 방문하였기 때문이다. 조선 사절단의 아라사관 방문은 1828년(순조 28)부터 확인되는데,[34)] 사절단은 그곳에서 북경 천주당에서 볼 수 있었던 서양 문물을 접하는 한편, 러시아인들과 필담을 나누기도 하였다. 그런데 조선 사절단과 아라사관의 교류는 18세기 북경 선교사들과의 그것과 상이했다. 조선 사절단이 더러 아라사관을 방

34) 신익철 편, 앞의 책, 2013, 305쪽. 이에 따르면 조선 사절단 중 최초로 아라사관 방문 기록을 남긴 자료는 이재흡의 『부연일기』이다.

문하고 그곳 사람들과 필담을 나누기는 하였으나, 18세기처럼 깊이 있는 논의가 이어진 경우는 없었다.[35] 다만 조선 사절단은 러시아가 '蒙古別種'으로서 나라의 영토가 광활하고 강인한 이들이라는 점을 인식하였고, 청조 또한 이들의 강함을 우려해 아라사관을 지어주고 머물게 한 정도로 이해하였다.[36] 즉 1860년대 이전까지 조선인들에게 러시아는 청조 내의 오랑캐이자 이국적인 존재 정도로 여겨졌다.

그런데 1860년 9월 12일에 북경조약이 체결된 지 20여 일 만에 청조와 러시아 사이의 국경 조약이 체결되어 우수리강 동쪽의 연해주가 러시아 영토가 됨으로써 조선은 사상 처음으로 유럽 국가와 국경이 맞닿게 되었다.[37] 러시아는 고종이 즉위한 1864년(고종 1) 2월에 조선과의 직접적인 접촉을 시도하였는데, 이들은 사람 5명과 말 1필로 찾아와 投書하며 조선과의 교역을 요청했다. 경흥부사가 이를 거절하자 이들은 곧 돌아갔는데, 우려스러운 것은 불과 5인의 러시아인들이라기보다 그들이 태연하게 국경을 넘어 투서할 정도로 이에 호응한 조선인들이 있었다는 점이었다.[38] 조사 결과 러시아인들의 투서에는 김홍순과 최수학 등의 조선인이 관계되어 있었는데, 조정은 이들을 '犯越罪人'으로서 효수경중하였다.[39] 영국이나 프랑스에 대한 이전의 대응과 마찬가지로, 투서한

35) 孫成旭, 앞의 논문, 2015, 105~106쪽.

36) 김경선, 『燕轅直指』, 「鄂羅斯館記」. "鄂羅斯館, 在玉河館後街乾魚衚衕不過半里許. … 鄂羅斯, 或稱阿羅斯, 或稱俄羅斯. 以其人皆鼻大, 故或稱大鼻㺜子, 卽蒙古別種也. … 自古以來, 初非朝貢之國, 而康熙時自來通好, 要學漢語漢書, 中國以綏遠之義, 授館而處之."

37) 이는 북경조약의 결과였지만, 조선은 예부를 경유해 북경조약 중 청조와 영국, 프랑스와의 조약 사실을 인지했을 뿐, 이번원이 담당한 러시아와 청조의 조약 사실은 이듬해가 되어서야 인지하였다. 한동훈, 「19세기 후반 조선과 러시아의 상호인식과 외교정책」, 고려대학교 한국사학과 박사학위논문, 2021, 54쪽.

38) 『高宗實錄』 권1, 고종 1년 2월 28일 기해. "挽近邊禁, 雖曰蕩弛, 異樣人之窺覘我境, 以交易等語, 肆然書給者, 必有我人之私相和應, 做出無前之事, 此不可置而勿問."

39) 『承政院日記』 2677책, 고종 1년 5월 15일 갑인. "備邊司啓曰, 以咸鏡監司李裕元狀

러시아인보다 내부에서 호응한 자국민 단속에 무게를 둔 조치였다. 제2차 아편전쟁 이후 꼭 천주교인이 아니어도 이익 등을 노리고 이양선이나 북변의 러시아인과 접촉하는 조선인이 증가하였는데, 조선왕조는 이들에게 범월죄를 적용하여 효수경중 함으로써 내부의 호응을 단속하였다. 제2차 아편전쟁 이후 서양과의 접촉 또한 늘어갔으므로, 이러한 예가 조선 천주교 신자들에게도 적용될 가능성 또한 커졌다.

고종 즉위 초의 정국은 대왕대비 신정왕후 조씨와 홍선대원군이 주도하였는데, 러시아와의 관계에 있어서 대원군은 이들의 통상요구 자체에 위협을 느꼈다기보다 조선과 새로 국경을 접한 러시아가 육로로 통상을 요구한 점을 의식하였다. 육로를 통한 러시아의 통상요구는 곧 침략의 전조로 간주되었기 때문이다.[40] 영국과 프랑스의 침입이 군함을 통한 '바다'로의 침입으로 실현될 것으로 여겨진 것에 비해, 러시아는 '육로'로 바로 접해 있었기 때문에 러시아는 분명 영국이나 프랑스에 비해 직접적인 위협으로 간주되었다. 특히 러시아는 위의 투서 사건이 있은 이듬해에도 두만강을 내왕한다는 보고가 이어질 정도로 자주 국경을 왕래했고,[41] 이는 분명 외양을 통해 침입해 올 것으로 여겨진 영국이나 프랑스 등 여타 서양 세력에 비해 우려스러운 것이었다.

이러한 상황에서 러시아의 남하를 저지하기 위해 고안된 것이 이른바 '防俄策'이다. 방아책은 극동지역에서 러시아의 영향력 확대를 방지하고자 했던 영국이나 프랑스에게 필요한 방책이기도 하였다. 예컨대 1856년(철종 7)에 조선 연안을 측정한 프랑스의 게랭(Guérin) 제독은 근자에 러시아 선박이 조선 연안에 출몰하는 것은 목적이 조선 식민화에 있다며 러시아의 남하를 경계했다.[42] 이는 프랑스의 이익에도 반하는 것이었고,

---

啓, 俄羅斯人投書時, 作俑之金鴻順, 崔壽學, 合置當律, 金海成, 姜君甫, 難免同謀之罪, … 犯越罪人金鴻順, 崔壽學, 江頭梟首, 以警軍民."

40) 연갑수, 「대원군과 서양: 대원군은 쇄국론자였는가」, 『역사비평』 50, 2000, 110쪽.

41) 『承政院日記』 2686책, 고종 2년 11월 11일 임신.

프랑스는 러시아와는 달리 무력개입을 배제하고 외교 협상을 우선하는 방식으로 러시아의 침략을 저지하기 위한 전략을 수립했다.[43] 이러한 문제의식은 조선에서 활동하던 프랑스 선교사를 경유하여 조선인 신자들에게도 공유되었고, 조선 천주교 신자들은 프랑스를 이용해 러시아의 남하를 저지하고 그 대가로 조선에서 신앙의 자유를 획득하는 방안을 모색했다.

이 과정에서 조선 조정과 조선 천주교회 사이의 가교를 자처한 이들이 바로 남종삼이나 홍봉주 등의 조선 관료층 천주교 신자들이다. 베르뇌 주교를 비롯한 프랑스 선교사 중 상당수는 1850년대 후반에 조선에 입국하였다. 이 시기는 러시아가 영국, 프랑스, 오스만 튀르크와 크림전쟁(1853~1856)을 벌이는 등 러시아의 확장이 본격화한 시기였기 때문에 이 시기에 입국한 프랑스 선교사들은 러시아에 대한 '프랑스의 위기의식'을 공유했고, 이는 곧 조선 천주교 신자들에게도 확산되었다.[44] 따라서 조선 천주교회 신자들은 서양 선교사와 함께 방아책을 강구했고, 베르뇌 주교는 1865년(고종 2) 6월경 청국주재 프랑스 공사관에 독자적으로 군함의 내항을 요청했다.[45] 이러한 와중에 천주교 신자였던 부대부인 민씨와 일부 풍양조씨 세력은 홍봉주와 남종삼 등을 경유하여 흥선대원군에게 서양 선교사를 통해 프랑스와 교섭할 것을 건의했고, 실제로

42) 최석우 역주, 「한불관계자료(1846~1856)」, 『교회사연구』 1, 1977, 195~196쪽.

43) 조현범, 앞의 책, 2015, 301쪽. 이에 따르면 프랑스 선교사들 또한 처음에는 무력개입을 염두에 두었으나, 이른바 '코친 차이나 사태(1858~1862)'를 경험하면서 선교 활동을 위해 본국 정부의 무력을 끌어들였을 때의 문제점을 인식하였다.

44) 김규성, 「조선 천주교회 신자들의 방아책 제시의 배경과 전개」, 『교회사연구』 40, 2012, 224쪽.

45) 최석우 편, 『병인박해 자료연구』, 한국교회사연구소, 1968, 18~19쪽. 이러한 요청에 대해 프랑스 베르트미 공사는 선교사들이 위험에 처하거나 박해가 임박하지 않은 상황에서 섣부르게 군사적 개입을 할 경우 오히려 프랑스의 내정간섭에 대한 적개심을 불러올 수 있다는 판단 아래 베르뇌 주교의 청원을 거절했다.

베르뇌 주교와 대원군 사이에는 두어 차례의 서신 교환까지 이루어졌다.[46] 프랑스 선교사들에게 대원군은 천주교에 호의적 인식을 지닌 인물로 비쳐졌고, 베르뇌 주교와의 서신 교환까지 이루어지자 조선 천주교 신자 사이에는 신앙의 자유의 때가 곧 올 것이라는 소문이 퍼졌다.[47] 하지만 대원군은 이내 천주교에 대해 적대적인 태도로 전환했고, 일이 잘못되었음을 직감한 남종삼 등이 도주함으로써 사옥이 재개되었다.

사옥 재개 직전까지만 해도 조선 천주교회를 통해 프랑스 선교사, 나아가 프랑스와의 교섭을 타진했던 대원군이 이듬해 갑자기 대대적인 사옥을 개시한 배경은 명확하지 않다. 다만 기존연구는 대원군이 프랑스 선교사를 경유하지 않고 독자적으로 함경도 경흥을 통해 러시아와의 교섭 창구를 마련해 프랑스와의 교섭 필요성이 줄어들었으며, 조선 천주교 신자들이 성급하게 일을 추진한 점 등을 거론했다.[48] 이와 함께 흥선대원군을 비롯한 조정의 입장에서 사옥을 재개할 정도로 천주교 문제를 심각하게 여긴 배경으로는 조선 천주교회가 스스로 존재를 드러내며 국정에 영향을 미치려 한 점을 들어야 할 것이다. 이는 프랑스인 사이에서도 '선교사들의 정치 개입'이라고 비난받은 바 있는데,[49] 조정의 입장에서도 공공연히 그 존재를 인정할 수 없는 천주교 신자들이 스스로 그 존재를 드러내며 국정에 개입하려 한 사실은 위협으로 다가왔을 것이다.

이러한 상황에서 병인년 1월 9일에 프랑스 선교사 장경일(=베르뇌)이 포도청에 붙잡히자,[50] 조정은 도주한 남종삼을 붙잡아 추국을 개설할

46) 연갑수, 앞의 논문, 2000, 109~113쪽.
47) 김규성, 앞의 논문, 2012, 227쪽.
48) 연갑수, 앞의 논문, 2000, 122~128쪽; 김규성, 앞의 논문, 2012, 233쪽.
49) 우철구, 「19세기 프랑스의 대외정책과 병인양요」, 『누리와 말씀』 3, 1998, 67~68쪽. 물론 이러한 비난이 선교사들이 실제로 조선의 정치에 개입하였음을 의미하는 것은 아니다. 프랑스 선교사들은 러시아와 프랑스는 정치와 종교적 배경이 다르며, 프랑스가 러시아의 일에 간섭할 수 없었음을 분명히 하였기 때문이다.
50) 「포도청에서 장경일 등에 대해 보고하다(29:3)」, 『추안급국안』 85, 27쪽.

것을 결정했다. 조정은 철종 대부터 조선에서 천주교가 확산되고 외국인 선교사들이 국내에서 활동하고 있었던 사실을 인지하고 있었지만, 이에 대한 적극적인 단속을 실시하지 않았다. 이는 천주교가 19세기 중후반의 여러 사회 문제에 비해 뚜렷한 문제를 일으키지 않았기 때문이지, 천주교에 대한 인식 자체가 긍정적으로 변화한 것은 아니었다. 앞서 동학이나 제2차 아편전쟁의 결과 해석을 통해 확인하였듯이, 많은 조선인들은 점차 심화되어 가는 대내외적 모순의 원인으로 여전히 천주교를 지목하였다. 체포되기 전 대원군과 교섭하던 남종삼에게 대원군이 자신이 천주교를 받아들일 수 없는 이유로 천주교가 '죽은 이에 대한 제사를 지내지 않는 것'을 지적한 사실 또한 조선 조정의 천주교 인식이 종래와 크게 다르지 않았음을 보여주는 것이다.[51] 따라서 조선 조정은 이미 러시아의 동향을 살필 수 있는 창구(경흥)를 마련한 상황에서 프랑스와 교섭할 필요가 없었으며, 바로 이 시점에 조선 천주교 신자들이 자신들의 존재를 과시하듯 프랑스와의 교섭을 제안하자 다시금 사옥을 결심한 것이다.

이와 같은 배경에서 개시된 사옥은 병오년 이후 20년 만에 전개된 것인데, 조선 조정은 사옥의 초점을 다시금 '전형적' 형정의 재개에 두었다. 이전의 '전형적' 사옥이었던 신유사옥과 마찬가지로 조정 관료들이 천주교 문제와 연루되었을 뿐 아니라, 재야 유림 또한 천주교 문제의 해결 방안으로 '衛正學'을 주창한 만큼 이번 천주교 신자의 형정은 '斥邪學'을 밝히는 전형이 되어야 했기 때문이다. 이러한 인식은 사옥의 개시 단계에서부터 확인된다. 베르뇌 주교의 체포 소식을 보고한 포도청은 기해년과 경자년(1840)의 사옥을 언급하며, "하늘의 이치가 모두 사라지고 인간의 떳떳한 도리가 무너져" 천주교 문제가 확산되었음을 지적하였고, 이에 호응한 고종 또한 "다른 나라 사람이 우리나라에 들어왔으니, 어찌 우리나라 사람이 어울려 호응한 일이 없었겠느냐"며 문제의 핵심을 서

51) 「칼레 신부의 1867년 2월 13일자 서한」, 김규성, 앞의 논문, 2012, 226쪽에서 재인용.

양인 선교사가 아닌 이들과 호응한 조선 사람들에게 돌렸다.[52] 서양 선교사를 앞세워 조선에 방아책을 건의한 것은 남종삼 등의 조선 천주교 신자들이었으므로, 이들 조정 내의 천주교 신자들이 꾸미고 계획한 바를 확인하는 것이 형정의 핵심사안이 된 것이다. 체포령이 내려질 당시 남종삼은 제천으로 내려간 것으로 파악되었는데, 정작 남종삼은 고양에서 체포되었다.[53] 조정은 베르뇌 주교 이후 포도청에서 체포한 프랑스 선교사 백유스토(=브르트니에르), 서몰례(=볼리외), 김베드로(=도리) 신부 및 함께 체포된 홍봉주와 이선이, 최형, 정의배, 전장운을 의금부로 이송하였고, 추국이 개시되었다. 조선 천주교 신자들이 비밀리에 추진하던 방아책은 이제 추국장에서 공공연히 논의되었다. 남종삼과 홍봉주는 자신들이 프랑스 선교사에게 러시아의 위협을 전해 들었으며, 이로 인해 프랑스와 먼저 조약을 체결해 러시아의 위기를 극복한다는 '방아책'을 고안하였음을 진술하였다.

> (추국청) 네가 하늘이 정한 인간의 도리를 스스로 끊고 천주교에 흠뻑 빠진 상황을 이미 숨기지 않고 큰 소리로 말하였으니, 스스로 앞장서서 부르짖고 스스로 호응한 여태까지의 행적은 굳이 캐물을 필요가 없다. …
>
> (남종삼 공초) "하늘이 정한 인륜의 도리를 스스로 끊었다"는 추궁은 알지 못할 말씀입니다. 제게는 임금님에게 충성하고 나라를 사랑하는 마음이 있는데, 어찌하여 "하늘이 정한 인륜의 도리를 스스로 끊었다"는 대목으로 죄를 삼으십니까? … 지금 이러한 지경에 이르러 진술할 만한 말이 없지만, 당시 말을 하지 않으면 나라에 위험이 닥치고, 말을 하면 나에게 위험이 닥칠 판인데, 말을 하는 것이 옳았겠습니까? 말을 하지 않는 것이 옳았겠습니까? 오래지 않아 러시아가 난리를 일으키는 상황이 닥칠 판이었습니다. 제수가 물에 빠졌을 때, 손을 내밀어 건져주는 것이 의리인데, 어떻게 말하지 않을 수 있었겠습니까? … 러시아는 바로 천하의 9분의 1을 차지하고 있는 나라이며, 강력했던 옛 진나라와 같이 다른 나라들을 모두 집어삼킬 수 있는 세력을 지

52) 「포도청에서 장경일 등에 대해 보고하다(29:3)」, 『추안급국안』 85, 28~29쪽.
53) 「남종삼을 잡아와 가두다(29:6)」, 『추안급국안』 85, 33쪽.

> 니고 있기 때문에, 단지 조선에만 걱정거리가 되는 것이 아닙니다. 다른 나라들도 장차 차례로 집어삼킬 것입니다.[54]

추국청은 남종삼의 죄목으로 크게 천주교를 믿어 인륜을 끊은 것과 서양인을 맞이하는 데 앞장서 스스로 호응한 점을 들었다. 이에 남종삼은 자신에게는 '忠君愛國'의 마음이 있는데 인륜을 끊었다는 죄목은 지나치다며, 자신이 위험을 무릅쓰고 천주교 신자라는 사실을 드러내면서까지 방아책을 제시한 것은 러시아의 침입이 임박한 상황에서 어쩔 수 없는 일이었음을 강조했다. 남종삼이 언급한, "제수가 물에 빠졌을 때 손을 내밀어 건져주는" 고사는 『맹자』에 나오는 '權道'의 대표적 비유이다. 남종삼은 당시 상황이 러시아의 침입이 임박했기 때문에, 조선사회에서 천주교가 받아들여지지 않음을 알면서도 부득이하게 '권도'로써 방아책을 제시한 것이라고 해명하였다. 앞서 살펴보았듯이 흥선대원군은 러시아 문제를 경흥에 교섭창구를 개설하는 선에서 일단락지었고 러시아 또한 1860년대에는 조선과의 "상호신뢰를 바탕으로 한 우호적인 관계 구축"을 위해 노력하였으므로,[55] 남종삼의 러시아의 침입이 '임박'했다는 주장은 과장된 면이 있다. 하지만 프랑스 선교사를 통해 러시아의 위협을 전해 들은 조선 천주교 신자들은 프랑스와 영국의 러시아에 대한 위기감을 곧 조선의 그것으로 받아들인 것이다.

1860년대 선교사의 편지는 조선인들의 러시아에 대한 공포를 여럿 전한다. 예컨대 리델 신부는 1866년 정월에 러시아 군함으로 추측되는 군함이 나타나자 조선인들은 물론 "대원군까지 두려움에 사로잡혀 동요한" 사실을 전했는데,[56] 이를 통해 적어도 서양 선교사들이 마주한 조선

---

54) 「남종삼을 심문한 내용(29:8)」, 『추안급국안』 85, 38~41쪽.

55) 한동훈, 앞의 논문, 2021, 66~68쪽.

56) 「리델 신부가 형 루이에게 보낸 1866년 4월 24일자 서한」, 『리델문서』 1, 한국교회사연구소, 1994, 76~77쪽.

인 즉 조선 천주교 신자들 사이에 러시아에 대한 공포감이 확산되어 있었음을 확인할 수 있다. 인용문에서 남종삼은 러시아가 조선뿐 아니라 "다른 나라들도 장차 차례로 집어삼킬 것"으로 우려하였고, 홍봉주는 전부터 러시아의 위협을 전해들어 죽음을 무릅쓰고 세 차례나 조정에 방아책을 제시하려 하였다. 이들에게 러시아의 위협은 "눈썹에 불이 붙은 것처럼" 시급한 사안으로 여겨진 것이다.[57] 프랑스 선교사와 함께한 조선 천주교 신자들은 분명 선교사를 통해 서세동점의 국제질서를 직·간접적으로 접했다. 남종삼은 러시아의 위협에 대한 모든 내용을 베르뇌 주교에게 들었다고 진술하였고, 홍봉주는 선교사를 맞이하기 위해 배를 타고 상해를 왕래하였다. 하지만 그렇다고 해서 이들이 인식한 러시아의 위협이 곧 당대의 현실을 그대로 반영한 것은 아니었다. 조선 천주교 신자들은 프랑스 선교사를 통해 러시아에 대한 '프랑스의 위기의식'을 공유하였고, 이들이 청조를 왕래하며 목도한 것은 영국과 프랑스였지 러시아는 '그들조차 능가하는' 미지의 세력으로 막연히 상상될 뿐이었다. 따라서 러시아에 대한 위기의식은 조선 천주교 신자들 사이에서만 공유될 뿐이었고, 조정의 입장에서 조선 천주교 신자들의 방아책은 곧 이전부터 천주교 신자들에게 두어져 온 오랜 혐의, 즉 '妖言'의 한 형태에 지나지 않는 것으로 이해되었다.

추국청은 남종삼의 혐의를 ① 국법으로 금하는 천주학을 감히 큰 소리로 말한 점과 ② 천주교를 正道라고 주장한 점, ③ 체포령이 내려졌는데도 도주하여 君父를 저버린 점, ④ 러시아가 침입한다는 '요사스런 말'을 부르짖으며 나라를 팔아먹을 계책을 꾸민 점으로 정리하였다. ①과 ②는 전부터 천주교 신자에게 적용된 혐의로, 남종삼은 ①이 자신의 죄임을 인정하면서도 ②는 천주교가 바른 도리이기 때문에 죄가 되지 않는다고 주장하였다. 한편 ③과 ④는 남종삼의 특수혐의에 해당하는데,

---

57) 「홍봉주를 심문한 내용(29:12)」, 『추안급국안』 85, 48~49쪽.

남종삼은 ③은 순순히 인정한 반면, ④에 대해서는 나라를 걱정하는 마음에 소문을 전해 듣고 발설한 것이라고 해명하였다. 하지만 베르뇌 주교의 신문에서도 러시아가 어느 날 어느 곳에 침입할 것이라고 명시적으로 이야기한 바는 없었으므로, 남종삼은 결국 자신이 러시아가 침입한다는 "요사스런 말로 뭇사람을 미혹시킨 죄"를 지었음을 지만할 수밖에 없었다.[58] 요컨대 남종삼은 국법을 어기며 천주교를 믿고 체포령을 피해 망명한 자신의 '행위'가 범죄임을 인정하면서도, 바른 도리인 천주교를 믿으며 방아책을 제시한 자신의 '의도'는 죄가 되지 않는다고 강변한 것이다.

한편 홍봉주의 경우 각각 신유년에 사학죄인으로 처형된 홍낙민의 손자이자 기해년에 사학죄인으로 처형된 홍재영의 아들이었음에도 그가 '邪孽'이라는 점은 신문 과정에서 별다른 논점이 되지 않았다. 그가 사얼이라는 사실은 홍봉주가 자신이 곤궁해진 까닭을 언급하는 가운데 한 차례 언급될 뿐이며,[59] 추국청은 홍봉주가 "바다를 건너 중국에 들어가 주교를 맞이해 온" 혐의를 입증하는 데 주력했다. 홍봉주는 이미 베르뇌 주교를 모셔오기 위해 상해에 다녀온 사실을 진술하였으며, 남종삼에게 러시아 이야기를 한 것 또한 그였기에 그는 병인년 사학의 '窩主'이자 '남종삼을 부추긴 장본인'으로 여겨졌다.

결국 남종삼과 홍봉주에게는 정하상과 유진길과 마찬가지로 「모반부도」가 조율되었는데, 둘의 결안에는 공통적으로 러시아로 인한 걱정거리가 장차 있을 것이라는 점과 프랑스와 먼저 조약을 맺어야 한다는 '요사스런 말'을 앞장서서 부르짖은 점이 기재되었다.[60] 천주교 신자들의

58) 「남종삼을 다시 심문한 내용(29:51)」, 『추안급국안』 85, 107~110쪽.

59) 「홍봉주를 심문한 내용(29:12)」, 『추안급국안』 85, 46쪽.

60) 「남종삼의 결안(29:66)」, 『추안급국안』 85, 132~135쪽; 「홍봉주의 결안(29:67)」, 『추안급국안』 85, 135~136쪽.

방아책은 1860년대 당시로서는 가장 현실적인 러시아 대비책의 하나로 평가받지만,61) 정작 당대 조선에서 그것은 하나의 '요사스런 말'로 취급된 것이다. 남종삼과 홍봉주의 죄상이 단지 천주교를 믿고 요사스런 말을 전하는 데 그쳤다면 그 죄목은 「조요서요언」에 해당할 것이었다. 하지만 이들이 '요사스런 말'을 들은 출처가 프랑스 선교사들이었기 때문에, 추국청은 기해사옥과 마찬가지로 이들에게 서양과의 연루 죄목인 「모반」을 조율하였다. 결과적으로 남종삼과 홍봉주가 위험을 무릅쓰고 제기한 '방아책'은 그 자체로서 「모반」 조율의 근거가 된 것이다.

조선 조정은 남종삼과 홍봉주의 신문과 함께 체포된 네 명의 서양 선교사 및 조선 천주교 신자들의 형정도 진행했다. 그런데 이번 사옥에서도 베르뇌 주교와 브르트니에르, 볼리외, 도리 신부는 신유년의 주문모 신부나 기해년의 앵베르 주교, 모방, 샤스탕 신부와 마찬가지로 동료 신자의 이름을 대지 않았다. 오히려 이들은 자신들을 보내주겠다는 회유조차 거절하고 하나같이 조선에서 죽겠다고 진술하였다. 추국청은 신유년과 기해년에도 선교사들은 동료 신자를 고발하지 않았다며, 선교사들의 심문을 통해 별다른 소득을 얻을 수 없었음을 토로하였다.62) 결국 조정은 "기해년 사옥 때 이미 한 것처럼" 베르뇌 주교 이하 네 선교사의 군문효수를 결정함으로써 또다시 '律'이 아닌 '例'를 근거로 선교사들을 처형하였다.63) 앞 장에서 살폈듯 기해년 세 프랑스 선교사가 효수된 것은 신유년 주문모 신부의 전례를 근거로 한 것인데, 주문모 신부의 효수는 청조와의 관계를 의식한 결과였기 때문에 프랑스 선교사들과는 아무런 관련이 없었다. 그럼에도 불구하고 기해년의 조정은 앵베르 주교 등의 물고를 염려하여 주문모 신부의 전례를 부회하였고, 이것이 또 전례

61) 김규성, 앞의 논문, 2012, 208쪽.

62) 「장경일을 엄히 매질해 심문하게 하다(29:31)」, 『추안급국안』 85, 73쪽.

63) 「최형 등을 처형하거나 더 캐묻게 하다(29:65)」, 『추안급국안』 85, 133쪽.

가 되어 병인년 프랑스 선교사의 형정에도 비부된 것이다. 이는 조선왕조 형정의 기본 방식인 인율비부가 아닌, 이전의 전례를 참고해 형정에 적용했다는 점에서 '引例比附'라고 할 것이다.

결과적으로 천주교 신자의 형정에서 조선인 김대건과 중국인 주문모를 비롯한 성직자(주교와 신부)는 모두 '군문효수'라는 동일한 방식으로 처형되었다. 천주교 신자에 대한 형정에서 처음으로 '군율'이 조율된 주문모 신부는 분명 그 신문 결과를 바탕으로 조선 조정이 청조와의 마찰을 우려해 '근각을 남기지 않는 방식'을 선택한 것이지만, 이것이 이후의 주교나 신부들에게도 적용된 것은 엄밀히 말해 '군율' 자체의 적용이라기보다 '주문모 신부의 전례'를 형정에 적용한 결과에 가까웠다. 이러한 사실은 조선왕조의 형정에서 전례의 영향력을 보여주는 사례이기도 하다. 기해·병오사옥 당시 프랑스 선교사들이나 김대건 신부 등에게 군문효수가 조율된 '맥락'은 서로 달랐지만, 주문모 신부의 판례는 그 자체로 천주교 신자의 형정에 하나의 '전례'가 됨으로써 선교사들에 대한 군문효수 집행의 근거가 된 것이다.

신유년 주문모 신부부터 병인년 베르뇌 주교 이하 네 선교사에 이르기까지 조선에서 처형된 모든 성직자들이 가혹한 형신 속에서도 단 한 명의 동료 신자도 언급하지 않은 사실은 이들의 종교적 열성과 사명감을 잘 보여준다. 선교사들의 '완고함'은 조정의 입장에서 프랑스 선교사에 대한 추국의 무용성을 보여주는 것으로 여겨졌고, 베르뇌 주교 이하 네 선교사의 처형 이후 조선 조정은 프랑스 선교사가 체포되어도 추국을 개설하지 않았다. 예컨대 베르뇌 주교 등이 처형된 지 4일 뒤인 병인년 1월 24일에는 신요안(=푸르티에), 박미가엘알늑산델(=프티니콜라) 신부와 소선인 신자 장주기와 우세영이 체포되었고,[64] 2월 7일에는 안돈이(=다블뤼 주교)와 오베드로(=ᄋᆞ메트르), 민ᄋᆢ아ᄂᆞ가(=위앵)와 함께 조선인

64) 『承政院日記』 2698책, 고종 3년 1월 24일 갑신.

신자 황석두가 체포되었다.[65] 포도청이 이들에 대한 품처를 요청하자 조정은 이들은 교화시키기 어려운 인간 이하의 자들로, 죽여도 용서할 수 없는 점이 국경을 넘어온 죄뿐만이 아니기 때문에 곧바로 군문효수할 것을 결정하였다.[66] 신유년과 기해년, 병오년뿐 아니라 병인년 초의 프랑스 선교사의 전례를 통해 이미 프랑스 선교사들이 신문에서 별다른 진술을 하지 않는다는 점을 확인하였으므로, 프랑스 선교사의 형정으로 포도청의 의계 후 군문효수라는 새로운 기준이 마련된 것이다.

나머지 신자들의 형정은 대체로 기해사옥의 전례에 따라 「모반」이 조율된 남종삼과 홍봉주, 군문효수된 베르뇌 주교 이하 네 명의 선교사를 제외하면 다시금 형조 및 포도청으로 이송하여 처리하는 것으로 결정되었다. 우선 최형과 전장운은 『聖教日課』와 『省察記略』 등의 천주교 서적을 무려 4천여 질이나 간행하였는데,[67] 이들은 모두 배교하지 않았으므로 형조는 이들에게 「조요서요언」을 조율하여 부대시참하였다.[68] 포

65) 황석두와 장주기는 본래 포도청의 체포 대상이 아니었지만, 자원하여 함께 따라가 잡힌 끝에 다블뤼 주교 등과 함께 공충도 수영에서 효수되었다. (『치명일기』, 232쪽) 우세영 또한 평안감영에서는 한 차례 배교하였으나 "서울에서 자원하여" 다시 잡혀와 프티니콜라 신부와 함께 처형된 것으로 보아 황석두, 장주기의 경우와 같은 사례인 것으로 보인다. (『치명일기』, 14쪽. 『치명일기』는 우세영의 이름을 우세필(아륵스)로 전한다.)

66) 『承政院日記』 2699책, 고종 3년 2월 7일 정유. "又以議政府言啓曰, 卽見兩捕廳啓目, 則以爲洋人安敦伊, 吳베드로, 閔유아눅가, 邪學人黃錫斗, 俱以遲晩納拱[供], 而留接和應者, 抵死牢諱, 請令廟堂稟處矣. 此漢輩難化之性, 便是種下之種, 異類殊俗之充斥中外, 詿誤人心, 已不容誅, 不但犯越之罪, 而至於黃漢所供狡悍兇慝, 萬戮猶輕, 竝出付軍門, 梟首警衆, 何如. 傳曰, 竝令捕廳, 押送公忠水營, 梟警, 可也." [베드로]와 [유아눅가]는 『승정원일기』 원문에도 한글로 쓰여져 있다.

67) 「최형을 심문한 내용(29:24)」, 『추안급국안』 85, 63~64쪽.

68) 『承政院日記』 2698책, 고종 3년 1월 23일 계미. "刑曹啓曰, 罪人全長雲, 崔炯, 締結異類, 沈溺洋敎, 刊出邪書, 傳播煽動, 罔念邦禁, 一心蠱惑, 全身薰染, 堅如鐵石, 雖遭慘刑, 矢此靡悔, 自顧所犯, 萬死無惜, 從實遲晩納招, 依法處斷, 不待時處斬事, 報議政府, 詳覈抄啓, 竝施行, 何如. 傳曰, 依啓."

도청으로 이송된 정의배는 추국청에서 네 선교사의 출처 및 배치서, 정복길, 이득삼 등의 천주교 신자의 이름을 댔는데,[69] 그럼에도 불구하고 프티니콜라 신부 및 우세영과 함께 군문효수되었다.[70] 정확한 이유는 알 수 없지만, 우세영과 마찬가지로 한 번 배교하였다가 다시금 배교를 철회한 것이 아닐까 생각된다. 반면 분명하게 배교한 데다 포도청의 신문에서 여러 사람의 이름을 불어 천주교 신자의 체포에 기여한 이선이는 남종삼 등의 추국이 개시된 지 이틀만인 병인년 1월 17일에 한 차례 신문만 받고 保放 되었는데,[71] 이후 이선이는 남종삼과 홍봉주의 결안이 작성된 1월 20일 보방에서도 풀려나 석방되었다.[72] 이를 통해 병인사옥의 초기에는 배교한 신자의 경우 보방 내지 석방 처분이 이어졌음을 확인할 수 있다. 순교 사료에는 홍주사람 손 마르첼리노가 "병인년에 여러 신부와 한가지로 잡혔다가" 석방된 사실을 전하므로,[73] 관찬사료에 등장하지 않는 여러 천주교 신자들이 체포되었다가 석방된 사실을 확인할 수 있다.

병인년 사옥의 개시를 알린 남종삼·홍봉주 등의 형정은 병오년 이후 20년 만에 이루어진 사옥으로, 그 형정의 절차는 대체로 신유년과 기해년의 그것을 전례로 삼아 절차대로 진행되었다. 이번 사옥은 신유년과 마찬가지로 조정 관료가 연루된 데다 남종삼은 천주교 신자들의 방아책 제시가 '충군애국'하는 행위의 일환이었음을 강조하였으므로, 조정은 이들을 정법하기 위해서라도 다시금 '정의의 법정'을 구현해야 했다. 따라서 이번 사옥은 기해사옥과 마찬가지로 주범격인 남종삼과 홍봉주에게만 「모반」을 조율하고, 나머지 신자들은 형조에서 의처하는 것으로 마무

69) 「정의배를 다시 심문한 내용(29:39)」, 『추안급국안』 85, 87~88쪽.

70) 『承政院日記』 2698책, 고종 3년 1월 24일 갑신.

71) 「이선이를 증인은 세워 석방하게 하다(29:20)」, 『추안급국안』 85, 55쪽.

72) 『承政院日記』 2698책, 고종 3년 1월 20일 경진.

73) 『치명일기』, 205쪽. 이후 손 마르첼리노는 정묘년(1867)에 다시 잡혀 치명하였다.

리지었다. 사옥이 마무리된 이후 후속조치 또한 이어졌는데, 천주교 서적 등을 민간에서 수납하여 모두 불사르는 焚書 조치가 단행된 것이다.[74] 邪書와 이를 찍어낸 邪板은 잠시라도 용납할 수 없는 것이기에, 사옥의 후속조치로서 분서는 당연한 일이었다.

그런데 남종삼과 홍봉주에게 연좌율을 적용하는 과정에서 논쟁이 발생했다. 앞서 살폈듯 「모반」은 처첩과 자녀 및 부모, 조손, 형제에 대한 연좌를 명시하였으므로 이들에 대한 연좌 대상의 검토는 절차대로 이루어졌다.[75] 문제는 막상 남종삼과 홍봉주의 연좌 대상을 검토하고 보니 연좌율을 적용할 대상이 없었던 데 있었다. 즉 남종삼의 아버지 남상교는 병인년 당시 84세의 고령이었으며, 남종삼과 홍봉주의 자녀는 나이가 차지 않아 율의 적용 대상이 되지 않았던 것이다. 4장에서 보았듯 기해사옥 당시 정하상의 어머니 또한 83세인 관계로 연좌율에서 면제된 바 있는데, 남상교는 이보다도 나이가 많았기 때문에 정상적인 법 적용에 따르면 연좌에서 면제되어야 했던 것이다. 남종삼과 홍봉주의 자녀 또한 나이가 차지는 않았으나, 이들을 살려둘 경우 화근을 '傳種'할 우려가 제기되었다. 따라서 조정에서는 남상교는 물론 남종삼과 홍봉주의 처자식을 모두 처형하는 '孥戮法'을 실시할 것을 요구하는 상소가 빗발쳤다. 『승정원일기』만 보아도 남종삼과 홍봉주의 조율이 이루어진 병인년 1월 20일 이후 1월에만 무려 아홉 차례나 남종삼과 홍봉주의 처자식을 처형할 것을 요구하는 건의가 이어졌다.[76] 하지만 조정은 삼사의 요청을 모

---

74) 『承政院日記』 2698책, 고종 3년 1월 18일 무인. "邪書邪板, 不可晷刻淹留, 卽於鞫庭, 對衆燒火前, 此渠輩賣買分布之卷秩, 不知爲幾許處, 無知愚氓之詿誤漸染, 勢所必至, 八道四都, 措辭行關, 曉諭民間, 使之一一收納, 各於營庭, 一體燒火, 何如. 傳曰, 允."

75) 『承政院日記』 2698책, 고종 3년 1월 21일 신사. "義禁府啓曰, 謀叛不道罪人鍾三, 鳳周等, 旣已承服正刑矣. 其妻妾子女及父母祖孫兄弟, 年歲姓名存沒居住, 令漢城府考出帳籍後, 分付五部及各該道, 應坐罪人, 一一査出, 使之修成册報來, 財産入官等節, 令各該司捧承傳擧行, 何如, 傳曰, 允."

두 기각하였는데, 그 이유는 이미 왕법을 통쾌하게 시행하여 해당 형률을 적용하였기 때문이다.[77] 사옥의 후속조치에서 양반 사대부의 여론을 앞세운 관료들이 역률의 追施와 같은 강경책을 제안하면 조정에서 '典刑'을 근거삼아 이를 기각하는 장면이 병인년에도 연출된 것이다.

기해사옥 당시에는 조정의 '縉紳'이라 할 만한 이가 없었기 때문에, 남종삼 등의 사옥은 신유년 이후 60여 년 만에 발생한 조정 관료의 천주교 연루 사건이었다. 따라서 대원군이나 대왕대비를 비롯한 조선 조정이 신유년의 전례를 참고하여 사옥을 전형적으로 전개하려고 한 것과는 달리, 양반사회의 여론은 그것을 뛰어넘는 '법 외의 형'을 요구한 것이다. 이미 신유년에 천주교와 연루된 남인 관료들이 광범위하게 화를 입은 바 있으므로, 남종삼의 가문인 의령남씨 또한 남종삼의 체포를 앞장서서 주장함으로써 자신들에게까지 화가 미치는 것을 방지하고자 하였다. 남종삼이 체포되기 전, 조정 관료인 무호군 남이륜과 호군 남상교, 우승지 남종순이 연명 상소하여 "불행히도 族人 중 종삼이란 자가 나온" 점을 통탄하며 서둘러 그를 잡아들여 나라의 형벌을 바룰 것을 요청한 것이다.[78] 이러한 상황에서 조정은 천주교 신자의 형정이 필요 이상으로 확대되는 것을 경계하였으며, 이들에 대한 법에 의한 처분을 강조하며 남종삼 등의 연좌인에 대한 노륙을 윤허하지 않은 것이다.

남종삼과 홍봉주의 연좌인에 대한 노륙법의 시행이 기각되자, 삼사는 전략을 바꾸어 남상교에 대한 별도의 국문을 요청했다. 즉 남종삼은 천

---

76) 『승정원일기』에는 병인년 1월 21일 이후 동월 30일까지 9일 동안 매일 한 차례씩 남종삼과 홍봉주의 처자식을 처형하라는 건의가 기록되어 있다. 노륙법을 건의한 주체는 언관과 대사간, 집의, 사간, 대사헌, 지평, 장령 등 삼사의 관원들이었다.

77) 『承政院日記』 2698책, 고종 3년 1월 21일 신사. "請謀叛不道罪人鍾三, 鳳周, 竝施孥戮之典焉. 答曰, 不允. 鍾三, 鳳周事, 罪人斯得, 王章夬伸, 天理明矣, 人心正矣, 旣施當律, 何必如是. 勿煩."

78) 『承政院日記』 2698책, 고종 3년 1월 11일 신미.

주교를 '家學'으로 배웠으므로 그에게 천주교를 전파한 이는 남상교가 되는데, 남종삼이 정법되었음에도 불구하고 정작 사교를 전한 남상교가 아무런 처벌을 받지 않는다는 것은 말이 되지 않는다는 논리였다. 즉 남상교가 남종삼에게 천주교를 전한 일은 "아들의 죄를 아버지에게 연좌시킨 것"이 아니며, "아버지가 범한 죄가 아들의 국문 과정에서 밝혀진" 것이라는 논리였다.[79] 결국 조정은 남상교가 나이가 많아 연좌율을 적용할 대상이 아니라는 점을 강조하면서도, 부자가 사학을 傳習한 일은 이미 斷案이 이루어진 것이라며 "특별히 생명을 소중히 여기는 덕을 미루어" 남상교를 공주 감영에 수감시킬 것을 명하였다.[80] 결국 고령의 나이로 수감된 남상교는 오래지 않아 옥사하였다.

남종삼과 홍봉주의 연좌에서 불거진 조정과 삼사의 논쟁은 마치 법정에서의 공방을 연상케 한다. 놀랍게도 이때 조선 조정은 남종삼 연좌인들의 변호인이 되었다. 삼사는 끈질기게 나이가 너무 많은 남상교와 나이가 차지 않은 남종삼과 홍봉주의 자녀를 노륙할 것을 주장하였으나, 조정은 그러한 '초법적 처분'이 왕조의 전형에 어긋난다는 이유로 삼사의 주장을 받아들이지 않았다. 결국 삼사는 전략을 수정해 남상교의 削籍과 투옥에는 성공하였으나, 모반죄인의 처자식에 대한 노륙법의 시행은 끝내 이루어지지 않았다. 오히려 조정은 남종삼의 연좌인들에게 일종의 恩典을 베풀기도 하였다. 즉 의금부가 남종삼의 처 이조이와 1남 2녀

79) 『高宗實錄』 권3, 고종 3년 1월 24일 갑신. "大司憲林肯洙上疏批旨, 有令廟堂稟處之命, 而取見其疏本, 則以爲, 鍾三之父尙敎, 請令王府拿鞫得情, 夬正典刑. 鍾三, 鳳周之子, 年雖未滿, 不可使凶種滋長, 爲辭矣. 父子傳習之說, 鍾三之對衆不諱者也. 洋人之接置咫尺, 豈鍾三之所獨辦者邪. 然則臺疏聲討, 非以其子之罪, 株累於其父. 特其父所犯, 待鞫事益掀露, 以致群情之沸鬱, 則今事體, 不當因循. 南尙敎亟令王府明正典刑."

80) 『高宗實錄』 권3, 고종 3년 1월 24일 갑신. "敎曰, 糾結異類, 傳習邪術, 是父是子, 一串貫來. 今於聲討之章, 斷案已成, 而第其年已老矣. … 旣承慈敎, 特推好生之德, 尙敎嚴囚公州鎭營, 兩罪人子, 竝嚴囚全州鎭營."

의 배소를 각각 경상도 창녕현과 의령현, 산청현, 영산현으로 하여 노비로 삼을 것을 주장하자, 이들을 모두 창녕현에 이송하여 노비로 삼을 것을 명한 것이다.[81] 본래 천주교 신자는 배소를 분산하는 것이 원칙이었음을 감안할 때,[82] 의금부가 전례에 따라 남종삼 처자식의 유배지를 분산하여 보고하였음에도 불구하고 이들을 한 곳으로 모은 것은 당시의 양형 기준상 최대한의 은전이 베풀어진 조치였다.

요컨대 점차 현실화하는 서양 세력의 침입 및 러시아에 대한 위기의식의 발로로 개시된 병인년 남종삼·홍봉주 등의 사옥에서는 우리가 흔히 '병인박해'의 결과로 이해하는 천주교 신자에 대한 무자비한 학살이나 초법적 처분은 발견되지 않는다. 남종삼 등의 형정은 신유사옥 이후 약 60여 년 만에 발생한 조정 관료가 연관된 사옥이었기 때문에, 조정은 이들에 대한 '정의의 법정'을 재현함으로써 천주교 문제에 대한 형정적 처리 원칙을 재확인하였다. 결과적으로 남종삼과 홍봉주가 제기한 방아책은 그 자체로서 '외국과 내통한' 혐의의 근거가 되어 「모반」 조율의 빌미가 되었고, 베르뇌 주교를 비롯한 프랑스 선교사들의 형정적 처리 기준으로 '인례비부'의 기준이 마련되었다. 이는 천주교 신자에 대한 초법적 조치가 이루어진 결과라기보다, 신유년 이래 누적된 외국인 선교사 관련 사건의 경험을 바탕으로 마련된 '전례'의 확보라는 차원이 더 강했다. 조선 조정은 '모반부도죄인'으로 정법된 남종삼과 홍봉주의 가족에 대한 연좌율 또한 적법하게 집행하였는데, 이 과정에서 연좌율의 적용 대상을 놓고 왕실과 삼사가 논쟁을 벌이기도 하였다. 애당초 천주교 신

81) 『承政院日記』 2699책, 고종 3년 2월 6일 병신. "金鼎鎬, 以義禁府言啓曰, 卽接堤川縣監柳南珪牒報及成册, 則謀反不道罪人鍾三應坐諸人, 査出以來. 妻李召史慶尙道昌寧縣, 女九歲兒山淸縣, 女七歲兒靈山縣, 竝緣坐爲婢子, 四歲兒宜寧縣, 緣坐爲奴, 而右罪人等, 方囚該縣獄, 依例令刑曹, 押送于各其配所, 旣因廟啓批旨, 其父尙敎, 嚴囚於公州鎭營, 子命淑, 嚴囚於全州鎭營, 自臣府不爲擧論之意, 敢啓. 傳曰, 其妻李召史與二女一子, 竝移送昌寧縣, 爲奴爲婢."

82) 심재우, 앞의 논문, 2019, 276~280쪽.

자의 '진멸'만이 목적이었다면 나타날 리 없는 논쟁이 전개된 것이다.

결과적으로 조선 조정은 나이가 차지 않은 남종삼과 홍봉주의 자녀에게까지 노륙을 시행해야 한다는 삼사의 건의를 기각하였는데, 이러한 사실은 천주교 신자의 형정에서 조정의 역할을 잘 보여준다. 신유년 이래 조선 조정은 천주교를 진멸해야 한다는 여론을 반영하여 사옥을 개시하고 천주교 신자에 대한 형정을 단행하였지만, 이 과정에서 여론이 지나치게 과열되거나 법 외의 형을 요구할 경우 여론의 반영보다는 '典刑'을 밝히는 것을 우선으로 하였다. 세도정치가 이어지던 19세기 조선의 정국에서 조선 조정은 물론 세도를 위임받는 정파 내지 특정 가문의 이익을 대변하였다. 하지만 세도와 왕법이 충돌할 경우, 적어도 천주교 신자의 형정에서 조선 조정은 한결같이 왕법을 우선하였다. 이러한 사실은 19세기 조선에서 법과 형정의 역할이 단순히 집권세력의 이익만을 대변하는 수단에 머무르지 않는다는 점을 보여준다. 조정은 천주교 신자의 형정에서 왕법을 수호하고 국가의 전형을 바로 세운다는 자신들의 책무를 소홀히 하지 않았다. 그 특수한 위상은 이른바 '집권세력'의 정치적 이익을 넘어, 선왕의 유지를 계승하는 한편 조선의 법이 담지한 유교적 이상사회를 적법한 형정의 실시를 통해 구현하는 것을 우선시하였다.

3. 병인양요 전후 천주교 신자의 형정과 내응(內應) 문제

남종삼·홍봉주 등의 사옥은 비교적 이전의 '전형적' 형정을 본떠 진행되었지만, 병인년을 기점으로 서양의 위협이 현실화하고 물리적 충돌까지 발생하자 천주교 신자의 형정에도 적지 않은 변화가 나타났다. 남종삼 등의 사옥에서 문제가 되었던 러시아의 위협이 일종의 '요사스런 말'로 취급된 것과는 달리, 병인년 1월 이후 전개된 두 차례 양요와 제너럴 셔먼호 사건, 덕산 굴총사건(오페르트 도굴미수사건) 등은 서양에 대한 위기감을 현실 문제로 인식하게 하였으며, 서양 관련 사건이 발생할 때마다 국내 천주교 신자에 대한 적대감 또한 고조되었다. 특히 평시에 사악한 무리[邪徒]를 단속하여 반란의 싹을 제거하는 한편 전형을 바로 잡는 '사옥'의 원칙은 서양과의 직접적인 무력충돌이 발생하는 상황에서는 유지되기 어려웠다. 신유년 이래 외국 관련 소요는 항상 서양 세력에 호응한 무리[嘯應之徒]에 의한 것으로 여겨졌으므로, 서양 세력의 위협이 현실화하면 할수록 천주교 신자에 대한 강경책이 함께 대두하였다. 특히 신유년부터 척사론을 전개해 온 유림은 천주교 신자들이 서양을 끌어들인 것으로 보아 천주교에 대한 대응에 집중했다. 잘못된 기대였지만, 국내의 천주교만 종식시킨다면 서양의 위협도 사라질 것으로 간주한 것이다.[83] 이러한 상황에서 천주교 신자에 대한 형정은 '邪獄'의 차원에만 머무르는 것이 아니라, 실질적인 외침에 대비한 '關防'의 차원에서도 논의되기 시작했다.

특히 조정은 남종삼 등의 사옥에서 천주교 신자들이 해서와 호서지역의 바닷길을 통해 왕래한 사실을 확인하였다. 즉 해서와 호서는 중국과 수로로 연접한 지역인데, 조선과 청조(에 있는 서양)의 천주교 신자들이 중국 선박에 십자가를 꽂아 표식으로 삼는다는 등의 구체적 정보가 파악된 것이다. 따라서 조정은 해서와 호서의 감영과 병영, 수영이 합심하여 해외와 잠통하는 조선인의 단속을 실시하고, 이들을 체포하는 대로 공초를 받은 다음 선참후계할 것을 법식으로 삼았다.[84] 사실 북경조약(1860)

83) 노대환, 앞의 책, 2023, 130쪽.

84) 『承政院日記』 2698책, 고종 3년 1월 24일 갑신. "議政府啓曰, 以邪書搜聚, 邪徒芟鋤事, 纔已經稟, 行會於八路四都, 海防邊禁等節, 亦自政府申飭, 而最是海西·湖西沿海諸處, 觀於今番鞫招, 惟此兩路, 爲渠輩往來交通之迷藏, 夫海西·湖西水路, 本自聯

이후 조선인들의 서양과의 연루는 비단 천주교만의 문제가 아니었다. 조약 이후 영국과 프랑스의 중국 연안 항해가 자유로워졌고, 두만강 접경지역이 러시아와의 국경지역으로 설정되자 천주교 신자가 아니더라도 이곳을 왕래하며 이익을 취하는 조선인들이 점차 증가하였다. 해외와 잠통하는 조선인에 대한 '선참후계' 방침이 정해진 지 이틀 만에 황해도에서 외국 선박에 몰래 인삼을 판 홍화서 등 4인이 체포되었는데, 이들은 천주교와는 무관한 이들이었음에도 조정은 이들에 대한 군문효수를 집행했다.[85] 『속대전』은 서북 沿邊을 고의로 범월한 이들의 '皆斬'을 명시하였는데, 특히 唐船과의 교통은 군율의 적용 대상으로 여겨졌다.[86] 병인년을 전후한 시점에는 천주교 신자뿐 아니라 국경을 왕래하는 이들을 모두 '범월죄인'으로 간주하여 군문효수하는 방침이 마련된 것이다.

단순히 '사학을 한 무리'가 아닌, 외국의 침입에 대해 '국내에서 호응한 무리'로서 천주교 신자를 색출하기 위한 실질적인 조치 또한 마련되었다. 대왕대비는 남종삼 등의 형정을 마무리한 다음 국내에 남아 있는 천주교 신자를 철저히 색출할 것을 지시하였는데, 이때 단순히 천주교 신자의 색출만을 강조한 것이 아니라 일종의 보상까지 약속함으로써 유사뿐 아니라 일반 백성들까지 천주교 색출에 나설 것을 독려하였다.

接而唐舶中十字旗, 卽其認號也. 海西之甕津, 豐川, 長淵及湖西之內浦六七邑, 若不嚴加瞭察, 則彼匿影潛踪, 聲氣呼吸所及, 又將何患之不生. 兩道監兵水營, 同心團束, 本國人之如前聯絡者, 一一摘發, 隨所捉所招後, 使之先斬後啓, 沿海鎭將, 萬一有疎忽放過之弊, 則隨事啓聞, 施以卽其地定配之典, 不飭之道帥臣, 從重論勘之意, 更爲行關知委, 何如. 傳曰, 允."

85) 『承政院日記』 2698책, 고종 3년 1월 26일 병술.

86) 『續大典』「兵典」, '軍民犯罪'. "軍民犯罪者, 從輕重用軍律.【沿海邊民交通唐船者, 瞞報邊情者, 宿衛軍兵越城出入者, 入番軍兵處受賂者與受, 竝用軍律】"; 「刑典」, '犯越採蔘佃獵者'. "西北沿邊犯越採蔘佃獵者, 首從, 皆境上斬.【犯越首倡者, 籍沒家產. ○ 犯越斫木者, 依採蔘律論. ○ 犯越人容接敎誘者, 與犯人同罪.】"

> 대왕대비전이 전교하기를, "근래 양놈들의 일은 진실로 일대 변괴이다. 수만 리 밖의 흉한 종자와 나쁜 무리들이 팔뚝을 걷어붙이고 출입하면서 방자히 시술을 행하니, 이들을 인솔하여 온 사람이 있고 용납하여 머물게 한 장소가 있다. 국가를 원망하고 뜻을 잃은 무리들과 난을 일으킬 것을 생각하고 화를 좋아하는 무리들이 뱀처럼 서리고 지렁이처럼 뭉쳐 梟가 울자 獍이 답하듯 하였다. 우리 백성들의 떳떳한 도리를 무너뜨리고 우리나라의 風敎를 더럽혔으니, 天道에 용납되지 않고 王章에 용서하기 어렵다. … 안으로는 형조와 한성부와 좌우변 포도청, 밖으로는 八道와 四都의 여러 고을과 鎭驛에 이르기까지 각자 단속하고 특별히 기찰하여 체포해서 기어코 다 소탕해야 할 것이다. 그리고 관리와 백성들 중에 만약 이들을 가리켜 고발하는 자나 체포하여 바치는 자가 있거든 이 공로에 대한 보상에 있어 또한 별도로 그 뜻을 보일 것이다. … 먼저 이러한 뜻을 가지고 한문과 언문으로 등사하여 방방곡곡에 게시하여 모두 알게 할 것을 묘당에서 글을 지어 분부하라." 하였다.87)

위 인용문은 천주교 신자에 대한 대대적인 수색과 체포를 명한 대왕대비의 전교로, 천주교 신자들이 '邪術'을 행한 점보다 그들이 '洋漢'과 연루된 점을 더욱 문제 삼고 있음을 알 수 있다. 이 전교에서 색출 대상이 된 천주교 신자는 단순히 '사학죄인'이 아니라 "수만 리 밖의 흉한 종자와" 연루된 소응지도였으므로, 사학죄인에게 으레 행해지던 죄를 뉘우치면 용서한다는 등의 수사도 나타나지 않았다. 특이한 점은 천주교 신자의 수색 주체로서 각 관청만이 아니라 향리 및 일반 백성[吏民]들에게까지 천주교 신자의 색출을 독려하고, 그 "공로에 대한 보상"까지 약속하고 있다는 점이다. 이전까지 천주교 신자의 색출은 주로 포도청과 감영에서 담당하였다. 특히 포도청은 천주교 신자의 색출에 적극적이어

---

87) 『承政院日記』 2698책, 고종 3년 1월 24일 갑신. "大王大妃殿傳曰, 近日洋漢事, 誠一大變怪也. 屢萬里凶種醜類, 掉臂出入, 恣行邪術, 率來焉有其人, 容接焉有其所. 於是乎, 怨國失志之輩, 思亂樂禍之徒, 蛇蟠蚓結, 梟吹獍答, 斁敗我民彝, 瀆褻我風敎, 天道之所不容也, 王章之所難赦也. … 內而刑漢兩司左右捕廳, 外而八道四都梱邑鎭驛, 各自團束, 另加譏捕, 期盡掃蕩乃已. 吏民中如有指告者, 捉納者, 賞功酬勞, 亦當別般示意 … 先將此意, 眞諺翻謄, 揭付坊曲, 咸使知悉事, 自廟堂措辭, 分付."

서, 京捕가 지방으로 원정을 나가면서까지 천주교 신자들을 잡아들인 사례가 여럿 발견된다. 이는 대개 포졸들이 천주교 신자를 체포하면 그 家産의 일부를 포상으로 分給하였기 때문이다.88) 따라서 포졸들은 경제적 이익을 위해 천주교 신자의 색출에 적극적이었고, 대왕대비는 여기에 '吏民'을 추가함으로써 일반 백성들까지 천주교의 색출에 동원하였다.

〈표 5〉『치명일기』 소재 일반 백성의 천주교 신자 체포 사례

	체포(밀고)한 사람	체포된 신자	체포 시기	비고
1	이선이	박내호 사도요한	1866. 7.	회장
2	외인 주인	박 프란치스코	1866.	
3		오 마르가리따	1866.	박 프란치스코 아내
4	김영진	박의서	1867. 3.	회장
5		박원서	1867. 3.	박의서 둘째 동생
6		박익서	1867. 3.	박의서 막내 동생
7	외인 아이	조씨	1867. 12.	
8		조씨 동무	1867. 12.	
9	정학성	고선양	1867.	
10		고선양 장자	1867.	
11		고선양 차자	1867.	
12	김경장	송 베드로	1868. 1.	
13	피록이	한영칠	1868 .2	
14		서원보 요한	1868. 5.	
15	최우돌	박덕겸	1868. 3.	
16		박덕겸 아들	1868. 3.	
17		최요한	1868. 4.	
18		주 데레사	1868. 4.	최요한 처
19		박 루치아	1868. 봄.	
20		유 마리아	1868. 봄.	

88) 이 문제는 병인년 3월에 작성된 「邪學漢家舍汁物放賣成冊」을 분석한 원재연, 앞의 책, 2003, 229~278쪽; 방상근, 앞의 책, 2006, 126~134쪽에 상세하다.

	체포(밀고)한 사람	체포된 신자	체포 시기	비고
21		김성연 바울로	1868. 11.	
22		아가타	1868. 11.	김성연 모
23		김희생 베드로	1870. 4.	
24	김자정	최 예로니모	1868. 3.	
25		손 시몬	1868. 11.	
26	김백손	박 안또니오	1868. 4.	
27	미상의 '유다스'	방씨	1869.	

위 〈표 5〉는 『치명일기』에 기록된 일반 백성의 천주교 신자 체포 사례를 정리한 것으로, 총 11명의 일반 백성이 27명의 천주교 신자를 체포하였음이 확인된다. 『치명일기』는 병인년(1866) 이후 기묘년(1879)까지 천주교 신자로 체포되어 '목숨을 잃은' 이들의 사적만을 전하므로, 실제 사례는 이보다 많았을 것이다. 『치명일기』는 1884년(고종 21)부터 본격화된 시복 조사 작업의 일환으로, 각 공소에서 병인년 이후 천주교 신자의 체포 및 순교 사실을 조사한 기록이다.[89] 따라서 『치명일기』는 천주교 신자의 체포 당시 상황을 비교적 상세히 전하는데, 『치명일기』에서 가장 많은 천주교 신자를 체포한 이들은 단연 포졸이다. 즉 대다수의 사례에서 '京捕'나 '本邑捕校' 등 포졸이 천주교 신자를 체포하였음을 전하는데, 〈표 5〉는 포졸 외에 천주교 신자를 체포한 사실이 분명한 경우다.[90] 정조 대나 기해사옥 때에도 '가짜 신자' 조화진이나 김여상이 활동한 적이 있지만, 〈표 5〉에도 보이듯 병인년 이후에는 다양한 이들이 천주교 신자의 체포에 관여하고 있음이 확인된다. 이는 곧 포졸뿐 아니라 일반 '吏民'들에게도 천주교 신자를 체포·신고할 경우 포상을 한다는 대왕대비의 전교가 실효를 거둔 것으로, 병인년 이후 천주교 신자의 체

89) 방상근, 앞의 책, 2006, 34~36쪽.

90) 예컨대 〈표 5〉에서 김희생 베드로(23)는 "최우돌이와 포교에게" 잡힌 것으로 기록되어 있어 최우돌이 포교가 아니었음을 확인해준다. (『치명일기』, 19쪽)

포가 격화하는 데에도 영향을 미쳤을 것으로 생각된다.

〈표 5〉를 보면 남종삼 등의 사옥에서 프랑스 선교사의 위치와 동료 신자를 고발하고 보방되었다가 석방된 바 있는 이선이가 박내호(1)의 체포에도 관여하였음이 확인된다. 『치명일기』는 박내호가 "유다스 이선이에게 잡혀" 양화진에서 치명한 것으로 전하는데,[91] 순교 사료에 등장하는 '유다스'라는 표현은 곧 예수를 배신한 가룟 유다로 배교자를 일컫는 표현이다. 『치명일기』는 이선이 외에도 김자정(24~25)과 김백손(26)에게도 '유다스'라는 표현을 쓰고 있고, 방씨(27)를 고발한 미상의 인물 또한 '유다스'로 표현된 점으로 보아 조선 천주교 신자였다가 배교한 이들이 동료 신자를 고발한 사례를 확인할 수 있다.[92] 이선이는 남종삼 등의 『추안급국안』에 신문 기록이 전하지만, 김자정과 김백손 등의 이름은 관찬 사료에 나타나지 않으므로 이들이 체포되었다가 배교하여 동료 신자를 고발한 것인지, 아니면 처음부터 가짜 신자로 행세하다 이익을 노리고 천주교 신자들을 밀고한 것인지는 명확하지 않다.

한편 두 명의 천주교 신자를 체포한 피록이(13~14)와 무려 9명의 천주교 신자를 3년 동안 잡아들인 최우돌(15~23)은 일반 백성이 천주교 신자의 체포에 적극적으로 관여한 대표적 사례이다. 이들에게는 '유다스'라는 표현이 붙어 있지 않고, '포졸'과는 구별되었으므로 천주교 신자도 포졸도 아님을 알 수 있다. 예컨대 서원보(14)는 "종로에서 피록이를 만나 잡혀 좌변(=좌포도청)으로 들어가" 치명하였는데,[93] 이를 통해 일반민으로 천주교 신자를 체포한 이들이 천주교 신자를 직접 잡아 포도청에 바치거나 신고함으로써 일종의 보상을 받았음을 짐작할 수 있다. 따라서

---

91) 『치명일기』, 37~38쪽.

92) 고선양과 두 아들(9~12) 또한 동료 신자인 정학성의 "불림"에 의해 체포되어 치명하였는데, 정작 정학성의 이름은 『치명일기』에 보이지 않아 정학성 또한 가짜 신자 내지 배교자였을 가능성이 크다.

93) 『치명일기』, 28쪽.

『치명일기』에 단순히 '포졸에게 잡힌' 것으로만 기록된 신자들 또한 일부는 피록이나 최우돌과 같은 이들에 의해 체포되었음을 짐작할 수 있다. 특히 최우돌은 1879년(고종 16)에도 포졸들과 함께 전라도 고산현의 오두재 교우촌을 습격한 기사가 확인되는데,[94] 이를 통해 마치 '推奴'처럼 천주교 신자의 체포에 관여한 민의 존재를 확인할 수 있다. 이러한 사실은 병인년 1월 대왕대비의 하교 이후 전국적인 천주교 신자의 체포가 단행되었으며, 이 과정에서 포졸 등 관원뿐 아니라 배교자를 비롯한 일반 민까지 천주교 신자의 체포에 가담하였음을 알 수 있게 해준다. 이들은 대개 이익을 위해 천주교 신자의 체포에 가담한 것이므로 체포의 양상 또한 전보다 격해졌고,[95] 이 과정에서 많은 신자들이 희생되었음을 짐작할 수 있다.

한편 병인년 베르뇌 주교 등이 체포될 당시 페롱, 칼레, 리델 신부는 몇몇 조선인 신자들과 함께 조선을 탈출하였는데, 이들은 북경 주재 프랑스의 벨로네 대리공사에게 베르뇌 주교 등의 처형과 남종삼 등의 사옥을 보고했다. 이에 벨로네가 조선에 선전포고하고 로즈 제독이 이끄는 해군함대를 동원하여 강화도에 대한 침략을 단행함으로써 병인양요가 발발하였다.[96] 프랑스 함대에는 리델 신부 또한 타고 있었으므로, 조선왕조가 신유년부터 우려한, 천주교에 의한 무력침공이 비로소 실현되었다. 프랑스의 '선전포고'는 병인년 7월 청조의 총리아문에서 예부를 경유해 보낸 자문을 통해 조선에 전해졌다.[97] 조선왕조는 사절단과 그들

94) 「블랑 신부가 리델 주교에게 보낸 1879년 9월 29일자 편지」, 『리델문서』 1, 한국교회사연구소, 1994.

95) 이 과정에서 천수교 신자가 아닌 '외인'들까지 포졸들에게 체포되는 등의 폐단이 발생하였다. 원재연, 앞의 책, 2003, 242~244쪽.

96) 조광, 「병인박해 그리고 제니릴서변호 사건과 '순교'」, 『한국기독교와 역사』 45, 2016, 10쪽.

97) 김용구, 『세계관의 충돌과 한말 외교사: 1866~1882』, 문학과 지성사, 2001, 85~87쪽.

이 사행을 통해 구축한 네트워크를 통해 병인양요의 실상을 파악하고 프랑스와의 중재를 위해 노력하였으나,[98] 결과적으로 청조의 중립적 자세와 소관 기관의 상이함으로 인해 결실을 맺지 못했다.[99]

그뿐 아니라 병인년 7월 5일에는 오페르트가 탑승한 이양선이 해미에 정박하여 교역을 요구하였고,[100] 바로 다음 날인 7월 6일에는 미국 상선 제너럴 셔먼호가 평안도 용강현 앞바다에 나타났다.[101] 프랑스의 침입이 목전에 다다른 상황에서 이양선의 접근은 조선 조정의 위기의식을 극대화하였고, 이는 곧 국내의 천주교 신자들에게로 향해졌다. 이양선의 접근이 유례없이 심각한 수준으로 이어진 데다, 그 원인으로 전과 마찬가지로 '국내에서 화응한' 천주교 신자들이 지목되었기 때문이다.

> (의정부에서) 또 아뢰기를, "… 다만 생각건대, 프랑스인이 우리나라에 의해 살해된 것에 대해서는 저들이 '나라의 금령이 엄하다는 것을 알지 못했다'고 할 수 있겠지만, 우리나라 사람에게 우리나라 법률을 적용하는 것으로 말하자면 이 일이 프랑스와 무슨 관계가 있다고 함께 거론하여 위협하는 것입니까? 또 이 일이 초봄에 있었는데, 우리나라는 프랑스에서 바다와 육지를 사이에 두고 몇만 리 떨어져 있습니다. 그런데 소식이 서로 통하는 것이 이같이 신속하니, 반드시 법망을 빠져 달아나서 소굴을 잃어버린 무리가 있어 화응하고 부추겨서 그렇게 되었을 것입니다. 변경이 엉성하고 법령이 해이한 데에 생각이 미치면 차라리 말을 말고 싶은 심정입니다. 이른바 사학을 믿는 불순

98) 김창수, 「19세기 후반 대외위기와 조선 사신의 교섭 양상」, 『한국사학보』 65, 2016, 354~360쪽.

99) 孫成旭, 앞의 논문, 2015, 156~159쪽. 이에 따르면 병인양요 직전 조선 사절단이 주로 교섭한 대상은 청 예부였지만, 청조에서 프랑스와의 외교 문제를 담당한 기구는 총리각국사무아문이었으므로 예부는 병인양요의 발발을 막는 데 별다른 역할을 하지 못했다.

100) 『承政院日記』 2704책, 고종 3년 7월 5일 신유. 오페르트는 병인년 초에도 조선에 통상을 요구한 바 있으며, 이번 시도가 두 번째였다.

101) 제너럴 셔먼호 사건의 전개는 김명호, 「제너럴셔먼호 사건과 朴珪壽」, 『대동문화연구』 44, 2003, 318~327쪽에 상세하다.

한 무리를 도성 안에서는 양 포도청이, 서울 밖에서는 각 진영이 각별히 조사하여 붙잡아서 일일이 법대로 처리하게 하소서. 비록 변방의 금령에 대해 말하더라도 텅 비게 내버려 둘 수 없으니, 각도 수신에게 관문을 보내 신칙하여 무릇 연해 각 읍진에 배를 기다리는 거동이 수상한 자가 있으면 즉시 그 자리에서 효수하여 대중을 경계하라는 뜻으로 긴급히 행회하소서. 이렇게 하는 것이 어떻겠습니까?" 하니, 윤허하였다.[102)]

인용문은 프랑스의 선전포고를 접한 후 대안을 마련하는 과정에서 국내 천주교 신자에 대한 대비책을 함께 논의한 대목이다. 프랑스는 선전포고 과정에서 조선 조정이 베르뇌 주교 이하 9명의 프랑스 선교사뿐 아니라 '本地習敎男婦老幼', 즉 조선인 천주교 신자를 모두 처형한 점을 함께 문제삼았는데,[103)] 의정부는 "우리나라 사람에게 우리나라 법률을 적용한 것"은 프랑스가 관여할 수 없는 일이라며 반발하였다. 무엇보다도 조선 조정은 베르뇌 주교 등의 처형은 병인년 봄에 있었던 일인데, 조선과 수만 리나 떨어져 있는 프랑스에서 어떻게 이 사실을 이렇게 신속하게 알았느냐며 '소응지도'로서 조선 천주교 신자들이 국내에 남아 있음을 확신하였다. 조선에 선전포고한 주체는 '프랑스 공사관'이었으며, 조선 조정 또한 사절단을 통해 제2차 아편전쟁 이후 북경에 양인들이 公館을 두고 자유로이 왕래한 사실을 알고 있었다.[104)] 따라서 의정부

102) 『承政院日記』 2704책, 고종 3년 7월 8일 갑자. "又啓曰, … 第念法國人之爲我國所害, 彼之執言尙可曰不識邦禁之嚴, 而至若我國人之自我國用律, 亦復何關於法國, 而竝此嚇脅乎. 且事在春初, 而我國之於法國, 水陸幾萬里也. 聲氣之相通, 若是迅速, 其必有漏網失巢之徒, 和應慫慂而然. 邊圉之疎虞, 法令之解弛, 思之及此, 寧欲無言. 所謂邪學不逞之類內而兩捕廳外而各鎭營, 另加詗捉, 一一以法從事, 雖以邊禁言之, 亦不可一任蕩然, 關飭各道道帥臣, 凡於沿海各邑鎭, 若有候望船隻行止殊常者, 卽其地梟首, 警衆之意, 星火行會, 何如. 傳曰, 允."

103) 『高宗實錄』 권3, 고종 3년 7월 8일 갑자. "復據法國公使照會內, 稱高麗國王, 將法國主教二人及傳敎士九人, 竝本地習敎男婦老幼, 盡行殺害. 是以命將興師兵船, 不日齊集云."

104) 孫成旭, 앞의 논문, 2015, 146~148쪽.

가 프랑스와 조선의 거리를 새삼 강조한 것은 실제로 프랑스 본국이 멀리 떨어져 있기 때문이 아니라, 이들과 소응한 조선 천주교 신자들에 대한 위기감을 반영한 것이다.

이처럼 서양 세력의 침입이 확실시되고, 조선왕조의 서양에 대한 위기감이 최고조에 다다르자 천주교 신자의 형정 또한 변하지 않을 수 없었다. 원래는 서로 다른 맥락에서 이루어지던 사학죄인과 범월죄인의 단속이 점차 '군문효수' 내지 '선참후계'와 같은 방식으로 수렴한 것이다. 앞서 천주교와는 관련 없던 홍화서 등 4인이 서양 선박과 인삼을 거래하다 효수된 사실을 통해서도 알 수 있듯, 본래 군문효수와 선참후계는 범월죄인을 단속하기 위한 방법에서 자주 활용된 '軍律'이다. 그런데 병인년 남종삼 등의 사옥을 거치며 조정의 천주교 신자들에 대한 위기의식이 고조되고, 천주교 신자들이 서양 세력을 부추긴 嚮導와 같이 여겨지자 천주교 신자가 '사학죄인'이자 '범월죄인'으로 여겨져 처형되기 시작한 것이다. 이는 병오년 당시 김대건 신부가 '邪學犯越罪人'이자 '異樣人'으로 최초 보고되었듯 이전부터 천주교 신자에게 두어진 혐의였으나, 그것이 본격적으로 천주교 신자의 일반 양형에도 반영된 것은 양요가 임박한 병인년 8월경부터인 것으로 생각된다.

예컨대 좌우변 포도청은 병인년 8월 1일 '사학죄인' 김면호와 김문원, 이연식을 체포했는데, 이들의 죄상은 남종삼, 홍봉주 등과 한통속으로 어울렸다는 점에 있었다. 이는 남종삼 등의 사옥에서 함께 붙잡힌 최형, 전장운과 비슷한 것으로, 최형과 전장운은 '邪書' 수천여 질을 인쇄하기까지 했기에 그 죄상이 더욱 무거웠다. 그런데 조선 조정은 병인년 1월의 최형과 전장운에게는 「조요서요언」을 조율한 반면, 김면호와 김문원, 이연식에 대해서는 형조로의 이송 없이 곧바로 군문효수를 결정했다.[105)]

---

105) 『承政院日記』 2705책, 고종 3년 8월 1일 정해. "議政府啓曰, 卽見左右捕廳所啓, 則邪學罪人金勉浩, 金文遠, 李連植, 次第捉得, 到底窮覈, 則金勉浩, 卽己亥邪獄,

천주교 신자에 대한 일반 양형이 「조요서요언」에서 '군율'로 변화한 것이다. 이때의 '군율'은 별도로 중앙에서 논의하는 과정이 대폭 생략되었으므로, 사실상 정조 대 이래 관철되어 온 '審理'의 부재를 의미하는 것이기도 하였다. 이러한 흐름은 병인양요가 발발하자 더욱 가속하였고, 고종은 프랑스군과의 교전 중 내린 유시에서 만 리나 떨어진 極西에서 바다를 건너 조선을 침입하기에 이른 것은 모두 "우리나라의 奸細" 때문으로, 이들을 "마침내 하나하나 찾아내서 神人의 울분을 깨끗이 씻어줄 것"을 다짐했다.[106] 서양과의 교전이 이어진 병인양요의 원인으로 조선 천주교 신자들이 지목되었고, 실제로 이들 중 일부는 양요 당시 향도를 자임해 프랑스군의 길안내를 하기도 하였으므로[107], 그 형정 또한 전시의 율인 군율로 전환된 것이다.

> G-1. 의정부에서 아뢰기를, "우변포도청의 보고를 보니, 사학죄인 이의송, 이봉익, 김녀 어뿐 등 3명을 차례로 붙잡아 끝까지 조사하니, 사학에 물든 사정을 하나하나 털어놓았다고 합니다. 匪類와 규합하여 사술에 빠져 화란을 도모하려 하였습니다. 단안이 이미 만들어졌는데, 용서 없이 반드시 주벌해야 함은 국법에 명시되어 있는 것입니다. 죄인 이의송, 이봉익, 김녀 어뿐을 모두 총융진으로 내보내어 군민을 크게

翼禮, 應禮之弟, 而與鍾三, 鳳周, 爛熳和應, 金文遠·李連植, 俱有眞贓實因, 節節自服云矣. 此輩蔑倫敗常之罪, 初無彼此淺深之別, 而固當劓殄之無遺矣, 況糾結兇醜, 怨國而失志也, 沈溺邪術, 好亂而樂禍也. 情節自服, 斷案既成, 捕廳在囚罪人金勉浩, 金文遠, 李連植, 竝出付軍門, 大會軍民, 梟首警衆, 何如. 傳曰, 允."

106) 『承政院日記』 2706책, 고종 3년 9월 9일 을축. "諭京外大小民人, 王若曰, … 我國介在東海之東, 與極西幾萬里之地, 曾是風馬牛之不相及, 非有疆界之互爭, 釁隙之可修, 踔重溟歷風濤, 何爲而涉吾地哉. 是必有我邦奸細之類, 或失志怨國, 或畏罪亡命, 糾結既久, 聲氣潛通, 越海遠引, 公然犯臨, 噫嘻, 尙忍爲此, 尙忍爲此. 天理孔昭, 王法至嚴, 從當一一鉤覈, 快雪神人之憤, 而然彼愚迷造變之徒, 喪倫蔑紀, 不覺自陷於罔赦之科."

107) 민장원, 「프랑스의 병인양요 도발 과정과 조선의 군사적 대응」, 『조선시대사학보』 112, 2025, 117~124쪽.

모아놓고 효수경중하는 것이 어떻겠습니까?" 하니 윤허하였다.

G-2. 의정부에서 아뢰기를, "방금 우포도청의 보고를 보니, '사학죄인 최수, 김인길, 김진, 김진구 등을 차례차례 체포하여 갖가지 방법으로 심문하여 그들이 사교에 물든 정상에 대해서 모두 자복을 받았습니다. 사도들과 결탁한 임태수는 사람을 속여 물건을 취한 죄를 면하기 어렵습니다.' 하였습니다. 이렇게 흉악한 정상을 자복하여 斷案이 이미 이루어졌으니, 최수, 김인길, 김진, 김진구는 모두 총융진에 압송하여 군민을 크게 모아놓고 효수경중 하소서. 임태수는 천주교도들과 다른 점이 있기는 하나, 마구 지껄이고 속여서 재물을 취한 죄는 용서할 수 없습니다. 그러니 형조로 이송하여 세 차례 엄히 형벌을 준 다음 遠惡島에 정배하고 사면령이 내리더라도 용서해주지 않도록 하는 일이 어떻겠습니까?" 하니 윤허하였다.

G-3. 의정부에서 아뢰기를, "지금 좌우변 포도청의 보고를 보니, '붙잡힌 사학죄인 성연순은 돈을 받고 자기 멋대로 왕래하였고, 국경을 넘어 오랑캐를 불러들이려 했던 정황이 의심할 여지 없이 분명하고, 원윤철은 사학을 배우고 세례를 받았으며 결탁하여 왕래하면서 범법한 정황이 이미 조목조목 드러났습니다. 또 원정길은 빚을 준 것 때문에 속임을 당한 것이 이미 조사하는 과정에서 드러났습니다. 사술에 빠져 사당을 만든 것만 해도 이미 국법에 용납받지 못할 죄인데, 더구나 바다를 건너가 서양 오랑캐를 불러들이려 한 단안이 장차 이루어지려는 판인데야 말할 것이 있겠습니까. 포도청이 세밀히 조사한 것이 이미 여러 번입니다. 패려한 흉계는 별도로 다시 물어볼 것도 없으니, 죄인 성연순과 원윤철은 모두 군문에 부쳐 군민을 많이 모아놓고 효수경중하소서. 원정길은 애초에 사학에 물들지 않았고 그들에게 속임을 당했으니, 실정은 용서할 만한 점이 있고 처벌할 만한 증거가 없습니다. 특별히 놓아주는 것이 어떻겠습니까?" 하니 "윤허한다. (군문효수는) 순무영이 거행하도록 하라" 하였다.

위 G군의 사료는 『승정원일기』에 나오는 천주교 신자의 군문효수 사례로, 병인양요를 전후한 시기 천주교 신자의 군문효수 사실을 전한다.[108] G군의 사료 모두에서 보이듯 체포된 천주교 신자들은 형조 이송 없이 포도청에서 체포하여 의계하면 의정부에서 바로 상복하여 군문효수를 건의하고 있음이 확인된다. 병인년 8월에 처형된 김면호 등과 마찬가지로, 형조 이송 없이 포도청의 단안과 의정부의 상복만을 거쳐 군문효수 판결이 내려진 것이다. G-1에서 보이듯 이의송 등의 죄상은 '사학에 물들어 비류와 규합한 점' 정도로, 서양과의 연루 여부가 명확히 드러나지 않았음에도 불구하고 군문효수가 이루어지고 있음이 확인된다. 이때 김씨 여자 어뿐[金女於叱]은 여성임이 분명한데, 이를 통해 여성도 예외 없이 군문효수의 대상이 되었음이 확인된다.[109] 반면 G-3은 천주교 신자와 서양과의 연루가 확인된 경우인데, 특히 원윤철은 순교 사료에도 "돈과 배를 마련하여 중국에 상통하게" 한 사실을 전해 포도청의 조사기록과 일치한다.[110] 이처럼 체포된 천주교 신자들 사이에서 실제로 돈과 배를 마련하여 프랑스 선교사를 도피시킨 사례가 발견되는 이상, 조선 조정이 천주교 신자를 '소응지도'로 여겼음은 당연했다.

한편, G-2의 임태수와 G-3의 원정길의 사례처럼 천주교 신자가 아닌 경우 이전과 마찬가지로 죄의 경중에 따라 처분이 정해졌다. 우선 G-2 임태수는 천주교 신자는 아니지만 신자들과 결탁하여 사람을 속이고 물건을 취하였다. 하지만 그는 천주교 신자는 아니었기 때문에 감사처분

---

108) 각 자료의 출처는 다음과 같다. 『承政院日記』 2706책, 고종 3년 9월 14일 경오; 2707책, 고종 3년 10월 3일 무자; 17일 임인. 이밖에 『承政院日記』 2706책, 고종 3년 9월 17일 계유 기사에 김중은, 박영래의 군문효수 사실 및 『承政院日記』 2707책, 고종 3년 10월 9일 갑오 기사에 강명흠, 황기원, 이기주, 김진의 아내 김가, 『承政院日記』 2707책 고종 3년 10월 13일 무술 기사에 이용래, 원후정, 박성운 등에 대한 군문효수 사실이 전한다.

109) 『치명일기』는 병인년 9월 17일에 붙잡힌 이여정(프란치스꼬)과 이천조(바울로), 김마리아의 군문효수를 전하는데, 김마리아는 이천조의 庶母로 여성이다. (『치명일기』, 36~37쪽)

110) 『치명일기』, 38쪽.

되어 원악지로 정배되었고, G-3 원정길은 천주교 신자들에게 속은 것에 불과하기 때문에 석방되었다. 병인양요를 계기로 천주교 신자에 대한 군율의 적용이 이루어졌고, 많은 천주교 신자가 효수되었지만, 포도청에 잡혀 온 천주교 신자의 신문은 정상적으로 진행되었다. 이러한 사실은 병인양요가 진행되는 와중에도 천주교 신자에 대한 형정은 적어도 절차와 조율상으로는 법적 테두리 안에서 이루어지고 있음을 보여준다. 천주교 신자에 대한 '군문효수'의 집행은, 천주교 신자에 대한 형정적 처리 원칙이 무너진 것이 아니라, 「조요서요언」에서 '군율'로의 조율 변화였으며 이러한 변화는 곧 조선 조정이 천주교 신자를 단순한 '사학죄인'이 아닌 서양 세력과 연계한 '소응지도'로 인식한 결과였다.

다만 천주교 신자의 신문 이전 체포 절차에 있어서는 이전 시기까지 유지된 여러 원칙과 절차가 무너진 사실 또한 부인할 수 없다. 천주교 신자의 체포는 주로 포도청이나 지방관청의 포졸들이 담당하였는데, 이들이 천주교 신자를 체포할 경우 그 신자의 재산 중 일부가 포졸에게 분급되었기 때문에 捕將은 천주교 신자의 색출을 일종의 호구지책으로 활용하기도 하였다.[111] 따라서 병인년 이전부터 포졸들에 의한 천주교 신자의 '약탈' 사례가 보고되었는데,[112] 이러한 상황에서 병인년 1월 대왕대비의 전교를 기해 천주교 신자의 체포에 일반 '吏民'까지 참여하게 되자 전국적인 천주교 신자의 색출이 나타난 것이다. 천주교 신자 색출에는 배교자뿐 아니라 최우돌과 같이 천주교 신자를 찾아다니며 붙잡는 이들까지 가세했고, 이 과정에서 많은 신자들이 희생되었다.

조정은 병인양요 이후에도 천주교 신자의 색출을 멈추지 않았다. 서양 배가 먼 바다를 건너와 멋대로 침략한 것은 국내에 염탐하는 무리들이 안팎에서 서로 호응했기 때문으로 여겨졌기 때문이다. 이 과정에서

111) 원재연, 앞의 책, 2003, 242쪽.

112) 『달레(하)』, 304쪽.

각 관청에서 간사한 무리와 관계되는 자들을 모두 체포하여 매달 보고하는 법식을 마련하였고, 한 사람이 20인 이상의 천주교 신자를 체포할 경우에는 좋은 지역의 변장 자리를 만들어 준다는 구체적 방안까지 마련했다.[113] 실제로 공주에서 천주교 신자 20명을 체포한 공주진 장교 이민기에게 변장 자리가 제수되었고,[114] 이러한 조치는 포졸들로 하여금 더 적극적으로 천주교 신자를 색출할 동기부여가 되었다. 『치명일기』에는 관찬사료에 보고된 것 이상으로 많은 신자들의 '치명' 사례가 수록돼 있는데, 이들은 대부분 신문기록조차 없이 사망한 기록만 전하기 때문에 이들이 물고된 것인지 정법된 것인지조차 정확하게 알기 어렵다. 다만 『치명일기』에 기록된 857명[115]의 신자 중 죽음의 형태를 알 수 있는 대다수가 '교살'을 포함해 형장이 아닌 포도청이나 감옥에서 물고된 사실은 병인년 이후 천주교 신자에 대한 체포가 '체옥의 해소'를 목적으로 했던 기해년의 그것보다 극심하고 광범위하게 이루어졌음을 보여준다. 따라서 병인년 이후 천주교 신자의 형정에서 유례없이 많은 천주교 신자가 '치명'한 데에는 군문효수와 같은 '전시 군율의 적용'보다는 천주교 신자가 '내응지도'로 규정된 뒤 이익을 노리고 이들의 체포에 수많은 포졸

113) 『承政院日記』 2707책, 고종 3년 10월 15일 경자. "議政府啓曰, 洋船之遠涉層溟, 恣行侵掠, 必有我國奸細之徒, 表裏和應, 目下急務, 莫先於鋤治邪類, 殄滅無遺矣. 內而刑, 漢, 兩司, 兩捕廳, 外而八道·四都及各鎭營, 凡係邪類, 盡行搜捕, 每於月終, 修報于本府. 一人而捉二十人以上者, 善地邊將作窠差送, 如或充數瞞報, 虛實相蒙. 又或修嫌逞憾, 誤捉平民, 則當該校隸, 施以反坐之律, 不飭之各該堂上, 道帥臣及討捕使, 竝從重論勘之意, 嚴飭, 何如. 傳曰, 允."

114) 『承政院日記』 2708책, 고종 3년 11월 29일 갑신.

115) 『치명일기』에는 치명자별로 이름 앞에 1부터 877까지 일련번호가 붙어 있는데, 이 중 701번과 850번은 제목이 '농바위 교우'나 '정수니촌 교우'로 되어 있어, 실제 이름(혹은 姓)이 드러난 순교자는 875명이고, 여기서 9명의 프랑스 선교사를 제외하면 조선인 천주교 신자는 866명이 된다. 그리고 이 중에서 229번과 418번과 같이 중복된 것으로 파악되는 9명을 다시 제외하면 『치명일기』 소수 조선인 천주교 신자 치명자 수는 857명으로 집계된다. (방상근, 앞의 책, 2006, 34쪽)

과 백성들이 참여한 데에서 찾아야 할 것이다. 이러한 흐름은 병인양요를 기점으로 가속하였지만, 그것이 정점에 이른 것은 덕산사건(1868)이라는 미증유의 사건이 발생한 이후였다.

4. 덕산사건(1868) 이후의 형정과 사옥의 필요성 소멸

프랑스군이 퇴각한 이후에도 조선왕조의 천주교 신자에 대한 군율 집행은 계속되었다. 병인년 11월에는 경상감사 이삼현이 문경현에서 邪類를 여럿 체포한 뒤 이제현과 김예기, 김인기와 같이 “매우 깊이 빠진 자들”에 대한 품처를 의뢰했다. 의정부는 군문효수를 조율했는데, 조정은 邪類에 대해서는 선참후계할 것을 이미 行會하였으니, 이후로는 품처할 것 없이 바로 해당하는 율을 사용하고 상황을 장계로 보고하도록 하였다.[116] 천주교 신자에 대한 군문효수와 선참후계 조치가 병인양요 이후에도 지속되고 있음이 확인된다. 다만 경상감사의 보고에서 체포한 여러 명의 사류 중 ‘매우 깊이 빠진’ 이제현과 김예기, 김인기만을 품처하고 처형한 것으로 보아, 천주교에 관여한 정도가 낮거나 배교한 이들에 대한 방송조치 또한 지방관이나 포도청 단계의 신문에서 여전히 이루어지고 있었음도 짐작할 수 있다.

반면 지역에 따라 보다 극심한 체포와 처형 사례가 발견되기도 하는데, 공주가 대표적이다. 1867년(고종 4) 3월에 공충감사 신억은 고종에

116) 『承政院日記』 2708책, 고종 3년 11월 29일 갑신. “又啓曰, 卽見慶尙監司李參鉉狀啓, 則聞慶縣所捉邪類中, 李齊賢, 金禮已, 金仁已等三名, 沈惑尤甚, 合施當律事, 請令廟堂, 稟處矣. 三漢, 令道臣大會軍民, 梟首警衆, 邪類之先斬後啓, 曾有行會, 嗣後則不必請稟, 直爲用律, 形止狀聞事, 分付, 何如. 傳曰, 允.”

게 공주진에서 체포한 邪類 200명을 모두 '伏法' 했다고 보고하였다.[117] 실제로 병인년(1866)과 정묘년(1867) 사이의 공주는 천주교 신자의 처형 사례가 이례적으로 많았다. 『치명일기』는 을축년(1865)에서 기묘년(1879) 사이에 공주에서 치명한 165명의 사적을 전하는데, 공주에서는 병인~정묘년 사이에만 134명(81.2%)이 치명하였다.[118] 이때 병인년에 치명한 홍주 사람 박 스떼파노와 정묘년에 치명한 공주 사람 김 마태오는 동네 교우 30명과 함께 체포된 사실을 전하므로,[119] 1866~1867년 사이 공주에서는 실제로 200명에 가까운 천주교 신자의 처형이 집행되었음을 짐작할 수 있다. 선행연구에서 병인박해 기간(1866~1871) 동안 연도별 체포 신자의 비율이 가장 높은 해로 1868년(고종 5)을 지목하였음을 감안할 때,[120] 공주의 사례는 지방관과 포졸들의 적극성에 따라 지역별 천주교 신자의 체포 및 처형의 양상이 상이함을 보여준다.

이처럼 병인양요 이후에도 지속되던 천주교 신자의 체포와 처형은 덕산사건(1868)이라는 미증유의 사건을 계기로 최고조에 달했다. '오페르트 굴총미수사건'으로도 잘 알려진 이 사건에는 병인년에 조선을 탈출한 페롱 신부가 깊이 관여하였는데,[121] 대원군의 아버지이자 고종의 할아

117) 『承政院日記』 2712책, 고종 4년 3월 25일 기묘. "上曰, 邪徒盡捉乎. 檍奏曰, 邪類, 緣於朝令之截嚴, 今幾屛跡, 而向於公州鎭, 所捉尤多, 數至二百餘名, 皆爲伏法矣."

118) 나머지 신자 중 2명(1.2%)는 을축년(1865)에 치명하였고, 무진년(1868) 이후 치명한 신자는 17명(10.3%), 치명 시기를 정확히 알 수 없는 신자는 12명(7.3%)이다.

119) 『치명일기』, 155~156쪽. 김 마태오의 경우 체포된 30명 중 19명이 함께 치명한 사실을 밝히고 있다.

120) 방상근, 「병인박해기 순교자와 체포자」, 『한국기독교와 역사』 45, 2016, 38쪽. 이에 따르면 병인박해 당시 체포된 신자의 수는 1868년(40.9%)이 가장 많았고, 그 다음이 1866년(34.2%)>1867년(13.2%)>1871년(3.7%)>1869년(3.6%)>1870년(2.9%)>1872년(1.5%) 순이었다. 石井壽夫, 앞의 논문, 1977과 고흥식, 앞의 논문, 1988은 활용 사료의 체계성의 차이로 해당 수치가 근소한 차이를 보이지만, 1868년이 가장 많은 천주교 신자가 체포된 해라는 점은 공통적이다.

121) 페롱 신부와 오페르트에 의한 덕산사건의 구체적인 계획과 실행은 조현범, 「덕산

버지인 남연군 묘에 손을 댄 전대미문의 사건은 천주교 신자에 대한 전대미문의 체포와 처형을 야기했다. 앞서 언급하였듯이 덕산사건이 있었던 무진년(1868)에는 전국적으로 가장 많은 천주교 신자의 체포와 처형이 이어졌고, 그 처형의 양상 또한 전과 달리 가혹해졌다. 증언자 피영록은 "교우가 잡혀 배교하면 놓아주는 법인데, 덕산 산소 일 후에는 잡힘에 배교하나 아니하나 막 죽였다"고 증언했고,[122] 그밖에 최선일이나 리델 주교 또한 덕산사건을 계기로 천주교 신자의 체포와 처형이 한층 격화된 사실을 기록하였다.[123] 덕산사건은 천주교 신자와 함께한 서양세력이 직접 대원군 아버지의 묘를 범한 사건으로, 조선 조정은 이 사건 또한 조선 천주교 신자들이 관여한 것으로 단정지었다.[124] 다만 사건을 벌인 오페르트와 조선 천주교 신자들이 배를 타고 달아났기 때문에, 이 사건의 범인에 대한 형정은 당장 이루어지지 못했다.

이러한 상황에서 조선 조정에서는 전국적으로 천주교 신자들에 대한 체포와 처형이 격화되었으며, 천주교 신자에 대한 선참후계 또한 비로소

사건과 프랑스 선교사 페롱」, 『정신문화연구』 148, 2017, 64~71쪽에 상세하다. 조현범에 따르면 덕산사건을 계획한 페롱 신부의 극단적인 시도는 조선 대목구의 프랑스 선교사들에게 공감받지 못했으며, 결과적으로 페롱 신부는 다시 조선에 입국하지 못했다.

122) 『병인순교자 시복 재판기록』 2권, 한국교회사연구소, 42쪽. 증언자 피영록과 『병인순교자 시복 재판기록』의 성격은 강석진, 「증언자 피영록 바오로와 『병인 순교자 시복 재판기록: 1899~1900년도』의 증언 내용에 관한 연구」, 『교회사연구』 58, 2021 참조.

123) 방상근, 앞의 논문, 2016, 39쪽.

124) 『高宗實錄』 권5, 고종 5년 4월 23일 신축. "來書中, 以圖良策云者, 無乃爲邪類綏頰而然邪. 我國卽檀箕幾千年禮義之邦, 烏可以沈惑異端, 不之殪殄乎. 此所以衛正斥邪, 有不得不然者也. 由是觀之, 則專由於我國匪類之漏網者, 逃在貴船, 百般慫慂而然. 爲人慫慂, 無端惹鬧, 甚爲貴國不取也." 이 기사는 오페르트가 대원군에게 보낸 편지에 대한 영종첨사 명의의 답서이다. 한편, 덕산사건 당시 함께한 조선인 천주교 신자에 대해서는 방상근, 「1868년 '남연군묘 도굴사건'과 조선 신자」, 『교회사연구』 57, 2020 참조.

실현되었다.[125] 천주교 신자에 대한 체포 및 처형 사례는 최고조에 달하여, 병인년 이후 덕산사건을 거치며 적어도 수천 명의 천주교 신자가 치명한 것으로 알려져 있다.[126] 그런데 천주교 신자의 형정과 관련하여 보다 주목되는 사실은, 덕산사건을 계기로 천주교 문제를 조선왕조의 綱常과 관련지으며 이 문제를 다시금 '정의의 법정'을 통해 해결하려는 움직임이 나타났다는 점이다. 위정척사를 주장한 척사론자들 사이에서는 병인양요 이후에도 천주교 문제의 해법으로 "吾道를 더욱 밝혀 사람들이 이교에 잘못 들어가는 일이 없도록 할 것"을 강조했고,[127] 이러한 상황에서 패륜과 관계된 掘塚 사건이 발생했기 때문이다.

천주교 신자에 대한 형정이 다시금 강상과 관계되며 '정의의 법정'이 개좌되어야 한다는 요구를 잘 보여주는 사건은 덕산사건 직후 개시된 조유선과 이신규, 이재의 등의 추국이다. 이 추국은 본래 무진년 4월 천주교 신자의 진술에서 이름이 언급된 전 정언 조철증의 체포명령이 내려지자, 이를 미리 알려 조철증을 자살하게 만든 조카 조유선의 추국에서 시작되었다.[128] 병인양요의 '주범'에 대한 단죄가 이루어지지 못한 상황에서, '전 정언' 조철증의 연루 정황은 양요의 주범을 정법하여 전형을 바로 세울 절호의 기회였다. 조선 조정은 조철증에게 '越海招寇'의 혐의를 두었으므로,[129] 조철증에게 병인양요를 초래한 '謀反' 내지 '謀叛' 죄인

125) 원재연, 앞의 책, 2003, 222쪽.

126) 병인박해 기간 동안 희생된 천주교 신자의 수는 그동안 8,000여 명에 달하는 것으로 여겨졌으나, 최근 이에 대한 구체적 분석 끝에 그 수가 4,000여 명이었음을 주장하는 연구가 제시되었다. (방상근, 앞의 논문, 2016)

127) 노대환, 앞의 책, 2023, 126~127쪽.

128) 『高宗實錄』 권5, 고종 5년 4월 19일 정유. 이에 따르면 포도청은 사학죄인 장치신을 신문하는 과정에서 전 정언 조철증이 병인양요를 부추겼음을 진술하였고, 고종은 곧바로 조철증의 체포명령을 하달하였다. 그런데 이 소식을 전해들은 조유선이 사신확인을 위해 조철증을 찾아가자 조철증은 조유선의 말이 떨어지기도 전에 칼로 자신의 배를 찔러 자살했다. (「조유선을 심문한 내용(29:89)」, 『추안급국안』 85, 166~168쪽)

으로서의 형정이 가해질 것은 자명했다. 하지만 조철증이 자살함에 따라 조정은 병인양요의 주범을 정법할 기회를 잃었고, 이로 인해 조유선에 대한 추국이 개시된 것이다. 하지만 조유선은 천주교 신자가 아니었고, 수차례 형신을 통해서도 단지 사실확인을 위해 말을 꺼내자마자 조철증이 자살한 정황만이 드러나 조유선의 처분은 절도정배로 마무리되었다.[130] 결국 병인양요의 책임을 묻는 '정의의 법정'은 실현되지 못했고, 이러한 상황에서 영풍군 최우형은 상소를 통해 천주교 문제의 근본으로 새삼 이승훈을 지목하는 한편, 그 후손인 이신규와 이재의에 대한 추국을 요청했다.

> 서양의 邪教가 흘러들어와 사람들을 그르치는데, 그 학문은 곧 아비도 없고 임금도 없어 갓을 쓰고 옷을 입고 있지만 짐승과 같은 자들입니다. 구차히 西教를 궁구하여 우리나라에 화근의 선두가 된 자가 바로 이승훈입니다. 우리나라는 서양과의 거리가 8만여 리나 되어 일찍이 그들과 소식이 서로 미치지 못하였으니, 설사 그 가르침이 저 나라에서 성행하고 있을지라도 한 구석에 있는 우리나라 사람들이 어디로부터 그 말을 듣고 그 책들을 볼 수 있었겠습니까? … 그들은 평소 흉악한 음모를 쌓아 요사이 덕산의 변고를 초래하게 한 데에서 극도에 달하였습니다. 그들이 도모하여 저지른 일로 보건대 이른바 邪徒라는 것은 바로 오늘날 임금의 원수이고 나라의 역적이니, 결단코 한 하늘을 같이 이고 살 수 없습니다. 사술의 앞잡이 노릇을 한 것으로는 첫째가 이승훈이니, 이렇게 엄히 懲討하여 난의 싹을 다스리는 이러한 날에 이승훈이 이미 죄를 받아 죽었다고 하여 내버려둔 채 묻지 않아서는 안 됩니다.[131]

---

129) 『高宗實錄』 권5, 고종 5년 4월 19일 정유. "議政府啓, 卽聞右捕廳所告, 則日前捉得邪學罪人張致善口招內, 丹陽居前正言趙喆增符同邪類, 厥惟久矣. 而再昨年洋船之滋擾畿沿, 卽渠之所慫慂出來云. 越海招寇, 何等凶逆, 而颺蠶匿影, 梟獍互應者, 萬戮而有餘誅矣. 此不可不嚴訊窮覈, 亟折亂萌. 而係是朝官, 令王府發遣都事, 具格拿來, 設鞫得情何如."

130) 「조유선을 섬에 귀양 보내게 하다(29:128)」, 『추안급국안』 85, 210~211쪽.

131) 『高宗實錄』 권5, 고종 5년 윤4월 2일 기유. "寧豐君崔遇亨疏略. 西洋邪教, 流入詿誤, 其學卽無父無君, 冠裳而禽獸者也. 苟究西教, 爲我國禍, 首承薰是已. 我國之距西洋, 爲八萬餘里, 未嘗與之聲氣相及, 則雖其教盛行於彼國, 一隅東土之人, 何從

최우형은 조선에 천주교 문제가 발생한 것은 모두 이승훈이 북경에서 사서를 구해온 데서 비롯된 것이며, 덕산사건 또한 이승훈 이래 천주교 신자들이 흉악한 음모를 쌓아온 결과로 지목하였다. 그러면서 최우형은 이승훈의 아들 이신규와 이신규의 아들 이재겸, 이신규의 조카 이재의가 다시금 사학무리의 소굴이 되었으며, 권철신의 손자 권복[132] 또한 사학의 혐의가 있은 데다 남종삼·조철증과 교유한 행적이 있으므로 이들을 모두 국문할 것을 요청하였다. 상소를 접한 고종은 "이것은 토벌을 크게 행하여 빨리 난의 싹을 꺾지 않을 수 없는 것"으로, 의정부로 하여금 추국청을 설치할 것을 명했다.[133] 때마침 조유선에 대한 체포령이 내려진 상황이었으므로, 조유선의 추국과 최우형이 지목한 신유사얼의 추국이 병합되었다. 기해년 정하상과 남이관 등이 체포되었을 때에도 정치적 문제로 비화하지 않았던 '辛酉邪孽'에 대한 옥사가 개시된 것이다.

그런데 앞서 이 장의 1절에서 살펴보았듯이, 이신규는 1856년(철종 7) 철종의 은언군묘 행행시 격쟁을 통해 아버지 이승훈의 신원을 요청한 바 있다. 당시 이승훈은 복권되었고, 이신규는 장릉참봉에 제수되기도 하였다.[134] 이승훈은 신유년에 「조요서요언」이 조율되어 처형되었기 때문에, 이신규는 '廢族' 취급을 받으며 관로가 막혔을지언정 애당초 연좌 대상은 아니었다. 권복 또한 할아버지 권철신이 '正法罪人'이 아닌 '物故罪人'이었기 때문에 연좌 대상이 아니었다. 따라서 최우형이 상소에서 지목한 이신규와 권복은 천주교 문제의 '원죄'를 진 두 죄인(이승훈과 권

而聞其說, 見其書乎. … 以渠輩素蓄之凶圖, 而馴致近者德山之變而極矣. 以其醞釀排布觀之, 所謂邪徒, 卽今日君讎也國賊也. 斷不可與之共戴一天. 而若其邪術之作俑, 一則承薰也. 當此嚴懲討治亂萌之日, 不可以承薰之已被罪死, 置之勿問."

132) 권복의 이름은 『치명일기』에는 '권복초'로 나오지만(『치명일기』, 41쪽), 『추안급국안』과 『포도청등록』에는 '권복'으로 나온다. 후자를 따라 '권복'으로 표기하였다.

133) 「최우형의 상소에 대해 임금이 비답하다(29:83)」, 『추안급국안』 85, 160쪽.

134) 남호현, 앞의 논문, 2025, 335~344쪽 참조.

철신)의 餘孽로 비난의 대상이 될 수는 있어도, 추국이 개시되어야 할 만한 죄상이 드러난 이들은 아니었다. 설령 이들이 천주교와 관련된 사실이 발견되었다고 하더라도, 여타 신자들과 같이 군문효수 하면 될 일이었다. 게다가 이신규와 이재의는 기해사옥 때에도 천주교 문제로 의심받아 체포된 바 있으나, 천주교와 관련 없음이 입증되어 석방되었다.135) 따라서 이신규와 이재의, 권복 등의 추국은 개시 단계에서부터 별다른 증거나 죄상이 드러난 결과였다기보다는, 덕산사건 이후 고조된 천주교에 대한 적개심이 형정을 통해 분출된 사례라 하겠다.

특히 이신규는 철종 대에 아버지 이승훈의 무고함을 격쟁하여 신원까지 이끌어낸 장본인이었기에, 자신이 천주교와 관련되었다는 혐의를 극구 부인했다. 즉 한없이 두터운 임금님(=철종)의 은혜로 병진년(1856)에 사면을 받아 아버지 이승훈에게 씌워진 '사학죄인'이라는 죄명이 씻어졌기에, "돌아가신 아버지가 다시 살아나셨다"고 혼자 말할 정도였다는 것이다.136) 이신규의 아들이자 이승훈의 손자인 이재겸 또한 "이른바 천주학은 저희 집안의 대대의 원수"라며, 사면 받은 뒤에는 邪道를 원수와 같이 보았으므로 세상 사람들이 자신에게 천주학의 악명을 덧씌운 것은 몹시 억울한 일이라고 항변하였다.137) 이신규와 이재겸의 혐의는 이신규의 "아내가 죽었는데도 아들이 상복을 입지 않았다"는 데 있었는데, 이신규는 아들 이재겸이 상복을 입지 않은 것은 이재겸이 狂症을 앓았기 때문이며, 大祥때가 되어 병이 조금 나아 참석시켰다고 해명하였다. 이재겸 또한 당시 "정신에 이상이 생겼기 때문에 갓과 옷이 무엇인지도 모르고" 미친 듯이 날뛰었을 뿐이라며 어머니의 제사에 참여하지 않은

135) 「이신규를 심문한 내용(29:92)」, 『추안급국안』 85, 170~171쪽; 「이재의를 심문한 내용(29:98)」, 『추안급국안』 85, 177쪽.

136) 「이신규를 심문한 내용(29:92)」, 『추안급국안』 85, 171쪽.

137) 「이재겸을 심문한 내용(29:95)」, 『추안급국안』 85, 174~175쪽.

것과 천주교는 아무런 관련이 없음을 항변하였다.[138] 실제로 이신규는 처의 장례를 모두 치렀고, 이재겸도 정신이 돌아온 뒤 대상에는 참석하였으므로, 이신규 부자가 제사를 폐했다고 말하기는 어려웠다. 그뿐 아니라 이신규는 천주학을 배우는 집안에는 신주를 세우는 예가 없지만, 본인의 집에는 "대대로 신주가 있다"며, 자신이 천주교와 무관함을 거듭 강조하였다.[139] 결국 이신규 부자는 천주교 신자의 상징과도 같은 '폐제'도 '분주'도 하지 않은 것으로, 추국청은 1868년 현재 이신규 부자가 천주교와 관련되었다는 아무런 혐의도 밝혀내지 못했다. 다만 이신규가 이승훈으로부터 천주교를 家學으로 배웠기 때문에, 젊었을 적에 천주교 서적을 읽은 바 있으며 '도마'라는 세례명을 받은 점은 비록 "30년 전에 범한" 것이지만 지만할 수밖에 없었다.[140]

이재의와 권복 또한 자신들이 천주교와 관련이 없었음을 강변하였다. 이재의는 이신규와 마찬가지로 병신년 이후 나라의 은혜를 입어 천주교를 버렸으며, 권복 또한 일찍이 『칠극』을 읽은 적은 있지만 그것이 巫覡의 말과 다름이 없다고 여겼기 때문에 따로 배우지 않았다고 하였다. 다만 이재의는 병진년 이전인 임인년(1842)에 배를 타고 상해로 넘어가 3개월 동안 머무르며 페레올 주교를 모시고 온 사실을 진술하였고, 권복 또한 비록 천주교를 믿지 않았지만 1860년경 서양 사람의 소식을 듣고 베르뇌 주교를 만나본 사실을 진술하였다.[141] 이들의 경우 이신규와 마찬가지로 병인년을 전후한 시점에는 조선 천주교회와 결별하였지만, 각각 외국을 왕래해 주교를 모셔온 사실 및 주교를 직접 만나본 사실을

138) 「이신규를 심문한 내용(29:92)」, 『추안급국안』 85, 171쪽 ;「이재겸을 심문한 내용(29:95)」, 『추안급국안』 85, 175쪽.

139) 「이신규를 다시 심문한 내용(29:130)」, 『추안급국안』 85, 214쪽.

140) 『치명일기』는 이신규의 세례명은 '마티아'로 전한다. (『치명일기』, 40쪽)

141) 「이재의를 심문한 내용(29:98)」, 『추안급국안』 85, 178~180쪽; 「권복을 심문한 내용(29:101)」, 『추안급국안』 85, 181~182쪽.

진술한 것이다.

요컨대 이신규와 이재겸, 이재의, 권복의 혐의는 단순히 병인양요나 덕산사건에 두어진 것이 아니라 그들 생애 전반을 통해 다루어졌다. 신유사옥 당시 이승훈이 이미 조선 천주교회와 결별하였음에도 천주교 문제의 '원흉'으로 지목돼 처형되었던 것과 같이, 이승훈과 권철신의 후손들 또한 병인양요와 덕산사건 당시 천주교 문제의 원흉으로 지목돼 신문받은 것이다. 따라서 이들의 혐의는 특정 사건이 아닌 조선왕조의 천주교 문제 전반에 두어졌고, 이신규가 "30년 전에 범한" 사학 관련 죄상을 비롯해 권복과 이재의의 서양과의 연루 혐의가 드러났다. 1868년 당시 이들은 조선 천주교회와 결별한 지 적어도 10년 이상 지났음에도 불구하고, 조선 조정은 이들을 정법함으로써 덕산사건 이후 고조된 천주교에 대한 위기감을 형정을 통해 해소하려 하였다.

결국 이신규와 권복은 이승훈과 마찬가지로 「조요서요언」이 조율되어 부대시참 되었으며, 이재의는 주교를 데려오기 위해 "감히 국경을 넘어 남의 나라 경계를 침범한" 사실로 「모반」이 조율되었다.[142] 다만 이재겸은 별다른 죄상이 드러나지 않은 데다 숨이 끊어지려 하여 "특별히 살리기를 좋아하는 뜻으로" 감사하여 원악지 정배 처분이 내려졌다.[143] 당초 이신규가 사학죄인 혐의를 받은 것은 부인의 상례에 아들 이재겸이 참석하지 않았던 데 있었는데, 정작 상례에 참석하지 않은 이재겸은 정배 처분을 받고 상례를 치른 이신규는 「조요서요언」으로 처형된 것이다. 이러한 사실은 무진년 이신규와 권복 등의 사옥이 덕산사건 이후 조선왕조에 만연한 천주교에 대한 위기의식의 결과였음을 분명히 보여준다. 이신규와 이재의, 권복의 결안에 명시된 혐의가 모두 적어도 10년, 길게는

142) 「이신규의 조율(29:140)」, 『추안급국안』 85, 227쪽; 「권복의 조율(29:141)」, 『추안급국안』 85, 227쪽; 「이재의의 조율(29:141)」, 『추안급국안』 85, 228~229쪽.

143) 「이재겸을 멀고 험한 곳에 귀양 보내게 하다(29:129)」, 『추안급국안』 85, 212~213쪽.

30여 년 전에 있었던 일이었기 때문이다.

이신규의 결안에는 "세상에서 통용되는 삼년상을 가정에서 치르지 않은" 점과, "견진과 고해를 준" 사실이 명시되었는데,[144] 이는 결안 이전까지 이신규가 줄곧 부정한 내용이었다. 이신규 부인의 삼년상에서 애초에 이신규는 상례를 정상적으로 치렀으며, 상례에 참여하지 않은 이신규의 아들 이재겸은 정작 감사 처분을 받았다. 견진과 고해의 문제 또한 애당초 성직자가 아닌 이신규가 할 수 있는 일이 아니었다. 권복 또한 수차례 진술에서 베르뇌 주교를 만난 일만을 털어놓았을 뿐, 남종삼이나 조철증과의 관계는 단 한 차례도 인정하지 않았다. 그런데 정작 권복의 결안에는 베르뇌 주교에 대한 언급 없이 "흉악한 저 남종삼과 마음대로 패거리를 만들었고, 역적 조철증 같은 사람과도 서로 내통한 흔적이 분명합니다."는 내용이 기재되었다.[145] 이신규와 권복이 신문 이후 결안 이전의 단계에서 진술을 번복했을 가능성을 완전히 배제할 수는 없지만, 적어도 『추안급국안』에 기재된 진술의 일관성으로 미루어볼 때 그럴 가능성은 희박하다. 따라서 이신규와 권복의 형정에서 가장 결정적이었던 것은 그들의 죄상이라기보다 그들이 각각 천주교 문제의 원흉인 이승훈과 권철신의 후손이었다는 점에 두어야 할 것이다. 이 형정의 발단 자체가 천주교 문제의 원흉으로 이승훈을 지목한 데서 비롯된 만큼, 이신규의 처형 이후 이승훈의 사면 또한 취소되었다.[146] 덕산사건 이후 천주교에 대한 조선왕조의 극도의 적대감은 단순히 일반 신자의 양형에만 영향을 미친 것이 아니라, 추국청 단계의 형정에도 분명한 차이를 만들어냈다.

이신규 등의 사옥이 마무리된 후에도 천주교에 대한 조선왕조의 적개

144) 「이신규의 결안(29:137)」, 『추안급국안』 85, 222쪽.

145) 「권복의 결안(29:138)」, 『추안급국안』 85, 223~224쪽.

146) 『高宗實錄』 권5, 고종 5년 윤4월 9일 병진. "義禁府啓, 罪人身逵, 今已置辟矣. 前此身逵之爲其父鳴冤, 便屬誣罔. 承薰罪名, 依前施行何如. 允之."

심은 가라앉지 않았다. 조정은 '사얼' 이신규와 권복을 정법하고, 이승훈을 다시 '사학죄인'으로 만듦으로써 전형을 바로잡았지만, 여전히 병인양요와 덕산사건 이후 불거진 천주교 문제의 '주범'은 찾지 못했다. 특히 천주교 신자의 진술에서 이름이 언급된 전 정언 조철증의 자살은 병인양요 이후 邪類의 주범을 정법할 결정적 기회를 놓친 것으로 여겨졌으므로, 삼사는 신유사옥 때 황사영에게 적용된 역률을 조철증에게 적용할 것을 건의하기도 하였다. 하지만 조철증은 황사영과는 달리 신문조차 받지 않고 자살하였기 때문에, 고종은 이를 윤허하지 않았다. 조철증의 일은 그 죄상으로 보아 처벌을 아낄 것이 없지만, 본인이 이미 죽었으므로 죽은 자에게 역률을 추시하는 것은 "법이 허락하지 않는 바"이므로,[147] 허락하지 않은 것이다. 『대전통편』은 결안을 받지 않았는데 왕법으로 명하여 정법하는 것과 그 몸이 이미 죽었는데 역률을 추시하는 것, 군법이 아닌데 효수하는 것을 법으로 금지하였으므로,[148] 조철증에 대한 역률의 추시는 이루어지지 않았다.

덕산사건 이후 이어진 양요와 굴총 사건의 '주범 찾기'는 6월에도 이어졌다. 포도청에 체포된 천주교 신자 조자등을 신문하던 중 전 부사 조연승의 이름이 거론된 것이다. 조자등은 조연승의 서삼촌인데, 조자등이 신문 중 물고되었으므로 서조카인 조연승을 체포해 실정을 캐내어야 한다는 것이다. 또한 포도청 보고에 의하면 조연승은 "아우와 함께 서양놈과 내통하였고, 만날 때는 반드시 절을 하고 술잔을 나누었다"는 사실이 추가로 밝혀져 조연승과 그 아우 조준승 형제에 대한 추국이 개시되었다.[149] 신문 결과 조연승은 7-8년 전 (베르뇌 주교가 머무르던) 홍봉주

147) 『承政院日記』 2725책, 고종 5년 4월 27일 을사. "不允. 趙喆增事, 究厥罪犯, 夫何靳施, 而但身已死, 而追施逆律, 法典之所不許. 勿煩."

148) 『大典通編』 「刑典」, 〈推斷〉 '未結案而傳旨正法'. "罪人未結案而傳旨正法者, 身已死而追施逆律者, 非軍法梟示者, 竝禁除. 【英宗己卯(1759)】"

149) 「사학죄인 조연승의 추국을 허락하다(29:145)」, 『추안급국안』 85, 233~236쪽;

의 집을 왕래하였으며, 조준승 또한 10여 년 전에 이재의와 토지를 거래한 사실이 드러났다.[150] 하지만 조연승은 자신은 천주교 신자가 아니며, 홍봉주와 교유할 당시에는 천주교를 단속하는 법률이 느슨했기 때문에 그와 상종한 것이 문제가 되지 않았다고 하였다. 결국 조연승 형제는 홍봉주의 여종 복덕과 대질심문까지 하였는데, 복덕은 조연승이 홍봉주의 집을 드나들며 베르뇌 주교와 만난 사실을 분명히 보았다고 지목하였다. 다만 조준승은 본 적이 없으며, 조연승의 형제가 셋이라는 이야기를 들었다고 진술하였다.[151] 확인 결과 조연승과 함께 홍봉주의 집을 왕래하며 베르뇌 주교를 만나본 이는 셋째 조준승이 아닌 둘째 조낙승임이 드러났고, 이에 조낙승을 체포하여 추국을 이어갔다.

신문 결과 조낙승은 자신이 형 조연승과 함께 홍봉주의 집에서 베르뇌 주교와 만난 사실을 자백하였다. 다만 조낙승은 베르뇌 주교를 만난 것은 다른 나라 사람을 보기 위한 것이었으며, 자신의 집안은 4대의 제사를 받들며 신주 또한 모시고 있기 때문에 천주교와는 아무런 관련이 없다고 하였다. 다만 남종삼과는 대대로 사귀어 온 정으로 서로 친하게 지냈으며, 홍봉주와도 상종한 결과 이들에게 이끌려 베르뇌 주교를 만나본 것이라고 진술하였다.[152] 흥미로운 것은 조연승·조낙승 형제의 신문에서 이들은 자신들이 베르뇌 주교를 만나보고 남종삼, 홍봉주, 이재의 등의 신자들과 어울린 것은 사실이지만, 천주교에 물들었다는 혐의만큼은 극구 부인한 사실이다.

「조준승의 추국을 허락하다(29:146)」, 『추안급국안』 85, 236쪽.

150) 「조연승을 심문한 내용(29:151)」, 『추안급국안』 85, 242~256쪽; 「조준승을 심문한 내용(29:154)」, 『추안급국안』 85, 247~249쪽.

151) 「조연승과 복덕을 대질심문한 내용(29:163)」, 『추안급국안』 85, 262~264쪽; 「조준승과 복덕을 대질심문한 내용(29:166)」, 『추안급국안』 85, 269쪽.

152) 「조낙승을 심문한 내용(29:170)」, 『추안급국안』 85, 275쪽. 조낙승이 남종삼 집안과 대대로 연이 있다고 한 것은 곧 그가 남종삼의 아버지 남상교로부터 학문을 배웠기 때문이다.

심문 과정에서 추국청은 조연승에게 “만약 천주교에 빠지지 않았다면, 반드시 이것은 반역을 꾀하는 마음을 품었다는 뜻이 된다”며 조연승 형제가 베르뇌 주교를 만난 사실을 두고 「모반」 죄를 언급하며 위협하였으나, 조연승은 “천주교를 믿는 죄만큼은 후세에 재앙을 쌓는 죄”가 된다며 자신이 천주교 신자임을 지만하지 않았다.[153] 3장에서 살펴보았듯이 주문모 신부와 접촉한 혐의로 추국청에서 신문 받은 김건순과 강이천은 자신들에게 ‘천주교 신자’ 혐의와 ‘모반’ 혐의가 주어지자 전자만을 인정하였다. 반면 조연승 형제는 홍봉주와 남종삼 및 베르뇌 주교와의 접촉사실을 인정하면서도 천주교 관련 혐의는 인정하지 않았다.[154] 신유년의 강이천과 김건순이 반역을 도모했다는 혐의보다 천주교 신자가 되는 것이 낫다고 인식한 반면, 무진년의 조연승 형제는 ‘모반죄인’ 남종삼 등과의 연루를 천주교 신자가 되는 것보다 차라리 낫다고 여겼다. 결국 조연승과 조낙승은 천주교 신자들과 어울리고 베르뇌 주교와 왕래한 혐의를 바탕으로 「조요서요언」이 조율되었다.[155] 이들이 천주교 신자인 정황이 드러난 것은 아니지만, 천주교 신자들과 왕래하고 서양인 신부를 만난 것이 곧 사학을 한 근거가 된 것이다. 반면 신문 과정에서 아무런 정황이 드러나지 않은 조준승은 무죄 방면되었다.[156] 조연승 형제의 형정은 조선인들 또한 邪類와 결탁한 행위는 물론 외국인과 연계된 혐의보다도 ‘천주교 신자’가 되어 처형되는 것을 더 무거운 형으로 여겼음을 보여준다.

덕산사건 이후 조유선과 이신규·이재의 등의 사옥은 물론 곧바로 조연승 형제의 사옥까지 이어졌지만, 조선왕조는 결국 병인양요 이후 천주

153) 「조연승을 심문한 내용(29:172)」, 『추안급국안』 85, 278쪽; 293쪽.

154) 「조낙승을 다시 심문한 내용(29:182)」, 『추안급국안』 85, 295쪽.

155) 「조연승의 결안(29:184)」, 『추안급국안』 85, 298쪽; 「조낙승의 결안(29:185)」, 『추안급국안』 85, 300~302쪽.

156) 「조준승을 풀어 주게 하다(29:180)」, 『추안급국안』 85, 289~290쪽.

교 문제를 형정적으로 마무리할 ‘주범 찾기’에 실패했다. 병인양요 이후 천주교 문제의 핵심 피의자로 가장 유력했던 조철증은 자살하였고, 이신규와 이재의, 조연승 형제는 모두 병인년 이전의 행적으로 「조요서요언」 내지 「모반」이 조율된 것에 불과했다. 따라서 병인양요 이후 천주교 사건의 ‘주범 찾기’는 조연승 형제의 처형 이후 소강상태에 접어들었지만, 추가적인 천주교 신자의 체포 등을 통해 관련자의 윤곽이 드러날 경우 언제든지 재개될 수 있었다.

이러한 와중에 1871년(고종 8) 포도청에 사학죄인 이돈호와 김여강, 김창실이 붙잡혔다. 草記 결과 이돈호와 김여강은 덕산사건에 관여하였으며, 김창실은 병인양요 당시 강화도의 교전에 관여한 사실이 드러났다.[157] 병인양요 이후 천주교 신자의 형정은 천주교 신자가 붙잡히면 유사에서 심문한 뒤 군문 효수하는 것으로 정리되었다. 다만 지속적으로 지방관의 천주교 신사의 체포 보고와 품처 의뢰가 이어지는 것으로 보아, 선참후계보다는 품처 후 효수된 경우가 많았던 것으로 이해된다. 그런데 김창실과 함께한 바 있는 장치선은 1868년(고종 5) 포도청에 체포되었는데, 장치선은 자신이 “양인들과 내통하기도 하고 바다를 건너가 도적들을 불러들이기도 한 일의 진상”을 모두 자복했다.[158] 병인양요에서 향도 역할을 했음을 자백한 것인데, 포도청의 보고에 대해 조정은 별다른 논의 없이 장치선 등에 대한 군문효수를 결정했다.[159] 장치선이 서

157) 『高宗實錄』 권8, 고종 8년 4월 6일 을축. “召見時任大臣, 金吾堂上, 左右捕將, 請對也. 領議政金炳學曰, 卽見左右捕廳所報, 則捉得邪徒三漢, 所謂李敦浩, 李汝江締結洋賊, 作變德山者也. 敢於所不敢之地, 敢行所不敢之事. 亂逆從古何限. 而至凶絶悖, 未有如此賊之甚者也. 所謂金昌實, 慫通洋賊, 稱亂沁都者也. 越海招寇, 何等凶圖. 而𢓜蠶匿影, 梟獍互應, 禍心逆節, 又未有如此賊之甚者也.”

158) 장치선은 최선일, 김창실, 김계쇠 등과 함께 리델 신부를 수행하며 수 차례 조선과 청조를 왕래하였다. 방상근, 앞의 논문, 2020, 11~22쪽.

159) 『承政院日記』 2727책, 고종 5년 5월 22일 무술. “議政府啓曰, 卽見右捕廳所報, 則邪學罪人張致善, 崔英俊, 或潛通洋人, 或越海招寇, 情節俱爲自服云矣. 綢繆和應

양인과 합세하여 국경을 왕래하고 병인양요에 가담했음을 진술했음에도 여타 신자들과 마찬가지로 군문효수가 집행된 것이다.

그런데 3년 뒤인 신미년(1871)에 이돈호와 김여강, 김창실이 붙잡히자 고종은 이들에 대한 親鞫을 명했다. '衛正斥邪' 하는 뜻에서 본인이 직접 심문하지 않을 수 없다는 이유였다.[160] 조선시대 추국은 참여 인원이나 사건의 정도에 따라 금부단독추국과 국왕주재추국, 삼성추국 등으로 구분되는데, 국왕이 직접 추국에 임하는 친국은 가장 중대한 반역사건을 처리할 때 개설되었다.[161] 조선시대 천주교 신자의 형정에서 친국은 이것이 유일한데, 이러한 사실은 고종이 얼마나 이 사건을 중요하게 여겼는지를 알 수 있게 해준다. 친국 장소 또한 의금부가 아닌 삼군부로 정해졌고,[162] 친국이 개설되었다.

이돈호와 김여강, 김창실은 같은 천주교 신자로서 신유년에 「모반대역」이 조율된 유항검 형제처럼 일대에서 손꼽히는 거부도 아니었고, 황사영과 같이 문장으로 이름이 높은 양반도 아니었다. 따라서 이들이 천주교 신자에 대한 형정사상 유일한 친국의 대상의 된 것은, 병인양요 이후 한층 높아진 서양에 대한 경계심과 함께 1871년이 되도록 천주교 관련 사건의 '주범'을 찾지 못한 당시의 상황에서 찾아야 한다. 물론 덕산사건이 고종과 흥선대원군의 집안 문제였기 때문에 더욱 엄히 처리된 점 또한 고려되어야 하겠으나, 신미년의 친국에서 병인양요와 관련된 김창실까지 함께 친국한 것은 분명 천주교 신자에 대한 친국의 의미가 고종의 집안 문제에만 국한되지 않았음을 보여주는 것이다. 1868년 5월에 김

之至兇絶悖, 未有甚於 覆載之間, 其不可晷刻容貸, 罪人張致善·崔英俊, 押送鎭撫營, 大會軍民, 梟首警衆, 何如. 傳曰, 允."

160) 「친국할 김창실 등을 남간에 가두게 하다(29:367)」, 『추안급국안』 86, 153~154쪽.

161) 김영석, 「義禁府의 조직과 추국에 관한 연구」, 서울대학교 법학과 박사학위논문, 2013, 222~240쪽.

162) 「김창실 등을 친국할 장소를 삼군부로 정하다(29:367)」, 『추안급국안』 86, 154쪽.

창실과 거의 동일한 혐의의 장치선이 체포되었을 당시까지만 해도 조정은 이신규의 사옥을 막 마무리한 참이었기 때문에, 이미 '전형'을 밝힌 이상 천주교 문제 또한 점차 해소될 것으로 보았다. 따라서 장치선 등이 체포되었을 때, 조정은 이에 대해 별다른 반응을 보이지 않았고 여타 신자들과 마찬가지로 심상히 군문효수를 집행했다. 하지만 이후 이어진 조연승 형제의 사옥에서도 조정은 천주교 문제의 '주범'이라 할 만한 이들을 찾지 못했고, 바로 이러한 상황에서 김창실 등의 신자들이 체포됨으로써 고종은 단순한 추국이 아니라 '친국'을 통해 상황을 정리하려 한 것이다.

추국청은 김창실의 죄목으로 사학 혐의는 물론이요 "마침내 서양 놈을 거느리고 함께 배를 타고 와서 천주교 무리를 공격한 데 대한 보복을 하고자 한 것"과 프랑스가 강화도를 완전히 점령하면 도성은 稅穀 길이 막힐 것이기 때문에 곤란을 받을 것이라는 말을 한 점을 주요 혐의로 두었다. 이에 김창실은 자신은 애당초 천주학을 금지하는 법을 어기지 않았으며, 장치선의 감언이설에 넘어가 그와 더불어 서양 선박에 왕래했을 따름이라고 진술하였다. 김창실은 본래 潛商으로, 천주교 신자들과 함께 중국을 왕래한 것은 돈 700냥을 받기로 한 결과일 뿐이므로 자신에게 1년만 여유를 준다면 천주교 신자들을 꾀어 데리고 오겠다고까지 하였다. 강화도를 점령하면 도성이 위태로워질 것이라는 말 또한 장치선의 입에서 나온 것이라고 진술하였다.[163] 사실 김창실이 실제 천주교 신자였는지의 여부 또한 확실하지 않다. 병인년에 리델 신부는 조선을 탈출할 때 천주교 신자 11명이 탄 배를 타고 출항하였는데,[164] 『포도청등록』의 장치선 공초에는 10명의 이름만 나오고 김창실의 이름은 나오지 않기 때문이다.[165] 설령 김창실이 천주교인이고 그의 주장이 살기 위한 변

163) 「김창실을 심문한 내용(29:375)」, 『추안급국안』 86, 166~172쪽.

164) 『달레(하)』, 452쪽.

명에 불과했다 하더라도, 그의 죄상은 장치선이나 김여경의 꼬임을 받아 이루어진 것이므로 굳이 죄상을 따지자면 종범에 불과했다. 추국청 또한 그의 죄상을 나라를 배반하고 역적을 "따른 것"으로 정리했다.[166] '위정척사'를 강조하며 고종이 친국을 천명한 것의 의미를 감안할 때, 단지 군문효수죄인 장치선이나 김여경을 따른 종범에 불과한 김창실의 죄상은 친국의 격식에 부합하지 않는 것이기도 하였다.

한편 덕산사건과 관련된 김여강과 이돈호의 추국에서는 '누가 삽을 잡았는지'에 대한 논쟁이 벌어졌다. 김여강과 이돈호는 모두 덕산사건 당시 최선일과 권 신부(=페롱)가 "덕산에 가서 변고를 일으킬 것이다"고 한 사실을 듣자 극구 만류한 사실을 진술하였는데, 이돈호가 묘를 파헤친 사람으로 권 신부와 김여강을 지목하여 김여강이 덕산사건의 '주범'으로 몰렸기 때문이다.[167] 둘은 대질심문까지 진행했지만, 김여강은 본인은 페롱 신부를 만류할 생각으로 삽을 쥐었는데, 이를 이돈호가 자신 또한 가담한 것으로 오해하여 아뢴 것이라고 변명하였다.[168] 김여강은 수차례 자신이 페롱 신부의 삽을 잡은 것은 "정성스러운 마음으로 만류한" 것이라고 주장하였지만,[169] 이미 그가 삽을 잡은 사실이 확인된 이상 조정은 그의 '의도'에는 별다른 주의를 기울이지 않았다. 결국 김여강의 결안에는 덕산사건 당시 "서양 선박이 우리나라에 와서 정박해 있는 곳을 몰래 따라갔으며, 차마 덕산에서 삽을 들고 묘를 파헤치는 변고를 일으킨 것"으로 정리되었다.[170] 김여강이 정말로 덕산사건의 '破墓'에

165) 방상근, 앞의 논문, 2020, 13쪽 각주 16. 『달레』의 역주자와 방상근은 모두 장치선의 공초와 『달레』의 서술을 통해 김창실 또한 천주교 신자로 비정하였지만, 김창실이 천주교 신자라는 직접적인 기록은 확인되지 않는다.

166) 「김창실의 최후 자백을 받게 하다(29:396)」, 『추안급국안』 86, 194쪽.

167) 「김여강을 심문한 내용(29:368)」, 『추안급국안』 86, 156~158쪽; 「이돈호를 심문한 내용(29:372)」, 『추안급국안』 86, 162~164쪽.

168) 「김여강을 이돈호와 대질심문시킨 내용(29:380)」, 『추안급국안』 86, 173~175쪽.

169) 「김여강을 다시 심문한 내용(29:397)」, 『추안급국안』 86, 195쪽.

동참했는지의 여부와는 관계없이, 그는 조선 천주교회의 회장직을 역임했으며 "서양 사람들이 우리나라에서 떠났지만, 그들은 원한을 품거나 원수를 갚을 생각이 조금도 없다"며 프랑스 선교사를 변호하였다.[171] 따라서 추국청은 김여강보다는 이돈호의 진술을 신뢰하였으며, 결과적으로 김여강의 결안에는 그가 덕산사건의 파묘에 동참한 사실이 기록되었다.

그런데 사실 덕산사건의 대상이 된 남연군의 묘는 엄밀한 의미에서 대역죄의 적용 대상이 아니었다. 『대명률』은 '大逆'의 기준으로 종묘와 산릉 및 궁궐의 훼손만을 명시하였기 때문이다.[172] 남연군은 흥선대원군의 아버지이자 고종의 할아버지로서 위상이 높았지만, 엄밀한 의미에서 그 종법적 지위는 '君'에 머물렀으므로 그의 묘를 훼손한 행위는 '毁山陵'에 해당하지는 않았다. 그럼에도 불구하고 김여강의 신문에서는 '누가 삽을 잡았는지'가 중요한 쟁점이 되었고, 김여강과 함께 파묘의 주범으로 지목된 페롱 신부는 덕산사건 이후 다시 도주하였으므로 김여강의 결안에서는 오직 그만이 "차마 덕산에서 삽을 들고 묘를 파헤친" 장본인으로 기록되었다.

결국 김창실과 김여강에게는 「모반대역」이, 그리고 이돈호에게는 「모반대역」의 지정불고죄가 조율되었다. 아마도 이돈호의 경우 김여강과는 달리 직접 삽을 잡지 않았고, 김여강을 고발한 이 또한 이돈호였기 때문에 비교적 가벼운 조율이 이루어진 것으로 생각된다. 김창실과 김여강은 능지처사 되었고, 이돈호는 참수되었다. 김창실과 김여강은 「모반대역」에 해당하는 중죄인이었으므로, 김창실과 김여강에 대해서는 연좌제가 적용되었고, 이들은 가산이 적몰됨은 물론 파가저택과 함께 출신 고을의 강등 또한 이루어졌다.[173] 김여강의 아들 김응구는 나이가 28세

170) 「김여강의 결안(29:403)」, 『추안급국안』 86, 203쪽.

171) 「김여강을 심문한 내용(29:368)」, 『추안급국안』 86, 161쪽.

172) 『大明律直解』 권1, 「名例律」, 〈十惡〉. "二曰謀大逆【謂謀毁宗廟, 山陵, 及宮闕】"

였으므로 연좌되어 교형에 처해졌고, 김여강의 출신지인 공주의 위격이 판관에서 현감으로 격하되었다.[174] 다만 김창실에 대해서는 여타의 연좌인 여부나 고장에 대한 읍호강등이 확인되지 않는데, 아마도 이는 김창실이 본래 잠상으로 별다른 본거지가 없었기 때문으로 생각된다.

김창실과 김여강, 이돈호의 사옥은 천주교 신자에 대한 조선왕조의 마지막 추국이자, 국왕이 친림한 유일한 추국이기도 하였다. 하지만 사실 김창실이나 김여강의 죄상은 병인양요 이후 심상하게 군문효수되어 온 천주교 신자들의 그것과 크게 다르지 않았다. 그럼에도 불구하고 조선 조정이 굳이 이들에 대해 유항검 형제와 황사영에게만 조율되었던 「모반대역」을 조율한 것은 병인년 이후 지속적으로 발생해 온 천주교 문제의 '주범 찾기'를 위한 명분 쌓기의 성격이 강했음을 짐작할 수 있다. 황사영 이후 70년 만에 천주교 신자에게 「모반대역」을 조율하여 집행했음에도, 조정은 이에 대한 별도의 반교문이나 윤음을 내리지 않았다. 김여강 등이 처형된 직후 곧이어 신미양요가 발발했고, 천주교 신자들의 체포 또한 이어졌기 때문이다.

이러한 상황에서 고종이 내린 전교는 천주교 신자의 형정을 마무리지었다는 등의 내용이 아니라, 오히려 포도청이 거행하는 일이 매우 한만하고 소홀하여 邪徒가 완전히 없어지지 않아 洋醜의 침입을 초래했다는 것이었다.[175] 신미양요 당시의 '양추'는 미국이었지만, 조선왕조는 이때

---

173) 「김창실 등의 연좌 죄인을 찾아내게 하다(29:408)」, 『추안급국안』 86, 209~210쪽.

174) 「김창실 등의 연좌 죄인을 처벌하게 하다(29:408)」, 『추안급국안』 86, 210~211쪽; 『承政院日記』 2763책, 고종 8년 4월 11일 경오. "吏曹啓曰, 降邑號, 卽是本曹擧行, 而問于禁府, 則謀反不道罪人汝江, 居生於忠請道公州地云, 公州判官, 降爲縣監, 何如. 傳曰, 允."

175) 『承政院日記』 2764책, 고종 8년 5월 25일 갑인. "傳曰, 捕廳擧行, 近甚慢忽. 邪徒終未殄絶, 以致洋醜之來侵, 是豈捕將之擧其職乎. 爲先從重推考, 嗣後益加譏詗, 俾無遺種. 如是下敎之後, 非徒治邪之審克虛實, 雖因他事, 苟或無辜橫罹, 是玉石俱焚, 寧忍如此, 寧忍如此. 兩捕將聽此傳敎, 各別惕念. 京捕廳, 猶有此弊, 況於外道

도 서양의 침입을 초래한 것으로 여겨진 국내의 천주교 신자들을 비난하였다. 결국 형정을 통해 천주교 문제를 제어한다는 정조 이래의 원칙은 고종 대의 김창실·김여강 등의 사옥을 끝으로 더 이상 이루어지지 않았고, 신미년(1871) 이후 조선에서는 순교 사료에 간헐적으로 천주교 신자의 치명 사실이 전할 뿐 사실상 종언을 고했다. 조선 조정이 단행한 '최후의 사옥'은 적어도 형식상으로는 신유년 이래 조선왕조의 천주교 신자에 대한 형정을 '친국'으로 마무리한다는 점에서 대미를 장식한 것이지만, 그 실상에 있어서는 신유년과 달리 사옥 곧 형정이 천주교 문제의 제어에 별다른 역할을 하지 못했다는 것을 스스로 인정한 것이기도 하였다.

조선 천주교 신자에 대한 '법적 대응'은 이후 1886년(고종 23) 조불수호조약 이후 조선에서의 천주교 전교가 사실상 묵인되자 다시금 변화하였다. 이때의 '법'은 조선왕조가 그동안 천주교 신자의 형정에 활용해 온 『대명률』 등이 아닌, '근대법'이라는 전혀 새로운 것이었다.

鎭營戢盜之政乎. 仍以此意, 自廟堂另飭八道, 四都, 各鎭營."

제6장

맺음말

1785년(정조 9) 김범우의 도배에서 시작된 조선왕조의 천주교 신자에 대한 형정은 1871년(고종 8) 김창실과 김여강, 이돈호에 대한 마지막 사옥이 이루어지기까지 약 100년 가까이 이어졌다. 당초 북경을 경유해 들어옴으로써 청조로부터 '승인된 지식'으로 조선에 전해진 서학은 처음에는 새로운 학문으로 여겨지며 특히 천문과 역산에 관심을 가진 지식인들의 관심을 끌었다. 조선에서 서학은 異端의 한 부류로 여겨지며 경계의 대상이 되기도 하였지만, 기존 성리학적 질서와 지식에 의문을 가진 학자들 사이에 활발하게 논의됨으로써 조선후기의 사상계와 지식장에 신선한 충격을 불어넣었다. 북경을 왕래한 조선 사절단에게 천주당은 조선왕조가 외부 세계와 직접 대면할 수 있는 거의 유일한 창구였고, 천주당의 서양 선교사 또한 조선 전교 가능성을 모색하기 위해 조선 사절단과의 교유를 이어갔다. 하지만 조선 사절단의 천주당 방문이 어디까지나 학문적인 호기심 내지 기호 단계에 머무르자, 천주당의 서양 선교사와 조선 사절단의 교유는 점차 그 빈도가 줄어들기 시작했다.

한편, 조선에 유입된 서학서를 통해 조선에서는 서학을 학문이 아닌 종교로 받아들인 일군의 젊은 지식인들이 나타나기 시작했다. 이들은 주로 성호의 학맥을 이은 남인계 학자들이었는데, 이들은 조선 사절단의 북경 천주당과의 공적 교류가 줄어들기 시작한 1780년대에 오히려 천주당의 서양 선교사들과 활발하게 교유하며 천주교 교리와 지식을 습득하였다. 이러한 노력의 결과 1783년(정조 7) 이승훈이 북경 천주당에서 세례를 받기에 이르렀고, 이듬해 그가 조선에 돌아와 동료들에게 대세함에 따라 '조선 천주교회'가 탄생했다. 조선 천주교회의 탄생은 조선왕조가 전혀 상정하지 못한 정도로 보편 교회와 직접 연결된 조선인들의 집단을 왕조 내에 구축했다. 이제 조선왕조에서 천주교는 단순히 하나의 새로운 학문적 경향이 아니라, '조선 천주교회'라는 조직을 구심으로 조선왕조의 관습이나 의식과는 구별되는 종교적 실천을 추구하는 집단으로 거듭났다. 성리학적 가치관에 대한 공고화를 바탕으로 지배체제를 유지해 온 조선왕조에서, 성리학과는 전혀 다른 가치체계를 바탕으로 비밀리에 탄생한 '조선 천주교회'의 존재는 용납될 수 없는 것이었다.

때마침 로마 가톨릭교회 또한 예수회를 해산하고 적응주의 선교 방침을 포기하고 보다 보편적인 천주교 의례의 실천을 강조했다. 이제 조선왕조에서 천주교는 더 이상 단순한 지식의 차원에 머무를 수 없었고, 조선 천주교회는 로마 가톨릭교회의 방침을 따름으로써 조선왕조의 성리학적 가치체계에서 사실상 벗어났다. 천주교는 조선왕조의 가치체제와 통치질서를 부정하는 반국가세력으로 여겨졌고, 그 결과 학문적 논쟁 대상이 아닌 범죄자 즉 '형정'의 대상으로 여겨졌다. 조선왕조의 형정은 단순히 범죄자를 처벌할 뿐 아니라, 형률의 집행을 통한 유교적 이상사회의 구현을 목적으로 하였으므로, 천주교 신자를 제어하기 위해 필수불가결한 요소로 여겨졌다.

이처럼 조선왕조는 조선 천주교회의 탄생과 거의 동시에 이들에 대한 '형정적 처리' 원칙을 확립하였지만, 그 형정의 구체적 양태는 조선 천주교회의 상황 및 천주교를 바라보는 조선왕조의 시각에 따라 변화했다. 조선왕조의 형정은 『대명률』을 일반법으로 하면서도 『경국대전』이나 『속대전』, 『대전통편』 등과 같은 國典을 함께 적용하였다. 그런데 사건을 처리할 적절한 조목이 없을 경우 새로운 법을 만드는 것이 아닌, 가장 그 죄상에 가까운 것으로 여겨지는 형률을 적용하는 '引律比附'를 활용하였다. 결과적으로 조선왕조는 천주교 신자에 대한 '정법'을 위한 새로운 법을 만들어내지 않았고, 시기별로 달라져 온 조선 천주교회의 상황과 천주교에 대한 조선왕조의 시각 변화를 서로 다른 '律'의 적용이라는 조율상의 변화를 통해 반영하였다. 이러한 사실은 조선왕조가 명률을 계수한 뒤 이를 답습하기만 한 것이 아니라, 형정을 통해 '禮樂'으로 상징되는 유교적 이상국가의 실현을 목적으로 하면서도, 현실에서는 조선의 특수성을 반영한 판결이 능동적으로 이루어졌음을 보여주는 것이다.

이러한 모습은 특히 천주교 신자에 대한 형정에서 두드러지는데, 그 이유는 천주교 문제가 『대명률』이 만들어질 당시에는 존재하지 않았기 때문에 전적으로 '인율비부' 대상이 되었기 때문이다. 조선왕조는 신유년(1801) 이후 천주교 신자에 대한 일반양형으로 「조요서요언」을 고수하였는데, 이는 비슷한 시기 천주교 신자에 대한 형정을 진행한 청조의 사례와 비교해도 차이를 보이는 것으로, 조선만의 특수성이 형정에 반영된 실례이다. 조선왕조는 천주교 신자에게 「조요서요언」을 적용함으로써 기존의 시선으로는 首從을 가리기 어려운 천주교 신자를 적법하게 처형할 근거를 마련하면서도, 조율이 아닌 실제 '行刑' 과정에서 대량의 (배교한) 천주교 신자들을 감사 및 방송처분 함으로써 천주교 신자에 대한 조선만의 형정, 즉 '사옥'이라는 절차를 만들어 냈다. 『대명률』을 수용한 조선왕조의 형정적 고유성이 法源이 아닌 조율 및 행형과정을 통해 실현된 것이다. 조선왕조는 「조요서요언」이 조율된 천주교 신자에 대한 부대시참 결정이나 외국인 선교사에 대한 군문효수 집행에서 '율'이 아닌 '례'를 폭넓게 활용하였는데, 이러한 사실은 조선왕조의 형정이 필요에 따라 적절히 전례를 참고하는 유연성을 발휘하였음을 보여준다.

조선왕조의 형정이 단순히 『대명률』을 기계적으로 수용하고 조선 천주교 신자에 대한 일관된 법의 집행만을 고집했다면, '조선 천주교회'라는 동일한 집단에 대해서는 조선후기 내내 일관된 판결이 이루어졌을 것이다. 하지만 조선왕조의 법체제는 『대명률』을 기반으로 하면서도 실제 법의 적용에서는 개별 사건의 고유한 사정[情]이나 당대의 사회적 가치[理]를 함께 고려했기 때문에, 정과 리가 변화함에 따라 이에 적용되는 형률[法]은 얼마든지 달라질 수 있었다. 이처럼 정·리·법을 아우르는 판결이 강조된 조선왕조의 형정을 이해하는 데 조선 천주교회가 중요한 이유는, '조선 천주교회'라는 동일 집단에 대한 형정이 시기별로 다르게 이루어졌다는 사실 때문이다.

1784년 이승훈의 대세로 탄생한 조선 천주교회는 오늘날까지 동일 집단으로 존속하지만, 시기별로 교세나 존재 양태, 선교사의 유무 등에 따라 다양한 모습으로 존재해 왔다. 그뿐 아니라 조선 천주교회는 북경을 통해 보편 가톨릭교회와 연결되어 있었기 때문에, 조선 천주교회를 바라보는 조선왕조의 시선은 단순히 국내의 이질적인 집단을 바라보는 것이 아니라 서양과 외부 세계를 바라보는 시선이기도 했다. 요컨대 시기별 조선 천주교회의 상황[情]과 천주교 및 외부세계를 바라보는 조선왕조의 시선[理]은 곧 천주교 신자의 형정에서 적용된 형률[法]의 변화를 이끌어낸 x변수였다. 따라서 우리는 조선후기 각 시기별로 조선 천주교 신자들에게 적용된 형률의 변화를 통해 역으로 당시 천주교회의 존재 양태는 물론 조선왕조의 천주교와 외부 세계에 대한 인식의 단면을 읽어낼 수 있는 것이다.

천주교 신자에 대한 형정을 통해 조선왕조의 당대인식을 읽어낼 수 있다면, 그러한 형정을 주도한 '국가'의 역할에 주목해야 한다. 국가는 조선 천주교 신자에게 형률을 적용한 당사자이며, 이 과정에서 천주교에 대한 조선인들의 여론을 종합한 주체이기 때문이다. 조선후기 국가의 의사결정은 왕과 왕실을 비롯한 조정과 특정 붕당이나 가문 출신 관료들로 대표되는 집권세력, 그리고 조선의 지배 엘리트인 양반의 여론에 의해 이루어지는데, 이러한 국가의 의사결정은 천주교 신자의 형정에도 마찬가지로 적용되었다. 국가는 천주교 신자의 형정에서 집권 세력의 정치적 이익과 양반계층의 여론을 포괄적으로 반영하면서도, 형정 집행의 주체로서 '典刑'을 확립해야 할 왕실의 책무에도 충실했다. 조선왕조 지배세력의 중추를 구성한 왕실과 집권 세력, 양반 지배층은 모두 천주교 신자를 형률로써 단죄한다는 데에는 동의했지만, 천주교 신자에게 적용할 형률의 내용과 그 범위에 있어서는 시각차를 보이기도 하였다. 따라서 천주교 신자에 대한 형정의 구체적인 적용 과정을 통해 우리는 조선후기 국가의 의사결정 과정의 일단을 살펴볼 수 있는 것이다.

그동안 황사영『백서』를 비롯한 조선 천주교회측의 서술에서 관변이란 곧 천주교 신자에 대한 '박해'를 단행한 가해자를 의미했다. 이러한 시선에서 조정(왕실)과 집권세력(붕당, 세도가문 등)에 대한 구별은 주의 깊게 이루어지지 않았다. 하지만 실제 조선 천주교 신자들의 형정을 살펴보면, 세도정치의 상징처럼 여겨지는 垂簾聽政조차 조정의 입장과 집권세력의 입장이 충돌할 때에는 왕실의 역할을 우선시했다. 순조 대의 정순왕후도, 헌종 대의 순원왕후도, 고종 대의 신정왕후도 조선왕조의 형정적 원칙이나 전례를 벗어난 '격 외의 형'의 집행을 윤허하지 않은 것이나. 이러한 점에서 천주교 신자에 대한 형정에서 '典刑'의 수호자를 자처한 왕실의 존재는, 천주교 신자에 대한 무차별적 학살이나 '법 외의 형'의 적용을 최소화한 점에서 오히려 완충제에 가까웠다.

신유사옥 당시 천주교 문제의 '三凶'으로 지목된 정약용이 목숨을 건지고, 병인년 남종삼 등의 사옥 이후 왕실이 오히려 남종삼 연좌인에 대한 변호인 역할을 자임한 것은, 천주교 신자의 형정에서 왕실이 지닌 특수한 위상을 잘 보여준다. 수렴첨정과 같은 독특한 정치 형태는 일견 조선후기 정치사에서 국왕의 존재를 무의미한 것처럼 보이게 만들지만, 수렴첨정을 한 당사자는 물론이요 당대의 그 누구도 왕조국가인 조선에서 국왕이 지닌 특수한 지위와 역할을 부정하지 않았다.[1] 특히 형정에서 사형을 언도할 수 있는 권한은 오직 국왕에게만 있었으므로, 주정은 이러

1) 임혜련, 「조선후기 '대리청정'의 권한 범주와 왕권」, 『역사와 담론』 85, 2018, 168~175쪽; 계승범, 「인목대비 폐위 논쟁과 인조반정의 명분」, 『역사비평』 141, 2022, 306~318쪽.

한 권한을 최대한 활용하여 양반 지배층의 여론을 폭넓게 반영하면서도 사옥이 과열되는 것을 막기 위해 아무리 천주교 신자라 할 지라도 그에 대한 '법 외의 형'을 집행하는 것은 자제했다.

덕산사건 이후 천주교 신자에 대한 유례없는 체포와 물고가 이어지는 가운데 양반사회의 여론 또한 필요 이상으로 과열되자, 조정은 처형된 천주교 신자들의 친인척 관리들은 "안심하고 근무할 것"을 지시했다.[2] 이런 사례 또한 사옥을 적절한 선에서 조절한 왕실의 역할이 조선후기 내내 이어졌음을 보여주는 것이다. 천주교 신자의 형정에서 발생한 가장 많은 죽음의 형태가 '정법'이 아닌 '물고'였다는 사실은, 천주교 신자의 형정에서 자주 언급된 왕실의 "살리기 좋아하는 덕"이라는 수사가 단순한 수사 차원에 머무르지 않았음을 보여주는 것이다. 천주교 신자의 입장에서 가장 위험했던 것은, 왕실에 의해 체포되어 '법에 의해' 정법되는 것이 아니라, 조정의 눈 밖에서 포졸 등에게 붙잡힌 끝에 아무런 기록을 남기지 않고 물고 혹은 장폐하는 것이었다. 이러한 점에서 조선왕조의 천주교 신자에 대한 형정에서 조정은 박해의 '주모자'임과 동시에 '조정자'의 역할을 함께 수행했다. 19세기 이후의 정치구도에서 조정은 당연히 집권 세력 내지 세도가문의 이익을 대변하였지만, 이와 동시에 양반 지배층의 의견을 널리 수렴하고 왕실의 권위를 확보한다는 기능을 여전히 수행한 것이다.

천주교 신자에 대한 형정이 개시된 정조 대는 천주교 신자에 대한 최초의 형정이 이루어졌다는 점에서 의미가 있다. 하지만 정작 그 형정의 실제 적용에서는 '조선 천주교회'에 대한 일반 양형 기준의 수립이 아닌, 천주교 신자 개개인의 처벌에 중점을 두었다는 점에서 정조 대의 형정에서 지속된 심리 위주의 형정이 답습된 시기로 볼 수 있다. 김범우의 도

2) 『承政院日記』 2726책, 고종 5년 윤4월 10일 정사. "傳曰, 犯邪罪人, 旣置辟矣. 其姻親戚黨, 或以根脚之緊出, 無罪見枳, 甚涉可念. 如有在官者, 使之無礙供職."

배와 이가환, 이승훈, 정약용 등에 대한 개인적 차원의 징계 및 진산사건(1791)으로 인한 윤지충·권상연에 대한 개인적인 처벌은 정조 대 교화주의 정책과 맞닿은 형정의 특징을 잘 보여준다. 정조는 국가의 의사결정 과정에서 국왕의 역할을 '君師'로 규정지으며, 자신을 백성들을 바른길로 인도할 책임자이자 교화주의 정책을 집행하는 당사자로 보았다. 이러한 인식의 연장선상에서 정조는 천주교 문제를 일종의 文風 문제로 이해하였으며, 문체반정과 마찬가지로 천주교 신자들이 바른 길로 돌아올 것을 기대하였다. 따라서 정조는 강상죄를 범한 것으로 여겨진 윤지충과 권상연을 제외하고는 천주교 신자에 대한 '正法'을 허락지 않았고, 가능한 한 천주교 신자들이 자신의 방침에 감화되어 바른길로 돌아오기를 도모했다. 이러한 방침은 이른바 문체반정과 마찬가지로 천주교 문제를 문풍의 차원에서 인식한 결과로, 몇몇 신자들의 배교를 이끌어내는 등 소기의 성과를 거두기도 하였다.

하지만 이러한 정조의 방침은 조선 천주교회와 관련된 남인 친서파를 을 견제하려는 남인 공서파 및 노론의 입장에서 불충분한 것으로 여겨졌으며, 양반사회에 만연한 斥邪의 분위기 또한 반영하지 못한 것이었다. 정조는 천주교 문제를 천주교 신자 개인에 대한 교화를 통해 해결함으로써 이들에 대한 형정을 최소화 하려 했지만, 이러한 방식은 문체반정과는 달리 천주교 문제를 제어하는 데 적절하지 않았다. 무엇보다 조선 천주교 신자들부터가 이미 천주교를 선택한 이상 이들에게 유교적 '교화'를 기대하기는 어려웠다. 따라서 진산사건 이후에도 천주교 관련 문제는 지속될 수밖에 없었고, 조선 천주교회는 점차 교세를 확산하는 한편 중국인 주문모 신부가 조선에 잠입하기에 이르렀다. 정조는 이러한 와중에도 천주교 신자에 대한 '교화' 우선주의를 고수했고, 그 결과 체포된 천주교 신자들이 배교할 때까지 형신을 받는 일이 반복되었다. 이 과정에서 수많은 신자들이 아무런 법적 절차 없이 물고되는 사례가 양산되었다. 을묘년(1795) 주문모 신부의 失捕 직후 발생한 윤유일과 최인길, 지황의 장폐는 정조 대 천주교 신자에 대한 교화주의 방침이 자아낸 천주교 신자의 물고 양산이라는 모순을 보여주는 대표적 사례이다.

천주교 신자들의 개별적 '改心'에 기대던 정조 대 천주교 신자에 대한 형정은 정조 사후 순조가 즉위하고 수렴청정이 이어지는 상황에서 전기를 맞았다. 이 시기는 어린 국왕의 즉위와 함께 정순왕후의 수렴청정이 시작됨으로써 조정과 집권 세력인 벽파 사이의 일치가 나타났고, 양반계층의 여론 또한 정조 대부터 지속적으로 척사를 요구하고 있었기 때문에 천주교 신자에 대한 '전형적' 형정절차를 마련하기에 가장 적절한 시기였다. 따라서 신유년(1801)에 전개된 최초의 전국적 규모의 '邪獄'은 단순히 조정 내 특정 세력(남인 친서파)을 제거하는 것에서 더 나아가, 형정을 통해 조선왕조에 만연한 천주교 문제를 해결한다는 '전형적' 형정의 수립에도 주력했다. 이때 이야기하는 '전형적' 형정이란, 천주교 신자에 대한 일반 양형기준을 마련하는 한편, 사학죄인에게 역률을 적용함으로써 천주교 신자가 단순히 잘못된 학문에 빠져든 이들이 아닌 국가에 위협이 되는 반국가세력임을 법적으로 확인하는 것이어야 했다. 그 결과 천주교 신자에 대한 일반 양형으로는 '皆斬'을 명시한 「조요서요언」이 조율되었고, 정약종과 유항검 형제, 황사영 등에게는 逆律인 「범상부도」와 「모반대역」이 조율되었다.

한편 신유년의 조정은 정조가 추구하였던 '교화주의' 원칙을 폐기하지 않았다. 선대 국왕의 업적을 후대 국왕이 이어받는다는 '繼述'의 원칙은 조선후기 국왕의 정통성을 확립하는 데 중요한 요소였고, 순조 이후의 정권 또한 기본적으로 형정을 통한 유교적 이상사회의 구현이라는 지향을 공유했기 때문이다. 다만 이는 정조가 이루지 못한 천주교의 확산을 제어하는 것이어야 했기에, 신유년의 조정은 천주교 신자를 우선 「조요서요언」의 조율 대상으로 간주한 뒤 개별 신자들의 '審理'를 통해 주범격이 아닌 신자들을 대거 감사 처분함으로써 정조 대 천주교 신자의 형정이 지닌 모순을 해결하려 했다. 정조 대의 형정은 천주교 신자 개인의 '개심'에만 기대한 결과 개심하지 않은 신자들에 대한 법적 조치를 마련하지 못했다. 하지만 신유사옥을 통해 마련된 전형적 형정은 천주교 신자 일반에게 적용될 수 있는 양형기준을 먼저 수립한 뒤, 개별 신자에 대한 심리를 통해 행형의 가감을 결정함으로써 조선 조정이 천주교 신자의 처분에서 주도권을 쥐게 해주었기 때문이다. 이러한 점에서 신유년에 실시된 천주교 신자의 형정은 정조 대 천주교 신자의 형정이 지니고 있던 구조적 문제를 형정적으로 완성했다는 점에서 조정 내 반대세력의 제거라는 정치적 목적과 함께 정조조차 완성하지 못한 천주교 신자의 형정 기준을 수립했다는 점에서 형정적 의미를 지니는 것이기도 하였다.

신유사옥으로 인해 조선왕조는 천주교 신자를 형정적으로 제재하는 '전형'을 마련하였고, 이때 마련된 절차는 이후 천주교 신자의 형정이 지속되는 동안 前例이자 典例로의 지위를 획득하였다. 하지만 신유사옥 이후 조선 천주교회의 양태는 물론, 형정을 단행한 조선 조정의 구성 및 천주교에 대한 인식 또한 달라졌으므로, 천주교 신자의 형정은 신유년의 그것을 참고하면서도 지속적으로 다른 양상으로 전개되었다. 신유사옥 이후 약 40년 만에 발생한 기해·병오사옥은 이러한 변화상을 잘 보여준다. 두 사옥은 여러 면에서 신유사옥을 전례로 삼아 천주교 신자의 형정을 단행하였으나, 실제 형정의 진행 양상에 있어서는 신유사옥과 많은 차이를 보인다. 특히 기해사옥은 조선후기 형정의 고질적 문제였던 '滯獄'을 해결하기 위한 목적에서 단행되었기 때문에, 신유년 천주교 신자의 형정에서 폭넓게 활용되었던 徒流 처분이 거의 활용되지 않은 채 천주교 신자에게 '배교 아니면 죽음'이라는 양자택일을 강요하였다. 천주교 신자의 일반양형으로 적용된 형률은 「조요서요언」으로 동일하였지만, 이 율의 행형은 말 그대로 천주교 신자의 '진멸'을 목적으로 한 것이다. 그 결과 결안된 이후 장기간 옥에 방치된 신자들의 처형이 비로소 집행되었으며, 조선왕조의 법률로 처벌할 수 없었던 15세 이하 70세 이상 신자들 또한 다분히 의도적으로 물고 및 장폐되었다.

한편 19세기 중반 이후 동아시아의 국제정세가 급변하기 시작했다. 특히 청조에서는 제1차 아편전쟁이 발발해 서양 세력에 대한 위기감이 고조되었고, 조선왕조 또한 조선 사절단을 통해 서양 사정을 수집함으로써 위기감을 공유하였다. 그뿐 아니라 이전보다 잦아진 이양선의 출몰과 서양 세력의 직접적인 접근 또한 이어졌으므로, 조선왕조는 서양 세력에 대한 대응의 일환으로 국내 천주교 신자의 단속에도 주의를 기울였다. 19세기 중반 이후 국제정세의 변화와 이로 말미암은 조선왕조의 서양세력에 대한 위기의식은 곧 천주교 신자의 형정에도 영향을 미쳤는데, 「모반」의 조율이 대표적이다. '謀背本國, 潛從他國'을 골자로 하는 「모반」은 신유사옥 당시 조율되지 않았다. 유항검 형제나 황사영 『백서』 사건이 사실상 「모반」죄의 구성요건을 충족했음에도, 천주교 신자에 대한 '전형적' 형정을 강조한 신유년의 조정이 이들에게 「모반대역」을 조율한 것에 비해, 기해년의 조정은 서양과 직접 관계되었던 유진길과 정하상에게 「모반」을 조율해 처형하였다. 천주교 신자에 대한 「모반」 조율은 기해년의 형정이 단순히 신유년의 그것을 답습한 것이 아니었음을 보여주며, 신유년까지만 해도 막연하게 상상되어 오던 서양 세력의 위험성이 현실화한 결과였다. 이러한 점에서 천주교 신자의 형정에서 나타난 조율상의 변화는 단순히 천주교에 대한 조선왕조의 법과 인식이 '불일치'한 결과라기보다,[3] 오히려 조선 천주교회에 대한 조선왕조의 당대 인식을 법에 '일치'시켜온 결과에 가깝다.

요컨대 기해·병오사옥 당시 이루어진 천주교 신자의 형정은 신유년의 '전형적' 형정을 외형적으로 답습하면서도, 실제 적용에 있어서는 당

3) 방상근, 앞의 논문, 2022, 256쪽.

대의 현실을 적절히 반영했다는 점에서 '권도'로써 형정이 활용된 사례라고 할 수 있다. 이는 전형적 형정이라고 할 만한 신유사옥의 여러 절차와 원칙들이, 신유년과는 다른 상황에서 발생한 기해사옥 당시 신유년의 전례를 참고하면서도 많은 면에서 변화한 것을 강조한 표현이다. 하지만 그것이 형정의 '전형'이든, 아니면 '권도'이든 간에 보다 중요한 것은 국가가 천주교 신자에 대한 형정의 각 단계, 즉 신문-결안-조율-정법의 사이에 존재하는 틈을 최대한 활용하였다는 사실이다. 신유사옥 당시 국가는 천주교 신자를 우선적으로 「조요서요언」에 해당하는 죄인으로 규정한 뒤 그 조율 과정에서 대량의 감사 도류처분을 단행함으로써 천주교 신자들이 필요 이상으로 처형되는 것을 방지했다. 형정이 '권도'로서 단행된 기해·병오년의 경우 국가는 체옥 문제의 해결을 위해 '정법'과 '감사' 사이에 놓인 천주교 신자들을 제거하기 위해 의도적으로 결안 이전의 불고를 활용하였다. 이는 곧 천주교 신자의 형정에서 국가가 필요에 따라 유연하게 '법'을 활용한 사례가 될 것이다.

헌종 대 이후 西勢東漸으로 인한 서양 세력의 접근이 점차 직접적·군사적 대립으로 치닫자, 조선왕조의 천주교 신자에 대한 시선 또한 변화하였다. 이전 시기까지만 해도 천주교 신자가 국내에서 요사스런 학문을 일삼는 '邪學罪人' 내지 몰래 숨어서 난을 꾀하는 '怨國之徒'로 막연하게 여겨졌던 것과는 달리, 서양 세력의 침입이 점차 현실화하자 천주교 신자 또한 서양 세력과 직접 관련된 '嘯應之徒'로 여기기 시작했다. 이러한 위기감은 제2차 아편전쟁의 결과 서양세력에게 북경이 함락되기에 이르자 본격화하였으며, 조정의 입장에서 조선 천주교 신자들은 서양의 침입을 막기 위해 반드시 선제적으로 제거해야 할 무리로 여겨졌다. 천주교 신자들 또한 청조에서 세력을 확산한 서양 세력과의 적극적인 연대를 도모하였기 때문에, 조선 조정과 조선 천주교회 사이의 충돌은 예견된 것이나 다름 없었다.

이러한 위기의식은 병인년을 기점으로 조선 천주교 신자들이 직접 조선 조정에 防俄策을 건의하고, 이양선의 공세적 접근에 이어 '洋擾'까지 발생하자 폭발적으로 증가하였다. 조선 조정은 천주교 신자를 사학죄인이 아닌 범월죄인 내지 간첩과 같은 존재로 여기기 시작했고, 이에 따라 천주교 신자에게 적용되던 형률 또한 「조요서요언」이 아닌 '梟首警衆'을 목적한 군율로 변화하였다. 이전 시기까지의 사옥이 적어도 천주교 신자에 대한 교화의 가능성을 인정하여 행형시의 도류 처분이나 방면 등을 유연하게 활용했던 것에 비해, 병인년 이후 천주교 신자에 대한 형정은 말 그대로 '소응지도'의 배제와 색출을 목적으로 했기 때문에 교화의 가능성을 기대하기 어려웠다. 조선 조정은 포졸뿐 아니라 일반 吏民까지 광범위하게 동원하여 천주교 신자의 색출에 나섰고, 이 과정에서 유례없이 많은 천주교 신자들이 희생되었다. 이러한 점에서 병인년(1866) 이후 역사상 가장 많은 천주교 신자가 희생당한 것은, 조선왕조의 형정이 한층 가혹해진 결과라기보다 조선왕조가 조선 천주교회를 '형정적으로' 다스린다는 방침이 포기된 결과에 가까웠다. 이전까지 천주교 신자들이 어디까지나 형정에 의해 다스리고 또 보살펴야 할 '黎民'의 지위에 있었다고 한다면, 병인년 이후 천주교 신자의 지위는 조선왕조의 백성이 아닌 전시 상황에서 적국에 호응한 '敵'으로 간주된 것이다.

요컨대 천주교 신자에 대한 조선왕조의 형정은 곧 조선 천주교회에 대한 조선왕조의 인식을 보여주는 지표이자, 국내에 존재한 '세계'에 대응하는 국가의 대응 방식을 구체적으로 보여준다는 점에서 의미를 지닌다. 조선왕조는 정조 대와 신유사옥을 거치며 천주교 신자에 대한 '전형적' 형정의 절차를 마련하였지만, 결과적으로 조선왕조는 시기별로 천주교 신자에게 모두 다른 양상으로 법을 집행하였다. 이러한 사실은 조선후기 사회에서 법이 지닌 다채로운 위상을 잘 보여주며, 법과 국가의 능동적인 관계 또한 가늠할 수 있게 해준다. 즉 조선후기 사회에서 법은 때로는 '전형'을 세움으로써 국가의 정당성을 확보해 주는 근거가 되는 한편, 동시에 때로는 법 자체의 집행을 통해 현실의 문제를 해결하는 수단이 되기도 한 것이다. 그러한 동시에 신미년(1871)을 끝으로 천주교 신자에 대한 국가적 차원의 사옥이 실시되지 않았다는 사실은, 곧 『대명률』을 계수하며 '예악과 형정을 짝하는' 동아시아 전통시대의 법관념을 바탕으로 한 조선왕조의 형정이 더 이상 서세동점이라는 현실을 감당하지 못한 결과로도 이해할 수 있을 것이다. 조선왕조의 천주교 신자에 대한 형정이 조선왕조의 필요성에 의해 개시된 이후, 그 필요성이 다하자 자체적으로 형해화한 사실은 근대법의 도입 이전 조선왕조의 법과 국가의 관계를 보여주는 실증적 사례가 된다는 점에서도 의의를 찾을 수 있다.

참고문헌

1. 사료

『經國大典』
『老洲集』
『大明律講解』
『大明律附例』
『大明律直解』
『大典通編』
『大典會通』
『同文彙考』
『孟子集註』
『疏齋集』
『續大典』
『承政院日記』
『與猶堂全書』
『燕行錄選集補遺』(上)
『禮記』
『右捕廳謄錄』
『六典條例』
『日省錄』
『典律通補』
『朝鮮王朝實錄』
『中庸』
『秋官志』

김진소 편, 양희찬·변주승 역, 『이순이 루갈다 남매 옥중편지』, 디자인흐름, 2010

남정원, 미야자키 이치사다 해석, 차혜원 역, 『녹주공안: 청조 지방관의 재판기록』, 이산, 2010
다블뤼 주교, 유소연 역, 『조선 주요 순교자 약전』, 내포교회사연구소, 2014
리델 주교, 『리델문서』 1, 한국교회사연구소, 1994
뮈텔 주교, 하성래 감수, 『치명일기』, 성황석두루가서원, 1985
박종채, 박희병 역, 『나의 아버지 박지원』, 돌베개, 1998
서종태 역주, 『추안급국안』 82, 흐름, 2014
__________, 『추안급국안』 85, 흐름, 2014
__________, 『추안급국안』 86, 흐름, 2014
신익철 편, 『연행사와 북경천주당: 연행록 소재 북경 천주당 기사 집성』, 보고사, 2013
이기헌, 이홍식·박은정 역, 『국역 이기헌 연행일기』, 세종대왕기념사업회, 2019
이만채 편, 김시준 역주, 『天主敎 傳來迫害史(闢衛編)』, 삼경당, 1984
이상식 역주, 『추안급국안』 73, 흐름, 2014
__________, 『추안급국안』 74, 흐름, 2014
__________, 『추안급국안』 75, 흐름, 2014
윤민구 역, 『윤유일 바오로와 동료 순교자들의 시복 자료집(제4집)』, 천주교 수원교구 시복 시성 추진 위원회, 1999
________, 『한국 초기 교회에 대한 교황청 자료 모음집』, 가톨릭출판사, 2000
조광 역주, 『사학징의(1)』, 한국순교자현양위원회, 2001
________, 『사학징의(2)』, 한국순교자현양위원회, 2022
조지만 역해, 『대명률직해: 조선시대 범죄와 형벌의 근간』, 아카넷, 2020
최석우 역주, 「한불관계자료(1846~1856)」, 『교회사연구』 1, 1977
한국교회사연구소 편, 『성 김대건 안드레아 신부의 활동과 업적』, 한국교회사연구소, 2021a
__________________, 『성 김대건 안드레아 신부의 체포와 순교』, 한국교회사연구소, 2021b
현석문, 하성래 감수, 『기해일기』, 성황석두루가서원, 1985
황사영, 여진천 역주, 『누가 저희를 위로해 주겠습니까』, 기쁜소식, 2008
『하느님의 종 윤지충 바오로와 동료 123위 시복자료집(제1집)』, 한국 천주교회

의 시복 시성 특별위원회, 2005

2. 연구저서 및 박사학위논문

계승범, 『아버지의 그림자: 삼전도 항복과 조선의 국가정체성 문제』, 사계절, 2024
구범진, 『1780년, 열하로 간 정조의 사신들』, 21세기북스, 2021
김규성, 「조선 천주교회의 순교자 관련 기록 연구」, 서강대학교 사학과 박사학위논문, 2016
김대홍, 『조선의 법추론 인율비부』, 민속원, 2018
김명호, 『홍대용과 항주의 세 선비: 홍대용의 북경 기행 새로 읽기』, 돌베개, 2020
김백철, 『탕평시대 법치주의 유산: 조선후기 국법체계 재구축사』, 경인문화사, 2016
김선희, 『서학, 조선 유학이 만난 낯선 거울』, 모시는사람들, 2018
김순배 외, 『김대건 신부의 「조선전도」 연구』, 동북아역사재단, 2022
김영석, 「義禁府의 조직과 추국에 관한 연구」, 서울대학교 법학과 박사학위논문, 2013
김용구, 『세계관의 충돌과 한말 외교사: 1866~1882』, 문학과 지성사, 2001
김우철, 『조선후기 정치·사회 변동과 추국』, 경인문화사, 2013
김진소 외, 『한국사회와 천주교』, 디자인 흐름, 2007
김한규, 『한중관계사(Ⅱ)』, 아르케, 1999
김현미, 『18세기 연행록의 전개와 특성』, 혜안, 2007
김혜경, 『예수회의 적응주의 선교: 역사와 의미』, 서강대학교 출판부, 2012
김 호, 『정조의 법치』, 휴머니스트, 2020
노대환, 『위정척사』, 한국학중앙연구원 출판부, 2023
박광용, 「朝鮮後期 "蕩平" 硏究」, 서울대학교 국사학과 박사학위논문, 1994
박병호, 『韓國法制史』, 민속원, 2019
박소현, 『문학이 정의를 말하다: 동아시아 고전 속 법과 범죄 이야기』, 성균관대학교 출판부, 2023

박천홍, 『악령이 출몰하던 조선의 바다』, 현실문화, 2009
박현모, 『정조 사후 63년: 세도정치기(1800~1863)의 국내외 정치 연구』, 창비, 2011
방상근, 『19세기 중반 한국 천주교사 연구』, 한국교회사연구소, 2006
배우성, 『중화: 사라진 문명의 기준』, 푸른역사, 2024
백승종, 『정조와 불량선비 강이천』, 푸른역사, 2012
심재우, 『조선후기 국가권력과 범죄 통제』, 태학사, 2009
여진천, 『황사영 〈백서〉 연구: 원본과 이본 비교 검토』, 한국교회사연구소, 2009
유홍렬, 『高宗治下 西學受難의 硏究』, 을유문화사, 1962
윤민구, 『한국 천주교회의 기원』, 국학자료원, 2002
윤영현, 「조선후기 전라도의 邪獄 刑政」, 가톨릭대학교 국사학과 박사학위논문, 2025
윤 정, 「18세기 국왕의 '文治'사상 연구 : 祖宗事蹟의 재인식과 '繼志述事'의 실현」, 서울대학교 국사학과 박사학위논문, 2007
원재연, 『조선왕조의 법과 그리스도교』, 한들출판사, 2003
이능화, 『朝鮮基督教及外交史』, 학문각, 1968 (초판 1925)
이명제, 『소현세자는 말이 없다』, 푸른역사, 2024
이석원, 『19세기 동서양 충돌과 조선 천주교: 조선대목구장들의 천주교 공인 시도와 조선의 대응』, 수원교회사연구소, 2018
이원순, 『성 요한 남종삼과 그 일가의 신앙』, 분도출판사, 1984
이준갑, 『건륭제와 천주교』, 혜안, 2022
이하경, 「추국청에서 만난 조선후기 국가: 영조와 정조 시대 『추안급국안』을 중심으로」, 서울대학교 정치외교학부 박사학위논문, 2018
임승표, 「朝鮮時代 賞罰的 邑號陞降制 硏究」, 홍익대학교 사학과 박사학위논문, 2001
임영길, 『조선 지식인의 북경 관광』, 세창출판사, 2023
장석만, 「開港期 韓國社會의 "宗教" 槪念 形成에 관한 硏究」, 서울대학교 종교학과 박사학위논문, 1992
정두희, 『신앙의 역사를 찾아서: 한국천주교회사 이야기』, 한국기독교연구소, 2023

조 광, 『朝鮮後期 天主教史 研究』, 고려대학교 민족문화연구소, 1988
______, 『조선후기 천주교사 연구의 기초』, 경인문화사, 2010a
______, 『조선후기 사회와 천주교』, 경인문화사, 2010b
조지만, 『조선시대의 형사법: 대명률과 국전』, 경인문화사, 2007
조현범, 『조선의 선교사, 선교사의 조선』, 한국교회사연구소, 2015
주명준, 『天主教의 全羅道 傳來』, 탐구당, 1998
차기진, 『조선 후기의 西學과 斥邪論 연구』, 한국교회사연구소, 2002
최병욱, 『중국 근현대 천주교사 연구』, 경인문화사, 2020
최석우 편, 『병인박해 자료연구』, 한국교회사연구소, 1968
최석우 신부 수품 50주년 기념 사업위원회 편, 『민족사와 교회사』, 한국교회사연구소, 2000
최성환, 『영·정조대 탕평정치와 군신의리』, 신구문화사, 2020
최소자, 『東西文化交流史研究: 明·淸時代 西學 受容』, 삼영사, 1990
최우혁, 「18세기 후반~19세기 천주교 확산과 척사론의 추이」, 경북대학교 사학과 박사학위논문, 2024
하정식, 『태평천국과 조선왕조』, 지식산업사, 2009
한국교회사연구소 편, 『한국천주교회사』 2, 한국교회사연구소, 2010a
__________________, 『한국천주교회사』 3, 한국교회사연구소, 2010b
한국역사연구회 19세기정치사연구반 편, 『조선정치사(상): 1800~1863』, 청년사, 1990
한국순교자현양위원회 편, 『신유박해와 황사영백서 사건』, 한국순교자현양위원회, 2003
한동훈, 「19세기 후반 조선과 러시아의 상호인식과 외교정책」, 고려대학교 한국사학과 박사학위논문, 2021
한승훈, 『무당과 유생의 대결: 조선의 성상파괴와 종교개혁』, 사우, 2021

거자오광, 이연승 역, 『이역을 상상하다: 조선 연행 사절단의 연행록을 중심으로』, 그물, 2019
도날드 베이커, 김세윤 역, 『朝鮮後期 儒教와 天主教의 대립』, 일조각, 1997
도미야 이타루 편, 손승회 역, 『동아시아의 사형』, 영남대학교 출판부, 2014
范忠信 외, 이인철 역, 『中國法律文化探究: 情理法과 中國人』, 일조각, 1996

샤를르 달레, 최석우·안응렬 역주, 『韓國天主敎會史(상·중·하)』, 한국교회사연구소, 1996

孫成旭, 「十九世紀朝鮮赴京使臣的"皇都經驗"」, 北京大學 歷史系 博士學位論文, 2015

矢木 毅, 『朝鮮朝刑罰制度の研究』, 朋友書店, 2019

Baker, Don ed, *Critical Readings on Christianity in Korea(Vol. 2),* Brill(USA: Leiden and Boston), 2014

Baker, Don and Rausch, Franklin, *Catholics and Anti-Catholicism in Chosŏn Korea,* University of Hawai'i Press and Center for Korean Studies(University of Hawai'i, USA: Honolulu), 2017

Shaw, William, *Legal norms in a Confucian state,* Institute of East Asian Studies(University of California, USA: Berkeley, California), 1981

3. 연구논문

강버들, 「앵베르 주교의 조선 선교 방략」, 서강대학교 사학과 석사학위논문, 2018

강석진, 「박해시대 이윤하 가족의 신앙생활과 순교」, 『교회사학』 12, 2015

______, 「증언자 피영록 바오로와 『병인 순교자 시복 재판기록』의 증언 내용에 관한 연구」, 『교회사연구』 58, 2021

강슬기, 「순조 즉위 초 서교 금압정책의 형정적 전환과 사옥」, 『교회사학』 15, 2018

계승범, 「인목대비 폐위 논쟁과 인조반정의 명분」, 『역사비평』 141, 2022

고을희, 「正祖代 서양 선교사와 洋舶 영입 시도」, 『교회사연구』 25, 2005

고흥식, 「丙寅教難期 信徒들의 信仰: 『捕盜廳謄錄』을 중심으로」, 『교회사연구』 6, 1988

권이선, 「조선후기 사학죄인의 적몰재산 복급 과정과 관련 법제: 신유박해 황사영 가문의 사례를 중심으로」, 『국학연구』 52, 2023

김가람, 「이기경의 척사 활동과 공서파 형성에 끼친 영향」, 『교회사연구』 30, 2008
김규성, 「조선 천주교회 신자들의 방아책 제시의 배경과 전개」, 『교회사연구』 40, 2012
김기둥, 「헌종대 濟州島의 이양선 대응과 대비책 정비」, 『지역과 역사』 52, 2023
김명호, 「제너럴셔먼호 사건과 朴珪壽」, 『대동문화연구』 44, 2003
김민호, 「북경에서 만난 조선과 서양: 서양 선교사의 조선 관련 기록 발굴을 중심으로」, 『중국소설논총』 69, 2023
김백철, 「정조 6년(1782) 윤음의 반포와 그 성격: 송덕상 사건을 중심으로」, 『한국학논집』 75, 2019
김선희, 「금대 이가환의 서학 연구와 그 파장」, 『민족문화연구』 99, 2023a
______, 「이가환은 왜 邪學 魁首가 되었나?: 비판 논리의 변화를 중심으로」, 『한국실학연구』 45, 2023b
김수태, 「샤를르 달레의 『한국천주교회사』에 대한 새로운 접근」, 『교회사연구』 43, 2014
______, 「안동 권씨 부인의 유교식 조상제사 거부」, 『교회사학』 13, 2016
______, 「『노상추일기』의 신유박해 기록 검토」, 『교회사연구』 58, 2021
______, 「정약용과 천주교의 관계 재론(2): 『다산의 일기장』을 중심으로」, 『교회사연구』 66, 2025
김숙경, 「1795년 천주교도 장살사건과 그 영향」, 『역사와 세계』 59, 2021a
______, 「「赤城坊鄕約禁邪學節目」으로 본 천주교 금지 정책과 斥邪 인식」, 『지역과 역사』 49, 2021b
김승룡, 「心遠子 韓在濂의 학문과 문학에 대하여: 18세기 송도지식인의 한 측면」, 『동양한문학연구』 22, 2006
김영민, 「조선중화주의의 재검토: 이론적 접근」, 『한국사연구』 162, 2013
김용덕, 「東學에서 본 西學」, 『동아문화』 4, 1965
김윤선, 「정약전론의 전개과정과 쟁점: 정약전과 천주교(1)」, 『교회사연구』 61, 2022
김장환, 「연행 밀사 소통방식과 변화: 천주교 밀사 기록을 중심으로」, 『교회사연구』 64, 2024

김정자, 「헌종 후반~철종 초반 정국과 정치 세력의 동향」, 『조선시대사학보』 96, 2021

______, 「1801년(순조 1) '辛酉獄事'의 시작과 변화 樣相」, 『법사학연구』 67, 2023

______, 「1839년(헌종 5) '己亥邪獄'의 전말과 그 추이: 서양인[洋漢]·유진길 추국 사건을 중심으로」, 『한국학논총』 61, 2024

김진우, 「1791년 윤지충의 居喪에 대한 士族의 반발」, 『교회사연구』 63, 2023

김창수, 「19세기 후반 대외위기와 조선 사신의 교섭 양상」, 『한국사학보』 65, 2016

김한규, 「『邪學懲義』를 통해서 본 初期韓國天主敎會의 몇 가지 問題」, 『교회사연구』 2, 1979

남호현, 「李邦翼 漂海記錄에 나타난 '서로 다른 길': 한글산문 『표해록』과 박지원의 「書李邦翼事」를 중심으로」, 『서강인문논총』 51, 2018a

______, 「18세기 조선의 위기의식과 海防 논의의 양상」, 『조선시대사학보』 87, 2018b

______, 「진주와 탐문: 신유년(1801) 동지겸진주사의 활동과 정보수집」, 『역사와 현실』 118, 2020

______, 「신문의 과정에서 '큰 배[大舶]'를 발견하기: 신유사옥(1801) 당시 천주교 신자의 조율과 대박청래 사건의 형정적 함의」, 『교회사연구』 63, 2023

______, 「보편 종교의 '특수한' 자리 잡기: 한국 천주교회의 기원 논쟁과 최근의논점들」, 『서강인문논총』 71, 2024a

______, 「기해·병오년 사옥의 형정과 19세기 중반 위기의식의 실제(1839~1846)」, 『역사와 현실』 134, 2024b

______, 「원죄의 형정?: 사얼 이신규의 삶을 통해 본 조선후기 사옥의 위법성」, 『교회사연구』 66, 2025

노대환, 「18세기 후반~19세기 중반 노론 척사론의 전개」, 『조선시대사학보』 46, 2008

______, 「18~19세기 중반 서양물품의 조선 유입과 洋物禁斷論」, 『한국학연구』 66, 2022

도진순, 「1842년 김대건의 南京條約 조인식 참관과 보고」, 『한국근현대사연구』

98, 2021a

______, 「군함과 선교: 1842년 세실·장시니·리브와의 〈조선 구상〉과 轉倒된 실행, 김대건·최양업의 입국과 순교」, 『역사학보』 252, 2021b

______, 「1839년 기해박해와 그 반대자들: ‘제1섭정’ 김유근, ‘예비신자’ 김정희, 형조판서 조병현」, 『교회사학』 25, 2024

문중양, 「15세기의 ‘風土不同論’과 조선의 고유성」, 『한국사연구』 162, 2013

민두기, 「十九世紀後半 朝鮮王朝의 對外危機意識: 第一次, 第二次中英戰爭과 異樣船 出沒에의 對應」, 『동방학지』 52, 1986

민장원, 「프랑스의 병인양요 도발 과정과 조선의 군사적 대응」, 『조선시대사학보』 112, 2025

박광용, 「조선의 18세기」, 『역사학보』 213, 2012

박 경, 「十惡 개념의 수용을 통해 본 조선 전기 사회윤리의 구축 과정」, 『사학연구』 106, 2012

박민예, 「辛酉迫害를 통해 본 천주교회 내 과부 신자와 ‘僞裝寡婦’」, 『서강인문논총』 54, 2019

방상근, 「최창현의 삶과 신앙」, 『교회사학』 10, 2013

______, 「병인박해기 순교자와 체포자」, 『한국기독교와 역사』 45, 2016

______, 「박해 시대 조선 천주교회의 회장제」, 『교회사연구』 51, 2017

______, 「18세기 말 내포 교회와 정사박해」, 『교회사학』 15, 2018

______, 「1868년 ‘남연군묘 도굴사건’과 조선 신자」, 『교회사연구』 57, 2020

______, 「조선후기 천주교도의 순교과정(체포~처형)」, 『교회사연구』 61, 2022

______, 「『일성록』을 통해 본 정해박해」, 『신학전망』 224, 2024

변주승, 「신유박해의 정치적 배경」, 『한국사상사학』 16, 2001

서신혜, 「『최필공전』의 핵심어 세 가지: 감화, 군사, 중국원류설」, 『한국문학과 예술』 31, 2019

서종태, 「辛酉迫害의 정치적 배경: 청남계의 개혁 활동과 관련하여」, 『교회사연구』 18, 2002

소진형, 「신유사옥 이전 천주교에 대한 국가적 대응과 그 정치적 의미: 천주교에 대한 여론형성과 사회의 보수화적 관점에서」, 『정치사상연구』 28(1), 2022

신상원, 「근세 세계화(archaic globalization)의 맥락에서 본 조선시대사」, 『지역

과 역사』 53, 2023
심재우, 「조선시대 연좌제의 실상: 『연좌안』 분석을 중심으로」, 『한국문화』 55, 2011a
______, 「조선시대 능지처사형의 집행의 실상과 그 특징」, 『사회와 역사』 90, 2011b
______, 「조선후기 訓鍊都監 軍法의 특징과 梟示刑의 집행 양상」, 『군사』 101, 2016
______, 「1801년 천주교 유배인의 현황과 유배지에서의 삶: 『사학징의』 분석을 중심으로」, 『한국문화』 87, 2019
______, 「조선시대 형벌과 형정 연구의 진전을 위한 모색」, 『역사와 현실』 118, 2020a
______, 「조선후기 수령의 법적 지위와 형벌권 행사의 실상: 『목민심서』를 중심으로」, 『한국문화』 91, 2020b
______, 「조선시대 유배제도 연구의 성과와 과제」, 『도서문화』 58, 2021
______, 「조선시대 徒刑의 집행과 徒配罪人 관리」, 『한국문화』 104, 2023
심희기, 「19세기 조선 관찰사의 사법적 행위의 실증적 고찰」, 『고문서연구』 58, 2021
안세현, 「문체반정을 둘러싼 글쓰기와 문체 논쟁」, 『어문논집』 54, 2006
안재순, 「정조의 서학관」, 『동양철학연구』 27, 2001
안재원, 「아담 샬, 순치제, 소현 세자: 아담을 바라보는 두 시선 사이에 있는 차이에 대해서」, 『인간·환경·미래』 8, 2012
여진천, 「강원감영과 순교자들」, 『교회사학』 15, 2018
______, 「(서평) 역주 『사학징의』」, 『교회사연구』 60, 2022
연갑수, 「대원군과 서양: 대원군은 쇄국론자였는가」, 『역사비평』 50, 2000
우철구, 「19세기 프랑스의 대외정책과 병인양요」, 『누리와 말씀』 3, 1998
윤민구, 「신미년(1811)에 조선 천주교 신자들이 북경 주교에게 보낸 편지에 대한 연구」, 『(수원가톨릭대학) 논문집』 2, 1990
______, 「조선 신자들의 大舶請來運動에 대한 海外의 인식」, 『교회사연구』 13, 1998
윤영현, 「조선후기 사학 이해와 사망의 사속 형징」, 『교회사학』 24, 2024
윤재민, 「文體反正의 再解釋」, 『고전문학연구』 21, 2002

원재연, 「다산 정약용과 서학/천주교의 관계에 대한 연구사적 검토」, 『교회사연구』 39, 2012
이경구, 「이벽, 황사영, 정하상의 천주교, 유교 인식의 동일성과 차이점」, 『교회사연구』 52, 2018
이석원, 「프랑스 선교사제의 서한을 통해 본 기해교옥과 조선대목구의 실상: 모방 신부·샤스탕 신부·앵베르 주교의 서한을 중심으로」, 『교회사학』 17, 2020
이하경, 「조선 후기 범상부도죄의 정치적·법제사적 함의」, 『사학연구』 136, 2019
임혜련, 「조선후기 '대리정치'의 권한 범주와 왕권」, 『역사와 담론』 85, 2018
______, 「정조의 천주교 인식 배경과 진산사건의 정치적 함의」, 『사총』 96, 2019a
______, 「정조 말~순조 초 金健淳의 행보와 辛酉邪獄」, 『한국학논총』 51, 2019b
장유승, 「1791년 내포: 박종악과 천주교 박해」, 『교회사연구』 44, 2014
전용훈, 「정조시대 다시보기: 천문학사의 관점에서」, 『역사비평』 115, 2016
정두희, 「고통 속에 꽃피운 영성: 흑산도에 유배된 정약전의 생애에 대한 재조명」, 『신학전망』 147, 2004
정진혁, 「조선후기 말세론 사건에 대한 추국청의 형사 대응」, 『한국사연구』 196, 2022
______, 「조선후기 법제사 연구의 쟁점과 함의」, 『역사와 실학』 80, 2023
조 광, 「辛酉迫害의 分析的 考察」, 『교회사연구』 1, 1977
______, 「黃嗣永帛書의 社會思想的 背景」, 『사총』 21·22, 1977
______, 「병인박해 그리고 제너럴셔먼호 사건과 '순교'」, 『한국기독교와 역사』 45, 2016
______, 「달레 「한국천주교회사」의 사학사적 특성」, 「교회사연구」 66, 2025
조성산, 「18세기 중후반~19세기 조선 주자학 지식인들의 天 인식과 西學 대응」, 『한국사연구』 191, 2020
조성을, 「丁若鏞과 敎案」, 『한국실학연구』 25, 2013
______, 「정약전과 서교: 흑산도 유배 이전을 중심으로」, 『교회사연구』 44, 2014

조윤선, 「19세기 典獄署 분석: 『大典條例』·『承政院日記』를 중심으로」, 『민족문화』 56, 2020
______, 「18·19세기 擊錚·上言·擊鼓의 제도사적 고찰과 童蒙擊錚」, 『고전번역연구』 14, 2023
조창록, 「鶴山 徐浩修와 『熱河紀遊』: 18세기 西學史의 수준과 지향」, 『동방학지』 135, 2006
조현범, 「덕산 사건과 프랑스 선교사 페롱」, 『정신문화연구』 148, 2017
______, 「윤지충의 폐제분주 논거에 대한 일 고찰」, 『종교연구』 78, 2018
______, 「순암 안정복의 기록에 나타난 조선 천주교회의 초기 상황: 문집, 일기, 고문서를 중심으로」, 『장서각』 48, 2022
주명준, 「天主教 信徒들의 西洋船舶請願」, 『교회사연구』 3, 1981
차기진, 「朝鮮後期 천주교 신자들의 聖職者迎入과 洋舶請來에 대한 연구」, 『교회사연구』 13, 1998
차인배, 「조선후기 포도청의 사법적 위상과 활동 변화」, 『역사민속학』 58, 2020
______, 「조선후기 '치도형'의 운영과 폐지 과정」, 『법사학연구』 63, 2021
최석우, 「西學에서 본 東學」, 『교회사연구』 1, 1977
______, 「달레著 韓國天主教會史의 形成過程」, 『교회사연구』 3, 1981
______, 「한국 천주교회의 기원 문제」, 『한국 기독교와 역사』 1, 1991
최용규, 「己亥·丙午 教難期 天主教徒의 分析的 考察: 1802~1846年을 中心으로」, 『교회사연구』 6, 1988
최진규, 「太平天國 上帝教와 基督教: 基督教의 中國的 理解」, 『역사학연구』 26, 2006
피에르 엠마뉘엘 후, 「조선 架橋의 재발견: 16-19세기 천주교 선교사의 조선 진출 전략에 대한 기초연구」, 『연민학지』 16, 2011
한승현, 「중국의 18세기: 서유럽과 조선과의 비교를 중심으로」, 『역사학보』 213, 2012
한승훈, 「종교 자료로서의 심문기록: 추국 문서와 조선후기 종교사」, 『종교문화비평』 37, 2020
허태용, 「정조대 후반 탕평정국과 진산사건의 성격」, 『민족문화』 35, 2010
______, 「正祖의 繼志述事 기념사업과 『國朝寶鑑』 편찬」, 『한국사상사학』 43,

2013

______, 「조선 초기 對明事大論의 역사적 성격 검토」, 『동양사학연구』 135, 2016

______, 「규장각의 『日省錄』 편찬과 正祖의 정통성 강화」, 『한국문화』 103, 2023

Karlsson, Anders, "Jeong Yagyong's Views on the Role of Law in Statecraft: Focusing on Differences in His Approach to Procedural and Substantive Law", 『한국실학연구』 45, 2023

石井壽夫, 「高宗朝의 朝鮮 天主敎와 그 迫害: 특히 捕盜廳謄錄을 素材로 하여」, 『韓國天主敎會史論文選集』 2, 1977 (원문 1941 간행)

蘇亦工, 「明淸時代 中國의 法律」, 『법사학연구』 26, 2002

Baker, Don, "The Religious Revolution in Modern Korean History: From ethics to theology and form ritual hegemony to religious freedom", *The Review of Korean Studies* 9(3), 2006

Finch, Andrew, "The Pursuit of Martyrdom in the Catholic Church in Korea before 1866," *Journal of Ecclesiastical History* 60-1, 2009

Jung, Byungsul, "The Joseon Government's Changing Perception of Early Catholicism Examined through Law Application", *Seoul Journal of Korean Studies* 33(2), 2020

Mann, Michael, "The autonomous power of the state: its origins, mechanisms and results", *European Journal of Sociology* 25(2), 1984

Roux, Pierre-Emmanuel, "The Great Ming Code and the Repression of Catholics in Chosŏn Korea", *Acta Koreana* 15(1), 2012

______________________, "The Catholic Experience of Chosŏn Envoys in Beijing: A Contact Zone and the Circulation of Religious knowledge in the Eighteenth century", *Acta Koreana* 19(1), 2016

찾아보기

ㅊ

남호현

서강대학교 사학과를 졸업하고, 동대학원에서 박사학위를 취득했다. 현재 공군사관학교 역사·철학과 부교수로 재직중이며, 한국역사연구회 중세2분과장과 서강대 디지털역사연구소 선임연구원을 역임했다.

조선후기 지성사 혹은 동아시아의 맥락에서 조선인들의 당대인식을 연구하며, 특히 이러한 관점에서 한국 천주교회사를 이해하는 실마리를 찾고자 한다. 또한 조선인들이 체험한 '실제 공간'으로서의 동아시아를 디지털화하는 작업에도 관심이 있다.

곤장과 십자가

: 조선후기 천주교 신자의 형정과 국가

초판 1쇄 인쇄 2025년 12월 03일
초판 1쇄 발행 2025년 12월 10일

지 은 이 남호현

발 행 인 한정희
발 행 처 경인문화사
편 집 한주연 김지선 양은경 김한별 정효민
마 케 팅 하재일 유인순
출판번호 제406-1973-000003호
주 소 경기도 파주시 회동길 445-1 경인빌딩 B동 4층
전 화 031-955-9300 팩 스 031-955-9310
홈페이지 www.kyunginp.co.kr
이 메 일 kyungin@kyunginp.co.kr

ISBN 978-89-499-6885-8 93910
값 25,000원